L'anglais pour les nuls

L'anglais pour les nuls

Gail Brenner

Traduction de
Claude Raimond

Adaptation de
Claire Costello

FIRST
ÉDITIONS

Éditions First, un département d'Édi8
12, avenue d'Italie
75013 Paris – France
Tél. : 01 44 16 09 00
Fax : 01 44 16 09 01
Courriel : firstinfo@editionsfirst.fr
Site Internet : www.pourlesnuls.fr

ISBN : 978-2-412-03576-4
Dépôt légal : avril 2018

Imprimé en Italie
Préparation de copie : Christine Cameau
Correction : Florence Le Grand
Illustrations : Rich Tennant
Couverture et maquette intérieure : KN Conception

Sommaire

INTRODUCTION 1

À propos de cet ouvrage 1
Conventions utilisées dans ce livre 2
Qui êtes-vous ? 3
Organisation du livre 4
  Première partie : Commençons par le commencement 4
  Deuxième partie : Parler un peu l'anglais 5
  Troisième partie : En voyage 5
  Quatrième partie : Vivre dans un pays anglophone 5
  Cinquième partie : La partie des Dix 5
  Sixième partie : Annexes 6
Textes et encadrés 6
Icônes utilisées dans le livre 6
Et maintenant ? 7

PARTIE 1 : COMMENÇONS PAR LE COMMENCEMENT 9

CHAPITRE 1 : **Bases de la prononciation de l'anglais** 11

Différences majeures entre la prononciation de l'anglais et celle du français 12
  Découpage du flux sonore 12
  Syllabes accentuées et identification des mots 13
  Sons de voyelle brefs ou longs et sens des mots 13
Représentation des prononciations dans le livre 14
Pratiquer l'alphabet 17
Prononciation des consonnes 18
  Deux sortes de consonnes : consonnes sonores et consonnes sourdes 18
  Le problématique th 19
Prononciation des voyelles 22
  Différentes sortes de sons de voyelle 22
  Prononciation et combinaisons de voyelles 23
Prononciation de mots anglais que vous connaissez déjà 28
  Prononciation de mots ayant le même sens dans les deux langues 29
  Prononciation – et sens – de mots ressemblants mais très différents 30
Garder le rythme 30
  Battre la mesure 31
  Accentuation des mots importants 31
  Comment accentuer les bonnes syllabes ? 34

CHAPITRE 2 : Directement au cœur de la grammaire anglaise ... 37
Construction de phrases simples ... 38
Phrases négatives ... 39
No par opposition à *not* ... 39
Utiliser les contractions comme un anglophone de naissance ... 39
Questions, questions, questions ... 40
Questions « to be » ... 40
Questions « to do » ... 42
Questions *what, when, where* et *why* ... 43
Substantifs : personnes, lieux et objets ... 47
You et *I* : pronoms personnels ... 49
Verbes : communiquer des actes, des sentiments, des états ... 52
Verbes réguliers ... 53
Verbes irréguliers ... 53
Être ou ne pas être : utilisation du verbe « to be » ... 54
Attention au choix des temps en anglais ... 55
Le présent simple ... 55
Le présent progressif ... 56
Le preterit ... 57
Le preterit progressif ... 59
Le futur : *will* et *going to* ... 59
Les adjectifs : épicer ses propos ... 60
Ajouter la couleur et la quantité ... 61
Dire ce que vous ressentez ... 63
Description du caractère et des capacités ... 63
Les adverbes donnent du caractère aux verbes ... 64
Les trois articles : *a, an* et *the* ... 65

PARTIE 2 : PARLONS UN PETIT PEU ANGLAIS ... 71

CHAPITRE 3 : Heureux de faire votre connaissance ... 73
Dire bonjour ... 73
Dire « Comment allez-vous ? » ... 74
Quelques salutations familières ou argotiques ... 77
Dire au revoir ... 79
Les présentations ... 80
Se présenter ... 80
Présentation d'autres personnes ... 81
Comment vous appelez-vous ? ... 84
Les noms des noms ... 84
L'usage du prénom ... 85
Titres et termes de respect ... 86
Différence entre nommer et appeler quelqu'un ... 86

Comment décrire les gens – petits, grands, gros ou minces 89
Les yeux et les cheveux 90
Atteindre de nouvelles hauteurs 91
Jeunes et vieux 93

CHAPITRE 4 : Parler de choses et d'autres 97
Briser la glace avec des questions simples 98
Pardon, comment dites-vous ? 98
Parler du temps qu'il fait 101
Expressions pour amorcer la conversation sur le temps 102
Les saisons 104
Entretenir la conversation 106
Où habitez-vous ? 106
Sujets de conversation : Le travail et les études 109
Exprimer les goûts et les préférences 110
Parler de la famille 113
Parler avec des inconnus 116
Sujets tabous 118

CHAPITRE 5 : Où suis-je ? Demander son chemin 121
Excusez-moi 122
Demander votre chemin 122
Dans la bonne direction 124
Utilisation des prépositions de lieu : *Next to, across, in front of*, etc. 126
Les verbes de direction : *Follow, take* et *turn* 128
Utilisation du verbe « to follow » 129
Empruntez le verbe « to take » 129
Utilisation du verbe « to turn » 129
Aller au nord ou au sud ? 131
Exercice : Mark Twain, *The Adventures of Tom Sawyer*, 1876 134
Traduction de l'extrait de *Tom Sawyer* 138

CHAPITRE 6 : Appelle-moi 141
Dring, dring ! Répondre au téléphone 142
Passer un appel 142
Verbes téléphoniques : *to ring* [UK], *to call* [US], *to pnone*, et quelques autres 144
« N » comme Nancy : comment épeler les mots 146
Laisser un message 149
En attendant le beep : répondeurs et boîtes vocales 149
Demander à quelqu'un de prendre un message 150
Excusez-moi ! – Faire un faux numéro 154
Allô, opérateur ? 155
Renseignements téléphoniques 156

PARTIE 3 : EN VISITE 159

CHAPITRE 7 : L'argent, l'argent, l'argent 161
Dollars et cents 161
Pounds et pence 163
Changer de l'argent 164
À la banque 165
Automates bancaires 168
Utilisation des cartes de crédit 170
Deux prépositions pour payer : *by* et *with* 172
Deux verbes qui paient : *to accept* et *to take* 172

CHAPITRE 8 : Séjourner à l'hôtel 181
Choisir entre un hôtel ou un motel aux États-Unis 181
Faire une réservation 183
Exprimer la date par des nombres ordinaux 184
Enregistrement 188
Possession 190
Distinguer entre *There, Their*, et *They're* 194
Quitter l'hôtel 195
Exercice : Bram Stoker, *Dracula*, 1897 198
Traduction de l'extrait de *Dracula* 202

CHAPITRE 9 : Les restaurants et les repas 205
La faim et la soif 206
Qu'y a-t-il au petit-déjeuner ? 206
Qu'y a-t-il pour le déjeuner ? 208
Qu'y a-t-il pour dîner ? 209
Aller au restaurant 212
Commander à partir du menu 215
Conversation avec la personne qui sert 219
Les verbes pour commander : *to have* et *to take* 219
La fin du repas et l'addition 220
Pour les gens pressés 223

CHAPITRE 10 : Faire ses achats 231
Direction le supermarché 232
Naviguer entre les rayons 233
Achat de fruits et de légumes 234
Noms dénombrables et noms non dénombrables 236
Poids et mesures 237
Les caisses 238
Juste ma taille : acheter des vêtements 241

Je regarde seulement . . . 241
S'habiller . . . 242
Trouver la bonne taille . . . 245
Essayer . . . 246
Du plus petit au plus grand : utilisation du comparatif . . . 247
Seulement ce qu'il y a de mieux : le superlatif . . . 249
La politique des retours : rapporter l'article au magasin . . . 252
Vous et moi : pronoms personnels . . . 253
To et for : quelques prépositions . . . 254

CHAPITRE 11 : Sortir en ville . . . 259
Se renseigner sur l'actualité locale . . . 259
Obtenir des informations . . . 261
L'heure en anglais . . . 262
Prépositions de temps : *at, in* et *on* . . . 265
Le cinéma . . . 265
Concerts et pièces de théâtre . . . 268
Sortir avec quelqu'un . . . 269
Sortir le soir . . . 270

CHAPITRE 12 : Aller et venir : différents moyens de transport . . . 279
Traverser l'aéroport et la douane . . . 280
Sortir de l'aéroport . . . 282
Utilisation des transports en commun . . . 283
Appeler un taxi . . . 285
Longs voyages en car, en train ou en avion . . . 286
S'informer sur la durée et la distance . . . 290
Louer une voiture . . . 292
En route . . . 295
Acheter de l'essence . . . 296
Exercice : « Swing Low, Sweet Chariot » . . . 301
Traduction de « Swing Low, Sweet Chariot » . . . 304

PARTIE 4 : VIVRE DANS UN PAYS ANGLOPHONE . . . 305

CHAPITRE 13 : La maison . . . 307
Chez soi . . . 307
Regardons à l'intérieur . . . 308
Préposition de lieu : *on, under* et *near* . . . 310
Bienvenue . . . 313
Le ménage . . . 316
Les verbes du travail domestique : *to do* et *to make* . . . 317
Les outils pour le ménage et le jardin . . . 318

Cette vieille maison : les problèmes et les réparations 319
Description des problèmes domestiques. 320
Réparer soi-même 322

CHAPITRE 14 : Au travail 325
Qu'est-ce que vous faites ? – Discussion sur votre travail 325
Questions sur votre activité 325
Parler de son activité 327
Partir travailler 329
Le lieu de travail 330
Décrire vos collègues 332
Le temps c'est de l'argent 333
L'horaire de travail 334
L'heure du déjeuner et les pauses café 334
Prendre un rendez-vous 337
Comment vont les affaires ? 340

CHAPITRE 15 : Les loisirs 347
Parler des activités physiques 347
Dire ce que vous aimez faire. 348
Le verbe du jeu : *to play* 348
Les sports et leurs fans 351
Le baseball 351
Le football américain et le football. 352
La nature. 354
Les sports d'hiver 354
Visite d'un parc national ou d'un parc d'État 356
Le camping 357
Suivre le chemin 360
Apprécier la nature. 360
Avez-vous déjà... ? – Utilisation du present perfect. 361

CHAPITRE 16 : Au secours ! – Que faire en cas d'urgence 367
En cas d'urgence 367
Crier au secours et avertir les autres 368
Le 911 370
Une visite chez le médecin 372
Comment expliquer où vous avez mal 374
Les douleurs : comment décrire les symptômes. 378
Les pronoms réfléchis 380
Ouvrez la bouche : une visite chez le dentiste. 382
Obtenir une assistance juridique 383
Si vous avez affaire à un délit 384

PARTIE 5 : LA PARTIE DES DIX 389

CHAPITRE 17 : **Dix façons d'accélérer votre apprentissage de l'anglais** 391

Parlez, parlez et parlez avec les gens 391
Formez ou rejoignez un groupe de conversation en anglais 392
Regardez des films et des séries 392
Utilisez des cartes de référence 393
Assistez à des pièces de théâtre, des séances de lecture, ces conférences 393
Apprenez les paroles des chansons et chantez ! 394
Procurez-vous des livres pour enfants 394
Suivez un cours – n'importe quel cours 395
Liez vous d'amitié avec un(e) anglophone 395
Rejoignez une association caritative 395

CHAPITRE 18 : **Dix erreurs à éviter en parlant anglais** 397

"Making out" au centre de remise en forme 397
Votre femme est très moche 398
Vous sentez mauvais ! 398
Ma maman cuit mes amis pour dîner 399
Amis et amants 399
J'ai mouillé mon pantalon 400
Que laissez-vous à la maison ? 400
Quelle vulgarité ! 401
J'aime votre mari ! 401
N'utilisez pas de doubles négations 402

CHAPITRE 19 : **Distinguer des mots qui se ressemblent** 403

Coming et *going* 403
Borrowing et *lending* 404
Such et *so* – lequel ? 405
Like et *alike* 405
Hearing et *Listening* 406
Seeing, looking et *watching* 407
Feeling et *touching* 408
Lying et *laying* – la vérité sur les poules 408
Tuesday ou *Thursday* ? 409
Too et *very* 409

PARTIE 6 : ANNEXES 411

ANNEXE A : **Verbes irréguliers de l'anglais** 413

ANNEXE B : **Petit dictionnaire anglais-français** 419

ANNEXE C : **Solutions des jeux et activités** 429

Chapitre 2 429
Chapitre 3 429
Chapitre 4 430
Chapitre 5 430
Chapitre 6 430
Chapitre 7 431
Chapitre 8 431
Chapitre 9 431
Chapitre 10 432
Chapitre 11 432
Chapitre 12 432
Chapitre 13 433
Chapitre 14 433
Chapitre 15 433
Chapitre 16 433

ANNEXE D : **Sur le CD** 435

INDEX 439

Introduction

Connaître les bases d'une langue vous ouvre de nouveaux horizons. Et communiquer en anglais, même à un niveau élémentaire, est désormais très utile, voire indispensable. La langue anglaise est la plus parlée dans le monde, si l'on compte à la fois les personnes de langue maternelle anglaise et tous ceux qui utilisent l'anglais comme seconde ou comme troisième langue. C'est aussi la langue la plus partagée : on compte aujourd'hui davantage de personnes qui apprennent l'anglais dans le monde que d'habitants en Grande-Bretagne ! Cette petite île a su conquérir la culture et l'économie mondialisées, mais elle ne l'a pas fait seule : plus de soixante-dix pays ont fait de l'anglais leur langue officielle. On pense aux États-Unis, à l'Inde, au Canada ou à l'Australie, mais la liste est bien plus longue !

Apprendre l'anglais, c'est apprendre à parler la langue des échanges internationaux, des affaires et des loisirs. C'est se donner les moyens de communiquer efficacement avec des collègues étrangers et de comprendre les codes professionnels d'un monde globalisé, mais c'est aussi pouvoir mieux profiter de la musique, des films, des séries télés actuelles, et être plus à l'aise dans l'utilisation des réseaux sociaux et dans la navigation sur internet, qui ont aboli les frontières. Bref, parler l'anglais, c'est s'ouvrir les portes du « village monde ».

Ainsi, sans une connaissance élémentaire de l'anglais, vous risquez de vous retrouver... réduit au silence.

Considérez chaque nouvelle tournure ou expression que vous découvrirez comme un outil supplémentaire dont vous pourrez vous servir selon vos besoins – parler d'une expérience passée, poser une question, exprimer vos goûts et vos opinions, et ainsi de suite.

Surtout, dites-vous bien que dans les échanges de tous les jours, vous pouvez le plus souvent vous exprimer avec très peu de mots et une structure de phrase élémentaire. Alors, lancez-vous sans hésiter !

À propos de cet ouvrage

Pourquoi lire *L'Anglais pour les Nuls* ? Envisagez-vous de voyager, d'habiter ou de travailler dans un pays de langue anglaise, et de pouvoir converser sans difficultés avec des anglophones de naissance ? Parler anglais est-il pour vous un objectif lointain, un passe-temps intéressant ou une nécessité professionnelle ?

Quelles que soient vos raisons d'apprendre l'anglais, *L'anglais pour les Nuls* vous mettra le pied à l'étrier. Je ne vous promets pas que vous parlerez comme un anglophone de naissance quand vous aurez fini le livre, mais vous serez capable de rencontrer des gens et de leur dire bonjour, de poser des questions simples, d'utiliser le téléphone, de commander un repas au restaurant, de faire des achats dans les magasins, de faire face à des situations d'urgence, de demander à quelqu'un de sortir avec vous, et bien plus encore !

Ce livre n'a rien de commun avec ces textes ennuyeux qu'il vous faut absorber page après page ou ces cours qui requièrent votre assiduité deux fois par semaine pendant six mois. *L'anglais pour les Nuls* n'a rien de contraignant. Vous choisissez votre rythme, vous lisez autant ou aussi peu que vous le souhaitez ou vous pouvez simplement feuilleter le livre et vous arrêter aux sections qui retiennent votre attention. Note : s'il s'agit d'un premier contact avec l'anglais, vous avez peut-être intérêt à commencer par les chapitres de la première partie pour acquérir quelques bases – comme de premiers éléments de grammaire et de prononciation – avant de passer aux autres sections. Mais ce n'est pas une obligation. À vous d'en décider.

Conventions utilisées dans ce livre

J'ai établi quelques conventions pour faciliter la lecture du livre :

- Des **caractères gras** font ressortir les mots et les expressions en anglais. Les mots en caractères gras sont suivis de leur prononciation et de leur traduction en français.
- La prononciation des mots est indiquée [entre crochets] selon le système de transcription international standard (que l'on appelle IPA). Cet alphabet phonétique indique la bonne façon de prononcer les sons. Il peut surprendre au départ, mais on s'y habitue très vite ! Le but est bien entendu de ne pas parler anglais comme une « vache espagnole », mais de la façon la plus authentique possible, afin de bien se faire comprendre.

Parler dans une autre langue pose des problèmes spécifiques et c'est pourquoi cet ouvrage propose quelques modalités qui n'existent pas dans d'autres ouvrages pour les Nuls. Les procédés suivants vous faciliteront l'acquisition des bons réflexes en anglais :

» **Conversation** : Pour apprendre à bien prononcer, il faut écouter de l'anglais authentique. C'est pourquoi j'ai inclus tout au long du livre de nombreux exemples de conversation pour vous permettre de pratiquer « l'anglais tel qu'on le parle ». Les dialogues signalés par l'icône CD sont sur le CD audio fourni avec l'ouvrage. Glissez le CD dans votre lecteur et écoutez-le tout en lisant.

» **Mots-clés et expressions-clés** : j'ai recueilli des mots et des tournures un peu partout dans le livre et je les ai inscrits sur les tableaux pour vous inciter à les mémoriser.

» **Jeux et activités** : les jeux sont un excellent procédé pour mieux assimiler ce que vous avez lu, et je vous invite à utiliser les exercices pratiques proposés à la fin de la plupart des chapitres. Après quoi vous pourrez vérifier vos réponses dans l'annexe C. Mais attention : ne trichez pas !

Notez aussi que, la plupart des langues étant susceptibles de rendre un même concept ou une même idée de manière différente, la traduction d'une tournure anglaise peut ne pas être littérale. Je veux parfois que vous compreniez le sens général d'une expression, plutôt que la signification des mots. Par exemple :

Danny and Elena had a ball on their trip to Italy!

Traduction correcte : Danny et Elena se sont beaucoup amusés durant leur voyage en Italie !

Traduction littérale (n'a aucun sens) : Danny et Elena ont eu un ballon durant leur voyage en Italie !

Qui êtes-vous ?

Pour écrire ce livre, je me suis demandé quel était le profil de mon lecteur et ce qu'il attendait d'un livre appelé *L'anglais pour les Nuls*. Voici quelques-unes de mes suppositions :

» Le français est la langue que vous parlez habituellement, vous rythmez et vous organisez spontanément les phrases selon des principes communs à tous les francophones et vous connaissez le sens de nombreux mots français.

» Vous n'avez aucune connaissance de l'anglais ou vous avez appris l'anglais à l'école mais avez presque tout oublié ; à moins que vous n'ayez de bonnes connaissances en anglais, et souhaitiez vous améliorer encore.

- Vous désirez pouvoir parler avec des anglophones d'Europe (ceux des îles Britanniques) parce que vous habitez un pays francophone du continent européen (la France, la Belgique, la Suisse...), mais vous souhaitez aussi comprendre les anglophones du reste du monde (États- Unis, Canada, Australie...).
- Francophone du Canada, vous voulez converser avec vos compatriotes anglophones et vos voisins des États-Unis, mais aussi comprendre les anglophones des îles Britanniques.
- Vous ne voulez pas passer des heures dans une salle de classe ; vous voulez apprendre l'anglais à votre rythme.
- Vous cherchez un livre dont la lecture soit rapide et agréable, vous donnant dans un style vivant des informations élémentaires sur le vocabulaire, la grammaire et la culture de pays anglophones.
- Vous ne cherchez pas à parler couramment tout de suite, mais vous voulez être en mesure d'utiliser dès maintenant des tournures et des expressions anglaises.
- Vous avez remarqué le titre *L'anglais pour les Nuls*, ce qui a piqué votre curiosité.
- Votre sens de l'humour est très développé.

Si l'une de ces suppositions est exacte, vous avez trouvé le livre qui vous convient !

Organisation du livre

Le livre est divisé en six parties contenant chacune plusieurs chapitres. Voici un aperçu des informations contenues dans les différentes parties.

Première partie : Commençons par le commencement

Cette partie pose les bases de votre connaissance de l'anglais, de la manière suivante : le chapitre 1 explique quelques notions de base (comme la prononciation des voyelles et des consonnes) indispensables à une progression rapide, et donne des astuces pour avoir une bonne élocution en anglais. Au chapitre 2, vous découvrirez les principaux rouages de la grammaire anglaise – les informations essentielles sur la construction des phrases, la manière de poser des questions, d'utiliser les temps des verbes, etc. Ce chapitre comporte de nombreux outils pour garnir votre boîte à outils anglaise.

Deuxième partie : Parler un peu l'anglais

Avec un peu d'anglais, vous pouvez aller loin. Vous trouverez dans cette partie quantité d'expressions de tous les jours et de formules de salutation pour vous aider à rencontrer des gens et prendre plaisir à parler de choses et d'autres. Vous découvrirez aussi comment demander de l'aide, comprendre des indications pour vous rendre quelque part, et bavarder au téléphone – sans paniquer. Abordez cette partie n'importe où... selon votre bon plaisir !

Troisième partie : En voyage

Les chapitres de cette partie sont conçus pour le voyageur qui sommeille en vous. Ils vous proposent quelques conseils pratiques d'ordre linguistique et culturel pour prendre l'avion et parvenir à destination, vous enregistrer à l'hôtel et aller au restaurant ou sortir en ville. Vous verrez aussi comment changer de l'argent et le dépenser !

Quatrième partie : Vivre dans un pays anglophone

Si vous prévoyez de vous installer dans un pays anglophone, ces chapitres vous apprendront l'anglais dont vous aurez besoin pour vous occuper de votre domicile – remédier à d'éventuels problèmes – et être à l'aise dans un environnement professionnel anglophone. Et par précaution, j'ai inclus un chapitre sur les accidents, les situations imprévues et les problèmes de santé.

Cinquième partie : La partie des Dix

C'est dans cette partie que vous trouverez les fameuses listes des Dix de la collection Pour les Nuls. Je vous suggère dix manières d'améliorer votre anglais, dix gaffes linguistiques amusantes mais dont vous devez vous garder, et dix procédés pour vous aider à distinguer des mots qui se ressemblent.

Sixième partie : Annexes

La dernière partie du livre regroupe des informations de référence utiles, comme un tableau des verbes irréguliers où vous trouverez le « preterit » et le participe passé de presque tous les verbes irréguliers. J'y ai inclus un mini-dictionnaire anglais/français à utiliser quand vous rencontrez des mots inconnus. Elle comporte aussi une liste des pistes « Conversation » enregistrées sur le CD, ainsi que les bonnes réponses et les solutions de tous les jeux (à ne consulter qu'après avoir exercé vos talents).

Textes et encadrés

Au fil des chapitres, vous allez rencontrer des extraits de textes en langue anglaise, accompagnés d'activités, ainsi que des encadrés sur la culture dans les pays anglophones. Les textes sont là pour vous aider à améliorer votre compréhension et votre expression écrites, mais aussi pour vous faire découvrir la langue à travers la culture. Vous trouverez les traductions en français à la suite. Les encadrés parlent de la culture actuelle (les médias, la musique, les films et les séries télé...), du mode de vie (les systèmes politiques, le monde du travail...), mais aussi de l'art de vivre dans les pays anglophones (cuisine, convivialité...). Une langue devient vraiment vivante lorsqu'elle est découverte dans son contexte culturel : apprendre l'anglais, c'est aussi le plaisir de découvrir le monde anglophone dans toute sa richesse et sa diversité !

Icônes utilisées dans le livre

Des icônes figurent dans la marge gauche du livre. Elles attirent l'attention sur des informations particulièrement importantes ou très utiles à vos progrès. Voici la signification de chacune d'elles :

Cette icône signale des conseils ou astuces qui vous permettront de parler anglais plus facilement.

Cette icône vous aide à éviter des erreurs susceptibles de vous mettre dans l'embarras, portant sur le vocabulaire, la grammaire ou un point d'ordre culturel.

Cette icône souligne des particularités grammaticales.

Si vous cherchez des informations d'ordre culturel, cette icône peut vous signaler des éléments intéressants sur les pays où l'on parle anglais.

Cette icône représente les dialogues dits « Conversation », que vous pouvez écouter sur le CD audio.

Cette icône vous indique une liste de sites internet utiles pour poursuivre votre apprentissage en ligne : apprendre l'anglais, c'est être connecté ! Attention : le statut des sites évolue et certains sites recommandés au moment de la sortie de ce livre ne sont peut-être plus disponibles ! L'auteur et l'éditeur ne sont pas responsables en cas de fermetures des sites internet cités ou en cas de problèmes avec lesdits sites.

Cette icône vous indique quelques titres de chansons sur le thème abordé. Vous pourrez les écouter sur les sites internet qui mettent à disposition de la musique (légalement !). Voir à ce sujet le chapitre 17, au paragraphe « Apprenez les paroles des chansons et chantez ! ». Écouter ces chansons vous permettra à la fois d'apprendre le vocabulaire en contexte, d'entendre les mots prononcés dans un anglais authentique et de vous familiariser avec les classiques de la culture pop anglo-saxonne, qui devient une référence planétaire.

Et maintenant ?

Rien ne vous oblige à lire cet ouvrage du début à la fin ; utilisez-le comme bon vous semble. Si vous préférez la voie directe, commencez par le chapitre 1, mais si vous voulez parcourir le livre et choisir ce qui vous intéresse, faites-le ! Peut-être voulez-vous commencer par écouter le CD – très bien. Vous ne savez pas par où commencer ? Quelle que soit l'approche choisie, il est certain que ce livre vous plaira et vous instruira en même temps.

PARTIE 1
COMMENÇONS PAR LE COMMENCEMENT

« J'AURAIS DÛ RÉVISER LES POINTS CARDINAUX AVANT DE QUITTER L'HÔTEL ! »

DANS CETTE PARTIE . . .

Prenez en main les outils de base qui vous serviront à développer votre connaissance de l'anglais. Par exemple, au chapitre **1**, je vous montre comment prononcer les voyelles en anglais ainsi qu'une partie des consonnes, celles qui peuvent poser des problèmes. Je vous montre aussi comment vous approprier le rythme de la langue anglaise. Le chapitre **2** décrit les principaux rouages de la grammaire anglaise – des indications pratiques sur la façon de construire une phrase, de poser une question, de parler du passé, du présent et du futur – et vous fournit quelques autres éléments essentiels à placer dans votre boîte à outils.

Chapitre 1

Bases de la prononciation de l'anglais

DANS CE CHAPITRE :

- **Guide de prononciation de l'anglais pour francophone**
- **Prononciation des 26 lettres de l'alphabet**
- **Maîtrise de quelques consonnes difficiles**
- **Prononciation des voyelles**
- **La musique et le rythme de l'anglais**

Une prononciation correcte est indispensable pour éviter les malentendus, obtenir ce que vous voulez et tout simplement goûter les joies de la conversation. La maîtrise de la prononciation de l'anglais demande du temps : soyez patient, persévérant, et n'hésitez pas à rire de vous-même quand vous faites une erreur. Vous ne perdrez peut-être pas complètement votre accent ni ne parviendrez à une prononciation parfaite dans une autre langue. Toutefois, avec un peu de pratique, vous reproduirez les sons et les rythmes de l'anglais d'une manière assez proche du parler d'un anglophone pour être parfaitement compris. Mais attention, les anglophones peuplent des régions fort éloignées les unes des autres (les îles Britanniques, l'Amérique du Nord, l'Australie, l'Afrique du Sud...) et il y a de grandes différences de prononciation d'un endroit à l'autre. Il faut donc faire un choix.

Supposant que vous aurez l'occasion d'exercer votre anglais tant avec les anglophones d'Amérique du Nord qu'avec ceux des îles Britanniques, le livre vous simplifie la tâche en indiquant systématiquement la prononciation « officielle » britannique et, lorsqu'elle diffère beaucoup, la prononciation « moyenne » en Amérique du Nord (États-Unis et Canada). Mais avant de détailler la manière dont ces deux prononciations sont représentées dans le livre, je voudrais attirer votre attention sur ce qui distingue la prononciation du français, que vous pratiquez sans y penser, de la prononciation de l'anglais, qui requiert au début une certaine attention.

Différences majeures entre la prononciation de l'anglais et celle du français

On dit que l'habitude est une seconde nature. Si vous n'y prenez garde, vos habitudes de prononciation du français provoqueront à votre insu des fautes de prononciation qui empêcheront vos interlocuteurs anglophones de vous comprendre. Pour comprendre, le cerveau doit repérer les mots, les groupes de mots et les phrases. Les repères sonores utilisés à cette fin en anglais et en français sont différents. Le cerveau doit aussi établir le sens des mots ou groupes de mots qu'il a délimités. Le décodage des sons pour déterminer le sens utilise en anglais deux éléments qui, dans le cas d'un francophone écoutant du français, ne servent nullement à comprendre le sens : la position de l'accent tonique (l'accentuation) et la durée d'un son de voyelle.

Voyons de plus près, en les illustrant de quelques exemples, trois différences majeures entre la prononciation du français et celle de l'anglais.

Découpage du flux sonore

Le mode de délimitation des mots et des phrases en français est très simple : une légère élévation de la voix en fin de mot, à la fin d'un groupe de mots et en fin de phrase ; en outre, une brève interruption du flux après une virgule (pour respirer), et une interruption plus longue après un point-virgule ou un point. Pour en prendre conscience, relisez le présent paragraphe en faisant attention à votre prononciation. Puis relisez-le avec une voix d'ordinateur, en conservant d'un bout à l'autre un niveau sonore constant.

Rien de tel en anglais (à part l'interruption derrière une virgule, un point-virgule ou un point). L'anglais reconnaît le sens des mots principalement par la position de l'accent tonique et par la durée du son des voyelles, brefs ou longs – deux éléments non liés au sens des mots français. Par ailleurs, alors qu'en français deux sons de voyelle situés à la fin d'un mot et au début du suivant sont presque toujours prononcés sans interruption (flux continu), l'anglais les sépare presque toujours par une microcoupure. Cette séparation contribue à l'identification des mots dans la phrase.

Une interruption similaire se retrouve, un peu moins marquée et parfois omise, avant le *h* aspiré du français, comme dans « la hache », « la halte », « le haricot ».

Syllabes accentuées et identification des mots

Le principal mécanisme d'identification des mots anglais est sans conteste la position de l'accent tonique, affectant une syllabe, prononcée avec plus d'insistance, dans tout mot de plus d'une syllabe. Alors qu'en français l'accentuation de la dernière syllabe non muette ne saurait fournir un moyen d'identification (tous les mots étant accentués de cette même façon), l'accentuation de certaines syllabes est le principal repère utilisé pour reconnaître un mot anglais. Nous avons vu plus haut que, du fait de la dispersion des anglophones sur la planète, les prononciations varient fortement d'un pays à l'autre. En revanche, l'accentuation ne varie que pour très peu de mots, ce qui aide les anglophones de diverses contrées à se comprendre malgré leurs accents différents. Accentuez les mots aux bons endroits et vous serez compris, même si votre prononciation des consonnes et des voyelles n'est pas impeccable. Mais si vous n'accentuez pas un mot de plus d'une syllabe ou si vous ne placez pas l'accent tonique sur la bonne syllabe, vos chances d'être compris seront quasi nulles.

Sons de voyelle brefs ou longs et sens des mots

La longueur du son des voyelles n'a pas beaucoup d'importance en français. Ce qui distingue le mot « pâte » du mot « patte », c'est avant tout la valeur du son (**â** comme dans « mât » ou **a** comme dans « mat »). Sa durée ne joue qu'un rôle secondaire. C'est le contraire en anglais ! Qui plus est, certains mots très courants d'une syllabe existent en anglais sous deux formes sonores, l'une avec une voyelle brève, l'autre avec une voyelle longue et un sens totalement différent.

Reportez-vous au CD pour écouter la différence entre (Piste 1) :

- **bit** [bɪt] (morceau) et **beat** [biːt] (battre)
- **rid** [rɪd] (débarrasser) et **read** [riːd] (lire)
- **rod** [rɒd] (tringle) et **road** [rəʊd] [UK], [roʊd] [US] (route)
- **bid** [bɪd] (offre) et **bead** [biːd] (perle à enfiler)

Représentation des prononciations dans le livre

Cet ouvrage adopte le mode de transcription standard de l'anglais international, celui de l'Association de Phonétique Internationale (IPA – International Phonetic Association). Cet alphabet spécial permet d'associer un symbole à un son. Vous trouverez des exemples de transcription phonétique dans la plupart des dictionnaires français-anglais. L'accent tonique est indiqué par une apostrophe devant la syllabe accentuée (pour tous les mots de plus d'une syllabe). Le français ne tenant pas compte de l'accentuation pour déterminer le sens des mots, vous risqueriez de ne pas percevoir l'accentuation et de l'omettre en prononçant les mots. Mais grâce à la transcription phonétique de nombreux passages en anglais de ce livre, vous saurez où placer cet accent tonique. Selon le même principe, sachez que deux points suivent toujours les voyelles longues, pour les distinguer des voyelles brèves en anglais.

Voici quelques remarques sur les sons et leurs symboles. Nous ferons le point plus en détail dans les pages qui suivent :

- Le [ə], même suivi d'une consonne ou d'une autre voyelle, doit être prononcé un peu comme le « e » de « je », « te », « me », mais de façon plus courte et neutre. Ce son que les linguistes appellent « schwa » est fréquent en anglais car il sert, avec le [ɪ] bref, à la prononciation de la plupart des syllabes non accentuées. Exemple : « another » [əˈnʌðə] (un autre). C'est ce que l'on appelle la réduction des voyelles dans les syllabes non accentuées : en anglais, lorsqu'une syllabe n'est pas accentuée, le son de voyelle, quel qu'il soit, est généralement remplacé par un son « schwa » ou « i bref ». Comme vous le verrez dans les transcriptions du livre, elle est parfois totalement réduite, comme dans **beautiful** (beau) qui se prononce [ˈbjuːtəfl̩] ou **bottle** (bouteille) qui se prononce [ˈbɒtl̩], le petit point sous le « l » indiquant la réduction de la syllabe non accentuée : la syllabe se prononce comme s'il y avait un « schwa ».

- Les symboles [ʊ] (son bref) et [uː] (son long) sont utilisés pour représenter les sons comme « cou », « pou », « fou », très fréquents en anglais. Exemple : **foot** [fʊt] (pied). Notez que le son « u » de « tu » n'existe pas en anglais, sauf s'il s'agit de mots français importés conservant leur prononciation d'origine, comme dans « couture », « mot juste » ou « crème brûlée ».
- Par ailleurs, vous trouverez souvent dans les transcriptions le symbole [i] plutôt que [ɪ] à la fin de certains mots. Cela signifie simplement qu'en anglais le son i est un peu plus long à la fin des mots, sans mériter pour autant les [ː] d'un son vraiment long !
- Le symbole [ʌ] est utilisé pour représenter le son de voyelle brève que l'on retrouve dans de nombreux mots, comme **up** [ʌp] (au-dessus) **duck** [dʌk] (canard), **bug** [bʌg] (insecte), **rust** [rʌst] (rouille), mais aussi **enough** [ɪˈnʌf] (assez), **tongue** [tʌŋ] (langue). Ce son n'existe pas en français : il est intermédiaire entre le « a » de « mat » et le « e » de « je ».
- Les consonnes en fin de syllabe doivent toujours être prononcées. Comme il n'existe pas de sons de voyelle nasale en anglais (alors que ces sons abondent en français : « langue », « important », « pente », « un », « on »...), le « m » et le « n » qui suivent une voyelle sont toujours prononcés indépendamment de la voyelle. Vous trouverez également dans ce livre le symbole IPA [ŋ], qui désigne tout simplement le son « ng » que l'on trouve dans « **ring** » ou « **parking** », en français comme en anglais.
- *Last but not least*, le « h » devant une voyelle se prononce presque toujours en anglais, alors qu'il est généralement muet en français. On produit ce son par une brève contraction du diaphragme, comme à l'occasion du rire. Il est représenté par la lettre [h].

Lorsque la prononciation américaine est très différente de la prononciation britannique, elle est indiquée à la suite. Les deux prononciations sont alors respectivement signalées par les mentions [US] et [UK]. Les différences majeures entre ces deux variétés d'anglais sont le fait que les Américains prononcent plus souvent les sons [r] que les Britanniques, même si cette prononciation reste légère (on appelle cela une « coloration » : ils ne roulent pas les r comme les Espagnols ou les Italiens !). De plus, certains sons de l'anglais britannique sont presque systématiquement modifiés : le son [əʊ] devient souvent [ɔʊ] et le son [ɑː] devient souvent [æ] par exemple.

Une belle chanson de blues qui fait le point avec humour sur la différence entre l'anglais britannique et l'anglais américain est *Let's call the whole thing off*, interprétée par Ella Fitzgerald et Louis Armstrong.

Pour apprendre à prononcer, la lecture silencieuse ne sert pas à grand chose ! Il faut vous lancer et vous entraîner à lire la transcription à voix haute. Cela demande un effort au départ, pour se familiariser avec la transcription, mais l'opération se révèle payante à l'arrivée ! Comme on dit en anglais, « practice makes perfect » [ˈpræktɪs meɪks ˈpɜːfɪkt] (« c'est en forgeant que l'on devient forgeron »).

Voici l'ensemble des symboles IPA, avec des exemples de mots (Piste 2).

/p/	pen	/ʃ/	shut
/b/	boy	/ʒ/	measure
/t/	ten	/h/	hope
/d/	door	/m/	man
/k/	king	/n/	no
/g/	goal	/h/	human
/f/	friday	/l/	lad
/v/	van	/r/	ring
/θ/	think	/w/	week
/ð/	that	/j/	yet
/s/	sip	/tʃ/	change
/z/	zip	/dʒ/	gin
/ɪ/	pink	/ɒ/	top
/e/	get	/e/	measure
/æ/	tap	/ə/	potato
/ʌ/	shut		
/iː/	key	/uː/	shoe
/aː/	far	/ɜː/	girl
/ɔː/	law		
/eɪ/	may	/aʊ/	cow
/aɪ/	my	/ɪə/	here
/ɔɪ/	toy	/eə/	there
/əʊ/	no	/ʊa/	tour

Voici quelques sites utiles pour apprendre à reconnaître et à transcrire les sons :

- Un site très utile pour apprendre les bases : `http://www.klett.de/software/flash/phonetisches_alphabet_englisch/PhonetischesAlphabet_web_v2.html`
- Pour écouter des textes lus en regardant la transcription : `http://www.repeatafterus.com`

Pour découvrir les différences de prononciations entre les différents pays anglophones :

- L'accent britannique : `http://www.bbc.co.uk/worldservice/learningenglish/grammar/pron/sounds/`

Exemple de page ludique accessible sur ce site : `http://www.bbc.co.uk/schools/wordsandpictures/longvow/poems/fpoem.shtml`

- L'accent américain : `http://www.merriam-webster.com`
- L'accent canadien : `http://international.ouc.bc.ca/pronunciation/`
- Enfin, le site officiel de l'IPA propose des activités et des exercices : `http://www.langsci.ucl.ac.uk/ipa/index.html`.

Pratiquer l'alphabet

Réciter l'alphabet est une autre bonne façon d'aborder la prononciation anglaise. La liste suivante contient les 26 lettres de l'alphabet, chacune étant accompagnée de sa prononciation. (Vous trouverez au chapitre 6 des indications sur la façon d'épeler les mots en anglais.)

Reportez-vous au CD pour bien écouter la prononciation de l'alphabet avant de le réciter vous-même (Piste 3).

a [eɪ] **b** [biː] **c** [siː] **d** [diː]

e [iː] **f** [ef] **g** [dʒiː] **h** [eitʃ]

i [aɪ] **j** [dʒeɪ] **k** [keɪ] **l** [el]

m [em] **n** [en] **o** [əʊ] **p** [piː]

q [kjuː] **r** [ɑː] [UK], [aːr] [US] **s** [es] **t** [tiː]

u [juː] **v** [viː] **w** [ˈdʌb.l.juː]

x [eks] **y** [waɪ] **z** [zed] [UK], [ziː] [US]

Bien que l'anglais n'ait que 26 lettres, il comporte approximativement 44 sons différents ! (Et ces sons varient en fonction des accents régionaux.) Certaines lettres produisent plusieurs sons et à certaines voyelles peuvent correspondre des sons très différents ! Il peut donc être difficile de prononcer de nouveaux mots.

Les sections suivantes donnent quelques principes commodes et quelques règles pratiques pour la prononciation des sons anglais. (Je ne passe pas en revue les 44 sons, mais je vous signale les plus problématiques.) Ne soyez pas timide. Regardez-vous dans la glace tandis que vous vous exercez et pensez à faire bouger et à étirer votre bouche pour que les sons sortent clairs et forts !

Prononciation des consonnes

Les consonnes de l'anglais s'écrivent comme celles du français, mais ne se prononcent pas toutes de la même manière. Prononcer clairement les sons de consonne en anglais exige un peu d'entraînement. Si vous mettez les lèvres et la langue dans la bonne position, un son correct (presque à chaque fois) sortira de votre bouche, comme par miracle !

Deux sortes de consonnes : consonnes sonores et consonnes sourdes

La plupart des consonnes sont **voiced** [vɔɪst] (sonores), ce qui veut dire que vous devez utiliser votre voix et positionner la bouche correctement pour les prononcer. Quelques sons de consonne sont **voiceless** [vɔɪsləs] (sourds), ce qui veut dire vous n'utilisez pas votre voix pour les prononcer (le son sort un peu comme un soupir).

Chaque consonne sourde a une partenaire sonore (une consonne qui se forme exactement de la même manière dans la bouche, mais en y ajoutant la voix). Par exemple, réalisez le son **p** *sourd* en fermant les lèvres et en poussant l'air vers l'extérieur pour produire le son. Il devrait ressembler à un souffle, un murmure. Pour prononcer son partenaire sonore, le son **b**, placez les lèvres exactement dans la même position que pour le son **p** et poussez l'air vers l'extérieur, mais cette fois, utilisez en même temps votre voix. Le son doit venir de la profondeur de la gorge.

Voici quelques paires de consonnes sourdes et sonores (Piste 4).

f [f] fish [fɪʃ]	**v** [v] very [ʻveri]
k [k] key [kiː]	**g** [g] get [get] (g comme dans le français *gare*)
p [p] pen [pen]	**b** [b] banana [bəˈnɑːnə]
s [s] sit [sɪt]	**z** [z] zipper [ʻzɪpə]
t [t] telephone [ˈtelɪfəʊn]	**d** [d] delicious [dɪˈlɪʃəs]
sh [ʃ] shave [ʃeɪv] (ch comme dans *chou*)	**ch** [tʃ] (comme dans *tchin-tchin*)

j et **g** [ʒ] joke [dʒəʊk] (j comme dans *jouet*) ou [dʒ] (comme dans *Django*)

th [ð] ou [θ] thank you/those [θæŋk juː] [ðəʊz] (Voir paragraphe suivant)

Dans les quelques sections suivantes, je vous donne davantage de détails sur la prononciation des sons sourds et sonores. Si vous avez des difficultés à reconnaître et à prononcer ces consonnes, vous êtes arrivé au bon endroit du livre.

Le problématique th

Avez-vous du mal à prononcer la consonne **th** ? Cette consonne se retrouve partout en anglais. Et d'ailleurs, l'anglais comporte non pas un mais deux sons **th** ! Par exemple :

- » Le son **th sonore** dans les mots **those** [ðəʊz] [UK], [ðoʊz] [US] (ces), **other** [ˈʌðə] (autre) et **breathe** [briːð] (respirer) est profond et requiert votre voix.
- » Le son **th sourd** dans les mots **thanks** [θæŋks] (merci), **something** [ˈsʌmθɪŋ] (quelque chose) et **bath** [bɑːθ] (bain) est doux comme un murmure.

Avec un peu de pratique et de concentration, vous prononcerez clairement les deux sons **th**. Je vous montre comment vous exercer dans le paragraphe suivant, continuez à lire.

Quand vous essayez de dire le mot **that** [ðæt] (cela), ce que vous dites ressemble-t-il à **dat'** ou à **zat'** ? Ou quand vous essayez de dire le mot **think** [θɪŋk] (penser), dites-vous **tin'k** ou **sin'k** ? Si oui, rassurez-vous, il n'y a pas que vous dans ce cas. Le problème est que vous gardez la langue à l'intérieur de la bouche, en arrière des incisives supérieures. Vous devez sortir un peu la langue pour produire le son **th**, ou bien placer le bout de votre langue entre vos dents (sans le mordre !) et le rétracter en émettant le son **th**.

Exercez-vous à dire ces mots qui commencent par le son **th** sonore profond :

- » **there** [ðeə] (là)
- » **these** [ðiːz] (ces… ci)
- » **they** [ðeɪ] (ils ou elles)
- » **this** [ðɪs] (ce)
- » **those** [ðəʊz] [UK], [ðoʊz] [US] (ces… là)

Entraînez-vous maintenant à dire ces mots commençant par le **th** sourd :

- » **thank you** [θæŋk juː] (merci)
- » **thing** [θɪŋ] (chose)

» **think** [θɪŋk] (penser)

» **thirty-three** [ˈθɜːtɪˌθɜːtɪ] (trente-trois)

» **Thursday** [ˈθɜːzdɪ] (jeudi)

Entraînez-vous à chanter *Something* et *Here, there and everywhere* des Beatles (accessibles sur internet sur les sites de téléchargement légaux) et vous finirez par y arriver !

Conversation

Monsieur et madame Abbott s'apprêtent à partir en vacances pour quelques jours. Ils essaient de décider quels bagages emporter pour le voyage. (Piste 5)

Mme Abbott : **I think we need three bags, but we have only these two.**

[aɪ θɪŋk wi niːd θriː bægz bət wi həv ˈəʊnli ðiːz tuː]

Je pense que nous avons besoin de trois valises, mais nous n'avons que ces deux-là.

M. Abbott : **I thought about that. So I bought another bag on Thursday.**

[aɪ θɔːt əˈbaʊt ðæt səʊ aɪ bɔːt əˈnʌðə bæg ən ˈθɜːzdeɪ]

J'y ai pensé. Et j'ai acheté une autre valise jeudi.

Mme Abbott : **Thanks. There are so many things I want to bring.**

[θæŋks ðeə səʊ menɪ θɪŋz aɪ wɒnt tə brɪŋ]

Merci. Il y a tellement de choses que je veux emporter.

M. Abbott : **Do you need all those shoes — 33 pairs?**

[duː jə niːd ɔːl ðəʊz ʃuːz ˈθɜːtɪ θriː peəz]

As-tu besoin de toutes ces chaussures – 33 paires ?

Mme Abbott : **Of course! They're absolutely essential!**

[əv kɔəs ðeɪr ˈæbsəljuːtlɪ ɪˈsenʃəl]

Bien sûr ! Elles sont absolument indispensables !

Conversation

Jordie et Austin, deux amis étudiant à la même université, se rendent dans un magasin de disques d'occasion (Piste 6).

Jordie : **I just bought a new sound system with a turntable.**

[aɪ dʒʌst bɔːt ə njuː saʊnd ˈsɪstɪm wɪθ ə ˈtɜːnteɪbəl]

Je viens d'acheter un nouvelle chaîne hi-fi avec une platine.

Austin : **Cool. Are you looking for some old records?**

[kuːl ɑː jə lʊkɪŋ fə sʌm əʊld ˈrekɔːdz]

La classe ! Cherches-tu des disques anciens ?

Jordie : **Definitely. I already have a small collection of rock'n roll records, but I want more.**

[ˈdefɪnɪtlɪ aɪ ɒlˈredɪ hæv ə smɔːl kəˈlekʃər əv rɒknrəʊl ˈrekɔːdz bʌt aɪ wɒnt mɔə]

Absolument. J'ai déjà une petite collection de disques de rock'n roll, mais j'en veux d'autres.

Austin : **Personally, I prefer the early rhythm and blues. Do you like R'n'B'?**

[ˈpɜːsənəlɪ aɪ prɪˈfɜː ði ˈɜːlɪ ˈrɪðəm ən bluːz duː jə laɪk ɑːrənbiː]

Personnellement, je préfère le rhythm and blues des débuts. Aimes-tu le R'n'B' ?

Jordie : **Sure, I like a lot of different music: R'n'B', rock'n roll, reggae, rap, heavy metal, and even classical.**

[ʃʊər aɪ laɪk ə lɒt əv ˈdɪfərənt ˈmjuːzɪk ɑ rənbi rɒknrəʊl ˈregeɪ ræp ˈhevɪ ˈmetəl ən ˈiːvən ˈklæsɪkəl]

Bien sûr, j'aime toutes sortes de musiques différentes : le R'n'B', le rock'n roll, le reggae, le rap, le heavy metal et même la musique classique.

Prononciation des voyelles

L'anglais comporte six voyelles – a, e, i, o, u et y – mais environ 15 sons de voyelle ! La bonne nouvelle est qu'avec un peu de pratique, vous apprendrez à prononcer tous ces différents sons. L'autre bonne nouvelle, c'est que grâce à l'indication systématique de la prononciation, vous pourrez prononcer correctement toutes les voyelles des mots anglais que vous lirez dans ce livre.

La sous-section suivante donne un aperçu des différents types de sons de voyelle que comportent les mots anglais. Dans un deuxième temps, nous verrons la prononciation de toutes les voyelles et combinaisons de voyelles.

Différentes sortes de sons de voyelle

Comme l'explique la première section de ce chapitre, consacrée aux principales différences entre la prononciation de l'anglais et celle du français, il existe deux grandes sortes de voyelles en anglais : les voyelles brèves et les voyelles longues. Nous avons vu qu'un même son de voyelle peut produire des mots de sens différents selon qu'il est bref ou long. Exemples : **beat** [biːt] (battre) et **bit** [bɪt] (morceau).

Les sons de voyelle brefs sont toujours simples, le son n'évolue pas au cours de sa prononciation. Exemples : **bit** [bɪt] (morceau), **duck** [dʌk] (canard). En revanche, les sons de voyelle longs peuvent être simples (le même son est prolongé) ou diphtongués (deux sons de voyelle différents, mais contigus). Exemple de son de voyelle long et simple : **people** [ˈpiːpəl] (des gens) ; exemple de son de voyelle diphtonguée : **time** [taɪm] (temps – le temps qui passe, pas celui qu'il fait). Notez au passage que l'association de deux voyelles (eo) peut produire un son de voyelle simple [iː], et qu'une seule voyelle (i) peut suffire à produire un son de voyelle diphtongué [aɪ].

Sons de voyelle brefs

Les **short vowel sounds** (sons de voyelle brefs) sont souvent prononcés un peu moins fort que les autres, et nettement moins fort lorsqu'ils figurent dans des syllabes non accentuées.

Reportez-vous au CD pour écouter la prononciation des mots suivants (Piste 7) :

» **can** [kæn] (peut)

» **fun** [fʌn] (amusement)

» **with** [wɪð] (avec)

- » **foot** [fʊt] (pied)
- » **bread** [bred] (pain)
- » **product** [ˈprɒdəkt] [UK], (produit)
- » **village** [ˈvɪlɪdʒ] (village)

Sons de voyelle longs et simples

Voici maintenant quelques exemples de sons de voyelle longs et simples :

- » **scene** [siːn] (scène)
- » **father** [ˈfɑːðə] (père)
- » **bird** [bɜːd] (oiseau)
- » **fort** [fɔːt] (un fort)

Sons de voyelle diphtongués

Ce sont deux sons de voyelle prononcés ensemble. Pour prononcer une diphtongue en anglais, vous devez commencer par le premier son et glisser ensuite vers le deuxième son. Accentuez davantage le premier son, mais n'oubliez pas de prononcer aussi le second. Exercez-vous sur les exemples ci-après :

- » **boy** [bɔɪ] (garçon)
- » **now** [naʊ] (maintenant)
- » **say** [seɪ] (dire)
- » **time** [taɪm] (temps)
- » **vote** [vəʊt] [UK] (voter)
- » **bowling** [ˈboʊlɪŋ] [US] (bowling)

Prononciation et combinaisons de voyelles

Voyons maintenant les sons produits par différentes voyelles seules ou combinées. La relation entre l'écriture et la prononciation n'est pas simple. C'est pourquoi il est important d'entendre le plus d'anglais authentique possible, en écoutant des chansons, en regardant des films et des séries télés : commencez par mettre les sous-titres en français sur votre lecteur de DVD à la maison, puis revoyez le film ou l'épisode avec les sous-titres anglais pour voir la différence entre orthographe et prononciation : c'est en écoutant régulièrement que l'on s'entraîne le mieux !

» Une voyelle seule peut produire un son bref : **duck** [dʌk] (canard), un son long : **arm** [ɑːm] (bras) ou un son diphtongué : **time** [taɪm] (temps).

» Une voyelle doublée peut produire un son bref : **blood** [blʌd] (sang) ou un son long et simple : **root** [ruːt] (racine).

» Deux voyelles différentes contiguës peuvent produire un son bref : **bread** [bred] (pain), un son long et simple : **meat** [miːt] (viande) ou un son diphtongué : **steak** [steɪk] (steak).

Voyons maintenant les sons produits par chacune des voyelles a, e, i, o, u, seules ou combinées à d'autres :

La voyelle a

La voyelle **a** peut produire des sons longs ou courts : un son diphtongué [eɪ], un son long et simple comme [ɑː] et [ɔː]. Elle produit aussi deux sons brefs, le [æ] dans des syllabes accentuées et le [ə] (schwa) ou le [ɪ] dans des syllabes non accentuées.

» Diphtongue : **ate** [eɪt] (mangea), **came** [keɪm] (vint), **day** [deɪ] (jour), **late** [leɪt] (tard), **tomato** [təˈmeɪtəʊ] [US] (tomate). Pour prononcer cette diphtongue, commencez par le son *é* et terminez par le son *i* dans une sorte de fondu enchaîné.

» son [ɑː] : **father** [ˈfɑːðə], **bar** [bɑː] (bar), **tomato** [təˈmɑːtəʊ] [UK] (tomate)

» son [ɔː] : **bald** [bɔːld] (chauve), **straw** [strɔː] [UK], [strɑː][US] (paille), **talk** [tɔːk] [UK], [tɑːk] [US] (parler), **thought** [θɔːt] [UK], [θɑːt] [US] (pensée)

» son [æ] : **cat** [kæt] (chat), **hand** [hænd] (main) et **bat** [bæt] (chauve-souris)

» [ə] et [ɪ] : **delicate** [ˈdelɪkət] (délicat), **hospital** [ˈhɒspɪtəl] (hôpital), **original** [ɒˈrɪdʒɪnəl] (original), **village** [ˈvɪlɪdʒ] (village).

La voyelle e

La voyelle e peut produire un son **i long** [iː] lorsqu'elle est seule (**e**), doublée (**ee**) ou combinée à **i**, **a** et même **o**, comme dans le mot **people** (**ei**, **ie**, **ea**, **eo**). Produisez le **e long** avec une sorte de sourire en tirant les lèvres en arrière. Faites durer le son, ne l'abrégez pas.

» **e** seul : **be** [biː] (être), **even** [ˈiːvən] (même), **evening** [ˈiːvnɪŋ] (soir)

» **e** doublé : **bee** [biː] (abeille), **reed** [riːd] (roseau), **eel** [iːl] (anguille), **employee** [emˈplɔɪiː] (employé), **see** [siː] (voir), **breeze** [briːz] (brise)

» **ei** : **receive** [rɪˈsiːv] (recevoir)

- **ie** : **believe** [bɪˈliːv] (croire)
- **ea** : **reveal** [rɪˈviːl] (révéler), **read** [riːd] (lire), **sea** [siː] (mer), **heal** [hiːl] (guérir), **heat** [hiːt] (forte chaleur)
- **eo** : **people** [ˈpiːpəl] (personnes)

La voyelle e peut produire un son **é bref** quand elle n'est associée à aucune autre voyelle, mais aussi quand elle précède un **a**. Pour le prononcer, ouvrez un peu la bouche et rétractez légèrement les lèvres comme en un sourire fugitif.

- **e** seul : **ten** [ten] (dix), **sell** [sel] (vendre), **address** [əˈdres] (adresse)
- **ea** : **bread** [bred] (pain), **head** [hed] (tête) **ready** [ˈredɪ] (prêt)

Mais la voyelle **e** produit aussi le son neutre bref [ə] (le schwa) dans les syllabes non accentuées. Et comme en français, ce [ə] peut devenir muet :

- **problem** [ˈprɒbləm] [UK], [ˈprɑːbləm] [US] (problème)
- **even** [ˈiːvən] (même)
- **idle** [ˈaɪdəl] (oisif, inoccupé)

Exercez-vous à prononcer les **e longs** et **brefs** en répétant les phrases suivantes :

- **e long : We see three green trees.** [wiː siː θriː griːn triːz] (Nous voyons trois arbres verts.)
- **e bref : Jenny went to sell ten red hens.** [dʒenɪ went tə sel ten red henz] (Jenny est partie vendre dix poules rouges.)
- **Les deux sons : Please send these letters.** [pliːz send ðiːz ˈletəz] (S'il te plaît envoie ces lettres.)

La voyelle i

La forme longue de la voyelle **i** anglaise ne produit pas le son auquel s'attendent les francophones, mais la diphtongue [aɪ]. Pour la prononcer, commencez par dire **a** et terminez par **i**, en passant doucement d'un son à l'autre. Exemples :

- **time** [taɪm] (temps – celui qui passe, pas celui qu'il fait)
- **like** [laɪk] (aimer)
- **arrive** [əˈraɪv] (arriver)

Ce son peut s'écrire d'autres façons, comme par exemple dans les mots **height** [hɑɪt] (hauteur), **fly** [flaɪ] (mouche), **buy** [baɪ] (acheter), **lie** [laɪ] (mentir/mensonge) et **eye** [aɪ] (œil).

La forme brève du **i** se prononce à peu près comme le « i » des francophones. Pour prononcer le **i bref** anglais, détendez les lèvres en ouvrant un peu la bouche et gardez la langue dans le bas de la bouche. (Si la langue est placée trop haut, votre **i bref** ressemblera à un **i long**) Exemples :

- » **it** [ɪt] (pronom personnel neutre)
- » **his** [hɪz] (son ou sa)
- » **this** [ðɪs] (ceci)
- » **bill** [bɪl] (addition au restaurant [UK], billet de banque [US])
- » **sister** [ˈsɪstə] (sœur)

Attendez-vous à ce qu'on vous regarde bizarrement si vous ne faites pas clairement la distinction entre le **i bref** (comme dans **it**) et le **i long** (comme dans **eat**). Ne dites pas **I need to live now** [aɪ niːd tə lɪv naʊ] (il faut que je vive maintenant) si vous voulez dire **I need to leave now** [aɪ niːd tə liːv naʊ] (il faut que je parte maintenant). Le **i bref** [ɪ] se retrouve, comme le schwa [ə], dans la prononciation de syllabes non accentuées comportant un **a**.

- » **village** [ˈvɪlɪdʒ] (village)
- » **garage** [ˈgærɪʒ] (garage)

La voyelle o

Une particularité de la voyelle **o** est que sa forme longue comme sa forme courte se prononcent différemment en anglais britannique et en anglais américain.

LE O LONG

Le son **o long** est la diphtongue [əʊ] en anglais britannique et le son de voyelle [oʊ] en anglais américain. Exemples :

- » **rode** [rəʊd] [UK], [roʊd] [US] (montait à cheval)
- » **joke** [dʒəʊk] [UK], [dʒoʊk] [US] (blague)
- » **phone** [fəʊn] [UK], [foʊn] [US] (téléphone)
- » **home** [həʊm] [UK], [hoʊm] [US] (chez soi)

En plus du schéma **o** + consonne + **e** final (exemples ci-dessus), les sons **o longs** se retrouvent avec d'autres orthographes :

- » **no** [nəʊ] [UK], [noʊ] [US] (non ou pas de)
- » **toe** [təʊ] [UK], [toʊ] [US] (orteil)
- » **sew** [səʊ] [UK], [soʊ] [US] (coudre)
- » **know** [nəʊ] [UK], [noʊ] [US] (savoir)
- » **dough** [dəʊ] [UK], [doʊ] [US] (pâte)
- » **boat** [bəʊt] [UK], [boʊt] [US] (bateau)

LE O BREF

Le **o** donne habituellement un son de voyelle bref quand il est placé entre deux consonnes. Il est alors prononcé en anglais britannique un peu à la manière du « o » du mot français « obélisque » [ɒ] et en anglais américain comme le « â » du mot français « mât » [ɑ:] .

- » **not** [nɒt] [UK], [nɑ:t] [US] (ne... pas)
- » **hot** [hɒt] [UK], [hɑ:t] [US] (très chaud)
- » **stop** [stɒp] [UK], [stɑ:p] [US] (arrêter)
- » **a lot** [ə lɒt] [UK], [ə lɑ:t] [US] (beaucoup)
- » **dollar** [ˈdɒlə] [UK], [ˈdɑ:lə] [US] (dollar)

O + SECONDE VOYELLE

Le **o** doublé (**oo**) donne deux sons de voyelle supplémentaires : [ʊ] (bref), [u:] (long), et encore [ʌ] avec le mot **blood**.

- » [ʊ] : **good** [gʊd] (bon), **cook** [kʊk] (cuisinier/cuisinière), **foot** [fʊt] (pied), **book** [bʊk] (livre)
- » [u:] : **moon** [mu:n] (lune), **choose** [tʃu:z] (choisir), **food** [fu:d] (nourriture), **room** [ru:m] (pièce d'une maison)
- » [ʌ]: **blood** [blʌd] (sang)

Le **o** suivi d'un **u** produit le son [ʊ] (bref) :

- » [ʊ] : **could** [kʊd] (pouvait), **would** [wʊd] (voudrait)

Essayez de dire la phrase : **I would cook something good if I could**. [aɪ wʊd kʊk ˈsʌmθɪŋ gʊd ɪf aɪ kʊd] (Je cuisinerais quelque chose de bon si je pouvais.)

Don't put your foot in your mouth ! [dəʊnt pʊt jʊə fʊt ɪn jʊə maʊθ] (Ne mets pas ton pied dans ta bouche – expression idiomatique stigmatisant une gaffe.)

La voyelle u

La voyelle **u** se prononce tantôt avec le son de voyelle long [uː], tantôt avec le son de voyelle bref [ʌ].

U PRONONCÉ [Uː]

- avec **u** : **June** [dʒuːn] (juin), **blue** [bluː] (bleu), **use** [juːz] (utiliser), **suit** [sjuːt] (costume)
- avec d'autres lettres : **do** [duː] (faire), **you** [juː] (tu/vous), **new** [njuː] (nouveau), **through** [θruː] (à travers), **shoe** [ʃuː] (chaussure)

U PRONONCÉ [Λ]

Le **u bref** est très fréquent en anglais.

- **up** [ʌp] (en haut)
- **bus** [bʌs] (autobus)
- **much study** [mʌtʃ ˈstʌdɪ] (beaucoup d'étude)
- **suddenly** [ˈsʌdənlɪ] (soudainement)
- **under** [ˈʌndə] (sous)

Prononciation de mots anglais que vous connaissez déjà

L'anglais repose en grande partie sur des bases latines, tout comme le français, l'italien, l'espagnol et le portugais. C'est pourquoi l'on rencontre dans toutes ces langues des mots provenant de la même racine. En outre, la conquête normande et par la suite les relations étroites (pas toujours amicales) entre l'Angleterre et la France ont introduit dans la langue anglaise un nombre considérable de mots français, qui ont dans leur immense majorité conservé le même sens. Ils ont néanmoins acquis une accentuation et une prononciation conformes aux schémas des mots anglo-saxons, qui nous empêchent de les reconnaître à l'oreille.

Prononciation de mots ayant le même sens dans les deux langues

La liste ci-après donne une liste de mots dont l'orthographe est voisine ou identique en anglais et en français, dont le sens est le même et dont la prononciation diffère. Les vocabulaires des deux langues ont en commun des milliers de mots, et je ne peux vous en donner ici qu'un échantillon des mots les plus courants.

Les mots lus vous permettront de vous familiariser avec la différence entre la prononciation française et la prononciation anglais, mais également avec la transcription IPA (les petits symboles que vous trouverez à côté des mots et que vous arriverez bien vite à déchiffrer). (Piste 8)

Anglais/Français

actor [ˈæktə] (acteur)
angel [ˈeɪndʒəl] (ange)
art [ɑ:t] [UK], [ɑ:rt] [US] (art)
analyze/analyse [ˈænəlaɪz] (analyser)
bank [bæŋk] (banque)
banquet [ˈbæŋkwɪt] (banquet)
concert [ˈkɒnsət] (concert)
culture [ˈkʌltjʊə] (culture)
delicate [ˈdelɪkət] (délicat)
detail [di:teɪl] (détail)
enormous [ɪˈnɔ:məs] (énorme)
excellent [ˈeksələnt] (excellent)
express [ekˈspres] (express)
family [ˈfæmɪlɪ] (famille)
flower [ˈflaʊə] (fleur)
garden [ˈgɑ:d(ə)n] (jardin)
government [ˈgʌvənmənt] (gouvernement)
guide [gaɪd] (guide)
hospital [ˈhɒspɪtəl] (hôpital)
hotel [həʊˈtel] [UK], [hoʊˈtel] [US] (hôtel)
important [ɪmˈpɔ:tənt] (important)
infinite [ɪnfɪnɪt] (infini)
invention [ɪnˈvenʃən] (invention)
jovial [ˈdʒəʊvɪəl (jovial)
kilogram [kɪləgræm] (kilogramme)
kiosk [kɪˈɒsk] (kiosque)
lamp [læmp] (lampe)
letter [ˈletə] (lettre)
music [ˈmju:zɪk] (musique)
nation [ˈneɪʃən] (nation)
optic [ˈɒptɪk] [UK], [ˈɑ:ptɪk] [US] (optique)
order [ˈɔ:də] (ordre)
original [ɒˈrɪdʒɪnəl] (original)
plant [plɑ:nt] [UK], [plænt] [US] (plante)
possible [ˈpɒsɪbəl] [UK], [ˈpɑ:sɪbəl] [US] (possible)
president [ˈprezɪdənt] (président)
problem [ˈprɒblɪm] [UK], [ˈprɑ:blɪm] [US] (problème)
radio [ˈreɪdɪəʊ] (radio)
restaurant [ˈrestərənt] (restaurant)
science [ˈsaɪəns] (science)
secret [ˈsi:krɪt] (secret)
silence [ˈsaɪləns] (silence)
taxi [ˈtæksɪ] (taxi)
term [tɜ:m] (terme)
terrible [ˈterɪbəl] (terrible)
traffic [ˈtræfɪk] (trafic)
train [treɪn] (train)
urgent [ˈɜ:dʒənt] (urgent)
united [ju:ˈnaɪtɪd] (uni)
vibration [vaɪˈbreɪʃən] (vibration)
violin [ˈvaɪəlɪn] (violon)
visit [ˈvɪzɪt] (visite)
watt [wɒt] (watt)
zebra [ˈzi:brə] (zèbre)
zero [ˈzɪərəʊ] [UK], [ˈzɪəroʊ] [US] (zéro)

Prononciation – et sens – de mots ressemblants mais très différents

Il existe cependant quelques mots anglais et français qui se ressemblent beaucoup, mais qui ne signifient pas la même chose. Apprendre ce qui les différencie vous évitera bien des déconvenues. Fort heureusement, alors qu'il y a des milliers de mots semblables dont le sens est le même, les « faux amis » ne sont que quelques centaines. Méfiez-vous particulièrement de ceux listés ci-après :

- **actual** [ˈæktju:əl] signifie véritable ou réel. En français, qualifie ce qui se passe dans le moment présent.
- **application** [æplɪˈkeɪʃən] est une demande officielle ou le document servant à la formuler. Ce mot peut aussi avoir un sens identique à celui du mot français (par exemple, l'application d'une couche de peinture).
- **character** [ˈkærəktə] est le plus souvent un personnage dans un roman, un film, etc. Ce mot peut aussi, selon le contexte, avoir comme autres sens ceux du mot français caractère.
- **eventually** [ɪˈventju:əlɪ] se réfère à un événement qui tôt ou tard finit par se produire, alors que « éventuellement » caractérise un événement possible mais incertain.
- **large** [lɑ:dʒ] veut dire grand, et non pas large.
- **library** [ˈlaɪbrərɪ] désigne une bibliothèque (l'institution, pas le meuble) et non un magasin où l'on peut acheter des livres, comme le mot librairie.
- **sensible** [ˈsensɪbəl] veut dire sensé ou raisonnable.

Garder le rythme

Le rythme et la musique d'une langue lui confèrent sa vie et sa personnalité. Et c'est en grande partie grâce à ces éléments que l'anglais ressemble à de l'anglais ou que le français ressemble à du français. Le rythme de l'anglais est déterminé par ses schémas d'accentuation – l'accent tonique affectant certains mots ou certaines syllabes. Connaissant la façon d'utiliser le rythme de l'anglais et l'accent tonique, vous aurez une bien meilleure prononciation et votre anglais ressemblera davantage à celui d'un locuteur natif. Même quand la prononciation n'est pas correcte, il est plus facile de comprendre une phrase si le rythme est bon. Et vous comprendrez mieux l'anglais quand vous en connaîtrez le rythme. Les sections suivantes vous présentent le rythme de l'anglais et les schémas d'accentuation qui le caractérisent.

Battre la mesure

Il est facile de prendre le rythme anglais. En prononçant les phrases suivantes, maintenez un rythme régulier en battant la mesure avec le pied à chaque syllabe soulignée, qui indique la syllabe accentuée :

- **For English rhythm, tap your feet.** [fə ˈɪŋglɪʃ ˈrɪðəm tæp jə fiːt] (Pour le rythme de l'anglais, tapez du pied.)
- **Fast or slow just keep the beat.** [fɑːst ə sləʊ dʒʌst kiːp ðə biːt] (Rapidement ou lentement, battez simplement la mesure.)

Essayez maintenant de garder le rythme dans les phrases suivantes tout en tapant du pied. (N'oubliez pas d'accentuer les syllabes soulignées.)

- **Cats eat mice.** [kæts iːt maɪs] (Les chats mangent les souris.)
- **The cats will eat the mice.** [ðə kæts wɪl iːt ðə maɪs] (Les chats mangeront les souris.)

Si une phrase comporte plusieurs syllabes non accentuées les unes à la suite des autres, vous devez accélérer (un peu) pour garder le rythme. Essayez de dire la phrase suivante sans modifier le battement de pied :

- **The cats in the garden are going to eat up the mice.** [ðə kæts ɪn ðə ˈgɑːdən ɑː gəʊɪŋ tə iːt ʌp ðə maɪs] (Les chats dans le jardin vont manger les souris.)

Accentuation des mots importants

Comment savoir quels mots accentuer en anglais ? Accentuez les plus importants ! Autrement dit, les mots qui apportent le plus d'informations à la phrase.

Accentuez les mots suivants :

- adjectifs
- adverbes
- verbes principaux
- la plupart des mots servant aux questions
- négations
- noms

GLOBISH: ENGLISH ALL OVER THE WORLD!

L'anglais est devenu la langue des échanges internationaux, et à ce titre, il y a aujourd'hui pratiquement autant de personnes qui ont appris l'anglais comme seconde ou troisième langue, pour des raisons sociales ou professionnelles, que de personnes dont l'anglais est la langue maternelle. On appelle d'ailleurs le **Globish** [ˈgləʊbɪʃ] (contraction de Global English) cette langue simplifiée, partagée aux quatre coins du monde, faite d'un mélange de plusieurs variétés d'anglais.

L'accent anglais appelé **received pronunciation** [rɪˈsiːvd prəˌnʌnsɪˈeɪʃn̩] ou **RP** [ɑː piː] (« l'anglais de la Reine ») correspond à la prononciation standard de l'anglais britannique, mais on oublie souvent que **the United Kingdom** [ði juˈnaɪtɪd ˈkɪŋdəm] (le Royaume-Uni), est une entité qui regroupe plusieurs régions plus ou moins autonomes : **England** [ˈɪŋglənd] (l'Angleterre), **Scotland** [ˈskɒtlənd] (l'Écosse), **Wales** [weɪlz] (le Pays de Galles) et **Northern Ireland** [ˈnɔːðən ˈaɪələnd] (l'Irlande du Nord). Certaines de ces régions sont très attachées à leur **autonomy** [ɔːˈtɒnəmi] (autonomie) et veulent développer la **devolution** [diːvəˈluːʃn̩] (décentralisation). Ainsi, le Scottish Parliament et la Welsh Assembly ont le droit de définir certaines **local policies** [ˈləʊkl̩ ˈpɒləsɪz] (politiques locales), notamment en matière d'**education** [edʒʊˈkeɪʃn̩] (éducation), **health** [helθ] (santé) et **culture** [ˈkʌltʃə] (culture).

Lorsque l'on pense à toutes les personnes de **mother tongue** [ˈmʌðə tʌŋ] (langue maternelle) anglaise, on songe d'abord à l'Angleterre et aux États-Unis, mais l'anglais est la langue officielle de nombreux pays dans le monde. L'ancien empire colonial britannique a disparu au XXe siècle pour céder la place à ce que l'on appelle aujourd'hui le **Commonwealth** [ˈkɒmənwelθ], organisation d'entraide internationale qui compte 54 **member states** [ˈmembə steɪts] (états membres). En Amérique, **Canada** [ˈkænədə] (le Canada) comptait 35 millions d'habitants en 2010, ses langues officielles sont l'anglais et le français. **The Caribbean** [ðə kəˈrɪbiən] (les Caraïbes) est une vaste région composée, entre autres, des **Bahamas** [bəˈhɑːməz] (les Bahamas), de **Barbados** [bɑːˈbeɪdəs] (la Barbade) et de **Jamaica** [dʒəˈmeɪkə] (la Jamaïque). En Asie, **Australia** [ɒˈstreɪliə] (l'Australie) comptait plus de 22 millions d'habitants en 2010 et **New Zealand** [njuː ˈziːlənd] (la Nouvelle-Zélande) environ 4,5 millions d'habitants, ses langues officielles étant l'anglais et le maori. **India** [ˈɪndɪə] (l'Inde) compte plus d'un **billion** [ˈbɪlɪəŋ] (milliard) d'habitants et l'anglais figure parmi ses 16 langues officielles ! En Afrique, **South Africa** [saʊθ ˈæfrɪkə] (l'Afrique du Sud), avec plus de 50 millions d'habitants en 2010, ne possède pas moins de 11 langues officielles. Le **Nigeria** [naɪˈdʒɪərɪə] (Nigeria), qui comptait près de 168 millions d'habitants en 2010, a pour langue officielle l'anglais, mais plusieurs centaines de langues et dialectes y sont parlés.

Le Commonwealth regroupe au total plus de 2,2 milliards d'habitants, soit presque le tiers de la population mondiale !

Le site officiel du Commonwealth présente son rôle et ses activités : `http://thecommonwealth.org/`

Pour écouter toutes ces variétés d'anglais, un site clair et synthétique, quoiqu'un peu technique : `http://www.soundcomparisons.com/`

GLOBISH: ENGLISH ALL OVER THE WORLD! *(SUITE)*

Mais surtout, écoutez des chansons et regardez des séries qui reflètent la richesse et la diversité des variétés d'anglais. En voici quelques exemples :

- L'accent du Midwest américain des chansons de Woody Guthrie
- L'accent jamaïcain des chansons de Bob Marley
- L'accent néo-zélandais de Germaine et Bret dans la série *Flight of the Conchords.*
- L'accent irlandais de Roy dans la série *The IT Crowd.*
- L'accent RP de la série de la BBC *Pride and Prejudice.*

Mais n'accentuez pas les mots suivants :

- articles
- verbes auxiliaires (sauf à la fin d'une phrase)
- conjonctions
- prépositions
- pronoms (d'une manière générale)
- le verbe **to be** (être)

Le chapitre 2 donne plus d'informations sur les termes grammaticaux des deux listes précédentes. Consultez aussi la table des matières, qui vous renverra vers d'autres points de grammaire traités dans le livre.

Exercez-vous à prononcer les phrases suivantes en gardant un battement régulier et en accentuant les syllabes soulignées :

- **Where can I find a bank?** [weə kən aɪ faɪnd ə bæŋk] (Où puis-je trouver une banque ?)
- **I'd like to have some tea, please.** [aɪd laɪk tə hæv sʌm ti pliːz] (J'aimerais prendre du thé, s'il te plaît.)
- **I need to see a doctor.** [aɪ niːd tə siː ə ˈdɒktə] (J'ai besoin de voir un médecin.)

Naturellement, si vous avez réellement besoin de voir un médecin, vous ne penserez pas au rythme ! Mais si vous pratiquez régulièrement l'anglais en vous appliquant à respecter le rythme, votre prononciation fera d'énormes progrès et aidera les gens à vous comprendre.

Comment accentuer les bonnes syllabes ?

Ne vous torturez pas à essayer de décider sur quelles syllabes placer l'accent en anglais. Bien que l'accentuation donne au début l'impression d'être complètement aléatoire, il existe certains schémas réguliers qui peuvent rendre moins stressante l'application du **stress** (accent tonique). C'est promis ! Les règles et les conseils ci-après peuvent vous aider à comprendre la façon d'accentuer certains mots, et à voir ce qui peut provoquer un déplacement de l'accent tonique.

Quelques règles

Êtes-vous décontenancé par cet accent tonique errant d'une syllabe à l'autre dans des mots comme **mechanize** [ˈmekənaɪz] (mécaniser), **mechanic** [mɪˈkænɪk] (mécanicien) et **mechanization** [mekənaɪˈzeɪʃən] (mécanisation) ? Dans de nombreux mots, le suffixe (la terminaison) détermine la position de l'accent tonique. Le suffixe peut souvent vous dire aussi – en prime ! – si le mot est un nom, un verbe ou un adjectif. Voici quelques règles simples :

» Les substantifs qui se terminent en **-ment, -ion/-cion/-tion, -ian/-cian/- sian,** et en **-ity** sont accentués sur la syllabe qui précède le suffixe, comme dans les mots suivants :

- **enjoyment** [enˈdʒɔɪmənt] (plaisir)
- **opinion** [əʊˈpɪnjən] (opinion)
- **reservation** [rezəˈveɪʃən] (réservation)
- **possibility** [pɒsɪˈbɪlɪtɪ] [UK], [pɑːsɪˈbɪlɪtɪ] [US] (possibilité)

» Les adjectifs qui se terminent en **-tial/-ial/-cial et -iou/-eous/-cious/-uous** sont accentués sur la syllabe qui précède le suffixe, comme dans les mots suivants :

- **essential** [ɪˈsenʃəl] (essentiel)
- **usual** [ˈjuːʒuːəl] (habituel)
- **athletic** [æθˈletɪk] (athlétique)
- **curious** [ˈkjʊərɪəs] (curieux)

» Les mots qui se terminent en **-ize/-ise, -ate et en -ary** sont accentués sur l'avant-dernière syllabe avant le suffixe, comme dans les mots suivants :

- **realize/realise** [ˈriːəlaɪz] (se rendre compte de)
- **graduate** [ˈgrædjuːeɪt] (obtenir un diplôme)
- **vocabulary** [vəʊˈkæbjʊlərɪ] (vocabulaire)

Quelques conseils d'ordre général sur les schémas d'accentuation

Les exemples de cette section illustrent des schémas généraux d'accentuation qui peuvent vous aider à parier intelligemment sur l'accentuation d'un mot. Il ne s'agit pas de règles pures et dures. Elles ne s'appliquent pas dans 100 % des cas (ni même 98 %), mais vous pouvez vous en servir quand vous hésitez sur la façon d'accentuer un mot.

» De nombreux substantifs de deux syllabes sont accentués sur la première syllabe. Si vous n'êtes pas sûr de la place de l'accent dans un nom de deux syllabes, accentuez la première et ce sera probablement correct. Voici quelques exemples :

- **English** [ˈɪŋglɪʃ] (anglais)
- **music** [ˈmjuːzɪk] (musique)
- **paper** [ˈpeɪpə] (papier)
- **table** [ˈteɪbəl] (table)

» Accentuez la racine du mot, non le préfixe ou le suffixe, dans la majorité des verbes, des adjectifs et des adverbes. Par exemple :

- **dislike** [dɪsˈlaɪk] (détester)
- **lovely** [ˈlʌvlɪ] (adorable)
- **redo** [riːˈduː] (refaire)
- **unkind** [ʌnˈkaɪnd] (désobligeant)

» Accentuez le premier mot de la majorité des substantifs composés – les noms composés de deux noms ou davantage et dont le sens diffère de celui de chacun des mots individuels. Par exemple :

- **ice cream** [ˈaɪs kriːm] (glace)
- **notebook** [ˈnəʊtbʊk] [UK], [ˈnoʊtbʊk] [US] (carnet)
- **sunglasses** [ˈsʌnglɑːsɪz] (lunettes de soleil)
- **week-end** [ˈwiːkend] (week-end)

Mots clés

Alphabet	[ˈælfəbet]	alphabet
Letter	[ˈletə]	lettre
Consonant	[ˈkɒnsənənt]	consonne
Short vowel	[ʃɔːt ˈvaʊəl]	voyelle brève
Long vowel	[ˈlɒŋ ˈvaʊəl]	voyelle longue
Diphthong	[ˈdɪfθɒŋ]	diphtongue
Voiced	[vɔɪst]	sonore
Voiceless	[ˈvɔɪsləs]	sourde

Chapitre 2

Directement au cœur de la grammaire anglaise

DANS CE CHAPITRE :

- **Construction d'une phrase simple**
- **Formulation des questions**
- **Utilisation des noms, des verbes, des adjectifs et des adverbes**
- **Expression du passé, du présent et du futur**
- **Les articles**

La vue du mot « grammaire » vous donne-t-elle envie de fuir ou de mettre le livre de côté pour le reprendre un autre jour ? Je vous comprends. Mais ne laissez pas ce chapitre briser votre élan, car je ne vous assénerai pas toutes les règles de grammaire accompagnées de leurs innombrables exceptions. Je vous fournis à la place les indications essentielles pour vous permettre de comprendre l'anglais. J'explique de la façon la plus claire possible les éléments principaux de la grammaire ; les explications sont brèves et vous montrent comment mettre ces éléments en pratique.

Comme de nombreux aspects de la grammaire anglaise ressemblent à la grammaire du français, vous n'avez pas à faire d'efforts pour mémoriser toutes les règles. Prenez seulement bonne note des aspects de la grammaire anglaise qui diffèrent des usages de la grammaire française. Je vous signale au passage certaines différences ou ressemblances.

Ne vous croyez pas obligé, du fait que ce chapitre porte sur la grammaire, de le lire en entier (bien que ce soit utile de le parcourir pour savoir ce qu'il y a dedans). Quand vous parviendrez à des endroits du livre où j'attire votre attention sur ce chapitre, vous pourrez toujours vous y référer.

Bien sûr, si la grammaire est de loin votre sujet d'étude préféré, vous adorerez ce chapitre ! Mais dans tous les autres cas, vous verrez qu'il est d'une lecture facile et regorge d'informations utiles.

Construction de phrases simples

Vous vous demandez peut-être comment la construction d'une phrase en anglais peut être simple, surtout si vous faites partie des milliers de gens qui trouvent l'étude de la grammaire aussi réjouissante qu'une opération de chirurgie dentaire (sans vouloir offenser les dentistes, bien sûr).

Pourtant, la création d'une phrase simple en anglais peut être aussi simple que de compter jusqu'à trois : 1, 2, 3 – si vous utilisez trois éléments de base, qui sont :

» **subject** [ˈsʌbdʒɪkt] (sujet)

» **verb** [vɜːb] (verbe)

» **object** [ˈɒbdʒɪkt] (complément)

Le sujet d'une phrase peut être un **noun** [naʊn] (substantif) ou un **pronoun** [ˈprəʊnaʊn] [UK], [ˈproʊnaʊn] [US], (pronom), le **verb** peut être au présent, au passé ou au futur, et l'**object** est un terme général pour, disons, le reste de la phrase !

Construire une phrase en anglais peut s'apparenter à l'utilisation d'une formule algébrique. Pour ceux qui ont la bosse des maths, voici une « formule » de phrase simple : **Subject + verb + object**. Voici un exemple de cette structure :

I speak English. [aɪ spiːk ˈɪŋglɪʃ] (Je parle anglais.)

Vous pouvez communiquer des centaines – même des milliers – d'idées avec cette formule de phrase simple. Voici deux autres exemples :

» **English is easy.** [ˈɪŋglɪʃ ɪz ˈiːzɪ] (L'anglais c'est facile.)

» **We ate ice cream.** [wɪ eɪt ˈaɪskriːm] (Nous avons mangé de la glace.)

Phrases négatives

Bien sûr, vous ne voulez pas toujours être affirmatif, et vous avez besoin de savoir comment construire aussi une phrase négative. La liste ci-après vous montre trois moyens simples pour former des phrases négatives en utilisant le mot **not** [nɒt] [UK], [nɑ:t] [US] (ne... pas).

- » Ajoutez **not** à une phrase simple *après* le verbe **to be** : **English is not difficult.** [ˈɪŋglɪʃ ɪz nɒt ˈdɪfɪkəlt] (L'anglais n'est pas difficile.)
- » Ajoutez **do not** ou **does not** *avant* un verbe autre que **to be** : **She does not like hamburgers** [ʃɪ dʌz nɒt laɪk ˈhæmbɜ:gəz] (Elle n'aime pas les hamburgers.)
- » Ajoutez **cannot** devant un verbe pour exprimer l'incapacité : **I cannot speak Chinese.** [aɪ ˈkænət spi:k tʃaɪˈni:z] (Je ne sais pas parler chinois.)

Vous trouverez d'autres indications sur les verbes **to be** et **to do** dans les sections sur les verbes et sur la formulation des questions, plus loin dans ce chapitre.

No par opposition à *not*

La négation **no** ne s'utilise pas devant un *verbe* (comme en français, où la négation « non » ne s'utilise pas non plus devant un verbe). En revanche, vous pouvez, en anglais, rendre certaines phrases négatives en plaçant **no** devant un *nom*. L'exemple ci-après vous montre deux façons de dire la même phrase négative :

- » **I *do not* have a car.** [aɪ du: nɒt hæv ə kɑ:] (Je n'ai pas de voiture.)
- » **I have *no* car.** [aɪ hæv nəʊ kɑ:] (Je n'ai pas de voiture.)

Utiliser les contractions comme un anglophone de naissance

Si vous voulez que votre anglais sonne davantage comme celui d'un Anglais ou d'un Américain – et pour que les gens vous comprennent mieux –, parlez en utilisant les contractions. Les contractions consistent à fondre deux mots en un seul, comme avec **I am** [aɪ am] (je suis), qui devient alors **I'm** [aɪm] (je suis).

Voici quelques-unes des contractions les plus courantes avec le verbe **to be** :

- » **you are** [jʊ ɑ:] **you're** [jʊə] (tu es/vous êtes)
- » **he is** [hi ɪz] **he's** [hɪz] (il est)

- **she is** [ʃi ɪz] **she's** [ʃɪz] (elle est)
- **it is** [ɪt ɪz] **it's** [ɪts] (c'est)
- **we are** [wi ɑ:] **we're** [wɪə] (nous sommes)
- **they are** [ðeɪ ɑ:] **they're** [ðeə] (ils/elles sont)

Les négations sont presque toujours exprimées sous forme contractée elles aussi. Voici quelques-unes des plus courantes, mais notez que je ne vous indique pas de contraction pour **am not** [æm nɒt] (ne suis pas), parce qu'il n'y en a pas. À la place, on dit **I'm not** [aɪm nɒt] (je ne suis pas), en faisant la contraction de **I** et **am** :

- **he is not** [hi ɪz nɒt] **he isn't** [hi ɪzənt] (il n'est pas)
- **you are not** [ju ə nɒt] **you aren't** [ju ɑ:nt] (tu n'es pas/vous n'êtes pas)
- **I do not** [aɪ də nɒt] **I don't** [aɪ dəʊnt] (je ne… pas)
- **he does not** [hi dəz nɒt] **he doesn't** [hi ˈdʌznt] (il ne… pas)
- **I cannot** [aɪ ˈkænət] **I can't** [aɪ kɑ:nt] (je ne peux pas)

Questions, questions, questions

Contrairement aux Britanniques, qui s'imposent de la discrétion quant aux affaires d'autrui, les Américains posent sans cesse des questions, manifestant sans problème leur curiosité, dont ils pensent qu'elle ne peut être interprétée que comme une marque d'intérêt pour la personne questionnée. Si vous devez vous rendre aux États-Unis, les sections qui suivent sont faites pour vous : vous comprendrez les questions, vous pourrez poser toutes celles que vous voudrez – et vous pourrez répondre à toutes les questions que les Américains vous poseront !

Questions « to be »

Les questions utilisant le verbe **to be** sont très fréquentes, comme **Are you hungry?** [ə ju ˈhʌŋgri] (As-tu/avez-vous faim ?) (Reportez-vous à la section « Verbes : communiquer des actes, des sentiments, des états », plus loin dans ce chapitre, pour plus d'informations sur le verbe **to be**.) Ces questions commencent par une forme du verbe **to be**, suivie par le sujet de la phrase. En voici le schéma, illustré par les phrases suivantes :

- **Is she your sister?** [ɪz ʃi jə ˈsɪstə] (Est-elle ta sœur/votre sœur ?)
- **Are they American?** [ə ðeɪ əˈmerɪkən] (Sont-ils américains ?)

Une manière commode de formuler ce type de question consiste à imaginer une déclaration telle que : **You are my friend** [ju ə maɪ frend] (Tu es/vous êtes mon ami(e)). Ensuite, vous inversez le sujet et le verbe, comme ceci : **Are you my friend?** [ə ju maɪ frend] (Es-tu/êtes-vous mon ami(e) ?) Facile, non ? (Utilisez **am** avec **I**, **are** avec **you**, **we** et **they**, **is** avec **he**, **she** et **it**.)

Voici quelques autres exemples de phrases transformées en questions – et notez que vous n'êtes pas forcé de vous limiter au présent, vous pouvez aussi utiliser le temps dit **preterit** (qui rend notre passé simple mais aussi notre imparfait et en partie notre passé composé) :

– **The bus is late.**

[ðə bʌs ɪz leɪt]

Le bus est en retard.

Is the bus late?

[ɪz ðə bʌs leɪt]

Le bus est-il en retard ?

– **The film** [UK]/**the movie** [US] **was good.**

[ðə fɪlm wəz gʊd] [UK]

[ðə ˈmuːvi wəz gʊd] [US]

Le film était bon.

Was the film [UK]/**was the movie** [US] **good?**

[wəz ðə fɪlm gʊd] [UK]

[wəz ðə ˈmuːvi gʊd] [US]

Le film était-il bon ?

En répondant à une question du type « to be », faites attention de mettre dans la réponse le verbe qui convient. Si on vous demande **Are you hungry?** (As-tu/avez-vous faim ?), ne dites pas **Yes, I *do*** (Oui, je le fais) ou **Yes, I *are*** (Oui, je le sont*). Dites **Yes, I am** (Oui, je le suis). À la question **Is she your sister?** (Est-elle ta sœur/votre sœur ?), répondez **Yes, she is** (Oui, elle l'est).

Questions « to do »

D'autres questions très courantes sont celles qui commencent par **do** (faire). On utilise souvent le mot **do** ou le mot **does** pour commencer une question quand le verbe principal n'est pas **to be**, comme dans la question ***Do* you *speak* English?** (Parles-tu/parlez-vous anglais ?) (Utilisez **do** avec **I, you, we** et **they**, utilisez **does** avec **he**, **she** et **it**.)

Il est très facile de composer une question avec **to do**. Il suffit de placer le mot **do** ou **does** en tête de la phrase et voilà – vous avez une question ! Enfin, presque. Vous devez aussi mettre le verbe dans sa forme de base, comme dans les exemples ci-après :

– He speaks my language.

[hi spiːks maɪ ˈlæŋgwɪdʒ]

Il parle ma langue.

> ***Does* he speak my language?**
>
> [dəz hi spiːk maɪ ˈlæŋgwɪdʒ]
>
> Parle-t-il ma langue ?

– You love me!

[ju lʌv miː]

Tu m'aimes/vous m'aimez !

> ***Do* you love me?**
>
> [də ju lʌv miː]
>
> M'aimes-tu ?/m'aimez-vous ?

Pour formuler une question relative au passé, utilisez **did** [dɪd] (fis/fit) – le passé de **do** – et le verbe principal dans sa forme de base, comme ceci : ***Did* she *read* this book?** [dɪd ʃi riːd ðɪs bʊk] (A-t-elle lu ce livre ?). Les exemples ci-après vous montrent comment une affirmation au passé peut devenir une question :

– **You liked the film** [UK]/**the movie** [US].

[ju ˈlaɪkt ðə fɪlm] [UK]

[ju ˈlaɪkt ðə ˈmuːvi] [US]

Tu as/vous avez aimé le film.

***Did* you *like* the film?** [UK]/**the movie?** [US]

[dɪd ju ˈlaɪk ðə fɪlm] [UK]

[dɪd ju ˈlaɪk ðə ˈmuːvi] [US]

As-tu/avez-vous aimé le film ?

Questions *what, when, where* et *why*

Beaucoup de questions – en anglais comme en français – commencent par un « mot de question » comme : que, où, quand, comment, etc. Les questions qui commencent par ces mots sont parfois appelées **information questions** (questions d'information) parce que la réponse fournit une information spécifique. Voici les mots d'interrogation les plus courants :

- **what** [wɒt] [UK], [hwʌt] [US] (que)
- **when** [wen] (quand)
- **where** [weə] (où)
- **who** [huː] (qui)
- **why** [waɪ] (pourquoi)
- **how** [haʊ] (comment)
- **how many** [ˈhaʊ məni] (combien [si la réponse est un nombre])
- **how much** [haʊ ˈmʌtʃ] (combien [dans les autres cas])

Si vous avez regardé les sections précédentes qui montrent comment poser des questions qui commencent par **to be** et **to do**, vous savez déjà quelque chose sur la façon de poser les questions d'information. Vous les posez en ajoutant simplement un mot de question à une question **to be** ou à une question **to do**. Les exemples ci-après montrent ce que je veux dire :

– Is she crying?

[ɪz ʃi ˈkraɪɪŋ]

Pleure-t-elle ?

***Why* is she crying?**

[waɪ ɪz ʃi ˈkraɪɪŋ]

Pourquoi pleure-t-elle ?

Examinez les questions d'information suivantes et observez la nature des informations demandées par la question :

– *What* is your name?

[wɒt ɪz jə neɪm]

Quel est ton/votre nom ?

My name is *Sara*.

[maɪ ˈneɪm ɪz ˈseərə]

Mon nom est Sara.

– *Where* do you live?

[weə də ju lɪv]

Où habites-tu/habitez-vous ?

I live on *Mission Street*.

[aɪ lɪv ɒn ˈmɪʃn̩ striːt]

J'habite rue de la Mission.

– *When* is the concert?

[wen ɪz ðə kɒnsət]

Quand le concert a-t-il lieu ?

It's tonight *at 8:00 p.m.*

[ɪts təˈnaɪt ət eɪt ˈpiː em]

C'est ce soir à 20 heures.

– *How much* does it cost?

[haʊ mʌtʃ dəz ɪt kɒst]

Combien cela coûte-t-il ?

It costs *20 dollars.*

[ɪt kɒsts ˈtwenti ˈdɒləz]

Cela coûte 20 dollars.

– *Who* is going with you?

[huːz ˈgəʊɪŋ wɪð ju]

Qui vient avec toi/vous ?

***You* are!**

[ju ɑː]

Toi/ Vous !

Vous pouvez poser des questions sur beaucoup d'autres choses en ajoutant simplement un mot spécifique après **what**. Jetez un coup d'œil aux exemples de question suivants (et leurs réponses) :

– *What day* is it?

[wɒt deɪ ɪz ɪt]

Quel jour sommes-nous ?

Saturday.

[ˈsætədeɪ]

Samedi.

– ***What time* is it?**

[wɒt ˈtaɪm ɪz ɪt]

Quelle heure est-il ?

10:00 a.m.

[ten eɪ em]

10 heures du matin.

– ***What bus* do I take?**

[wɒt bʌs də aɪ teɪk]

Quel bus dois-je prendre ?

Take bus # 4.

[teɪk bʌs ˈnʌmbə fɔː]

Prends/prenez le bus n° 4.

– ***What school* do you attend?**

[wɒt skuːl də ju əˈtend]

Dans quel établissement étudies-tu/étudiez-vous ?

Mills College.

[mɪlz ˈkɒlɪdʒ]

À l'Université Mills.

DES QUESTIONS POUR ENRICHIR VOTRE ANGLAIS

Parmi les questions en anglais les plus utiles (à part « Où est la banque ? » et « Où sont les toilettes ? »), je vous en recommande certaines qui vous aideront à découvrir davantage de choses sur la langue et son utilisation correcte.

Voici quatre questions qui peuvent contribuer à améliorer votre anglais :

» **What does this mean?** [wɒt dəz ðɪs miːn] (Qu'est-ce que ça veut dire ?)

» **How do you say… in English?** [haʊ də ju seɪ … ɪn ˈɪŋglɪʃ] (Comment dit-on… en anglais ?)

» **How do you spell…?** [haʊ də ju spel] (Comment écrit-on… ?)

» **How do you pronounce this?** [haʊ də ju prəˈnaʊns ðɪs] (Comment prononce-t-on ceci ?)

Substantifs : personnes, lieux et objets

En anglais comme en français, les *substantifs* peuvent désigner des gens (comme Einstein ou la tante Alice), des lieux (comme le Grand Canyon ou la Bretagne) ou des choses (comme des livres ou des circonstances générales). Les substantifs peuvent être au singulier ou au pluriel. (J'explique plus loin comment mettre les substantifs au pluriel en anglais.)

Voici une bonne nouvelle : vous pouvez utiliser l'article **the** avec des substantifs au singulier ou au pluriel. (Vous trouverez davantage d'indications sur la manière d'utiliser **the** et les articles singuliers **a** et **an** sous le titre « Les trois articles : **a, an, the** », plus loin dans ce chapitre.)

Voici une différence importante entre les substantifs anglais et les substantifs français. En français, les substantifs ont le plus souvent un genre. Mais en anglais, les **nouns** (substantifs) ne sont ni masculins ni féminins. Voilà qui simplifie les choses ! Encore une bonne nouvelle !

Venons-en maintenant à la formation des pluriels. En anglais, les substantifs sont singuliers ou pluriels. Par exemple, vous pouvez avoir un **boyfriend** [ˈbɔɪfrend] (petit ami) ou de nombreux **boyfriends** (petits amis) ! La terminaison courante de la plupart des substantifs au pluriel est **-s** ou **-es**, mais certains substantifs ont des pluriels fantaisistes.

Voici quelques règles pratiques qui vous aideront à former des pluriels **easy as pie** [ˈi:zi əz paɪ] (littéralement « faciles comme de la tarte », correspondant à l'expression « simple comme bonjour »).

- Ajoutez **-s** à la plupart des substantifs qui se terminent par une voyelle ou une consonne, comme pour :
  - **days** [deɪz] (jours)
  - **words** [wɜ:dz] (mots)
- Dans le cas des substantifs qui se terminent par une **consonant + y**, enlevez le **y** et remplacez-le par **-ies**, comme dans :
  - **parties** [ˈpɑ:tɪz] (fêtes)
  - **stories** [ˈstɔ:rɪz] (histoires)
- Ajoutez **-es** aux substantifs qui se terminent en **-s, -ss, -ch, -x, -y, -z**. Par exemple :
  - **buses** [ˈbʌsɪz] (autobus au pluriel)
  - **kisses** [ˈkɪsɪz] (baisers)
  - **lunches** [ˈlʌntʃɪz] (déjeuners)
- Pour les noms qui finissent en **-f** ou **-fe**, remplacez la terminaison par **ves**. Par exemple :
  - **half** [hɑ:f] [UK], [hæf] [US] (demi) **halves** [hɑ:vz] [UK], [hævz] [US] (demis)
  - **life** [laɪf] (vie) **lives** [laɪvz] (vies)
- Quelques substantifs ont la même forme au singulier et au pluriel. Par exemple :
  - **fish** [fɪʃ] (poisson/poissons)
  - **sheep** [ʃi:p] (mouton/moutons)
- Quelques substantifs ont un pluriel complètement différent du singulier. Par exemple :
  - **foot** [fʊt] (pied) **feet** [fi:t] (pieds)
  - **man** [mæn] (homme) **men** [men] (hommes)
  - **person** [ˈpɜ:sn̩] (personne) **people** [ˈpi:pl̩] (personnes)
  - **woman** [ˈwʊmən] (femme) **women** [ˈwɪmɪn] (femmes)

You et *I* : pronoms personnels

Les **pronouns** [ˈprəʊnaʊnz] [UK], [ˈproʊnaʊnz] [US] (pronoms) sont une formidable invention. Ces mots sont petits, mais ils peuvent porter deux fois leur taille et leur poids en remplaçant les noms. L'utilisation des pronoms en anglais ressemble à bien des égards à l'utilisation des pronoms en français.

Les **subject pronouns** (pronoms personnels sujets) sont des pronoms qui se substituent au sujet d'une phrase. En voici la liste :

- **I** [aɪ] (je)
- **You** [jʊ] (tu/vous)
- **He** [hi] (il)
- **She** [ʃi] (elle)
- **It** [ɪt] (pronom utilisé comme sujet pour représenter des entités qui ne sont ni masculines ni féminines)
- **We** [wi] (nous)
- **They** [ðeɪ] (ils/elles/pluriel de it)

Il n'y a qu'une seule forme **you** en anglais, et il n'est pas nécessaire de distinguer entre un **you** informel (tu en français) et un **you** formel (vous en français). Il est donc parfaitement poli d'utiliser **you** aussi bien dans les situations formelles que dans les situations informelles.

Observez les couples de phrases ci-après et notez la façon dont le sujet de la première phrase est remplacé par un pronom dans la seconde phrase :

– ***Tommy* went to Brittany.**

[ˈtɒmi went tə ˈbrɪtəni]

Tommy a été en Bretagne.

***He* went to Brittany.**

[hi went tə ˈbrɪtəni]

Il a été en Bretagne.

– ***Paola* lives there.**

[pæəʊlə lɪvz ðeə]

Paola y habite.

***She* lives there.**

[ʃi lɪvz ðeə]

Elle y habite.

– ***Brittany* is a beautiful region.**

[ˈbrɪtəni ɪz ə ˈbjuːtəfl̩ ˈriːdʒən]

La Bretagne est une belle région.

***It* is a beautiful region.**

[ɪt ɪz ə ˈbjuːtəfl̩ ˈriːdʒən]

C’est une belle région.

– ***Tommy* and *Paola* are friends.**

[ˈtɒmi ən pæəʊlə ə frendz]

Tommy et Paola sont amis.

***They* are friends.**

[ðeɪ ə frendz]

Ils sont amis.

You (tu/vous) et **I** (je/moi) ensemble équivalent à **we**. En anglais comme en français, chaque fois que le sujet vous inclut en même temps que d’autres personnes, vous devez utiliser le pronom **we**, et non pas **they**. Par exemple :

– ***Joan* and *I* are sisters.**

[dʒəʊn ən aɪ ə ˈsɪstəz]

Joan et moi sommes sœurs.

***We* are sisters.**

[wi ə ˈsɪstəz]

Nous sommes sœurs.

– ***My wife, kids,* and *I* took a holiday** [UK]/**a vacation** [US].

[maɪ waɪf kɪdz ənd aɪ tʊk ə ˈhɒlədeɪ] [UK]

[maɪ waɪf kɪdz ənd aɪ tʊk ə vəˈkeɪʃn̩] [US]

Ma femme, les enfants et moi avons pris des vacances.

We took a holiday [UK]/**a vacation** [US].

[wi tʊk ə ˈhɒlədeɪ] [UK]

[wi tʊk ə vəˈkeɪʃn̩] [US]

Nous avons pris des vacances.

Vous n'aurez aucun mal à utiliser les pronoms personnels comme les anglophones de naissance. Gardez seulement à l'esprit les ressemblances et différences suivantes par rapport au français :

- Les formes verbales, en anglais, sont beaucoup moins différenciées qu'en français selon qu'il s'agit du singulier, du pluriel ou de la première, deuxième ou troisième personne. C'est pourquoi (comme d'ailleurs en français) le sujet – à une exception près – n'est jamais implicite. Il faut un sujet, nom ou pronom.
- Voici l'exception : le sujet est omis dans le cas de l'impératif, car alors le sujet est censé être **you**, par exemple : **Come here** [kʌm hɪə] (Viens/venez ici), **Sit down** [sɪt daʊn] (Assieds-toi/asseyez-vous) et **Help!** [help] (Au secours !).
- Utilisez le pronom **it** pour des animaux. Mais si vous connaissez le genre de l'animal, vous pouvez utiliser **he** ou **she**. Par exemple, si vous savez que **Molly** est une chatte, vous pouvez dire ***She's* very affectionate** [ʃiz ˈveri əˈfekʃənət] (Elle est très affectueuse).
- Utilisez le pronom **they** pour les animaux et les choses. Par exemple : si vous achetez des livres, vous pouvez dire **They are interesting** [ðeɪ ər ˈɪntrəstɪŋ] (Ils sont intéressants).

Nous en avons terminé avec les pronoms utilisés comme sujets des verbes. L'utilisation des pronoms comme compléments est décrite au chapitre 10.

VOUS D'ABORD

En anglais – comme en français – il est à la fois poli et grammaticalement correct de se mentionner en dernier quand **I** fait partie du sujet. C'est pourquoi vous devez dire **My friends and I...** [maɪ frendz ənd aɪ] (Mes amis et moi...), et non pas **I and my friends...** (Moi et mes amis...). Ou vous pouvez dire quelque chose comme **Lani, Julie, and I are friends** [ˈlɑːni ˈdʒuːli ənd aɪ ə ˈfrendz] (Lani, Julie et moi sommes des amis). Souvenez-vous : soyez courtois et laissez toujours passer les autres avant vous.

Verbes : communiquer des actes, des sentiments, des états

Un verbe peut permettre à une phrase d'exprimer l'action, le sentiment ou l'état. Il s'agit alors d'un type de verbe principal (par opposition aux verbes auxiliaires). De tels verbes font le travail principal de la phrase. En voici des exemples :

- **We *ate* a pizza.** [wi et ə ˈpiːtsə] (Nous avons mangé une pizza.)
- **I *like* cheese pizza.** [aɪ laɪk tʃiːz ˈpiːtsə] (J'aime la pizza au fromage.)
- **Pizza *is* yummy!** [ˈpiːtsə ɪz ˈjʌmi] (La pizza, j'adore !)

Certains verbes peuvent aussi servir à « assister » des verbes principaux – on les appelle **auxiliary verbs** (verbes auxiliaires). Dans les phrases suivantes, les verbes auxiliaires (en *italique*) assistent les verbes principaux **reading** et **give** :

- **You *are* reading this book.** [ju ə ˈriːdɪŋ ðɪs bʊk] (Tu lis/vous lisez ce livre.)
- **It *can* give you some grammar tips.** [ɪt kən gɪv ju səm ˈgræmə tɪps] (Il peut t'apporter/vous apporter des conseils sur la grammaire.)

Les verbes peuvent être réguliers ou irréguliers dans leur conjugaison :

- **Regular verbs** [ˈregjʊlə vɜːbz] (verbes réguliers) : leur conjugaison est conforme à un schéma standard.
- **Irregular verbs** [ɪˈregjʊlə vɜːbz] (verbes irréguliers) : eh bien ! ce sont des verbes dont le schéma de conjugaison n'est pas régulier. (J'expliquerai ce que j'entends par là un peu plus loin.)

Verbes réguliers

La mémorisation de la conjugaison des verbes est en général fastidieuse, mais j'ai pour vous une excellente nouvelle : presque tous les verbes anglais sont réguliers au temps présent. (J'explique les temps dans la section « Attention au choix des temps en anglais », un peu plus loin dans ce chapitre.) Et mieux encore, ils se conjuguent exactement de la même manière sauf à la troisième personne du singulier (**he, she** et **it**).

À titre d'exemple, voici la conjugaison des verbes réguliers (très utiles) **to love** [tə lʌv] (aimer) et **to kiss** [tə kɪs] (embrasser) :

Conjugaison

To love	***To kiss***
I love	I kiss
you love	you kiss
he/she/it loves	he/she/it kisses
we love	we kiss
they love	they kiss

La seule particularité de la conjugaison d'un verbe régulier est la terminaison de la troisième personne du singulier. **He, she** et **it** sont des *singuliers*, mais la terminaison du verbe est une terminaison qui ressemble au *pluriel* des noms. Soyez sur vos gardes ! Par ailleurs, ne vous laissez pas aller à ajouter **-s** ou **-es** à des verbes qui ont comme sujet des substantifs au pluriel ou les pronoms **we** et **they**.

Verbes irréguliers

Aujourd'hui est votre jour de chance, car pour l'instant je ne vous demande de mémoriser que deux verbes irréguliers : **to have** (avoir) et **to be** (être). Voici la conjugaison, au présent, de ces deux verbes excentriques :

Conjugaison

To have	***To be***
I have	I am
you have	you are
he/she/it has	he/she/it is
we have	we are
they have	they are

Être ou ne pas être : utilisation du verbe « to be »

Le verbe **to be** est un verbe très actif : il a énormément de choses à faire en anglais. Voici quelques informations sur quatre de ses différents métiers (pas nécessairement en ordre d'importance) :

Utilisez **to be** devant les substantifs et les adjectifs pour indiquer une identité ou un état :

» **Molly and Dixie *are* cats.** [ˈmɒli ənd ˈdɪksi ə kæts] (Molly et Dixie sont des chats.)

» **It *is* a beautiful day.** [ɪt ɪz ə ˈbjuːtəfl̩ deɪ] (C'est une belle journée.)

» **I *am* lost.** [aɪ əm lɒst] (Je suis perdu(e).)

Utilisez **to be** comme **auxiliary verb** aux temps présent progressif et preterit progressif. Voici deux exemples, le premier au présent progressif et le second au preterit progressif :

» **The world *is* turning.** [ðə wɜːld z ˈtɜːnɪŋ] (Le monde change.)

» **I *was* writing this book last year.** [aɪ wəz ˈraɪtɪŋ ðɪs bʊk lɑːst jiə] (J'écrivais ce livre l'année dernière.)

Utilisez **to be** comme **auxiliary verb** dans les cas où le futur est rendu par le verbe **going to** (aller) :

» **You *are going to* speak English very well.** [ju ə ˈgəʊɪŋ tə spiːk ˈɪŋglɪʃ ˈveri wel] (Tu vas/vous allez parler très bien anglais.)

» **The cats *are going* to sleep all day.** [ðə kæts ə ˈgəʊɪŋ tə sliːp ɔːl deɪ] (Les chats vont dormir toute la journée.)

Je parle davantage du présent et du passé, ainsi que du futur, dans la section suivante.

Utilisez **to be** pour indiquer un emplacement :

- **My home *is* in California.** [maɪ həʊm ɪz ɪn ˌkælɪˈfɔːnɪə] (Ma maison est en Californie.)
- **The bus stop *is* over there.** [ðə bʌs stɒp ɪz ˈəʊvə ðeə] (L'arrêt de bus est là-bas.)

En anglais, vous utilisez le verbe **to be** – non le verbe **to have** – pour indiquer l'âge. Dites **I *am* 25 years old** [aɪ əm ˈtwenti faɪv jiəz əʊld] [UK] (J'ai 25 ans) et non "I ***have*** 25 years" (J'ai 25 ans), ce qui pourrait sous-entendre que vous devez encore passer 25 ans en prison !

Attention au choix des temps en anglais

Comme la plupart des langues, l'anglais dispose de nombreux temps répondant à des besoins spécifiques. La bonne nouvelle est que vous pouvez vous contenter de quelques temps de base pour exprimer à peu près tout ce que vous voulez. Dans cette section, je vous aide à éliminer la **tension** [ˈtenʃn̩] (tension) de ces **tenses** [ˈtensɪz] (temps) en vous donnant quelques règles simples d'utilisation du présent, du passé et du futur.

Pour commencer, examinez bien les exemples ci-après d'utilisation du verbe régulier **to walk** [tə wɔːk] [UK], [wɑːk] [US] (marcher) :

- Présent : **I *walk* to school every day.** [aɪ wɔːk tə skuːl ˈevri deɪ] [UK], [aɪ wɑːk tə skuːl ˈevri deɪ] [US] (Je vais à l'école à pied chaque jour.)
- Passé : **I *walked* to school yesterday.** [aɪ wɔːkt tə skuːl ˈjestədi] [UK], [aɪ wɔːkt tə skuːl ˈjestr̩di] [US] (Je suis allé à l'école à pied hier.)
- Futur : **I *will walk* to school again tomorrow.** [aɪ wɪl wɔːk tə skuːl əˈgen təˈmɒrəʊ] [UK], [aɪ wl̩ wɑːk tə skuːl əˈgen təˈmɑːˌroʊ] [US] (J'irai de nouveau à l'école à pied demain.)

Le présent simple

Je vais vous donner deux présents pour le prix d'un : deux formes du temps présent pour la conversation de tous les jours. Le premier temps est le **simple present**

[ˈsɪmpl̩ ˈprezənt] (présent simple). Utilisez ce temps pour parler d'activités ou d'événements fréquents ou habituels. Par exemple, **I jog everyday** [aɪ dʒɒg ˈevrɪdeɪ] (Je cours tous les jours). **To be** est aussi utilisé pour exprimer un état dans lequel on se trouve ou pour citer un fait, comme **The sun is hot** [ðə sʌn ɪz hɒt] [UK], [ðə sən ɪz hɑːt] [US] (Le soleil est chaud).

La liste suivante comporte quelques autres exemples de présent simple (en *italique*) :

- **It *rains* every day.** [ɪt reɪnz ˈevri deɪ] (Il pleut chaque jour.)
- **Dixie *likes* milk.** [ˈdɪksi laɪks mɪlk] (Dixie aime le lait.)
- **She *is* 3 years old.** [ʃi ɪz θriː jiəz əʊld] (Elle a trois ans.)

Les adverbes **always** [ˈɔːlweɪz] [UK] (toujours), **usually** [ˈjuːʒəli] (habituellement) et **never** [ˈnevə] (jamais) sont souvent utilisés avec le présent simple pour indiquer la fréquence ou la rareté d'activités courantes. Voici quelques exemples :

- **I *always wake up* at seven a.m.** [aɪ ˈɔːlweɪz weɪk ʌp ət ˈsevn̩ eɪ em] (Je me réveille toujours à sept heures du matin.)
- **Really? I *never wake up* that early.** [ˈrɪəli aɪ ˈnevə weɪk ʌp ðət ˈɜːli] (Vraiment ? Je ne me réveille jamais si tôt.)
- **I *usually sleep* until nine.** [aɪ ˈjuːʒəli sliːp ʌnˈtɪl naɪn] (Je dors habituellement jusqu'à neuf heures.)

Le présent progressif

Le second temps présent que je vais vous montrer est le temps du **present continuous** [ˈprezənt kənˈtɪnjʊəs] (présent progressif). Utilisez ce temps pour parler de choses qui se passent maintenant – en ce moment ou à ce moment-ci de votre vie. Par exemple :

- **It *is raining* right now**. [ɪt ɪz ˈreɪnɪŋ raɪt naʊ] (Il pleut en ce moment.)
- **Dixie *is drinking* milk.** [ˈdɪksi ɪz ˈdrɪŋkɪŋ mɪlk] (Dixie est en train de boire du lait.)
- **I *am learning* English.** [aɪ əm ˈlɜːnɪŋ ˈɪŋglɪʃ] (J'apprends l'anglais.)

Pour ceux qui aiment les maths, voici la formule du présent progressif : **to be + main verb** (verbe principal) **+ -ing**.

Et pensez à conjuguer correctement le verbe **to be**. Par exemple :

- **I *am reading* this book.** [aɪ əm ˈriːdɪŋ ðɪs bʊk] (Je suis en train de lire ce livre.)
- **She *is reading* this book.** [ʃi ɪz ˈriːdɪŋ ðɪs bʊk] (Elle est en train de lire ce livre.)

Vous trouverez davantage de détails sur la conjugaison du verbe **to be** à la section « Verbes irréguliers ».

Si l'on vous pose une question au présent progressif, répondez en utilisant le même temps. Voici quelques exemples de questions et de réponses :

- **What *are* you *doing*?** [wɒt ə ju ˈduːɪŋ] (Que fais-tu/faites-vous ?)
- **I *am cleaning* the house.** [aɪ əm ˈkliːnɪŋ ðə haʊs] (Je nettoie la maison.)
- **Where *are* you *going*?** [weər ə ju ˈgəʊɪŋ] (Où vas-tu/allez-vous ?)
- **I *am going* to the shop** [UK]/**to the store** [US] [aɪ əm ˈgəʊɪŋ tə ðə ʃɒp] [UK], [aɪ əm ˈgəʊɪŋ tə ðə stɔː] [US] (Je vais au magasin.)

Le preterit

« Oublie le passé ! » disent certains, mais quand il s'agit d'apprendre une langue, se souvenir du passé – ou plutôt des formes du temps passé – vous ouvre un univers de possibilités. En anglais, vous avez besoin du temps passé au moins aussi souvent que du présent, peut-être davantage.

Servez-vous du **preterit** [ˈpretərɪt] pour parler d'une action ou d'un événement commencés ET terminés dans le passé. Avec le **preterit**, vous utilisez souvent des mots indiquant le passé, comme **yesterday** [ˈjestədi] (hier), **last week** [lɑːst wiːk] [UK], [læst wiːk] [US] (la semaine dernière), **in 1999** [ɪn naɪnˈtiːn ˈnaɪnti naɪn] (en 1999), et ainsi de suite.

Le **preterit** est formé des deux façons suivantes :

- En ajoutant **-ed** à la fin des verbes dont le passé est régulier.
- En utilisant la forme irrégulière du passé pour les autres verbes.

Verbes dont le passé est régulier

Voici des exemples de temps passé régulier :

- **I *called* my mother last night.** [aɪ kɔːld maɪ ˈmʌðə lɑːst naɪt] (J'ai appelé ma mère hier soir.)

» **She *answered* the phone.** [ʃi ˈɑːnsəd ðə fəʊn] (Elle a répondu au téléphone.)

» **We *talked* for a long time.** [wi ˈtɔːkt fər ə lɒŋ taɪm] (Nous avons parlé longtemps.)

Si un verbe se termine par la voyelle **-e**, ajoutez simplement **-d**. Dans le cas des verbes qui se terminent par une consonne + **y**, comme **study** [ˈstʌdi] (étudier), le passé se forme en changeant le **y** en **i** et en ajoutant **-ed**, comme dans **studied** [ˈstʌdɪd] (étudiai/étudia.../étudié) et **tried** [traɪd] (essayai/essaya.../essayé).

Verbes dont le temps passé est irrégulier

Près d'une centaine de verbes courants ont des formes de temps passé irrégulières. Mais ne paniquez pas. Vous les découvrirez au fur et à mesure de votre lecture du livre. Et bientôt, vous les connaîtrez tous – c'est promis ! Et mieux encore, à l'exception du verbe **to be**, ils n'ont tous qu'une seule forme. Par exemple, le **preterit** de **have** est **had** (eus/eut/avais.../eu). Vous trouverez une liste complète des temps passés des verbes irréguliers à l'annexe **A**.

Dans les exemples suivants, qui vous réchaufferont le cœur, les verbes aux formes passées irrégulières sont en italique :

» **I *wrote* a love letter to my sweetheart.** [aɪ rəʊt ə lʌv ˈletə tə maɪ ˈswiːthɑːt] (J'ai écrit une lettre d'amour à mon/ma petit(e) ami(e).)

» **She/he *read* it and *said* "I love you".** [ʃi hi red ɪt ənd sed aɪ lʌv ju] (Il/elle l'a lue et a dit « Je t'aime ».)

» **I *felt* very happy.** [aɪ felt ˈveri ˈhæpi] (Je me suis senti(e) très heureux/heureuse.)

Le verbe **to be** présente deux formes au **preterit** : **was** et **were**.

» **I was** [aɪ wɒz] [UK], [aɪ wʌz] [US] (Je fus/j'étais/j'ai été)

» **You were** [ju wɜː] (Tu fus/tu étais/tu as été/vous fûtes/vous étiez/vous avez été)

» **He/she/it was** [hi ʃi ɪt wɒz] [UK], [hi ʃi ɪt wʌz] [US] (Il/elle fut/était/a été)

» **We were** [wi wɜː] (Nous fûmes/nous étions/nous avons été)

» **They were** [ðeɪ wɜː] (Ils/elles furent/étaient/ont été)

Le preterit progressif

Si vous savez former le temps du présent progressif, vous pouvez facilement former aussi le **continuous past** [kən'tɪnjʊəs pɑ:st] [UK], [kər'tɪnju:əs pæst] [US] (preterit progressif). Vous utilisez ce temps pour parler d'une chose qui s'est produite pendant un certain temps dans le passé. Par exemple :

- **It *was raining* last night.** [ɪt wəz 'reɪnɪŋ lɑ:st naɪt] (Il a plu la nuit dernière.)
- **We *were walking* in the rain.** [wi wə 'wɔ:kɪŋ ɪn ðə reɪn] (Nous marchions sous la pluie.)

Voici pourquoi rien n'est plus facile que de former le preterit progressif : si vous savez former le présent progressif avec le verbe **to be + -ing**, vous mettez simplement le verbe **to be** au temps passé, et – ça y est ! – vous avez créé le preterit progressif. Les deux exemples ci-après vous montrent ce que je veux dire :

- **I *am living* in the U.S.** [aɪ əm 'lɪvɪŋ ɪn ðə ju:'es] (J'habite aux États-Unis.)
- **I *was living* in my country last year.** [aɪ wəz 'lɪvɪŋ ɪn maɪ 'kʌntri lɑ:st jiə] (J'habitais dans mon pays l'année dernière.)

Le futur : *will* et *going to*

Vous disposez de deux façons également correctes de parler du futur, cependant les gens tendent à utiliser l'une ou l'autre selon le but recherché. (Je vous en dirai bientôt davantage sur ce point.)

Vous pouvez former le futur en utilisant le mot **will** ou le verbe **to be + going to**. Voici deux exemples montrant comment utiliser chaque formule :

- **will** + verbe principal (dans sa forme de base) :
  - **I *will tell* you a story.** [aɪ wl̩ tel ju ə 'stɔ:ri] (Je vous raconterai une histoire.)
  - **We *will help* you in a minute.** [wi wl̩ help ju ɪn ə 'mɪnɪt] (Nous vous aiderons dans une minute.)
- verbe **to be + going to** + verbe principal (dans sa forme de base) :
  - **I *am going to tell* you a story.** [aɪ əm 'gəʊɪŋ tə tel ju ə 'stɔ:ri] (Je vais vous raconter une histoire.)

- **She *is going to graduate* next week.** [ʃi ɪz ˈɡəʊɪŋ tə ˈɡrædʒʊeɪt nekst wiːk] (Elle va obtenir son diplôme la semaine prochaine.)

Les anglophones de naissance utilisent presque toujours des contractions avec les temps du futur, et vous devriez en faire autant. Utilisez les contractions **I'll**, **you'll**, etc., pour le mot **will**. Pour **going to**, utilisez les contractions de **to be**, comme dans **I'm going to**, **you're going to**, **she's going to** et ainsi de suite. Pour plus d'informations sur les contractions, reportez-vous à la section « Utiliser les contractions comme un anglophone de naissance », plus haut dans ce chapitre.

Dans le langage informel, la plupart des Américains abrègent l'expression du futur **going to** de sorte qu'elle paraît être **gonna** [ˈɡɒnə] (vais/vas/va). Bien que **gonna** ne soit pas vraiment un mot, les Américains l'utilisent souvent, comme ceci : **It's gonna rain soon**. [ɪts ˈɡɒnə reɪn suːn] (Il va bientôt pleuvoir.)

L'ADJECTIF VIENT-IL AVANT OU APRÈS ?

L'anglais fait parfois les choses à l'envers. Par exemple, les adjectifs sont le plus souvent placés devant (et non derrière) les noms qu'ils qualifient. Vous décrivez quelque chose en détail avant de dire ce que vous êtes en train de décrire!

Dans la phrase suivante, vous ne pouvez savoir au juste ce dont je parle avant la fin:

I have a big, brown, four-legged... [aɪ həv ə bɪɡ braʊn fɔː ˈleɡɪd] (J'ai un(e) grand(e), marron, à quatre pieds/pattes/jambes...) **What? A dog? A horse? No, a table** [wɒt ə dɒɡ ə hɔːs nəʊ ə ˈteɪbl̩] (Quoi ? Un chien ? Un cheval ? Non, une table.)

Mais si vous voulez, vous pouvez commencer la phrase avec le nom suivi du verbe **to be**, puis ajouter les adjectifs, comme dans :

My table is big, brown, and four-legged. [maɪ ˈteɪbl̩ ɪz bɪɡ braʊn ənd fɔː ˈleɡɪd] (Ma table est grande, marron et à quatre pieds.)

Cela semble illogique ? Un peu, mais c'est anglais.

Les adjectifs : épicer ses propos

Les **adjectives** [ˈædʒɪktɪvz] (adjectifs) servent à décrire des noms et des pronoms ou même d'autres adjectifs en disant d'autres choses sur eux. Ils ajoutent de la couleur, de la texture, de la qualité, de la quantité, du caractère et de la saveur à une phrase simple et insipide.

Voici une phrase simple sans aucun adjectif :

- **_English for Dummies_ is a book...** [ˈɪŋglɪʃ fə ˈdʌmɪz ɪz ə bʊk] (*L'anglais pour les Nuls* est un livre...)

Voyez comment les adjectifs (soulignés) relèvent la phrase :

- **_English for Dummies_ is a fun, helpful, basic English language book.** [ˈɪŋglɪʃ fə ˈdʌmɪz ɪz ə fʌn ˈhelpfəl ˌbeɪsɪk ˈɪŋglɪʃ ˈlæŋgwɪdʒ bʊk] (*L'anglais pour les Nuls* est un livre amusant, utile, sur les bases de la langue anglaise.)

Maintenant la phrase dit vraiment quelque chose.

En anglais, les adjectifs n'ont pas de forme particulière pour indiquer le nombre ou le genre : ils sont invariables. Par exemple, dans les deux phrases suivantes, observez que les adjectifs (en italique) ne changent pas malgré le genre et le nombre des noms qu'ils qualifient :

- **They are very _active_ and _noisy_ boys.** [ðeɪ ə ˈveri ˈæktɪv ənd ˈnɔɪz bɔɪz] (Ce sont des garçons très actifs et bruyants.)
- **She is a very _active_ and _noisy_ girl.** [ʃi z ə ˈveri ˈæktɪv ənd ˈnɔɪzi gɜːl] (C'est une fille très active et bruyante.)

Facile, non ? Il y a quand même une difficulté : vous devez résister à l'envie de donner aux adjectifs un genre et un nombre, comme en français !

Ajouter la couleur et la quantité

Les **colours** [ˈkʌləz] [UK] /**colors** [ˈkʌlərz] [US] (couleurs) sont des adjectifs, et les **numbers** [ˈnʌmbəz] (nombres) sont aussi des adjectifs. Les expressions suivantes vous indiquent les nombres de **one** [wʌn] (un) à **twelve** [twelv] (douze), ainsi que les mots pour quelques couleurs de base qui vous aideront à parler de façon, disons, plus colorée ! (Remarquez que le nombre est placé en tête, suivi de la couleur et du nom.)

- **I'd like one red apple.** [aɪd laɪk wʌn red ˈæpl̩] (Je voudrais une pomme rouge.)
  - **... two yellow bananas.** [tuː ˈjeləʊ bəˈnɑːnəz] [UK], [tuː jeloʊ bəˈnænəz] [US] (... deux bananes jaunes.)
  - **... four green leaves.** [fɔː griːn liːvz] (... quatre feuilles vertes.)
  - **... five oranges.** [faɪv ˈɒrɪndʒɪz] (... cinq oranges.)

- **... six pink roses** [sɪks pɪŋk ˈrəʊzɪz] [UK], [sɪks pɪŋk ˈroʊzɪz] [US] (... six roses roses.)
- **... seven purple grapes.** [ˈsevn̩ ˈpɜ:pl̩ greɪps] (... sept raisins noirs.) (**purple** signifie violet)
- **... eight brown dogs.** [eɪt braʊn dɒgz] (... huit chiens marron.)
- **... nine grey** [UK]/**gray** [US] **donkeys.** [naɪn greɪ ˈdɒŋkɪz] (... neuf ânes gris.)
- **... ten black cats.** [ten blæk kæts] (... dix chats noirs.)
- **... eleven white gardenias.** [ɪˈlevn̩ waɪt gɑ:ˈdi:nɪəz] (... onze gardénias blancs.)
- **... twelve gold coins.** [twelv gəʊld kɔɪnz] [UK] [twelv goʊld kɔɪnz] [US] (... douze pièces d'or.)

Qu'est-ce qui vient avant le nombre **one** ? **Zero** [ˈzɪərəʊ] [UK], [ˈzɪəroʊ] [US] (zéro).

QUAND LES NOMS DEVIENNENT DES ADJECTIFS

En anglais, les noms peuvent jouer le rôle d'un adjectif quand ils sont utilisés pour décrire un autre nom. Par exemple, le mot **university** [ju:nɪˈvɜ:sɪti] (université) est un nom, mais dans la phrase suivante, il devient un adjectif : **My sister is a university professor** [maɪ ˈsɪstə ɪz ə ju:nɪˈvɜ:sɪti prəˈfesə] (ma sœur est professeur à l'université). Sa nouvelle fonction est de décrire le nom professeur.

Voici quelques autres exemples. Les mots en *italique* sont d'anciens noms transformés en adjectifs.

» **This is a *language* book.** [ðɪs ɪz ə ˈlæŋgwɪdʒ bʊk] (Ceci est un livre de langue.)

» **I have a *California* address.** [aɪ həv ə kælɪˈfɔ:nɪər əˈdres] (J'ai une adresse en Californie.)

Souvenez-vous que les adjectifs n'ont pas de forme plurielle, de sorte que quand un nom devient un adjectif, il perd sa forme plurielle – même s'il modifie un nom au pluriel : **These are *language* books** [ði:z ə ˈlæŋgwɪdʒ bʊks] (Ce sont des livres de langue).

Dire ce que vous ressentez

Les adjectifs peuvent décrire des **feelings** [ˈfiːlɪŋz] (des sentiments), des **emotions** [ɪˈməʊʃn̩z] (des émotions). Les verbes **to be** et **to feel** [tə fiːl] (ressentir) sont utilisés avec les types d'adjectif suivants :

- **She is happy/tired.** [ʃi ɪz ˈhæpi ˈtaɪəd] (Elle est heureuse/fatiguée.)
- **I feel nervous/angry.** [aɪ fiːl ˈnɜːvəs ˈæŋgri] (Je me sens nerveux/je suis en colère.)
- **They are in love.** [ðeɪ ər ɪn lʌv] (Ils s'aiment.)

Description du caractère et des capacités

On utilise des adjectifs pour décrire le caractère, les qualités et les capacités des gens. Utilisez le verbe **to be** avec cette sorte d'adjectifs :

- **He's kind.** [hiz kaɪnd] (Il est gentil.)
  - **... generous.** [ˈdʒenərəs] (... généreux.)
  - **... selfish.** [ˈselfɪʃ] (... égoïste.)
  - **... intelligent.** [ɪnˈtelɪdʒənt] (... intelligent.)
- **They're athletic.** [ðeər æθˈletɪk] (Ils/elles sont athlétiques.)
  - **... patriotic.** [pætrɪˈɒtɪk] [UK] (... patriotes.)
- **You're funny.** [jər ˈfʌni] (Tu es/vous êtes amusant(es).)
- **We're competitive.** [wɪə kəmˈpetətɪv] (Nous sommes compétitifs.)

Pour renforcer votre description, utilisez l'adverbe **very** [ˈveri] (très), placé devant l'adjectif. Par exemple :

- **It's a very hot day.** [ɪts ə ˈveri hɒt deɪ] [UK], [ɪts ə ˈveri hɑːt deɪ] [US] (C'est une journée très chaude.)
- **She's very artistic.** [ʃiz ˈveri ɑːˈtɪstɪk] (C'est une vraie artiste.)

Pour en savoir plus sur les adjectifs descriptifs, consultez le chapitre 3.

HARD ET HARDLY

Dans certains cas, si vous ajoutez **-ly** à un adjectif, vous obtenez un adverbe dont le sens est très différent. Par exemple, l'adjectif **late** [leɪt] veut dire « en retard », mais l'adverbe **lately** [ˈleɪtli] signifie « récemment ». Un autre exemple est celui de **hard** [hɑːd] (dur/difficile) et **hardly** [ˈhɑːdli] (à peine/presque pas). L'adjectif **hard** signifie « difficile » ou « dur ». Mais **hard** est aussi un adverbe qui veut dire « en faisant un gros effort » comme dans **She works hard** [ʃi wɜːks hɑːd] (Elle travaille dur). Un autre adverbe, **hardly**, veut dire «presque pas », comme dans **He hardly has any money** [hi ˈhɑːdli həz ˈeni ˈmʌni] (Il n'a presque pas d'argent). Les gens confondent parfois les deux adverbes et utilisent **hardly** quand ils veulent dire **hard**. Les anglophones de naissance se taquinent parfois en posant la question : **Are you working hard or hardly working?** [ə ju ˈwɜːkɪŋ hɑːd ɔː ˈhɑːdli ˈwɜːkɪŋ] (Travailles-tu dur ou à peine ?)

Les adverbes donnent du caractère aux verbes

Les **adverbs** [ˈædvɜːbz] (adverbes) contribuent au sens d'un verbe ou d'un adjectif. (Je parle davantage des verbes dans la section suivante.) Les adverbes peuvent indiquer comment quelque chose se fait.

Voici une phrase sans adverbe :

I play the piano [aɪ pleɪ ðə pɪˈænəʊ] (Je joue du piano.)

Ajoutez maintenant un adverbe et voyez comment la phrase prend un sens nouveau :

I play the piano badly. [aɪ pleɪ ðə pɪˈænəʊ ˈbædli] (Je joue mal du piano.)

(Ce qui est exact, soit dit en passant.)

Les adverbes peuvent aussi indiquer combien de fois vous faites quelque chose, comme dans **I rarely practice the piano** [aɪ ˈreəli ˈpræktɪs ðə pɪˈænəʊ] (Je m'exerce rarement au piano). Et les adverbes peuvent aussi modifier les adjectifs, comme dans **My piano teacher is extremely patient** [maɪ pɪˈænəʊ ˈtiːtʃə ɪz ɪkˈstriːmli ˈpeɪʃnt] (Mon professeur de piano est extrêmement patient).

La plupart des adverbes sont créés en ajoutant **-ly** à un adjectif. Par exemple, l'adjectif **slow** [sləʊ] [UK], [sloʊ] [US] (lent) devient l'adverbe **slowly** [ˈsləʊli] [UK], [ˈsloʊli] [US] (lentement). Voici quelques exemples de phrases :

- » Adjectif : **The tortoise is slow.** [ðə ˈtɔːtəs ɪz sləʊ] [UK] **The turtle is slow.** [ðə ˈtɜːtl̩ z sloʊ] [US] (La tortue est lente.)
- » Adverbe : **The tortoise walks slowly.** [ðə ˈtɔːtəs wɔːks ˈsləʊli] [UK] **The turtle walks slowly.** [ðə ˈtɔːrtəs ˈwɑːks ˈsloʊli] [US] (La tortue marche lentement.)

Voici un autre exemple utilisant les mots **happy** [ˈhæpi] (heureux) et **happily** [ˈhæpɪli] (heureusement).

- » Adjectif : **The baby is happy.** [ðə ˈbeɪbi ɪz ˈhæpi] (Le bébé est heureux.)
- » Adverbe : **The baby plays happily.** [ðə ˈbeɪbi pleɪz ˈhæpɪli] (Le bébé joue avec bonheur.)

Certains adverbes et adjectifs sont des « clones », ce qui veut dire que les mots ne changent pas. Regardez par exemple le mot **fast** [fɑːst] dans les deux phrases suivantes :

- » Adjectif : **He has a fast car.** [hi həz ə fɑːst kɑː] (Il a une voiture rapide.)
- » Adverbe : **He drives too fast.** [hi draɪvz tuː fɑːst] (Il conduit trop vite.)

Un couple adjectif/adverbe inhabituel est **good** [gʊd] et **well** [wel]. Vous pourriez être tenté de dire good et « goodly », puisqu'après tout, le contraire est **bad** et **badly**. Mais au lieu de cela, l'adverbe « partenaire » de **good** est **well**, bien qu'il puisse arriver à des locuteurs natifs d'utiliser le mot **good** alors qu'ils devraient dire **well**. Voici un exemple d'utilisation correcte de ces deux mots :

- » Adjectif : **Your English is good.** [jər ˈɪŋˌglɪʃ ɪz gʊd] (Ton/votre anglais est bon.)
- » Adverbe : **You speak very well.** [ju spiːk ˈveri wel] (Tu parles/vous parlez très bien.)

Les trois articles : *a*, *an* et *the*

En anglais, lorsque quelqu'un mentionne les "**three little words**", il ou elle se réfère en général à ces trois petits mots d'amour qui mettent les cœurs en émoi : **I love you** [aɪ lʌv ju] (Je t'aime/je vous aime).

Dans cette section, je vous montre comment utiliser trois autres petits mots – les articles **a**, **an** et **the**. Ils peuvent aussi faire battre votre cœur – sous l'empire de la crainte.

Comme dans le cas de l'amour, certaines personnes ont peur de faire des erreurs et décident d'éviter complètement l'utilisation des articles. Mais l'anglais sans articles, c'est un peu comme… une vie sans amour. Eh bien, je dramatise un peu, mais vous m'avez compris, les articles ont une grande importance.

Vous trouverez ci-après une leçon abrégée, « Les articles en anglais », pour vous aider à comprendre quand et comment utiliser les articles sans crainte.

Remarque : en anglais, les articles (comme les noms) n'ont pas de genre ; ce sont les mêmes pour le masculin et le féminin, comme dans les phrases : **The boy is tall** [ðə bɔɪ ɪz tɒl] (Le garçon est grand) et **The girl is tall** [ðə gɜːl ɪz tɒl] (La fille est grande).

» **A** et **an** par opposition à **the** (très facile) : les articles **a** et **an** se placent seulement devant un nom d'objet dénombrable au singulier (« dénombrables » désigne les objets que l'on peut compter facilement). **The** peut être utilisé devant des noms au singulier ou au pluriel :

- **Molly is *a* cat.** [ˈmɒli ɪz ə kæt] (Molly est une chatte.)
- **She is *an* animal.** [ʃi ɪz ən ˈænəml̩] (C'est un animal.)
- ***The* birds fear her.** [ðə bɜːdz fɪə hə] (Les oiseaux la craignent.)

» **A** par opposition à **an** (également très facile) : l'article **a** se place devant des noms ou leurs adjectifs commençant par une consonne. **An** est utilisé devant des noms ou leurs adjectifs commençant par un **h** muet (généralement des mots d'origine française) ou une voyelle :

- **We saw *a* film** [UK]/***a* movie.** [US] [wi sɔːr ə fɪlm] [UK], [wi sɔː ə ˈmuːvi] [US] (Nous avons vu un film.)
- **He's *an* honest man.** [hiz ən ˈɒnɪst mæn] [UK], [hiz ən ˈɑːnəst ˈmæn] [US] (C'est un homme honnête.)

» **The** est utilisé devant les noms dénombrables ou non dénombrables dont on parle de façon spécifique. Aucun article n'est utilisé devant les noms non dénombrables dont on parle de façon générale :

- ***The* coffee in Italy is delicious.** [ðə ˈkɒfi ɪn ˈɪtəli ɪz dɪˈlɪʃəs] (Le café en Italie est délicieux.)
- **Coffee is popular in the U.S.** [ˈkɒfi ɪz ˈpɒpjʊlər ɪn ðə juːˈes] (Le café est très populaire aux États-Unis.)

» **A/an** par opposition à **the** (un peu plus difficile) : les articles **a** et **an** s'utilisent devant les noms qui sont mentionnés pour la première fois. **The** est utilisé devant des noms qui ont déjà été mentionnés :

- **I read *a* good book.** [aɪ red ə gʊd bʊk] (J'ai lu un bon livre.)
- ***The* book was about *an* artist.** [ðə bʊk wəz əˈbaʊt ən ˈɑːtɪst] (Le livre était au sujet d'un artiste.)
- ***The* artist lives on *a* ranch.** [ði ˈɑːtɪst lɪvz ɒn ə rɑːntʃ] (L'artiste habite dans un ranch.)

» L'article **the** s'emploie devant des noms de chaînes de montagne, de rivières, d'océans et de mers :

- ***The* Pacific Ocean is huge.** [ðə pəˈsɪfɪk ˈəʊʃn̩ ɪz hjuːdʒ] (L'océan Pacifique est immense.)
- ***The* Amazon is in South America.** [ði ˈæməzən ɪz ɪn saʊθ əˈmerɪkə] (L'Amazone est en Amérique du Sud.)

» L'article **the** s'utilise devant les noms de pays qui font référence à une forme de gouvernement ou un type d'union :

- ***The* United States.** [ðə juˈnaɪtɪd steɪts] (Les États-Unis.)
- ***The* People's Republic of China.** [ðə ˈpiːpl̩z rɪˈpʌblɪk əv ˈtʃaɪnə] (La République populaire de Chine.)

Pour enrichir votre vocabulaire, voici quelques sites de dictionnaires en ligne conçus spécialement pour les gens qui apprennent l'anglais. Vous y trouverez des traductions, des définitions, des synonymes et la prononciation des mots :

» Oxford Advanced Learner's Dictionary : `http://oald8.oxfordlearnersdictionaries.com`

» Cambridge Advanced Learner's Dictionary : `http://dictionary.cambridge.org`

» The Free Dictionary : `http://www.thefreedictionary.com`

» Dictionary.com : `http://dictionary.reference.com`

» Macmillan Dictionary : `http://www.macmillandictionary.com`

» Merriam-Webster's Learner's Dictionary : `http://www.learnersdictionary.com`

THE MEDIA

La Presse écrite

En Angleterre, la **quality press** [ˈkwɒlɪti pres] (les journaux sérieux) aborde les questions de politique, d'économie, de société… et se divise entre journaux de droite, comme *The Times* (**center right** [ˈsentə raɪt]) ou le *Daily Telegraph* (**right-wing** [raɪt wɪŋ]), et les journaux plus à gauche, comme *The Guardian* et *The Independent* (**centre left** [ˈsentə left]). La presse populaire, appelée **tabloids** [ˈtæblɔɪdz] (tabloïdes), se concentre plus sur les **scandals** [ˈskændḷz] (scandales), les **gossips** [ˈgɒsɪps] (rumeurs) et les **trivia** [ˈtrɪvɪə] (faits divers). *The Sun*, *The Daily Mail* et *The Daily Mirror* révèlent régulièrement des détails plus ou moins croustillants et authentiques de la vie des **celebrities** [sɪˈlebrɪtɪz] (stars). La question de l'indépendance de la presse anglo-saxonne fait souvent débat, à cause du poids des **tycoons** [taɪˈkuːnz] (magnats) dans le financement des médias.

The freedom of the press [ðə ˈfriːdəm əv ðə pres] (la liberté de la presse) est garantie aux États-Unis par le Premier Amendement de la Constitution (voir encadré sur le système politique) : « **Congress shall make no law […] abridging the freedom of speech, or of the press** » [ˈkɒŋgres ʃəl meɪk nəʊ lɔː əˈbrɪdʒɪŋ ðə ˈfriːdəm əv spiːtʃ ɔːr əv ðə pres] (« le Congrès n'a pas le droit d'adopter une loi […] restreignant la liberté d'expression, ou de la presse »). C'est pourquoi il existe une forte tradition d'**investigative journalism** [ɪnˈvestɪgətɪv ˈdʒɜːnəlɪzəm] (journalisme d'investigation) aux États-Unis. Les principaux journaux nationaux sont *The New York Times*, *The Washington Post* et *USA Today*. On trouve également des journaux spécialisés, comme le *Wall Street Journal*, qui traite avant tout d'économie. Les **magazines** [mægəˈziːnz] (magazines) sont également très présents et traitent souvent de questions politiques et sociales, comme par exemple *Newsweek* ou *Time*. N'oublions pas les **women's magazines** [ˈwɪmɪnz mægəˈziːnz] (magazines féminins), comme *Vogue*, *Elle* ou encore *Vanity Fair*, qui abordent des problèmes plus légers comme la **fashion** [ˈfæʃṇ] (la mode), les confidences des **celebrities**, les nouveaux **diets** [ˈdaɪəts] (régimes) à la mode ou encore des question d'**interior decoration** [ɪnˈtɪərɪə ˌdekəˈreɪʃṇ] (la décoration d'intérieur).

Vous pouvez retrouver ces journaux sur internet :

http://www.theguardian.com/uk

http://www.thetimes.co.uk/tto/news/

http://www.telegraph.co.uk

http://www.independent.co.uk

http://www.nytimes.com/

http://www.washingtonpost.com/

http://www.usatoday.com/

Les radios

Elles sont bien pratiques pour apprendre l'anglais, car on peut généralement les écouter en ligne. La BBC est la radio anglaise la plus connue, elle se divise entre plusieurs chaînes. L'une d'entre elles, **BBC World Service** [biːbiːˈsiː wɜːld ˈsɜːvɪs], est spécialisée dans les programmes diffusés à l'international et **covers** [ˈkʌvəz] (couvre) les **global events** [ˈgləʊbḷ ɪˈvents] (l'actualité à l'échelle mondiale). BBC Radio 4 est connue pour ses programmes de qualité, comme les **debates** [dɪˈbeɪts] (débats) et les **documentaries** [dɒkjuˈmentriz] (documentaires).

THE MEDIA *(SUITE)*

Aux États-Unis, à l'exception de la **NPR** [en ˈpiː ɑː] (National Public Radio), qui propose toutes sortes de programmes, notamment des documentaires et des débats sur des **societal issues** [səˈsaɪətl̩ ˈɪʃuːz] (questions de société), les chaînes de radio sont généralement **local** [ˈləʊkl̩] (locales) et **specialized** [ˈspeʃəlaɪzd] (spécialisées) : certaines proposent de la **music** [ˈmjuːzɪk] (musique), d'autres des **news** [njuːz] (bulletins d'information) ou des retransmissions de **sporting events** [ˈspɔːtɪŋ ɪˈvents] (manifestations sportives) ; beaucoup, enfin, proposent des programmes exclusivement religieux.

En Irlande, on écoute **RTE** [ɑː tiː iː] pour se tenir informé des débats de société.

Les grandes stations de radio nationales ont toutes des sites où l'on peut écouter certains programmes en ligne :

http://www.bbc.co.uk/radio/stations

http://www.npr.org

https://www.rte.ie

La télévision

Les émissions de télévision anglo-saxonnes, et notamment américaines, font pleinement partie de la culture globale d'aujourd'hui. Après la grande mode des **television games** [ˈtelɪvɪʒn̩ ɡeɪmz] (jeux télévisés), comme par exemple *The Price is Right* (le « Juste Prix ») ou *Wheel of Fortune* (la « Roue de la Fortune »), la **reality TV** [rɪˈælɪti tiːˈviː] (télé réalité) et les **TV talent shows** [tiːˈviː ˈtælənt ʃəʊz] (émissions de télé crochet) se sont exportées en France, avec des émissions comme *Big Brother* ou *The Voice*. Le poids des **audience ratings** [ˈɔːdiəns ˈreɪtɪŋz] (l'audimat) a beaucoup dégradé, comme en France, la qualité de l'offre des **TV channels** [tiːˈviː ˈtʃænl̩z] (chaînes de télévision).

Aux États-Unis, les **TV news** [tiːˈviː njuːz] (informations télévisées) des grandes chaînes sont très suivies. Ces chaînes ont, comme la presse écrite, leurs orientations politiques, avec Fox News, regardée en majorité par les **Republicans** [rɪˈpʌblɪkənz] (Républicains – voir encadré sur le système politique), MSNBC, plus populaire auprès des **Democrats** [ˈdeməkræts] (Démocrates) et CNN, dont le public est composé majoritairement de personnes non affiliées à un parti politique. Comme pour les radios, le paysage audiovisuel est divisé entre de nombreuses chaînes locales et spécialisées, consacrées au sport, à la cuisine, aux clips musicaux, ou encore à la mode. Les grands **talk shows** [tɔːk ʃəʊz] sont animés par des présentateurs vedettes aussi connus que leurs invités. « Oprah's Next Chapter », « The Ellen DeGeneres Show », « Late Night with Jimmy Falon » sont de bons exemples. Enfin, il ne faut pas manquer quelques grands rendez-vous comiques comme le **Saturday Night Live** [ˈsætədi naɪt laɪv] ou **The Daily Show** [ðə deɪli ʃəʊ].

http://www.bbc.co.uk/tv/

http://edition.cnn.com/

http://www.fox.com/

http://www.msnbc.com/

Jeux et activités

L'exercice de grammaire ci-dessous vous permettra de voir combien de mots d'interrogation vous avez mémorisés. Complétez les questions en indiquant le mot de question adéquat. Les réponses de la deuxième colonne vous mettront sur la voie.

1.	_______ is she?	She's my friend.
2.	_______ children do you have?	I have 3 children.
3.	_______ do you live?	I live in Texas.
4.	_______ you speak English?	Yes, I can.
5.	_______ are you?	I'm fine thanks.
6.	_______ is your name?	My name is Sam.
7.	_______ does this cost?	It's five dollars.
8.	_______ you like pizza?	Yes, I do!
9.	_______ did you come here?	I came here last year.
10	_______ you in love?	No, I'm not.
11.	_______ are you so happy?	Because I won the lottery!
12.	_______ you born in the U.S.?	No, I wasn't.

Solutions : Annexe C, page 429.

PARTIE 2
PARLONS UN PETIT PEU ANGLAIS

« JE SAIS BIEN QUE C'EST UNE EXPRESSION COURANTE, MAIS TU VIENS DE DIRE "SO LONG, BABY!" À UNE BONNE SŒUR ! »

DANS CETTE PARTIE . . .

Rien qu'avec un tout petit peu d'anglais, vous pouvez faire beaucoup de choses ! Les chapitres de cette partie vous donnent quantité d'expressions faciles, de tous les jours, pour vous inciter à rencontrer les gens et leur parler. Vous y trouverez de simples salutations, ainsi que des façons de vous présenter et de démarrer des conversations amicales. Je vous montre aussi comment demander de l'aide, trouver votre chemin et parler au téléphone, sans crainte. Commencez où vous voudrez dans cette partie, et mettez-vous à parler !

Chapitre 3

Heureux de faire votre connaissance

DANS CE CHAPITRE :

- **Dire bonjour et au revoir**
- **Rencontrer des gens de manière décontractée ou formelle**
- **Les prénoms chez les Américains et les Britanniques**
- **Décrire une personne**

Vous pouvez aller loin avec un peu d'anglais. Dire un simple **hello** [hə'ləʊ] (salut) et ajouter quelques mots pour faire savoir qui vous êtes peut vraiment vous ouvrir des portes. Vous verrez aussi comment vous présenter et présenter vos amis, quand utiliser des expressions familières ou formelles, comment décrire les gens et quoi dire après les premiers mots de salutation.

Dire bonjour

Vous pouvez toujours saluer quelqu'un avec un simple **hello** (bonjour) ou **hi** [haɪ] (salut) ou choisir une expression mieux adaptée à la situation. Par exemple :

- **Good morning** [gʊd 'mɔːnɪŋ] (bonjour). Vous pouvez le dire à tout moment de la matinée, avant midi.
- **Good afternoon** [gʊd ɑːftə'nuːn] (bonjour). À utiliser l'après-midi jusqu'à la tombée de la nuit.
- **Good evening** [gʊd 'iːvn̩ɪŋ] (bonsoir). À utiliser à partir de 5 ou 6 heures de l'après-midi ou après la tombée de la nuit.

Good night [gʊd naɪt] (bonne nuit) n'est pas une entrée en matière (même tard le soir). C'est une expression qui sert à dire **goodbye** [gʊdˈbaɪ] (au revoir) quand il fait nuit. Si vous rencontrez quelqu'un et le saluez en disant **good night**, cette personne dira : « Quoi, vous partez déjà ? Vous venez d'arriver ! »

Dire « Comment allez-vous ? »

Après avoir dit bonjour ou au lieu de dire bonjour, les gens posent souvent une question telle que **How are you ?** (Comment allez-vous/ vas-tu ?). La liste ci-après vous donne quelques salutations usuelles ainsi que des façons d'y répondre. Notez que la première salutation est très formelle ; les autres sont plus familières.

– **How are you ?**

[haʊ ə ju]

Comment allez-vous/vas-tu ?

Very well, thank you. And how are you?

[ˈveri wel θæŋk ju ənd haʊ ə ju]

Très bien merci. Et comment allez-vous/vas-tu ?

– **How are you doing?**

[haʊ ə ju ˈduːɪŋ]

Comment allez-vous/vas-tu ?

Not bad. What about you?

[nɒt bæd wɒt əˈbaʊt ju]

Pas mal. Et vous/toi ?

– **How's it going?**

[haʊz ɪt ˈgəʊɪŋ]

Comment va ?

Great. How about you?

[greɪt haʊ əˈbaʊt ju]

Tout à fait bien. Et vous/toi ?

– **How are things?**

[haʊ ə θɪŋz]

Comment ça va ?

Fine. And you?

[faɪn ən ju]

Bien. Et toi/vous, comment ça va ?

Quand vous dites **How about** ***you*****?**, prononcez le mot **you** en l'accentuant. Et quand vous dites **And you?**, prononcez **you** avec une intonation plus aiguë à la fin. Par ailleurs, quand vous dites **How about you?** ou **What about you?**, prononcez **you** avec une légère élévation du ton au début et une intonation plus douce à la fin. Reportez-vous au chapitre 1 pour plus d'informations sur la prononciation, l'accentuation et l'intonation.

La salutation **How are** ***you doing*****?** a le même sens que **How are you?**, de sorte que vous pouvez répondre aux deux questions de la même façon. Et notez bien que **How are you doing?** ne veut pas dire **What are you doing?** (Que fais-tu/faites-vous ?). Très peu de gens rencontrent d'autres personnes dans la rue et leur disent : "**Hello/Hi**. **What are you doing?**", parce que la réponse est évidente : « Eh bien, je marche dans la rue ! »

Quel que soit l'état dans lequel vous vous sentez lorsqu'on demande **How are you?**, la réponse la plus polie est **I'm fine, thanks. And you?** [aɪm faɪn θæŋks ən ju] (Ça va bien. Et vous ?). Presque tout le monde répond de cette façon, notamment dans les situations assez formelles et à l'égard d'étrangers ou de simples connaissances. Bien sûr, s'ils ont affaire à des amis ou même à des collègues de travail, les gens disent souvent ce qu'ils éprouvent réellement ! Par exemple :

- **terrific** [təˈrɪfɪk] (formidable)
- **fantastic** [fænˈtæstɪk] (fantastique)
- **wonderful** [ˈwʌndəfəl] (merveilleux)
- **okay** [əʊˈkeɪ] [UK], [oʊˈkeɪ] [US] (bien)
- **not so good** [nɒt səʊ gʊd] [UK], [nɑːt soʊ gʊd] [US] (pas très bien)
- **terrible** [ˈterəbl̩] (très mal)

Dire **I'm great** [aɪm greɪt] (Je me sens très bien) ou **I'm wonderful** [aɪm ˈwʌndəfəl] (Je vais merveilleusement bien) quand on vous demande **How are you?** est une bonne réponse, ni hautaine ni arrogante. Vous dites simplement à quel point vous vous sentez bien, et non que vous êtes une personne exceptionnelle !

Conversation

Lori arrive au travail et salue sa collègue, Becky. (Piste 9)

Lori : **Good morning, Becky.**

[gʊd ˈmɔːnɪŋ ˈbeki]

Bonjour, Becky.

Becky : **Hi, Lori. How's it going?**

[haɪ ˈlɔːi haʊz ɪt ˈgəʊɪŋ]

Bonjour, Lori. Comment ça va ?

Lori : **Pretty good. How are you?**

[ˈprɪti gʊd haʊ ə ju]

Pas mal. Et toi ?

Becky : **Well, I'm okay, but not great.**

[wel aɪm əʊˈkeɪ bət nɒt greɪt]

Eh bien, ça va, mais ça pourrait aller mieux.

Lori : **Oh? What's the matter?**

[əʊ wɒts ðə ˈmætə]

Oh ? Que se passe-t-il ?

Becky : **I'm a little sick.**

[aɪm ə ˈlɪtl̩ sɪk]

Je suis un peu malade.

Lori : **I'm sorry to hear that.**

[aɪm ˈsɒri tə hɪə ðæt]

Je suis désolée pour toi.

Becky : **Thanks. I'll be okay.**

[θæŋks aɪl bi əʊˈkeɪ]

Merci. Ça ira.

Quelques salutations familières ou argotiques

Beaucoup de gens utilisent des salutations **slang** [slæŋ] (une expression ou un mot d'argot). La liste ci-après donne quelques équivalents familiers ou argotiques de **How are you?**, accompagnés de réponses possibles. Le dernier exemple est une expression familière très contemporaine utilisée principalement par les jeunes.

– What's up?

[wɒts ʌp]

Quoi de neuf ?

Not much. What's up with you?

[nɒt ˈmʌtʃ wɒts ʌp wɪð ju]

Pas grand-chose. Quoi de neuf pour toi ?

– What's happening?

[wɒts ˈhæpənɪŋ]

Que se passe-t-il ?

Not much. You?

[nɒt ˈmʌtʃ ju]

Pas grand-chose. Et toi ?

Des salutations telles que **What's up?** et **What's going on?** ont le même sens que **What are you doing?**. Vous pouvez répondre à ces questions en indiquant ce que vous faites en ce moment, comme **I'm studying** [aɪm ˈstʌdɪɪŋ] (J'étudie) ou **I'm waiting for a friend** [aɪm ˈweɪtɪŋ fər ə frend] (J'attends un ami/une amie). Mais souvent, les gens répondent aux questions telles que **What's up?** par **Not much** [nɒt ˈmʌtʃ] (Pas grand-chose) ou **Nothing much** [ˈnʌθɪŋ ˈmʌtʃ] (Pas grand-chose). Ils peuvent ensuite continuer et indiquer ce qu'ils font réellement. Je reconnais que c'est un peu étrange, mais c'est souvent ce que font les gens.

COMMENT VA ?

Mes étudiants me disent souvent : « Les Américains paraissent aimables, mais il y a une chose qui m'étonne : pourquoi de nombreuses personnes disent-elles **Hi, how are you?** et continuent leur chemin avant que je puisse répondre ? N'est-ce pas un peu impoli ? » Eh bien pas nécessairement ! En fait, les gens disent souvent **Hi** ou **How are you?** en marchant dans la rue. Leur intention n'est pas de s'arrêter et de parler, mais simplement de vous saluer. « C'est bien, disent mes étudiants, mais alors, qu'en est-il de **How are you?** Pourquoi poser cette question si en réalité ils n'ont pas envie de le savoir ? » Eh bien, j'avoue ne pas avoir d'explication magique de ce phénomène culturel, mais **How are you?** a fini par devenir presque synonyme de **Hi** ou **Hello** et n'a pas toujours besoin d'être suivi d'une réponse quand il est dit en passant. Vous pouvez simplement répondre par **Hi** ou **Fine. How are you?** et continuer votre chemin.

Conversation

Josh va rencontrer ses amis Sid et J.J. dans un café fréquenté par des jeunes. Il est accompagné de son ami Tony, qui habite dans une autre ville. (Piste 10)

Josh : **Hey, Sid and J.J.**
[heɪ sɪd ən dʒeɪ dʒeɪ]
Salut, Sid et J.J.

J.J. et Sid : **Hey, what's up?**
[heɪ wɒts ʌp]
Salut, quoi de neuf ?

Josh : **Do you guys know Tony? Tony, this is Sid.**
[də ju gaɪz nəʊ ˈtəʊni ˈtəʊni ðɪs ɪz sɪd]
Vous connaissez Tony ? Tony, voilà Sid.

Tony : **Hey, Sid. How's it going?**
[heɪ sɪd haʊz ɪt ˈgəʊɪŋ]
Salut Sid. Comment ça va ?

Sid : **Pretty good. You?**

['prɪti gʊd ju]

Plutôt bien. Et toi ?

Tony : **Not bad.**

[nɒt bæd]

Pas mal.

Josh : **And this is J.J.**

[ənd ðɪs ɪz dʒeɪ dʒeɪ]

Et voici J.J.

Tony : **Hey, J.J. Wassup?**

[heɪ dʒeɪ dʒeɪ wɒsʌp]

Salut J.J. Quoi de neuf ?

J.J. : **Nothing much. Having some coffee. Good to meet you.**

['nʌθɪŋ mʌtʃ 'hævɪŋ səm 'kɒfi gʊd tə miːt ju]

Pas grand-chose. Je prends un café. Sympa de te rencontrer.

Tony : **Same here.**

[seɪm hɪə]

Pareil.

Dire au revoir

Quand c'est l'heure de dire au revoir et de partir, il y a plusieurs façons de terminer poliment la conversation avant de s'en aller. Voici trois exemples :

» **I've got to go, now.** [aɪv gɒt tə gəʊ naʊ] [UK], [aɪv gɑːt tə goʊ naʊ] [US] (Il faut que je parte, maintenant.)

» **I'd better go.** [aɪd 'betə gəʊ] [UK], [aɪd 'betər goʊ] [US] (Je ferais bien de partir.)

» **It was nice talking to you.** [ɪt wəz naɪs 'tɔːkɪŋ tə ju] [UK], [ɪt wəz naɪs 'tɔːkɪŋ tə ju] [US] (C'était sympa de parler avec vous/toi.)

Et vous dites ensuite :

- **Goodbye.** [gʊdˈbaɪ] (Au revoir.)
- **Bye.** [baɪ] (Au revoir.)
- **So long.** [səʊ lɒŋ] [UK], [soʊ lɔːŋ] [US] (À un de ces jours.)
- **See you later.** [siː ju ˈleɪtə] (À la prochaine.)

Les présentations

Avant de dire **Nice to meet you** [naɪs tə miːt ju] (Heureux de faire ta/votre connaissance) – le titre du chapitre –, il faut avoir fait les présentations. Rencontrer des gens et apprendre quelques petites choses à leur sujet est non seulement amusant, mais c'est aussi une excellente façon de pratiquer et d'améliorer votre anglais. Cette section est donc entièrement consacrée aux présentations (formelles et informelles). Et s'il n'y a personne pour vous présenter, je vous indique comment vous présenter vous-même.

Se présenter

Peut-être êtes-vous invité à une soirée ou un barbecue. Naturellement, vous vous attendez à ce que votre hôte vous présente quand vous arrivez, mais au lieu de cela, il vous salue d'un geste depuis l'autre bout de la salle et vous dit de vous servir à boire. Vous vous trouvez alors avec un verre en main et vous vous demandez ce que vous allez faire ensuite.

Voici ce que je vous conseille : allez vous présenter aux autres. (À vrai dire, c'est le rôle de l'hôte, mais s'il est occupé, faites-le vous-même.) C'est parfaitement acceptable de se présenter soi-même. Et voici deux manières simples de le faire :

- **Hi. I'm ___.** [haɪ aɪm] (Bonjour. Je suis ___.)
- **Hello. My name is ___.** [həˈləʊ maɪ neɪm ɪz] (Bonjour. Je m'appelle ___.)

Ou si la situation exige un comportement plus formel, vous pouvez dire :

- **I'd like to introduce myself. I'm ___.** [aɪd laɪk tu ɪntrəˈdjuːs maɪˈself aɪm] (J'aimerais me présenter. Je m'appelle ___.)
- **I don't think we've met. I'm ___.** [aɪ dəʊnt ˈθɪŋk wiv met aɪm] (Je ne pense pas que nous nous connaissions. Je m'appelle ___.)

L'autre personne réagit généralement en indiquant son nom. Mais si elle ne le fait pas, vous pouvez poursuivre par : **And what's your name?** [ənd wɒts jə neɪm] (Et comment vous appelez-vous ?/ t'appelles-tu ?)

Quand quelqu'un dit **It's nice to meet you** [ɪts naɪs tə mi:t ju] (Je suis heureux de faire ta/votre connaissance), répétez simplement sa réponse et ajoutez le mot **too** [tu:]. Il est encore plus simple de répondre de manière informelle en disant : **Same here** [seɪm hɪə] (Moi aussi).

En tout cas, ne dites pas **Me too** [mi: tu:] (moi aussi) quand quelqu'un vous dit **It's nice to meet you**, parce que cela veut dire « Je suis heureux de faire ma connaissance, moi aussi ». C'est drôle, mais ce n'est pas exactement ce que vous voulez dire !

Présentation d'autres personnes

Vous devez parfois présenter vos amis ou vos proches à d'autres personnes. Les présentations qui suivent sont informelles, mais elles sont néanmoins courtoises :

- **This is ____.** [ðɪs ɪz] (Voici ____.)
- **Meet my friend ____.** [mi:t maɪ frend] (Je vous/te présente mon ami/amie ____.)

Et quand les circonstances exigent une présentation formelle, utilisez l'une des deux méthodes suivantes :

- **Please let me introduce ____.** [pli:z let mi: ɪntrə'dju:s] (S'il vous plaît permettez-moi de vous présenter ____.)
- **I'd like you to meet ____.** [aɪd laɪk ju tə mi:t] (J'aimerais que vous fassiez la connaissance de ____.)

Parfois les personnes que vous présentez se connaissent déjà. Dans le doute, vous pouvez dire :

- **Have you met ____?** [həv ju met] (Connaissez-vous/connais-tu ____ ?)
- **Do you know ____?** [də ju nəʊ] [UK], [də ju noʊ] [US] (Connaissez-vous/connais-tu ____?)

MAÎTRISE DE LA POIGNÉE DE MAIN

Let me shake your hand! [let mi: ʃeɪk jə hænd] (Permettez-moi de vous serrer la main !) disent les gens qui veulent féliciter quelqu'un.

Let's shake on it! [lets ʃeɪk ɒn ɪt] veut dire que vous venez de conclure un accord ou de faire une affaire. Et bien sûr, chaque jour, des gens se serrent la main quand ils se rencontrent et, parfois, quand ils se disent au revoir. Toute personne peut tendre la main en premier pour une **handshake** [ˈhændʃeɪk] (poignée de main) – un homme ou une femme, un supérieur ou un employé.

Conversation

Vous séjournez dans une famille aux États-Unis. Considéré comme un membre de la famille, vous appelez vos hôtes comme s'ils étaient vos parents ou frères et sœurs. Sortant avec votre « mère » américaine, vous rencontrez une de vos amies. (Piste 11)

Vous : **Oh! Hi, Claudia!**
[əʊ haɪ ˈklɒdiə]
Tiens ! Bonjour Claudia !

Claudia : **Hi!**
[haɪ]
Bonjour !

Vous : **Have you met my mom?**
[həv ju met maɪ mɒm]
Connais-tu ma maman ?

Claudia : **No, I haven't. Hi.**
[nəʊ aɪ ˈhævn̩t haɪ]
Non, je ne l'avais pas encore rencontrée. Bonjour.

Vous : **This is my mother, Karen. Mom, this is my friend, Claudia.**
[ðɪs ɪz maɪ ˈmʌðə ˈkærən mɒm ðɪs ɪz maɪ frend ˈklɒdiə]
Voici ma mère, elle s'appelle Karen. Maman, voici mon amie Claudia.

Claudia : **Hello. It's nice to meet you.**

[hə'ləʊ ɪts naɪs tə miːt ju]

Bonjour. Très heureuse de faire votre connaissance.

Karen : **Hi, Claudia. Nice to meet you, too.**

[haɪ 'klɒdiə naɪs tə miːt ju tuː]

Bonjour Claudia. Moi aussi, je suis heureuse de faire ta connaissance.

Mots clés

introduce	[ɪntrə'djuːs]	présenter
let me introduce	[let miː ɪntrə'djuːs]	permettez-moi de vous présenter
to meet	[tə miːt]	faire la connaissance de
introduction	[ˌɪntrə'dʌkʃn̩]	présentation

Quand la proximité est-elle excessive ? Eh bien, cela dépend d'où vous venez. Ce que l'on considère comme **personal space** ['pɜːsən̩l speɪs] (bonne distance) est d'ordre culturel. Les scientifiques qui étudient ce genre de question ont remarqué qu'aux États- Unis les gens tendent à conserver une distance de 12 à 18 pieds (de 30 à 45 cm) quand ils rencontrent quelqu'un ou discutent de manière informelle (c'est une bonne distance pour donner confortablement une poignée de main). Et observez ce qui se passe si vous vous rapprochez d'un Américain en parlant avec lui. Cette personne se recule-t-elle pour conserver la distance voulue ? Et si vous êtes trop loin (peut-être la bonne distance pour votre culture), l'autre personne se rapproche-t-elle pour combler le vide ? Ne soyez pas surpris si cela se produit, cette personne obéit seulement aux règles inconscientes de la bonne distance.

Mots clés

personal space	[ˈpɜːsənl̩ speɪs]	espace personnel
close	[kləʊz]	proche
far away	[fɑːr əˈweɪ]	loin

Comment vous appelez-vous ?

Les noms américains reflètent la variété des origines de la société des États-Unis. Après tout, dans ce pays, les ancêtres des résidents et une bonne partie des résidents eux-mêmes viennent d'ailleurs – Europe, Asie et Afrique – de sorte que leurs noms – comme McMillan, Goldberg, Yamaguchi, Cisneros, Kwan, Mfume, Johnson, etc., traduisent l'arrière-plan multiculturel des États-Unis. Les noms sont importants et la présente section est entièrement consacrée à cette question : comment demander le nom de quelqu'un et communiquer le vôtre, comment utiliser les noms et les titres pour respecter les formes adaptées à une situation donnée.

Les noms des noms

Il semble qu'il y ait bien des façons de désigner les noms aux États-Unis. Par exemple, quand vous remplissez un formulaire, on vous demande votre **given name** [ˈɡɪvn̩ neɪm] (prénom), votre **surname** [ˈsɜːneɪm] (nom de famille), votre **nickname** [ˈnɪkneɪm] (surnom), votre **married name** [ˈmærɪd neɪm] (nom d'épouse), votre **maiden name** [ˈmeɪdn̩ neɪm] (nom de jeune fille) ou votre **user name** [ˈjuːzə neɪm] (identifiant) !

Ne soyez pas affolé par cette pléthore de types de noms. Les indications suivantes vous aideront à vous y retrouver.

» Le **first name**, aussi appelé **given name**, est en général indiqué en premier (évidemment !). Les prénoms sont habituellement donnés par les parents ou d'autres membres de la famille. Certains prénoms ont une forme longue comme **Katherine** et une forme courte comme **Kathy** ou **Kate**. Beaucoup de prénoms américains proviennent de la Bible, de sorte que vous entendrez parfois utiliser le terme **Christian name** [ˈkrɪstʃən neɪm] (prénom). (Les Britanniques utilisent systématiquement ce terme à la place de **first name**.)

- Tout le monde n'a pas un **middle name** [mɪdl̩ neɪm] (deuxième prénom) mais il est très courant d'en avoir un. Ce sont généralement les parents qui choisissent ce nom. C'est parfois le prénom d'un ancêtre ou un nom de famille. Beaucoup de gens n'utilisent leur **middle name** ou son initiale que dans un contexte formel.
- Le **last name** [lɑːst neɪm] [UK], [læst neɪm] [US] (nom de famille) est le même nom que le **surname** (terme utilisé systématiquement par les Britanniques). Quand vous vous présentez, indiquez toujours votre nom de famille en dernier – jamais en premier. (Pour plus d'informations sur les noms de famille, consultez l'encadré « La révolution des noms de famille », plus loin dans ce chapitre.)
- Le gentil petit nom que votre famille vous donnait quand vous étiez enfant est le **nickname** – le mien était « Miss G. ». Ou peut-être quelqu'un à l'école ou au bureau vous a-t-il donné un nom intelligent comme « Le cerveau ». Les surnoms sont parfois formés en ajoutant -y ou -ie au prénom, comme dans **Joanie** ou **Joshy**. (Quelques prénoms courts se terminent naturellement par **-y** ou **-ie** comme **Susie** ou **Tommy**. Ce ne sont pas alors vraiment des surnoms.) Pour susciter une conversation amusante, posez la question : **"Do you have a nickname?"**

Utilisez quelques-unes des expressions suivantes pour vous identifier ou pour parler des noms.

- **My first name is ____.** [maɪ fɜːst neɪm ɪz] (Mon prénom est ____.)
- **My middle name is ____.** [maɪ ˈmɪdl̩ neɪm ɪz] (Mon second prénom est ____.)
- **My last name is ____.** [maɪ lɑːst neɪm ɪz] (Mon nom de famille est ____.)
- **My maiden name is ____.** [maɪ ˈmeɪdn̩ neɪm ɪz] (Mon nom de jeune fille est ____.)
- **My son's name is ____.** [maɪ sʌnz neɪm ɪz] (Le nom de mon fils est ____.)
- **I call my son ____.** [aɪ kɔːl maɪ sʌn] (J'appelle mon fils ____.)
- **It's short for ____.** [ɪts ʃɔːt fɔː] (C'est le diminutif de ____.)
- **I'm named after ____.** [aɪm ˈneɪmd ˈɑːftə] (Mon nom vient de ____.)

L'usage du prénom

Dans les situations informelles, beaucoup de gens n'utilisent que les prénoms et se présentent en mentionnant seulement leur prénom. Par exemple, au travail ou dans la salle de classe, un patron ou un professeur dira : **You can call me by my**

first name. [ju kən kɔ:l mi: baɪ maɪ fɜ:st neɪm] (Vous pouvez m'appeler par mon prénom.)

Les Britanniques utilisent plus facilement les prénoms que les Français, mais moins facilement que les Américains, champions du contact direct et informel.

Aux États-Unis, l'utilisation du seul prénom n'est pas considérée comme un manque de respect. Mais si vous vous sentez plus à l'aise en utilisant le nom de famille... faites-le. De nombreuses personnes ne connaissent même pas le nom de famille de certaines de leurs connaissances.

Titres et termes de respect

Quand l'usage du prénom est trop informel et quand la situation exige un peu plus de tenue, vous aurez besoin de connaître quelques expressions de respect. L'usage de **Ms**, **Mr** et **Mrs** à l'égard des personnes plus âgées que vous, est considéré comme poli, ainsi que dans un contexte professionnel ou d'affaires. Utilisez toujours le terme **Dr** ou **Prof**. à moins que la personne ne vous prie de l'appeler par son prénom. Le tableau 3.1 vous donne une idée de quelques formules de politesse courantes.

TABLEAU 3.1 **Formules de politesse**

Titre	Abréviation UK	Abréviation US
Ms [mɪz] terme générique pour une femme	**Ms**	**Ms.**
Mister [ˈmɪstə] Monsieur	**Mr**	**Mr.**
Miss [mɪs] Mademoiselle	**Miss**	**Miss**
Missis [ˈmɪsɪz] Madame	**Mrs**	**Mrs.**
Doctor [ˈdɒktə] [UK], [ˈdɑ:ktər] [US] Docteur	**Dr**	**Dr.**
Professor [prəˈfesə] Professeur	**Prof.**	**Prof.**

Différence entre nommer et appeler quelqu'un

Tout d'abord on **name** [neɪm] (nommer) quelqu'un, et ensuite on **call** [tə kɔ:l] [UK], [tə kɒl] [US] (appeler) cette personne par son nom (ou par son **nickname**).

Tout simplement, **to name** veut dire donner un nom à quelqu'un ; **to call** veut dire utiliser (ou dire) son nom pour attirer son attention. **To name** et **to call** sont deux verbes réguliers (voir le chapitre 2 pour plus d'informations sur les verbes réguliers). Pour d'autres usages du verbe **call**, voir le chapitre 6.

To name est souvent utilisé au temps passé. Par exemple, **My father named me** [maɪ ˈfɑːðə ˈneɪmd miː] (Mon père m'a donné mon nom). Il est aussi utilisé en même temps qu'un autre verbe, et il est alors à l'infinitif, comme dans **She wants to name the baby Sam** [ʃi wɒnts tə neɪm ðə ˈbeɪbi sæm] (Elle veut appeler le bébé Sam). (Vous trouverez d'autres indications sur les formes verbales et les temps au chapitre 2.) Voici quelques autres exemples utilisant le verbe to name :

- » **They named the baby Natalia.** [ðeɪ ˈneɪmd ðə ˈbeɪbi nəˈtɑːljə] (Ils appelèrent le bébé Natalia.)
- » **After we name the baby, we'll celebrate.** [ˈɑːftə wi neɪm ðə ˈbeɪbi wil ˈselɪbreɪt] (Après avoir donné un nom au bébé, nous ferons la fête.)

To call est surtout utilisé au présent comme dans **They call the baby Natalia** [ðeɪ kɔːl ðə ˈbeɪbi nəˈtɑːljə] (Ils appellent le bébé Natalia). Voici quelques autres phrases utilisant **to call** :

- » **We call our son by his nickname.** [wi kɔːl aʊə sʌn baɪ hɪz ˈnɪkneɪm] (Nous appelons notre fils par son surnom.)
- » **His name is Hans, but we call him Hansy.** [hɪz neɪm ɪz hɑːns bət wi kɔːl ɪm ˈhɑːnsɪ] (Son nom est Hans, mais nous l'appelons Hansy.)

Conversation

Aaron inscrit son fils à l'école. Ils sont dans le bureau de l'école et parlent avec la réceptionniste qui leur pose quelques questions obligatoires. (Piste 12)

Réceptionniste : **Last name please?**

[lɑːst neɪm pliːz]

Nom de famille s'il vous plaît ?

Aaron : **Bremer.**

[ˈbriːmə]

Bremer.

Réceptionniste : **First name?**

[fɜːst neɪm]

Prénom ?

Aaron : **Aaron.**

[ˈeərən]

Aaron.

Réceptionniste : **And your son's name?**

[ənd jə sʌnz neɪm]

Et le prénom de votre fils ?

Aaron : **A.J.**

[eɪ dʒeɪ]

A.J.

Réceptionniste : **A.J.?**

[eɪ dʒeɪ]

A.J. ?

Aaron : **Sorry, that's short for Aaron Junior. His name is also Aaron Bremer.**

[ˈsɒri ðæts ʃɔːt fər ˈeərən ˈdʒuːnɪə hɪz neɪm ɪz ˈɔːlsəʊ ˈeərən ˈbriːmə]

Désolé, c'est le diminutif d'Aaron Junior. Il s'appelle également Aaron Bremer.

Réceptionniste : **I see. Then, he was named after you?**

[aɪ siː ðen hi wəz ˈneɪmd ˈɑːftə ju]

Oh, je vois, il a donc reçu le même nom que vous ?

Aaron : **Yes, but we call him A.J.**

[jes bət wi kɔːl ɪm eɪ dʒeɪ]

Oui, mais nous l'appelons A.J.

Réceptionniste : **So you're Aaron and he's A.J.?**

[səʊ jər ˈeərən ənd hiz eɪ dʒeɪ]

Alors vous vous appelez Aaron et il s'appelle A.J. ?

Aaron : **Yes, but everyone just calls me Daddy!**

[jes bət ˈevrɪwʌn dʒəst kɔːlz miː ˈdædi]

Oui, mais tout le monde m'appelle tout simplement « Papa » !

LA RÉVOLUTION DES NOMS DE FAMILLE

Dans le passé, les femmes abandonnaient presque toujours leur **family name** (ou **maiden name**) pour prendre le nom de leur mari. Beaucoup de femmes le font encore mais, aujourd'hui, les femmes conservent souvent leur propre nom de famille ou le combinent avec le nom de leur mari. Et parfois, un homme ajoute le nom de sa femme à son propre nom au moment de son mariage !

Mots clés

surname	[ˈsɜːneɪm]	nom de famille
nickname	[ˈnɪkneɪm]	surnom
maiden name	[ˈmeɪdn̩ neɪm]	nom de jeune fille
married name	[ˈmærɪd neɪm]	nom d'épouse
to name	[tə ˈneɪm]	donner un nom à quelqu'un
to call	[tə kɔːl] [UK], [tə kɒl] [US]	appeler quelqu'un par son nom
my name is	[maɪ neɪm ɪz]	mon nom est/je m'appelle
what's your name?	[wɒts jə neɪm] [UK], [hwʌts jər neɪm] [US]	comment t'appelles-tu/ vous appelez-vous ?

Comment décrire les gens – petits, grands, gros ou minces

Si vous devez expliquer à quelqu'un comment vous repérer à l'aéroport ou si vous voulez décrire les atouts physiques de votre bien-aimé(e) (ou de quelqu'un d'autre), il vous sera utile de connaître certains termes descriptifs pour informer votre interlocuteur. Voici quelques mots pour décrire les gens de toutes taille, corpulence, couleur de peau ou de cheveux – et vous-même :

- **small** [smɔːl] [UK], [smɒl] [US] (petit(e))
- **thin** [θɪn] (mince)
- **skinny** [ˈskɪni] (maigre)
- **average** [ˈævərɪdʒ] (dans la moyenne)
- **medium build** [ˈmiːdɪəm bɪld] (de proportions moyennes)
- **tall** [tɔːl] (grand)
- **large** [lɑːdʒ] (gros)
- **heavy** [ˈhevi] (fort(e))

Affubler une personne très grosse des adjectifs **fat** [fæt] (gras) ou **chubby** [ˈtʃʌbi] (potelé) est un manque de tact voire une impolitesse. Les mots convenables sont **large** ou **heavy**. Notez aussi que **thin** et **slender** (élancé) sont parfaitement acceptables, mais que **skinny** est peu flatteur.

Les yeux et les cheveux

Certains disent des Britanniques – et même des Américains ! – qu'ils ont des traits en commun. Peut-être lisez-vous vous aussi sur un visage une expression caractéristique d'un de ces deux pays. Mais il y a de nombreux traits qui distinguent les individus entre eux, comme la couleur des cheveux ou des yeux, la taille (et la manière de suivre les dernières tendances de la mode !). Vous pouvez utiliser ces attributs pour décrire les gens.

Les mots ci-après vous aideront à décrire la couleur de cheveux d'une personne :

- **black** [blæk] (noirs)
- **brown** [braʊn] (bruns ou châtains)
- **red** [red] (roux)
- **blond** [blɒnd] (blonds)
- **strawberry blond** [ˈstrɔːbri blɒnd] [UK], [ˈstrɒberi blɑːnd] [US] (blond vénitien)
- **grey** [UK], **gray** [US] [ɡreɪ] (gris ou grisonnants)
- **white** [waɪt] (blancs)

Vous pouvez utiliser les mots suivants pour décrire le type de cheveux d'une personne :

- » **straight** [streɪt] (raides)
- » **wavy** [ˈweɪvi] (ondulés)
- » **curly** [ˈkɜːli] (bouclés)
- » **frizzy** [ˈfrɪzi] (crépus)
- » **bald/balding** [bɔːld ˈbɔːldɪŋ] [UK], [bɒld ˈbɒldɪŋ] [US] (chauve)

C'est vrai, le dernier type ne décrit pas vraiment un type de cheveux, mais plutôt leur absence.

Pour décrire la couleur des yeux d'une personne, utilisez les mots suivants :

- » **brown** [braʊn] (marron)
- » **hazel** [ˈheɪzl̩] (noisette)
- » **green** [griːn] (verts)
- » **blue** [bluː] (bleus)

Les mots suivants décrivent des traits particuliers :

- » **beard** [bɪəd] (barbe)
- » **freckles** [ˈfrekl̩z] (taches de rousseur)
- » **tattoo** [təˈtuː] (tatouage)
- » **moustache** [UK], **mustache** [US] [məˈstɑːʃ] (moustache)
- » **piercing** [ˈpɪəsɪŋ] (piercing)

Atteindre de nouvelles hauteurs

Vous connaissez sans doute votre **height** [haɪt] (taille) en mètre, car vous utilisez le système métrique. Mais les Britanniques et les Américains utilisent peu le système métrique, et vous pouvez être obligé de donner votre **height** en **inches** [ˈɪntʃɪz] (pouces) et en **feet** [fiːt] (pieds).

(1 **foot** = 12 **inches** = 0,3048 m ; 1 **inch** = 2,54 cm)

Voici quelques façons d'indiquer sa taille :

- **I'm five feet, ten inches.** [aɪm faɪv fiːt ten ˈɪntʃɪz] (Je mesure cinq pieds dix pouces.)
- **I'm five feet, ten.** [aɪm faɪv fiːt ten] (Je mesure cinq pieds dix.)

Pour vous mesurer en pieds et en pouces, vous pouvez faire des conversions mathématiques ou utiliser un **yardstick** [ˈjɑːdstɪk] (mètre à mesurer) ou un **tape measure** [teɪp ˈmeʒə] [UK], **measuring tape** [US] [ˈmeʒərɪŋ teɪp] (ruban à mesurer).

Et à quoi bon connaître vos mensurations en unités anglo-américaines (si ce n'est par pure curiosité) ? Précisément parce que si vous devez remplir un formulaire (par exemple en vue d'obtenir un permis de conduire aux États- Unis), vous pouvez avoir à indiquer votre taille. Le formulaire peut aussi vous demander votre poids, bien entendu en **pounds** [paʊndz] (livres).

Pour le cas où vous auriez à faire rapidement des conversions de mesures, voici quelques facteurs de conversion approximatifs :

- 1 pouce = environ 25 mm
- 1 pied = environ 30 cm
- 1 yard = environ 0,9 m
- 1 livre = environ 0,45 kg

Mots clés

size	[saɪz]	taille
shape	[ʃeɪp]	forme
height	[haɪt]	taille
weight	[weɪt]	poids
feet	[fiːt]	pieds
inches	[ˈɪntʃɪz]	pouces

Jeunes et vieux

Bien que ce ne soit pas toujours poli de demander l'âge des gens (consultez le chapitre 4 pour plus de détails sur le sujet), il arrive de parler d'âge dans certaines situations. Et avec vos **peers** [pɪəz] (pairs), ceux qui en sont à la même étape de la vie, c'est généralement acceptable. Bien sûr, c'est toujours convenable de demander à des enfants quel âge ils ont – et ils sont ravis de vous le dire ! Si vous voulez demander son âge à quelqu'un, vous pouvez dire :

- **How old are you?** [haʊ əʊld ə ju] (Quel âge avez-vous ?)
- **May I ask your age?** [meɪ aɪ ɑːsk jər eɪdʒ] (Puis-je vous demander votre âge ?)

Et voici quelques façons d'indiquer l'âge d'une autre personne ou le vôtre :

- **I'm 30 years old.** [aɪm ˈθɜːti jiəz əʊld] (J'ai 30 ans.)
- **She's a five-year old.** [ʃiz ə faɪv ˈjɪər əʊld] (Elle a 5 ans.)
- **He's in his 50s.** [hiz ɪn hɪz ˈfɪftɪz] (Il a la cinquantaine.)

En anglais, c'est le verbe **to be** [tə bi] (être) qui est utilisé pour exprimer l'âge – non le verbe **to have** [tə hæv] (avoir). Les Britanniques et les Américains ne disent pas qu'ils **have_____years** [həv _____ jiəz] (ont _____ ans) ; ils disent **I am _____ years old** [aɪ əm _____jiəz əʊld] (Je suis âgé de _____ ans). Vous trouverez d'autres utilisations du verbe **to be** au chapitre 2.

Si vous ne savez pas ou s'il n'est pas nécessaire d'indiquer un âge avec précision, vous pouvez désigner une tranche d'âge au moyen d'une expression générale. Voici quelques termes usuels et leur signification :

- **Infant** [ˈɪnfənt] (Nouveau-né)
- **Baby** [ˈbeɪbi] (Bébé)
- **Toddler** [ˈtɒdlə] [UK], [ˈtɑːdlər] [US] (Bébé commençant à marcher)
- **Child** [tʃaɪld] (Enfant de 2 à 12 ans)
- **Adolescent** [ædəˈlesnt] (De 12 à 14 ans)
- **Teenager** [ˈtiːneɪdʒə] (De 13 à 19 ans)
- **Young adult** [jʌŋ ˈædʌl] (Une personne de plus de 20 ans)
- **Adult** [ˈædʌlt] (Une personne physiquement mûre ou ayant atteint la majorité légale)

» **Middle age** [ˈmɪdl̩ eɪdʒ] (Typiquement, une personne entre 40 et 50 ans)

» **Senior** [ˈsiːnɪə] (Senior, une personne de plus de 65 ans)

» **Elderly person** [ˈeldəli ˈpɜːsn̩] (Une personne très âgée)

Les gens des pays développés ayant des vies plus longues, les notions de **middle age** et de **old age** se sont modifiées. Beaucoup de personnes sont aussi actives – ou presque – à la cinquantaine, la soixantaine ou même comme septuagénaires que lorsqu'elles étaient plus jeunes. Bien qu'on entende parfois le mot **old** [əʊld] [UK], [oʊld] [US] appliqué à une très vieille personne, il est en général plus courtois d'utiliser le mot **elderly**.

Vous trouverez au chapitre 2 d'excellents adjectifs pour décrire les personnalités, tels que drôle, aimable, intelligent, artiste, etc.

Conversation

Rebecca et son amie Deb vont à l'aéroport pour accueillir l'amie de Rebecca, Sue, et Anna, la petite fille de Sue. Deb ne connaît ni Sue ni Anna, et Rebecca les décrit.

Rebecca : **They should arrive soon.**

[ðeɪ ʃəd əˈraɪv suːn]

Elles devraient arriver bientôt.

Deb : **What do they look like?**

[wɒt də ðeɪ lʊk laɪk]

À quoi ressemblent-elles ?

Rebecca : **Sue is medium height with short blond hair.**

[suː ɪz ˈmiːdɪəm haɪt wɪð ʃɔːt blɒnd heə]

Sue est de taille moyenne. Elle a les cheveux blonds et courts.

Deb : **How about Anna?**

[haʊ əˈbaʊt ˈænə]

Et à quoi ressemble Anna ?

Rebecca : **She's a very cute 6-year old and has long brown hair.**

[ʃiz ə ˈveri kjuːt sɪx jɪər əʊld ənd həz lɒŋ braʊn heə]

C'est une enfant adorable de 6 ans. Elle a de longs cheveux bruns.

Deb :	**Do they have tattoos?** [də ðeɪ həv təˈtuːz] Ont-elles des tatouages ?
Rebecca :	**Of course not!** [əv kɔːs nɒt] Bien sûr que non !
Deb :	**Just joking.** [dʒəst ˈdʒəʊkɪŋ] Je plaisantais.
Rebecca :	**But Anna has pierced ears.** [bət ˈænə həz pɪəst ɪəz] Mais Anna a les oreilles percées.
Deb :	**That's pretty common.** [ðæts ˈprɪti ˈkɒmən] C'est assez courant.
Rebecca :	**Hey! Here they come!** [heɪ hɪə ðeɪ kʌm] Tiens ! Les voici !
Deb :	**And look, Sue got a tattoo!** [ənd lʊk suː gɒt ə təˈtuː] Et regarde, Sue s'est fait faire un tatouage !

Jeux et activités

Ayant découvert de nombreuses expressions pour faire la connaissance des gens, les saluer et les décrire, essayez de faire correspondre les questions suivantes aux réponses appropriées.

Questions :

1. **Hey, what's up?** [heɪ wɒts ʌp] (Quoi de neuf ?)
2. **Hello. How are you today?** [hə'ləʊ haʊ ə ju tə'deɪ] (Bonjour, comment vas-tu/allez-vous aujourd'hui ?)
3. **My name is George. What's yours?** [maɪ neɪm ɪz dʒɔːdʒ wɒts jɔːz] (Je m'appelle George. Et toi/vous ?)
4. **What does your mum** [UK]/**mom** [US] **look like?** [wɒt dəz jə mʌm lʊk laɪk] [UK], [wɒt dəz jə mɒm lʊk laɪk] [US] (À quoi ressemble ta maman ?)
5. **Have you met my sister, Madonna?** [həv ju met maɪ 'sɪstə mə'dɒnə] (Connais-tu/ connaissez-vous ma sœur, Madonna ?)

Réponses :

A. **I'm Sharon.** [aɪm 'ʃærən] (Je m'appelle Sharon.)

B. **Nothing much. What's up with you?** ['nʌθɪŋ mʌtʃ wɒts ʌp wɪð ju] (Pas grand-chose. Quoi de neuf pour toi ?)

C. **She's short, with red hair and green eyes.** [ʃiz ʃɔːt wɪð red heər ənd griːn aɪz] (Elle est petite, avec des cheveux roux et des yeux verts.)

D. **No, we haven't met.** [nəʊ wi 'hævn̩t met] (Non, nous ne nous connaissons pas.)

E. **I'm fine, thank you. And you?** [aɪm faɪn θæŋk ju ənd ju] (Je vais bien, merci. Et toi/vous ?)

Solutions : Annexe C, page 429.

Chapitre 4

Parler de choses et d'autres

DANS CE CHAPITRE :

- **Le temps qu'il fait**
- **Des sujets sans grande importance**
- **La famille**
- **Répondre à des étrangers**
- **Comment éviter les sujets délicats**

Les Américains adorent discuter avec des inconnus ; ils diffèrent en cela des Français et des Britanniques, beaucoup plus réservés. Les Américains entament des discussions dans les autobus et les avions ainsi que dans les magasins d'alimentation ou de vêtements – à vrai dire, à peu près n'importe où. En général, ils sont avenants – et peut-être le silence les rend-il mal à l'aise. Quelle qu'en soit la raison, le fait est qu'aux États-Unis, vous serez à coup sûr impliqué dans le **small talk** [smɔ:l tɔ:k] [UK], [smɒl tɔ:k] [US] (bavardage).

C'est un excellent moyen pour découvrir de nouveaux mots et de nouvelles expressions, pratiquer l'anglais et apprendre toutes sortes de choses sur les gens et leur culture – et c'est entièrement gratuit ! Dans ce chapitre, je vous montre comment **to chat** [tə tʃæt] (bavarder). Je passe en revue différents sujets de conversation (comme le temps, les intérêts, la famille, etc.), et j'attire votre attention sur les sujets à éviter dans certaines circonstances. Je donne aussi quelques conseils sur la façon de parler avec des inconnus et vous indique comment vous débarrasser des importuns.

Briser la glace avec des questions simples

Après avoir été présenté à quelqu'un, vous pouvez prolonger la conversation en sachant poser quelques questions simples. (Vous reconnaîtrez sans doute quelques questions du chapitre 2.) Rappelez-vous qu'en anglais, la même forme du **you** sert dans les contextes formels ou informels, et s'adresse à une ou plusieurs personnes. Voici quelques exemples :

- **Do you speak English?** [də ju spiːk ˈɪŋglɪʃ] (Parlez-vous anglais ?)
- **What's your name?** [wɒts jə neɪm] (Comment vous appelez-vous/t'appelles-tu ?)
- **Where are you from?** [weər ə ju frəm] (De quel pays êtes-vous/es-tu ?)

Les questions suivantes peuvent aussi vous aider à mieux connaître quelqu'un (mais n'oubliez pas de lire la section « Sujets tabous » plus loin dans ce chapitre, avant de poser de telles questions) :

- **Are you married?** [ə ju ˈmærɪd] (Êtes-vous/es-tu marié(e) ?)
- **Do you have children?** [də ju həv ˈtʃɪldrən] (Avez-vous/as-tu des enfants ?)
- **How old are you?** [haʊ əʊld ə ju] (Quel âge avez-vous/as-tu ?)

Vous trouverez au chapitre 2 de plus amples informations sur la formulation de questions utilisant les mots **what**, **where** et **how**.

Pardon, comment dites-vous ?

Quand vous apprenez une nouvelle langue, vous pouvez avoir besoin de demander à vos interlocuteurs de répéter ou de clarifier ce qu'ils viennent de dire. Les questions suivantes vous aideront à poursuivre la conversation :

- **Excuse me?** [ɪkˈskjuːz miː] (Pardon ?)
- **I don't understand.** [aɪ dəʊnt ʌndəˈstænd] (Je ne comprends pas.)
- **Pardon?** [ˈpɑːdn̩] (Pardon ?)
- **Say that again, please.** [seɪ ðət əˈgen pliːz] (Répétez cela, s'il vous plaît/répète cela, s'il te plaît.)
- **What did you say?** [wɒt dɪd ju seɪ] (Qu'avez-vous/qu'as-tu dit ?)

Dans les pays de langue anglaise, comme en France d'ailleurs, **excuse me** est utilisé non seulement comme question, mais aussi comme exclamation pour demander une permission (de passer tout près de quelqu'un) ou après avoir heurté accidentellement une autre personne.

QUELQUES FORMULES COURTOISES

Où que vous alliez dans le monde, il est bon de connaître quelques expressions courtoises et universelles, telles que **Please** [pliːz] (S'il vous/te plaît) et **Thank you** [θæŋk ju] (Merci). Ces expressions peuvent amorcer d'agréables interactions et une assistance amicale. La réponse la plus courante à **Thank you** est **You're welcome** [jər ˈwelkəm] (Je vous en prie). Mais vous entendrez dire aussi **No problem** [nəʊ ˈprɒbləm] [UK], [noʊ ˈprɑːbləm] [US] (Pas de problème), **Don't mention it** [dəʊnt ˈmenʃn̩ ɪt] (Il n'y a pas de quoi) et **My pleasure** [maɪ ˈpleʒə] (Le plaisir est pour moi).

Conversation

Sirkka monte dans un autobus bondé, et elle doit se glisser sur un siège à côté d'une autre passagère. Ce faisant, elle heurte accidentellement cette autre personne.

Sirkka : **Excuse me. I'm sorry.**

[ɪkˈskjuːz miː aɪm ˈsɒri]

Excusez-moi. Je suis désolée.

Passagère : **That's okay.**

[ðæts əʊˈkeɪ]

Il n'y a pas de mal.

Sirkka : **The bus is crowded!**

[ðə bʌs ɪz ˈkraʊdɪd]

Le bus est bondé !

Passagère : **Yes, it is. Please sit here.**

[jes ɪt ɪz pliːz sɪt hɪə]

Oui, en effet. Asseyez-vous donc ici.

Sirkka : **Thank you.**

[θæŋk ju]

Merci.

Passagère : **You're welcome.**

[jər ˈwelkəm]

C'est la moindre des choses.

Après quelques minutes, Sirkka et cette femme entament une petite conversation.

Passagère : **Where are you from?**

[weər ə ju frɒm]

D'où venez-vous ?

Sirkka : **I'm from Finland.**

[aɪm frəm ˈfɪnlənd]

Je suis finlandaise.

Passagère : **I visited Finland once.**

[aɪ ˈvɪzɪtɪd ˈfɪnlənd wʌns]

J'ai visité la Finlande une fois.

Sirkka : **Pardon? What did you say?**

[ˈpɑːdn̩ wɒt dɪd ju seɪ]

Pardon ? Qu'avez-vous dit ?

Passagère : **I've been to Finland.**

[aɪv biːn tə ˈfɪnlənd]

J'ai été en Finlande.

Sirkka : **Really? Do you speak any Finnish?**

[ˈrɪəli də ju spiːk ˈeni ˈfɪnɪʃ]

Vraiment ? Parlez-vous un peu finnois ?

Passagère : **No. I'm sorry, I don't.**

[nəʊ aɪm ˈsɒri aɪ dəʊnt]

Non. Désolée. Je ne le parle pas.

Parler du temps qu'il fait

Le **weather** [ˈweðə] (le temps) a un effet sur tout le monde, et il n'est donc pas surprenant qu'il soit le sujet de conversation le plus courant. En fait, on se réfère parfois aux conversations superficielles en disant « **talking about the weather** » [ˈtɔːkɪŋ əˈbaʊt ðə ˈweðə] (« parler de la pluie et du beau temps »), car les conversations informelles (comme celles sur le temps qu'il fait) sont légères, impersonnelles et universelles.

Bien sûr, pour parler du temps, vous devez connaître quelques mots et expressions appropriés. Vous pouvez facilement discuter du temps en utilisant le pronom **it**, comme dans **It is sunny today** [ɪts ˈsʌni təˈdeɪ] (Il y a du soleil aujourd'hui). Dans cette phrase, le mot **it** ne se réfère pas à un nom spécifique ; il se réfère au temps en général. Notez que les anglophones utilisent presque toujours la contraction **it's** (il fait/il y a). (Reportez-vous au chapitre 2 pour plus de détails sur les contractions.)

Voici quelques exemples utilisant **it's** et le vocabulaire du temps qu'il fait :

- **It's hot.** [ɪts hɒt] [UK], [ɪts hɑːt] [US] (Il fait très chaud.)
- **It's cold.** [ɪts kəʊld] [UK], [ɪts koʊld] [US] (Il fait froid.)
- **It's warm.** [ɪts wɔːm] [UK], [ɪts wɔːrm] [US] (Il fait chaud.)
- **It's dry.** [ɪts draɪ] (Il fait un temps sec.)
- **It's raining.** [ɪts ˈreɪnɪŋ] (Il pleut.)
- **It's snowing.** [ɪts ˈsnəʊɪŋ] [UK], [ɪts ˈsnoʊɪŋ] [US] (Il neige.)
- **It's windy.** [ɪts ˈwɪndɪ] (Il y a du vent.)
- **It's humid.** [ɪts ˈhjuːmɪd] (Il fait un temps humide.)
- **It's cloudy.** [ɪts ˈklaʊdɪ] (Il y a des nuages.)
- **It's sunny.** [ɪts ˈsʌnɪ] (Il y a du soleil.)

Le temps dont l'on discute typiquement est le temps qu'il fait aujourd'hui. C'est pourquoi la plupart des commentaires sur le temps, comme les exemples précédents, utilisent le verbe **is** – le présent singulier du verbe **to be** (être). Mais si vous voulez parler du temps qu'il faisait ou fera, suivez les recommandations suivantes :

- Pour le temps qu'il faisait hier, utilisez **was** (était), le passé singulier du verbe **to be**. Par exemple : **It was cold yesterday.** [ɪt wəz kəʊld ˈjestədi] (Il faisait froid hier.)

- Pour le temps de demain, utilisez le verbe **will be** [wɪl bi] (sera), le futur de **to be**. Par exemple : **It will be cloudy tomorrow.** [ɪt wḷ bi ˈklaʊdi təˈmɒrəʊ] (Il y aura des nuages demain.)
- En parlant du temps qu'il fera, les gens disent souvent **I hope** [aɪ həʊp] [UK], [aɪ hoʊp] [US] (J'espère) ou **It might** [ɪt maɪt] (Il pourrait), parce que personne ne peut être sûr à 100 % du temps qu'il fera demain – pas même les météorologues ni les voyantes.

Pour plus d'informations sur les temps du verbe **to be**, consultez le chapitre 2.

« **It's raining buckets!** » [ɪts ˈreɪnɪŋ ˈbʌkɪts] (« Il pleut à verse ! ») est une expression que vous pourrez entendre quand il pleut particulièrement fort. Une expression encore plus étrange est : « **It's raining cats and dogs!** » [ɪts ˈreɪnɪŋ kæts ənd dɒgz] (« Il pleut des cordes » !) Voilà qui serait un spectacle !

Expressions pour amorcer la conversation sur le temps

Le temps est un sujet non personnel, de sorte qu'il convient parfaitement pour amorcer une conversation informelle, particulièrement avec des inconnus. Voici quelques façons courantes d'aborder le temps (et les réponses) souvent utilisées pour amorcer la conversation.

It's a beautiful day, isn't it?

[ɪts ə ˈbjuːtəfḷ deɪ ˈɪznt ɪt]

C'est une belle journée, n'est-ce pas ?

Yes, it is!

[jes ɪt ɪz]

Oui, en effet !

It sure is hot today, isn't it?

[ɪt ʃʊə ɪz hɒt təˈdeɪ ˈɪznt ɪt]

Il fait vraiment chaud aujourd'hui, n'est-ce pas ?

It sure is!

[ɪt ʃʊər ɪz]

Oui, vraiment !

Nice weather don't you think?

[naɪs ˈweðə dəʊnt ju θɪŋk]

Beau temps, pas vrai ?

Yes I do.

[jes aɪ duː]

Oui, en effet.

Les amorces de conversation informelle finissent souvent par une petite question à la suite de la proposition principale. Si vous voulez utiliser une question finale, souvenez-vous que lorsque la proposition principale est affirmative : **It's a nice day...** [ɪts ə naɪs deɪ] (C'est une belle journée...), la question est négative : **... isn't it?** [ˈɪznt ɪt] (... n'est-ce pas ?) En revanche, si la proposition principale est négative : **It's not very warm today...** [ɪts nɒt ˈveri wɔːm təˈdeɪ] (Il ne fait pas bien chaud aujourd'hui), la question est affirmative : **... is it?** [ɪz ɪt] (... n'est-ce pas ?)

Conversation

Maureen attend à l'arrêt d'autobus. L'homme à côté d'elle sourit et amorce une conversation.

L'homme : **It's very hot today, isn't it?**

[ɪts ˈveri hɒt təˈdeɪ ˈɪznt ɪt]

Il fait très chaud aujourd'hui, n'est-ce pas ?

Maureen : **It sure is. And it's humid.**

[ɪt ʃʊər ɪz ənd ɪts ˈhjuːmɪd]

Oui vraiment. Et il fait humide.

L'homme : **I hope it's not so hot tomorrow.**

[aɪ həʊp ɪts nɒt səʊ hɒt təˈmɒrəʊ]

J'espère qu'il ne fera pas aussi chaud demain.

Maureen : **It may be a little cooler.**

[ɪt meɪ bi ə ˈlɪtḷ ˈkuːlə]

Il pourrait faire un peu plus frais.

L'homme : **Good. I don't like hot weather.**

[gʊd aɪ dəʊnt laɪk hɒt ˈweðə]

Tant mieux. Je n'aime pas la chaleur.

Les saisons

Si les îles Britanniques ont quatre **seasons** [ˈsiːzṇz] (saisons) comme le reste de l'Europe, quelques régions des États-Unis (comme la Floride, la Californie du Sud et certaines parties du Sud-Ouest) sont tellement chaudes qu'elles paraissent n'avoir qu'une saison : l'été ! Voici les noms des quatre saisons :

» **spring** [sprɪŋ] (printemps)

» **summer** [ˈsʌmə] (été)

» **autumn** [UK] [ˈɔːtəm], **fall** [US] [fɑːl] (automne)

» **winter** [ˈwɪntə] (hiver)

Si vous voulez connaître le temps dans une certaine région ou pendant une certaine partie de l'année, vous pouvez poser l'une des questions suivantes (remarquez la contraction **what's** pour **what is**) :

» **What's the weather like in Chicago?** [wɒts ðə ˈweðə laɪk ɪn ʃɪˈkɑːgəʊ] (Quel temps fait-il à Chicago ?)

» **What's it like in the summer?** [wɒts ɪt laɪk ɪn ðə ˈsʌmə] (Comment est-ce en été ?)

Conversation

Yang habite à Taiwan, et il a prévu d'aller à San Francisco en Californie. Il n'y est jamais allé et il se renseigne sur le temps auprès d'un ami américain. (Piste 13)

Yang : **I'm going to San Francisco soon.**

[aɪm ˈgəʊɪŋ tə san frænˈsɪskəʊ suːn]

Je vais bientôt à San Francisco.

L'Américain :	**Great idea.**	
	[greɪt aɪˈdɪə]	
	Excellente idée.	
Yang :	**Have you ever been there?**	
	[həv ju ˈevə biːn ðeə]	
	Y as-tu déjà été ?	
L'Américain :	**Sure, it's a wonderful city.**	
	[ʃʊə ɪts ə ˈwʌndəfəl ˈsɪti]	
	Bien sûr, c'est une ville merveilleuse.	
Yang :	**What's the weather like?**	
	[wɒts ðə ˈweðə laɪk]	
	Comment est le temps ?	
L'Américain :	**Usually cold and windy.**	
	[ˈjuːʒəli kəʊld ənd ˈwɪndi]	
	Habituellement il fait froid et il y a du vent.	

Mots clés

it's hot	[ɪts hɒt] [UK], [ɪts hɑːt] [US]	il fait très chaud
cold	[kəʊld] [UK], [koʊld] [US]	froid
the weather	[ˈweðə]	le temps qu'il fait
season	[ˈsiːzn̩]	saison
small talk	[smɔːl ˈtɔːk] [UK], [smɒl tɔːk] [US]	conversation informelle
to chat	[tə tʃæt]	bavarder
it's raining	[ɪts ˈreɪnɪŋ]	il pleut

SI LE TEMPS SEMBLE MENAÇANT…

Il arrive que l'on dise **We're going to get some weather !** [wɪə ˈgəʊɪŋ tə get səm ˈweðə] (Il va faire un de ces temps !). Qu'est-ce que cela signifie ? Cette expression veut dire qu'une averse ou un orage s'approchent, en supposant que les prévisions météo soient correctes. Dans l'Est des États-Unis, le temps peut changer rapidement, et l'on dit en plaisantant : **If you don't like the weather, wait five minutes!** [ɪf jə dəʊnt laɪk ðə ˈweðə weɪt faɪv ˈmɪnɪts] (Si le temps ne te convient pas, attends cinq minutes !)

Entretenir la conversation

Le temps qu'il fait est un excellent sujet pour démarrer la conversation, mais au bout d'un moment, vos interlocuteurs voudront aborder des sujets qui leur tiennent davantage à cœur, comme la famille, leurs activités, leurs intérêts et l'actualité – tout en traitant de ces questions avec un certain détachement. (Naturellement, certains sujets d'actualité ne peuvent guère être traités à la légère, et les gens en discutent souvent avec passion.) Les sections suivantes examinent divers thèmes abordés aisément lors de rencontres avec des Américains, mais qui pourraient être considérés par des Britanniques comme faisant partie de la sphère privée et, à ce titre, difficiles, voire impossibles à aborder avec un inconnu.

Où habitez-vous ?

Aussitôt après avoir fait connaissance avec des Américains, vous pouvez vous attendre à ce qu'ils vous demandent d'où vous venez. Et quand vous connaîtrez mieux une personne, vous voudrez probablement échanger vos adresses et numéros de téléphone. Voici les questions correspondantes en anglais :

- **Where do you live?** [weə də jə lɪv] (Où habitez-vous ?)
- **What's your address?** [wɒts jər əˈdres] (Quelle est votre adresse ?)
- **Can I have your phone number?** [kən aɪ həv jə fəʊn ˈnʌmbə] (Puis-je avoir votre numéro de téléphone ?)

Pour répondre, vous pourrez utiliser l'une de ces expressions :

- » **I live in Dallas, Texas.** [aɪ lɪv ɪn ˈdæləs ˈteksəs] (J'habite à Dallas, au Texas.)
- » **I live in a flat** [UK], **I live in an apartment** [US]. [aɪ lɪv ɪn ə flæt] [UK], [aɪ lɪv ɪn ən əˈpɑːrtmənt] [US] (J'habite dans un appartement.)
- » **I live at 220 Forest Road.** [aɪ lɪv ət tuː ˈhʌndrəd ən ˈtwenti ˈfɒrɪst rəʊd] (J'habite 220 rue Forest.)

De nos jours, les gens échangent leurs adresses e-mail plus souvent que leurs adresses personnelles. En anglais, quand vous indiquez votre adresse email, dites le symbole @ comme **at** [æt] (à) et prononcez le point **dot** [dɒt] [UK], [dɑːt] [US] (point).

Le chapitre 5 contient davantage d'informations sur les lieux et les adresses.

VOTRE ACCENT VOUS TRAHIT

Vous aurez certainement peu de mal à entretenir une conversation : à coup sûr, dès que vous prononcerez un mot, quelqu'un remarquera votre **accent** [ˈæksent] (accent) et vous demandera : **Where are you from?** [weər ə ju frɒm] (D'où venez-vous ?) Ensuite, on vous demandera probablement **How long have you been here?** [haʊ lɒŋ həv ju biːn hɪə] (Depuis combien de temps êtes-vous ici ?), puis on essaiera de savoir pourquoi vous êtes venu, combien de temps vous restez, etc... Une enquête officieuse auprès de mes étudiants révèle que 9 fois sur 10, la première question que les gens leur posent est : **Where are you from?** Les gens sont curieux d'apprendre quelque chose sur vous, votre pays et votre culture. Ne soyez donc pas surpris d'entendre souvent cette question.

Conversation

Vous êtes assis dans un autobus quand une jeune fille appelée Lindsey monte et s'assoit sur le siège à côté de vous. Elle sourit et commence à vous parler. (Piste 14)

Lindsey : **Hello.**

[həˈləʊ]

Bonjour.

Vous : **Hi.**

[haɪ]

Bonjour.

Lindsey : **Nice day, huh?**

[naɪs deɪ hʌ]

Il fait beau, hein ?

Vous : **Yes, it is.**

[jes ɪt ɪz]

Oui, en effet.

Lindsey : **May I ask where you're from?**

[meɪ aɪ ɑːsk weə jər frɒm]

Puis-je vous demander d'où vous venez ?

Vous : **I'm from Strasbourg, France.**

[aɪm frəm ˈstræsbɜːg frɑːns]

Je suis de Strasbourg, en France.

Lindsey : **I've never been there.**

[aɪv ˈnevə biːn ðeə]

Je n'y suis jamais allée.

Vous : **You should go. It's a beautiful city.**

[ju ʃəd gəʊ ɪts ə ˈbjuːtəfl̩ ˈsɪti]

Vous devriez y aller. C'est une belle ville.

Lindsey : **Are you here on holiday?** [UK]

Are you here on vacation? [US]

[ə ju hɪər ɒn ˈhɒlədeɪ] [UK]

[ə ju hɪər ɒn vəˈkeɪʃn̩] [US]

Êtes-vous ici en vacances ?

Vous : **No, I'm a student.**

[nəʊ aɪm ə ˈstjuːdnt]

Non, je suis étudiant.

Lindsey : **Me too. What are you studying?**

[miː tuː wɒt ə ju ˈstʌdɪɪŋ]

Moi aussi. Qu'est-ce que vous étudiez ?

Vous : **Engineering. And you?**

[ˌendʒɪˈnɪərɪŋ ən ju]

Je fais des études d'ingénieur, et vous ?

Lindsey : **I'm a theatre major.**

[aɪm ə ˈθɪətə ˈmeɪdʒə]

J'étudie le théâtre.

Vous : **Here is my stop.**

[hɪə z maɪ stɒp]

Voilà mon arrêt.

Lindsey : **It was nice talking to you.**

[ɪt wəz naɪs ˈtɔːkɪŋ tə ju]

C'était un plaisir de discuter avec vous.

Vous : **Same here.**

[seɪm hɪə]

Pour moi aussi.

Sujets de conversation : Le travail et les études

Pour la plupart des gens, le travail et les études occupent la majeure partie de la journée, de sorte que ces activités sont presque partout des sujets de conversation courants. Quand vous rencontrez un anglophone pour la première fois, vous pouvez sans hésiter lui poser les questions suivantes :

- **What kind of work do you do?** [wɒt kaɪnd əv wɜːk də ju duː] (Quel genre de travail faites-vous ?)
- **Where do you work?** [weə də ju wɜːk] (Où travaillez-vous ?)
- **What school are you going to?** [wɒt skuːl ə ju ˈgəʊɪŋ tuː] (Où étudiez-vous ?)
- **What are you studying?** [wɒt ə ju ˈstʌdɪɪŋ] (Qu'est-ce que vous étudiez ?)

En anglais, quand vous indiquez une profession, vous pouvez dire **I'm a teacher** [aɪm ə ˈti:tʃə] (Je suis professeur) ou **She is an artist** [ʃiz ən ˈɑ:tɪst] (Elle est artiste). Utilisez l'article **a** ou **an**. (Souvenez-vous : les articles n'ont pas de genre en anglais ; ils sont neutres. Allez au chapitre 2 s'il vous faut plus de détails.)

Pour plus de pratique sur la discussion des professions, allez au chapitre 14.

Mots clés

address	[əˈdres]	adresse
phone number	[fəʊn ˈnʌmbə]	téléphone
to live	[tə lɪv]	vivre/habiter
to work	[tə wɜ:k]	travailler
to study	[tə ˈstʌdi]	étudier
school	[sku:l]	école/établissement d'enseignement

Exprimer les goûts et les préférences

La question simple et pratique **Do you like...?** [də ju laɪk] (Aimez-vous...?) peut entretenir une conversation sur vos intérêts, vos goûts, vos musiques préférées, etc. Voici quelques questions avec des réponses :

– Do you like jazz?

[də ju laɪk dʒæz]

Aimes-tu/aimez-vous le jazz ?

Yes I do.

[jes aɪ du:]

Oui.

– Do you like computer games?

[də ju laɪk kəm'pju:tə geɪmz]

Aimes-tu/aimez-vous les jeux vidéo ?

No, not much.

[nəʊ nɒt mʌtʃ]

Non, pas vraiment.

– Do you like cats?

[də ju laɪk kæts]

Aimes-tu/aimez-vous les chats ?

Not really. I prefer dogs.

[nɒt 'rɪəli aɪ prɪ'fɜ: dɒgz]

Pas vraiment, je préfère les chiens.

Une autre question pratique pour relancer une conversation informelle est : **How do you like...?** [haʊ də ju laɪk] (Que penses-tu/pensez-vous de... ?) Cette question demande votre opinion ou votre sentiment sur quelque chose, alors que la question **Do you like...?** exige seulement **yes** ou **no** comme réponse. Voici quelques questions de ce type avec des réponses :

– How do you like this town?

[haʊ də ju laɪk ðɪs taʊn]

Que penses-tu/pensez-vous de cette ville ?

I like it. It's great!

[aɪ laɪk ɪt ɪts greɪt]

Elle me plaît. Elle est magnifique !

– How do you like your psychology class?

[haʊ də ju laɪk jə saɪ'kɒlədʒi klɑ:s]

Que pensez-vous de votre cours de psychologie ?

It's interesting.

[ɪts ˈɪntrəstɪŋ]

C'est intéressant.

– How do you like my haircut?

[haʊ də ju laɪk maɪ ˈheəkʌt]

Que penses-tu/pensez-vous de ma coupe de cheveux ?

Hmm. It's very short.

[m ɪts ˈveri ʃɔːt]

Euh... elle est très courte.

Vous trouverez au chapitre 15 davantage d'exemples d'utilisation du verbe **to like** pour exprimer vos goûts.

Vous n'êtes pas encore très à l'aise en anglais mais vous voulez engager des conversations ? Voici un procédé facile à utiliser : quand quelqu'un vous pose une question, répondez et retournez la question au moyen de l'une de ces expressions :

- **And you?** [ənd ju] (Et toi/vous ?)
- **How about you?** [haʊ əˈbaʊt ju] (Et toi/vous ?)
- **What about you?** [wɒt əˈbaʊt ju] (Et toi/vous ?)

Entraînez-vous au moyen de ces quelques couples de questions/réponses :

– Are you a student?

[ɑː ju ə ˈstjuːdnt]

Es-tu/êtes-vous étudiant(e) ?

Yes, I am. What about you?

[jes aɪ æm wɒt əˈbaʊt ju]

Oui. Et toi/vous ?

– Do you have any pets?

[də ju həv ˈeni pets]

As-tu/avez-vous des animaux ?

Yes, two cats. How about you?

[jes tuː kæts haʊ əˈbaʊt ju]

Oui, deux chats. Et toi/vous ?

– Have you seen the statue of Liberty?

[həv ju siːn ðə ˈstætʃuː əv ˈlɪbəti]

As-tu/avez-vous vu la statue de la Liberté ?

Not yet. And you?

[nɒt jet ənd ju]

Pas encore. Et toi/vous ?

Parler de la famille

La plupart des anglophones aiment parler de la **family** [ˈfæməli] (famille). Vous apprendrez beaucoup de choses sur leur culture, leur société et même leur histoire (sans suivre de cours ni lire d'interminables ouvrages) simplement en interrogeant les gens sur leur famille. Voici quelques mots pour commencer :

- **mum** [UK], **mom** [US] [mʌm] [UK], [mɒm] [US] (maman)
- **dad** [dæd] (papa)
- **parents** [ˈpeərənts] (parents)
- **children/kids** [ˈtʃɪldrən kɪdz] (enfants)
- **daughter** [ˈdɔːtə] [UK], [ˈdɒtər] [US] (fille)
- **son** [sʌn] (fils)
- **sister** [ˈsɪstə] (sœur)
- **brother** [ˈbrʌðə] [UK], [ˈbrʌðr̩] [US] (frère)
- **siblings** [ˈsɪblɪŋz] (frères et sœurs)

Et voici les noms d'autres **relatives** [ˈrelətɪvz] (parents/membres de la famille) :

- **aunt** [ɑːnt] (tante)
- **uncle** [ˈʌŋkl̩] (oncle)
- **cousin** [ˈkʌzn̩] (cousin/cousine)
- **niece** [niːs] (nièce)
- **nephew** [ˈnevjuː] (neveu)
- **grandmother** [ˈɡrænmʌðə] (grand-mère)
- **grandfather** [ˈɡrænfɑːðə] (grand-père)
- **stepmum** [UK], **stepmom** [US] [ˈstepmʌm] [UK], [ˈstepmɒm] [US] (belle-mère : épouse du père remarié)
- **stepdad** [ˈstepdæd] (beau-père : époux de la mère remariée)
- **stepchild** [ˈsteptʃaɪld] (enfant de l'époux/épouse)

Combien de **parents** avez-vous ? Attention... En anglais, seuls votre **mum** [UK]/ **mom** [US] et votre **dad** sont vos **parents**. Vos **relatives** sont tous les autres membres de votre famille. En français, « parents » s'applique selon le contexte à ceux et à celles désignés par l'anglais **parents** ou **relatives**.

Il vous est facile de parler de la famille quand vous connaissez quelques questions simples. À des Américains que vous venez de rencontrer (non à des Britanniques !), vous pouvez demander sans hésiter :

- **Do you have any children?** [də ju həv ˈeni ˈtʃɪldrən] (As-tu/Avez-vous des enfants ?)
- **Where does your family live?** [weə dəz jə ˈfæməli lɪv] (Où habite votre/ta famille ?)

Et aux personnes que vous connaissez déjà, vous pouvez demander :

- **How are your parents?** [haʊ ə jə ˈpeərənts] (Comment vont vos/tes parents ?)
- **How's your husband?** [haʊz jə ˈhʌzbənd] (Comment va votre/ton mari ?)
- **How's your wife?** [haʊz jə waɪf] (Comment va votre/ta femme ?)
- **How old are your children now?** [haʊ əʊld ə jə ˈtʃɪldrən naʊ] (Quel âge ont vos/tes enfants maintenant ?)

La famille est une unité (un seul groupe de personnes), de sorte que le mot famille est suivi d'un verbe au singulier, comme dans **My family is in Brittany** [maɪ ˈfæməli z ɪn ˈbrɪtəni] (Ma famille est en Bretagne). Mais le pronom pour le mot famille est le pluriel **they** [ðeɪ] (ils/elles), lequel demande un verbe au pluriel comme dans **They are coming to visit me** [ðeɪ ə ˈkʌmɪŋ tə ˈvɪzɪt miː] (Ils vont venir me voir). Pourquoi le mot **family** est-il ainsi ? Mystère, mais c'est comme ça !

Si vous entendez des gens parler des **in-laws** [ˈɪnlɔːz] [UK], [ɪnˈlɒz] [US] (beaux-parents), ils ne se réfèrent pas à des lois ou à des avocats. Ils se réfèrent aux **parents** (père et mère) de leur mari ou de leur femme. Ainsi, les parents de votre époux/épouse sont votre **mother-in-law** [ˈmʌðər ɪnˌlɔː] [UK], [ˈmʌðr̩ ɪn lɑː] [US] (belle-mère) et votre **father-in-law** [ˈfɑːðər ɪnˌlɔː] [UK], [ˈfɑːðr̩ ɪn lɑː] [US] (beau-père). Et vous êtes de ce fait leur **daughter-in-law** [ˈdɔːtər ɪnˌlɔː] [UK], [ˈdɒtər ɪn lɑː] [US] (belle-fille) ou leur **son-in-law** [ˈsʌnɪnˌlɔː] [UK], [sən ɪn lɑː] [US] (beau-fils).

Aux États-Unis, beaucoup de gens vivent dans des familles nucléaires (familles restreintes aux parents et à leurs enfants). D'autres vivent dans des familles étendues (familles comportant les parents, les enfants, les grands-parents et peut-être d'autres proches habitant sous le même toit). Les familles nucléaires habitent souvent loin – parfois à des milliers de kilomètres – des autres membres de leur famille. La notion d'indépendance, la possibilité financière de déménager et la concentration des emplois dans certaines villes contribuent à la dispersion à travers cet immense pays des **family members** [ˈfæməli ˈmembəz] (membres de la famille/parents).

Mots clés

mother	[ˈmʌðə]	mère
father	[ˈfɑːðə]	père
stepchild	[ˈsteptʃaɪld]	enfant du mari ou de l'épouse
relative	[ˈrelətɪv]	parent (autre que le père ou la mère)
husband	[ˈhʌzbənd]	mari
wife	[waɪf]	épouse
in-law	[ˈɪnlɔː] [UK], [ɪnˈlɒz] [US]	par alliance
family members	[ˈfæməli ˈmembəz]	membres de la famille/parents

Parler avec des inconnus

Les États-Unis sont l'un des pays où il est le plus facile de débuter une conversation avec des inconnus. Ne soyez pas surpris si une personne totalement inconnue vous sourit et vous dit **Hi**. C'est parfaitement normal. Et que devez-vous faire si un inconnu vous dit **Hi** en vous croisant dans la rue ou se trouve à côté de vous dans la queue du supermarché ? Facile. Souriez simplement et dites **Hi**, vous aussi.

Vous pouvez, aux États-Unis, pratiquer votre anglais avec un inconnu, même si vous ne connaissez pas bien la langue. Établissez simplement un contact visuel avec une personne près de vous, souriez ou inclinez la tête, et dites **Hello** (Bonjour).

Les gens ne commencent généralement une conversation informelle qu'après avoir établi brièvement un contact visuel. Mais si vous ne voulez pas continuer à bavarder après qu'un inconnu vous a dit **Hi**, cessez simplement le contact visuel. Votre langage corporel dit que vous désirez mettre fin à l'échange. La plupart des gens respectent ce comportement.

Je sais que vous allez peut-être me prendre pour une mère poule, mais ceci est important ! Bavarder avec des inconnus est normal ; les Américains le font tout le temps. Mais jamais – au grand jamais – ne donnez à un inconnu votre numéro de téléphone ou votre adresse, et ne montez jamais dans la voiture d'un inconnu. La personne peut être sincère et vous faire une offre authentique d'assistance, mais vous ne pouvez pas en être sûr(e), ne prenez donc pas le risque.

QUAND DES INCONNUS DEVIENNENT TROP « AMICAUX »

Il arrive qu'un inconnu bien intentionné devienne trop amical et que sa présence vous importune. Vous pouvez alors l'ignorer et vous éloigner. À défaut (si vous êtes dans un autobus par exemple), voici plusieurs choses que vous pouvez faire :

- Soyez direct et décidé. Si un inconnu vous demande d'aller chez vous, dites : **No!** (Non !)
- Mentez si vous voulez. Si un inconnu vous demande où vous habitez, dites : **No speak English!** Ce n'est pas grammaticalement correct, et c'est ce qu'il faut.
- Si l'inconnu persiste, entrez dans un magasin ou un bureau, parlez à quelqu'un du problème et demandez de l'aide. (Le chapitre 16 vous donne davantage d'idées sur la manière de vous débarrasser des importuns.)

Conversation

Sirkka, une jeune fille finlandaise, voyage dans un autobus quand un homme monte dans l'autobus et s'assoit à côté d'elle. Il amorce une conversation avec elle. Il paraît normal au début, mais Sirkka se sent bientôt incommodée quand l'homme commence à poser des questions inappropriées.

L'homme : **Hi.**

[haɪ]

Bonjour.

Sirkka : **Hello.**

[həˈləʊ]

Bonjour.

L'homme : **What's your name?**

[wɒts jə neɪm]

Comment vous appelez-vous ?

Sirkka : **It's Sirkka.**

[ɪts sɜːkə]

Sirkka.

L'homme : **Are you from around here?**

[ə ju frəm əˈraʊnd hɪə]

Êtes-vous d'ici ?

Sirkka : **No, I'm from Finland.**

[nəʊ aɪm frəm ˈfɪnlənd]

Non, je viens de Finlande.

L'homme : **Do you have a place to stay?**

[də ju həv ə pleɪs tə steɪ]

Habitez-vous ici ?

Sirkka : **Uh… yes, I do.**

[ə jes aɪ duː]

Euh… oui.

L'homme : **Where are you staying?**

[weər ə ju ˈsteɪɪŋ]

Où habitez-vous ?

Sirkka : **I don't give out my address.**

[aɪ dəʊnt gɪv aʊt maɪ əˈdres]

Je ne donne pas mon adresse.

Sujets tabous

Aïe ! Avez-vous dit ce qu'il ne fallait pas ? Avez-vous **put your foot in your mouth** [pʊt jə fʊt ɪn jə maʊθ] (commis une gaffe) ? Savoir ce dont il ne faut pas parler est aussi important que de savoir de quoi parler – c'est peut-être même plus important ! Bien qu'on puisse se montrer très curieux des autres aux États-Unis, il y a des limites, et il est impoli de demander l'âge d'une personne, surtout si elle semble plus vieille que vous.

Les questions suivantes sont considérées comme trop personnelles pour être posées lors de conversations informelles ou à des inconnus :

- **How old are you?** [haʊ əʊld ə ju] (Quel âge avez-vous ?)
- **How much money do you make?** [haʊ mʌtʃ ˈmʌni də ju meɪk] (Combien gagnez-vous ?)
- **Are you pregnant?** [ə ju ˈpregnənt] (Êtes-vous enceinte ?)
- **Why don't you have children?** [waɪ dəʊnt ju həv ˈtʃɪldrən] (Pourquoi n'avez-vous pas d'enfants ?)
- **Why are you divorced?** [waɪ ə ju dɪˈvɔːst] (Pourquoi êtes-vous divorcé(e) ?)
- **Why aren't you married?** [waɪ ɑːnt ju ˈmærɪd] (Pourquoi n'êtes-vous pas marié(e) ?)
- **How much do you weigh?** [haʊ mʌtʃ də ju weɪ] (Combien pesez-vous ?)

Naturellement, entre bons amis et avec vos intimes, vous pouvez parler de presque n'importe quoi. Mais si vous n'êtes pas sûr, vous pouvez vous servir de l'une de ces expressions pour amorcer une question :

- **Do you mind if I ask...?** [də ju maɪnd ɪf aɪ ɑːsk] (Pourrais-je vous demander... ?)
  - **... your age?** [jər eɪdʒ] (... ton/votre âge ?)
  - **... how old you are?** [haʊ əʊld ju ɑː] (... quel est votre âge ?)
- **May I ask...?** [meɪ aɪ ɑːsk] (Puis-je demander... ?)
  - **... if you are married?** [ɪf ju ə ˈmærɪd] (... si vous êtes marié(e) ?)
  - **... where you live?** [weə ju lɪv] (... où vous habitez ?)

Que faire si quelqu'un vous pose une question personnelle à laquelle vous ne voulez pas répondre ? Voici quelques réponses rapides et efficaces (mais amicales) :

- **I'd rather not say.** [aɪd ˈrɑːðə nɒt seɪ] (Je préférerais ne pas répondre.)
- **It's personal.** [ɪts ˈpɜːsənl̩] (C'est personnel.)
- **It's private.** [ɪts ˈpraɪvɪt] (C'est personnel.)
- **It's a secret.** [ɪts ə ˈsiːkrɪt] (C'est un secret.)

LE CINQUIÈME AMENDEMENT

Quand un Américain ne veut pas répondre à une question personnelle, il peut dire, amicalement : **I take the fifth!** [aɪ teɪk ðə ˈfɪfθ] (J'invoque le cinquième !) Qu'est-ce que cela veut dire ? Eh bien, il se réfère au Cinquième Amendement de la Constitution américaine, qui dit en substance que personne ne peut être contraint (dans toute affaire criminelle) à témoigner contre soi-même. En d'autres termes, vous pouvez refuser de répondre à une question qui peut vous faire apparaître comme coupable. Vous pourriez entendre cette expression dans un film ou une série télévisée.

Si vous utilisez cette expression en plaisantant, les gens seront impressionnés non seulement parce que vous connaissez cette formule, mais aussi parce que « **taking the fifth** » implique que vous cachez des secrets !

Mots clés

pregnant	[ˈpregnənt]	enceinte
married	[ˈmærɪd]	marié(e)
divorced	[dɪˈvɔːst]	divorcé(e)
private	[ˈpraɪvɪt]	privé/personnel
personal	[ˈpɜːsənl]	personnel
secret	[ˈsiːkrɪt]	secret

Jeux et activités

Vous êtes un météorologue. Indiquez la situation du temps aux États-Unis en remplissant les espaces des phrases suivantes. Par exemple : **It's raining in Ohio**.

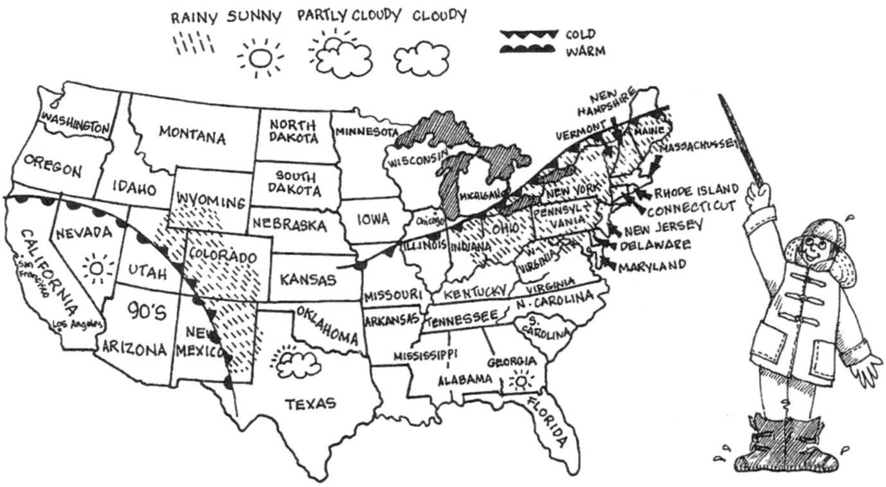

1. It's ______ in Nevada.
2. It's ______ in New York.
3. Texas is ______.
4. It's not ______ in Georgia.
5. It's ______ and ______ in Arizona.
6. Ohio is ______ and ______.

Solutions : Annexe C, p. 430.

Chapitre 5

Où suis-je ? Demander son chemin

DANS CE CHAPITRE :

- **Trouver des endroits classiques**
- **Demander de l'aide**
- **Comprendre les indications**

Recherchant un bureau de poste dans un pays lointain, il m'est arrivé d'agiter mes cartes postales devant un passant, en disant « bureau de poste » en anglais, parce que je ne connaissais pas un mot de la langue du pays.

Pas étonnant qu'il ne se soit pas arrêté. Ce n'était pas très poli. Et comme vous pouvez l'imaginer, j'ai eu du mal à me rendre là où je voulais aller. Quand vous serez dans un pays anglophone à la recherche d'un **post office** [pəʊst ˈɒfɪs] [UK], [poʊst ˈɑːfəs] [US] (bureau de poste), vous n'aurez pas ce problème. Comment puis-je le savoir ? Parce qu'en ce moment vous êtes en train de lire ce chapitre, qui vous fournit de nombreuses expressions utiles et de nombreuses manières de demander de l'aide, de comprendre les **directions** [dɪˈrekʃn̩z] (indications) et de trouver l'endroit où vous voulez vous rendre – comme la banque, les toilettes, la plage et même le bureau de poste.

Excusez-moi

En voyage ou quand vous cherchez votre chemin dans un lieu inconnu, vous pouvez avoir à demander des indications à quelqu'un. C'est parfaitement normal d'approcher une personne dans la rue ou de rentrer dans un magasin et de parler à un vendeur. Et les gens seront plus disposés à vous venir en aide si vous connaissez quelques expressions courtoises pour attirer l'attention, comme :

- **Excuse me.** [ɪkˈskjuːz miː] (Excusez-moi.)
- **Pardon me.** [ˈpɑːdn̩ miː] (Pardon.)
- **Can you help me?** [kən ju help miː] (Pourriez-vous m'aider ?)

Maintenant que vous savez attirer l'attention de quelqu'un, vous trouverez comment demander votre chemin dans les sections suivantes.

Demander votre chemin

Où que vous soyez dans le monde, vos besoins fondamentaux restent les mêmes. Vous avez besoin de **food** [fuːd] (nourriture), d'un **place to sleep** [pleɪs tə sliːp] (endroit pour dormir), de **money** [ˈmʌni] (argent) et de **bathroom** [ˈbɑːθruːm] [UK], [ˈbæθruːm] [US] (salle de bains/toilettes aux États-Unis). D'accord, vous pouvez avoir d'autres besoins – comme l'amitié, l'amour, le bonheur et une bonne paire de chaussures de marche. Mais avant de trouver un ami ou l'amour, vous avez probablement besoin de **eat** [iːt] (manger) ou **use the restroom** [juːz ðə ˈrestruːm] (utiliser les toilettes), de sorte que savoir comment **ask for directions** [ɑːsk fə dɪˈrekʃn̩z] (demander votre chemin) est indispensable.

Après avoir obtenu l'attention de quelqu'un, vous pouvez demander à trouver l'endroit que vous cherchez. Par exemple :

- **How can I get to a bank?** [haʊ kən aɪ get tə ə bæŋk] (Où puis-je trouver une banque ?)
- **Where's the supermarket?** [UK], **Where is the grocery store?** [US] [weəz ðə ˈsuːpəmɑːkɪt] [UK], [hwer̩ z ðə ˈgroʊsəri stɔːr] [US] (Où se trouve le supermarché ?)
- **Is there a public lavatory nearby?** [UK], **Is there a public restroom nearby?** [US] [ɪz ðər ə ˈpʌblɪk ˈlævətr̩i ˈnɪəbaɪ] [UK], [ɪz ðər ə ˈpʌblɪk ˈreˌstruːm ˈnɪrbaɪ] [US] (Y a-t-il des toilettes publiques près d'ici ?)

» **How do I find___?** [haʊ də aɪ faɪnd] (Où puis-je trouver___ ?)

» **Please direct me to___.** [pli:z dɪˈrekt mi: tə] (Indiquez-moi s'il vous plaît le/la/un/une___.)

BATHROOMS, RESTROOMS, TOILETS, JOHNS AND LOO

Quand « il faut y aller », demandez **Where's the ladies' room?** [weəz ðə ˈleɪdɪz ru:m] (Où sont les toilettes pour femmes ?) ou **Where's the men's room?** [weəz ðə menz ru:m] (Où sont les toilettes pour hommes ?). Ce sont des mots polis, socialement acceptables que vous pouvez utiliser quand vous avez besoin d'aller aux toilettes. Mais ne dites pas **Where is the toilet?** Quelle qu'en soit la raison, ces mots paraissent un peu crus pour des oreilles anglophones, qui préfèrent entendre les expressions plus indirectes **bathroom** et **restroom**, bien qu'il ne s'agisse ni de prendre un bain ni de se reposer ! Quant au mot **john** [dʒɒn] [UK], [dʒɑ:n] [US], l'argot américain pour toilettes, il est un peu plus distingué, mais ne convient nullement à un contexte formel.

Pour être complet, signalons l'équivalent familier britannique **loo** [lu:], qui semble être une abréviation et une adaptation du français « lieu d'aisance ».

La liste suivante contient des mots et des expressions à utiliser quand vous cherchez à aller quelque part :

» **Excuse me, where is...** [ɪkˈskju:z mi: weər ɪz] (Pardon, où se trouve...)

- **... the motorway?** [UK], **... the freeway?** [US] [ðə ˈməʊtəweɪ] [UK], [ðə ˈfri:weɪ] [US] (... l'autoroute ?)
- **... the main part of town?** [ðə meɪn pɑ:t əv taʊn] (... le centre-ville ?)
- **... the bus station?** [ðə bʌs ˈsteɪʃn̩] (... l'arrêt de bus ?)
- **... a good restaurant?** [ə gʊd ˈrestrɒnt] (... un bon restaurant ?)
- **... a pharmacy?** [ə ˈfɑ:məsi] (... une pharmacie ?)
- **... Carnegie Hall?** [ˈkɑ:nəgi hɔ:l] (... Carnegie Hall ?)

Mots clés

public lavatory [UK] public restroom [US]	[ˈpʌblɪk ˈlævətṛi] [UK], [ˈpʌblɪk ˈrestruːm] [US]	toilettes publiques
supermarket [UK] grocery store [US]	[ˈsuːpəmɑːkɪt] [UK], [ˈgroʊsəri stɔː] [US]	supermarché
bank	[bæŋk]	banque
pharmacy	[ˈfɑːrməsi]	pharmacie
ladies' room	[ˈleɪdiz ruːm]	toilettes pour dames
men's room	[ˈmenz ruːm]	toilettes pour hommes
post office	[pəʊst ˈɒfɪs] [UK], [poʊst ˈɑːfəs] [US]	bureau de poste

Dans la bonne direction

En obtenant des indications, vous pourrez entendre les mots suivants :

» **straight** [streɪt] (tout droit)

» **right** [raɪt] (à droite)

» **left** [left] (à gauche)

» **on the corner of** [ɒn ðə ˈkɔːnər ɒv] (au coin de)

» **block** [blɒk] [UK], [blɑːk] [US] (pâté de maisons/groupe d'immeubles)

» **traffic light** [UK], **stoplight** [US] [ˈtræfɪk laɪt] [UK], [ˈstɑːplaɪt] [US] (feux)

» **stop sign** [stɒp saɪn] [UK], [ˈstɑːpsaɪn] [US] (panneau de stop)

» **intersection** [ɪntəˈsekʃṇ] (croisement)

» **road** [rəʊd] [UK], [roʊd] [US] (route)

» **street** [striːt] (rue)

» **avenue** [ˈævənjuː] (avenue)

Conversation

Xavier cherche une librairie pour y acheter *L'anglais pour les Nuls*, et il veut ensuite aller à la plage pour se relaxer et lire son nouveau livre. Il arrête un passant. (Piste 15)

Xavier : **Excuse me. Can you help me?**

[ɪkˈskjuːz miː kən ju help miː]

Excusez-moi. Pouvez-vous m'aider ?

Passant : **I'll try.**

[aɪl traɪ]

Je vais essayer.

Xavier : **I'm looking for a bookshop.** [UK]

I'm looking for a bookstore. [US]

[aɪm ˈlʊkɪŋ fər ə ˈbʊkʃɒp] [UK]

[aɪm ˈlʊkɪŋ fər ə ˈbʊkstɔː] [US]

Je cherche une librairie.

Passant : **There is a great one on College Avenue.**

[ðə ɪz ə greɪt wʌn ɒn ˈkɒlɪdʒ ˈævənjuː]

Il y en a une excellente, avenue de l'Université.

Xavier : **Good. How do I get there?**

[gʊd haʊ də aɪ get ðeə]

Bon. Comment puis-je y aller ?

Passant : **Go up this street one block and turn right on College Avenue.**

[gəʊ ʌp ðɪs striːt wʌn blɒk ənd tɜːn raɪt ɒn ˈkɒlɪdʒ ˈævənjuː]

Continuez sur cette rue jusqu'au prochain croisement et tournez à droite dans l'avenue de l'Université.

Xavier : **Okay. One block; turn right.**

[əʊˈkeɪ wʌn blɒk tɜːn raɪt]

Bien. À droite au prochain croisement.

Passant : **Then go up College Avenue two blocks to River Road.**

[ðen gəʊ ʌp ˈkɒlɪdʒ ˈævənju: ˈtu: ˈblɒks tə ˈrɪvə rəʊd]

Ensuite continuez dans l'avenue de l'Université, passez deux pâtés de maisons, jusqu'à la rue de la Rivière.

Xavier : **River Road?**

[ˈrɪvə rəʊd]

La rue de la Rivière ?

Passant : **Yes. The bookshop is on the corner. You can't miss it.** [UK]

Yes. The bookstore is on the corner. You can't miss it. [US]

[jes ðə ˈbʊkʃɒp ɪz ɒn ðə ˈkɔ:nə ju kɑ:nt mɪs ɪt]

[jes ðə ˈbʊkstɔ: ɪz ɒn ðə ˈkɔ:nə ju kɑ:nt mɪs ɪt]

Oui. La librairie est au coin de la rue. Vous ne pouvez pas la rater.

Xavier : **Thanks.**

[θæŋks]

Merci.

Passant : **My pleasure.**

[maɪ ˈpleʒə]

De rien.

Utilisation des prépositions de lieu : *Next to, across, in front of*, etc.

Les prépositions de lieu vous disent où une chose est située par rapport à autre chose. Par la suite, comme vous vous en doutez, il est à peu près impossible de comprendre ou de donner des itinéraires sans ces prépositions – vous seriez perdu... littéralement ! Par exemple, la préposition **next to** [nekst tə] (à côté de) dans la phrase **My house is next to the bakery** [maɪ haʊs ɪz nekst tə ðə ˈbeɪkəri] (Ma maison est à côté de la boulangerie) vous indique que ma maison et la boulangerie sont côte à côte (et que probablement je mange trop de pâtisseries tout juste sorties du four !). Voici quelques prépositions très courantes utilisées pour donner des indications de lieu :

» **before** [bɪˈfɔː] (avant)

» **after** [ˈɑːftə] [UK], [ˈæftər] [US] (après)

» **near** [nɪə] (près)

» **next to** [nekst tə] (à côté de)

» **across from** [əˈkrɒs frɒm] (de l'autre côté de)

» **in front of** [ɪn frʌnt ɒv] (devant)

» **around the corner** [əˈraʊnd ðə ˈkɔːnə] (au coin de la rue)

» **on the right** [ɒn ðə raɪt] (sur la droite)

» **on the left** [ɒn ðə left] (sur la gauche)

» **in the middle** [ɪn ðə ˈmɪdl̩] (au milieu)

» **at the end** [ət ði end] (au bout)

Conversation

Paul est à Hawaï pour la première fois et veut essayer de faire du surf, mais il n'a pas de planche de surf (ni aucune expérience, d'ailleurs). Il demande à quelqu'un de l'aider à trouver une boutique de surf pour y acheter une planche. (Piste 16)

Paul : **Excuse me. Is there a surf shop nearby?**

[ɪkˈskjuːz miː ɪz ðər ə sɜːf ʃɒp ˈnɪəbaɪ]

Excusez-moi. Y a-t-il une boutique de surf près d'ici ?

Hawaïen : **There is one a few blocks away.**

[ðə z wʌn ə fjuː blɒks əˈweɪ]

Il y en a une quelques rues plus loin.

Paul : **How do I get there?**

[haʊ də aɪ get ðeə]

Comment puis-je y aller ?

Hawaïen : **Turn right at the intersection; then keep going; after the third light you'll see the surf shop.**

[tɜːn raɪt ət ði ɪntəˈsekʃn̩ ðen kiːp ˈgəʊɪŋ ˈɑːftə ðə ˈθɜːd laɪt jul ˈsiː ðə sɜːf ʃɒp]

Tournez à droite au croisement ; puis continuez ; après le troisième feu vous verrez la boutique de surf.

Paul : **Is it on the right or the left side of the street?**

[ɪz ɪt ɒn ðə raɪt ɔː ðə left saɪd əv ðə striːt]

Est-elle sur le côté droit ou le côté gauche de la rue ?

Hawaïen : **The right... in the middle of the block.**

[ðə raɪt ɪn ðə ˈmɪdl̩ əv ðə blɒk]

Le côté droit... au milieu du pâté de maisons.

Paul : **Okay, thanks.**

[əʊˈkeɪ θæŋks]

Bien. Merci.

Ayez sur vous un petit carnet (et un crayon ou un stylo) afin de demander aux gens de dessiner une carte quand ils vous donnent des indications. Dites seulement : **Can you draw a map, please?** [kən ju drɔːr ə mæp pliːz] (Pouvez-vous me dessiner un plan s'il vous plaît ?) Cherchez quelqu'un qui n'ait pas l'air très pressé – et qui ne semble pas être un touriste lui aussi. (Bonne chance dans les grandes villes !)

Les verbes de direction : *Follow, take* et *turn*

On utilise habituellement certains verbes pour indiquer un chemin. Les verbes de « direction » suivants peuvent vraiment **take you places** [teɪk ju ˈpleɪsɪz] (vous conduire à plein d'endroits) :

- **To follow** [tə ˈfɒləʊ] [UK], [tə ˈfɑːloʊ] [US] (suivre)
- **To turn** [tə tɜːn] (tourner)
- **To take** [tə teɪk] (prendre)

Follow et **turn** sont des verbes réguliers (qui se terminent en **-ed** au passé). Cependant, **take** est un verbe irrégulier, avec **took** et **taken** comme formes du passé. Allez au chapitre 2 et à l'annexe A pour plus d'informations sur les verbes irréguliers.

Utilisation du verbe « to follow »

Follow peut avoir deux sens quand vous parlez de chemin à suivre. Une première signification est de suivre quelqu'un. Par exemple vous pouvez entendre **Follow me. I'll show you where it is.** [ˈfɒləʊ miː aɪl ʃəʊ ju weər ɪt ɪz] [UK], [ˈfɑːloʊ miː aɪl ʃoʊ ju hweṛɪt ɪz] [US] (Suivez-moi. Je vais vous montrer où c'est.)

Une autre signification est de poursuivre dans une direction particulière comme dans :

» **Follow this road for a few miles.** [ˈfɒləʊ ðɪs rəʊd fər ə fjuː maɪlz] [UK], [ˈfɑːloʊ ðɪs roʊd fər ə fjuː maɪlz] [US] (Suivez cette route pendant quelques miles.)

» **This road follows the coast.** [ðɪs rəʊd ˈfɒləʊz ðə kəʊst] [UK], [ðɪs roʊd ˈfɒloʊz ðə koʊst] [US] (Cette route suit la côte.)

Empruntez le verbe « to take »

Si une personne vous donne des indications au moyen du mot **take**, ce peut être pour vous suggérer de voyager sur une route spécifique ou vous indiquer le chemin qu'il ou elle prend habituellement. Les exemples suivants illustrent ces deux usages du mot **take** :

» **Take this road for two blocks.** [teɪk ðɪs rəʊd fə tuː blɒks] [UK], [teɪk ðɪs roʊd fər tuː blɑːks] [US] (Prenez cette route jusqu'au deuxième croisement.)

» **I usually take highway 80 to Salt Lake City.** [aɪ ˈjuːʒəli teɪk ˈhaɪweɪ ˈeɪti tə sɔːlt leɪk ˈsɪti] [UK], [aɪ ˈjuːʒəwəli teɪk ˈhaɪweɪ ˈeɪti tə sɒlt leɪk ˈsɪti] [US] (Je prends d'habitude la Route 80 jusqu'à Salt Lake City.)

Vous trouverez d'autres usages du verbe **to take** pour les voyages au chapitre 12.

Utilisation du verbe « to turn »

Utilisez **turn right** [tɜːn raɪt] (tourner à droite), **turn left** [tɜːn left] (tourner à gauche) ou **turn around** [tɜːn əˈraʊnd] (faire demi-tour) – pour aller autrement que tout droit ! Quand vous tournez, vous changez de direction, et quand vous **turn around** (faites demi-tour) vous retournez dans la direction d'où vous venez (mais ne le faites pas sur l'autoroute !).

Parfois, une rue **turn into** [tɜːn ˈɪntə] (devient) une autre rue, ce qui veut dire en fait que la rue change de nom. En pareil cas, **turn into** équivaut à **becomes** [bɪˈkʌmz] (devient).

Voici quelques exemples d'utilisation de **turn** :

- **Turn right at First Street.** [tɜ:n raɪt ət fɜ:st stri:t] (Tournez à droite à la première rue)
- **Mission Street turns into Water Street after the light.** [ˈmɪʃn̩ stri:t tɜ:nz ˈɪntə ˈwɔ:tə stri:t ˈɑ:ftə ðə laɪt] (La rue de la Mission devient la rue de l'Eau après le feu.)
- **She went the wrong way, so she turned around.** [ʃi went ðə rɒŋ weɪ səʊ ʃi tɜ:nd əˈraʊnd] (Elle s'est trompée de chemin et elle a donc fait demi-tour.)

Aux États-Unis, les **pedestrians** [pɪˈdestrɪənz] (piétons) ont la priorité – techniquement. Ne soyez donc pas surpris si des conducteurs s'arrêtent et attendent que vous traversiez la rue. Mais ne supposez pas qu'ils s'arrêteront – certains ne le font pas. Les voitures roulant sur le **right-hand side** [raɪt hænd saɪd] (côté droit) de la route, vous devez regarder vers la gauche pour voir le **oncoming traffic** [ˈɒnkʌmɪŋ ˈtræfɪk] (les véhicules qui viennent vers vous). Si en revanche vous êtes en Grande-Bretagne, où les voitures roulent sur le **left-hand side** [left hænd saɪd] (côté gauche), vous devez regarder vers la droite.

Mieux encore, suivez les conseils de ma mère : regardez des deux côtés avant de traverser la rue, restez dans le **pedestrian crossing** [UK], **crosswalk** [US] [pɪˈdestrɪən ˈkrɒsɪŋ] [UK], [ˈkrɑ:swɑ:k] [US] (passage pour piétons) et traversez quand le feu est vert !

Mots clés

pedestrian	[pɪˈdestrɪən]	piéton
pedestrian crossing [UK] crosswalk [US]	[pɪˈdestrɪən ˈkrɒsɪŋ] [ˈkrɑ:swɑ:k]	passage pour piétons
traffic	[ˈtræfɪk]	trafic
highway	[ˈhaɪweɪ]	autoroute
to turn	[tə tɜ:n]	tourner
to take	[tə teɪk]	prendre
to follow	[tə ˈfɒləʊ] [UK], [tə ˈfɑ:loʊ] [US]	suivre

Aller au nord ou au sud ?

Certaines personnes ont un excellent sens de l'orientation. Elles savent toujours où est le **north** [nɔ:θ] (nord), le **south** [saʊθ] (sud), le **east** [i:st] (est) et le **west** [west] (ouest). Ma grand-mère était ainsi, et pour indiquer un chemin, elle disait **go west on** cette rue-ci et **turn south on** cette rue-là. Eh bien ! J'ai grandi sur la côte de Californie, où **going west** [ˈɡəʊɪŋ west] (aller à l'ouest) vous met dans l'océan Pacifique ! Et où **going south** [ˈɡəʊɪŋ saʊθ] (aller au sud) est le trajet des oiseaux migrateurs en hiver. J'avais besoin d'une boussole pour suivre les indications données par ma grand-mère !

Bien que tout le monde sache que le soleil se lève à l'est et se couche à l'ouest, vous pouvez toujours être **turned around** [tɜ:nd əˈraʊnd] (désorienté) quand vous êtes dans un nouvel environnement. Et donc si quelqu'un qui vous indique un chemin dit **go east** et si vous n'êtes pas sûr de la direction à prendre, demandez simplement :

- **Do you mean left?** [də ju mi:n left] (Voulez-vous dire à gauche ?)
- **Do you mean right?** [də ju mi:n raɪt] (Voulez-vous dire à droite ?)
- **Is that right or left?** [ɪz ðət raɪt ɔ: left] (Est-ce à droite ou à gauche ?)

Pour plus d'informations sur la façon de **getting from one place to another** [ˈgetɪŋ frəm wʌn pleɪs tə əˈnʌðə] (aller d'un endroit à un autre) – en utilisant les transports en commun ou une voiture de location – allez au chapitre 12.

Conversation

Paul a trouvé la boutique de surf, et il a maintenant sa nouvelle planche attachée sur le toit du 4x4 qu'il a loué. Mais il n'a aucune idée de l'endroit où se trouve la plage. Il s'arrête et demande son chemin. (Au chapitre 16, vous découvrirez comment se passe la première expérience de surf de Paul.)

Paul : **Excuse me, sir. Which way to the beach?**

[ɪkˈskju:z mi: sɜ: wɪtʃ weɪ tə ðə bi:tʃ]

Excusez-moi, Monsieur. Le chemin de la plage ?

L'homme : **Get on the freeway going east. You'll see freeway signs about a mile down this road.**

[get ɒn ðə ˈfri:weɪ ˈɡəʊɪŋ i:st jul si: ˈfri:weɪ saɪnz əˈbaʊt ə maɪl daʊn ðɪs rəʊd]

Prenez l'autoroute en direction de l'est. Vous verrez des panneaux d'autoroute à environ un mile sur cette route.

Paul : **Okay.**

[əʊˈkeɪ]

Bien.

L'homme : **Follow the freeway a few miles, and then take the Harbor Road exit.**

[ˈfɒləʊ ðə ˈfriːweɪ ə fjuː maɪlz ənd ðen teɪk ðə ˈhɑːbə rəʊd ˈeksɪt]

Suivez l'autoroute quelques miles, puis prenez la sortie Harbor Road (route du Port).

Paul : **Then which way do I go?**

[ðen wɪtʃ weɪ də aɪ gəʊ]

Ensuite quel chemin dois-je prendre ?

L'homme : **Go south.**

[gəʊ saʊθ]

Allez au sud.

Paul : **South?**

[saʊθ]

Au sud ?

L'homme : **Yes, turn right and stay on Harbor Road to the end.**

[jes tɜːn raɪt ənd steɪ ɒn ˈhɑːbə rəʊd tə ði end]

Oui, tournez à droite et restez sur Harbor Road jusqu'au bout.

Paul : **Does Harbor Road take me to the beach?**

[dəz ˈhɑːbə rəʊd teɪk miː tə ðə biːtʃ]

Harbor Road me conduit à la plage ?

L'homme : **Yes, Harbor Road ends at the beach. You can't miss it.**

[jes ˈhɑːbə rəʊd endz ət ðə biːtʃ ju kɑːnt mɪs ɪt]

Oui Harbor Road finit à la plage. Vous ne pouvez pas la rater.

Paul : **Thanks a lot.**

[θæŋks ə lɒt]

Merci bien.

Jeux et activités

Vous avez invité des amis américains à vous joindre à une fête de fin d'études organisée à l'école où vous suivez des cours d'anglais. Vous avez écrit les indications en français, mais vous devez les traduire en anglais pour vos amis, lesquels, comme beaucoup d'anglophones, ne parlent qu'une langue : l'anglais.

Prendre l'autoroute vers le sud. ____________________

Sortir à Harvest Road. _________________

Aller tout droit pendant trois miles. ____________________

Tourner à gauche au feu. ___________________

Continuer pendant trois pâtés de maisons. _____________________

Tourner à droite à Oak Street. ____________________

Après le tournant continuer jusqu'à la rue suivante. _______________

L'école est à l'angle. _________________

Elle est en face de la bibliothèque. __________________

Solutions : Annexe C, p. 430.

Exercice

Mark Twain, *The Adventures of Tom Sawyer*, 1876

N'hésitez pas à consulter la traduction française qui figure un peu plus loin pour vous aider.

Tom Sawyer est un personnage emblématique de la culture américaine : à la fois intrépide et généreux, paresseux et dissipé, il est ici en compagnie de Becky Thatcher, dont il est amoureux. Il veut l'impressionner en explorant avec elle la grotte Mac Dougal (imaginée d'après une grotte réelle, aujourd'hui nommée grotte Mark Twain).

Now to return to Tom and Becky's share in the picnic. They **tripped along** the murky aisles with the rest of the company, visiting the familiar wonders of the cave – wonders dubbed with rather over-descriptive names, such as "The Drawing-Room," "The Cathedral," "Aladdin's Palace," and so on. Presently the hide-and-seek frolicking began, and Tom and Becky engaged in it with zeal until the exertion began to grow a trifle wearisome; then they **wandered down** a sinuous avenue holding their candles aloft and reading the tangled webwork of names, dates, post office addresses, and mottoes with which the rocky walls had been frescoed (in candle-smoke). Still drifting along and talking, they scarcely noticed that they were now in a part of the cave whose walls were not frescoed. They smoked their own names under an overhanging shelf and **moved on**. Presently they came to a place where a little stream of water, trickling over a ledge and carrying a limestone sediment with it, had, in the slow-dragging ages, formed a laced and ruffled Niagara in gleaming and imperishable stone. Tom squeezed his small body behind it in order to illuminate it for Becky's gratification. He found that it curtained a sort of steep natural stairway which was enclosed between narrow walls, and at once the ambition to be a discoverer seized him.

Becky responded to his call, and they made a smoke-mark for future guidance, and started upon their quest. They wound this way and that, far down into the secret depths of the cave, made another mark, and branched off in search of novelties to tell the upper world about. In one place they found a spacious cavern, from whose ceiling depended a multitude of shining stalactites of the length and circumference of a man's leg; they **walked** all **about** it, wondering and admiring, and presently left it by one of the numerous passages that opened into it. [...] Now, for the first time, the deep stillness of the place laid a clammy hand upon the spirits of the children. Becky said:

"Why, I didn't notice, but it seems ever so long since I heard any of the others."

"Come to think, Becky, we are away down below them – and I don't know how far away north, or south, or east, or whichever it is. We couldn't hear them here."

Becky grew apprehensive.

"I wonder how long we've been down here, Tom? We better start back."

"Yes, I reckon we better. P'raps we better."

"Can you find the way, Tom? It's all a mixed-up crookedness to me." [...]

They started through a corridor, and traversed it in silence a long way, glancing at each new opening, to see if there was anything familiar about the look of it; but they were all strange. Every time Tom made an examination, Becky would watch his face for an encouraging sign, and he would say cheerily:

"Oh, it's all right. This ain't the one, but we'll **come to it** right away!"

But he felt less and less hopeful with each failure, and presently began to **turn off** into diverging avenues at sheer random, in desperate hope of finding the one that was wanted. He still said it was "all right," but there was such a leaden dread at his heart that the words had lost their ring and sounded just as if he had said, "All is lost!" Becky clung to his side in an anguish of fear, and tried hard to keep back the tears, but they would come.

A. Le vocabulaire utile :

share [ʃeə] = part, rôle

familiar [fəˈmɪlɪə] = familier

cave [keɪv] = caverne

wonder [ˈwʌndə] = merveille

hide and seek [haɪd ən siːk] = cache-cache

wearisome [ˈwɪərɪsəm] = fatiguant

candle [ˈkændḷ] = bougie

wall [wɔːl] = mur ou paroi

stream [striːm] = ruisseau

stone [stəʊn] = la pierre

to squeeze [tə skwiːz] = presser

body [ˈbɒdi] = corps

narrow [ˈnærəʊ] = étroit

deep [diːp] = profond

to notice [tə ˈnəʊtɪs] = remarquer

strange [streɪndʒ] = étrange, étranger

to watch [tə wɒtʃ] = scruter

face [feɪs] = visage

heart [hɑːt] = cœur

fear [fɪə] = la peur

B. Compréhension: Did you understand the text?

1. Why did Tom and Becky get lost? (Pourquoi Tom et Becky se sont-ils perdus ?)
2. How did they get lost? (Comment se sont-ils perdus ?)
3. Did they enter the cave alone? (Sont-ils entrés seuls dans la grotte ?)

C. Grammaire : exprimer le mouvement

Voici quelques verbes de mouvement extraits du texte :

To trip [tə trɪp] = trébucher

To wander [tə ˈwɒndə] = errer

To move [tə muːv] = bouger

To walk [tə wɔːk] = marcher

To come [tə kʌm] = venir

To turn [tə tɜːn] = tourner

Remarquez la façon dont les **adverbial particles** [ˈædvɜːbiəl ˈpɑːtɪkl̩z] (postpositions) **along**, **down**, **on**, **about**, **to** et **off**, précisent le sens des verbes dans ces exemples tirés du texte :

To trip along [tə trɪp əˈlɒŋ] = traverser avec difficulté

To wander down [tə ˈwɒndə daʊn] = descendre au hasard

To move on [tə muːv ɒn] = continuer son chemin

To walk about [tə wɔːk əˈbaʊt] = parcourir, arpenter

To come to [tə kʌm tə] = déboucher sur

To turn off [tə tɜːn ɒf] = quitter (une route)

La postposition indique le mouvement alors que le verbe indique la façon de bouger. En français, c'est souvent l'inverse.

Il existe plein d'autres exemples. En voici quelques-uns avec le verbe **to go** [tə gəʊ] (aller) :

To go away [tə gəʊ] (partir)

To go about [tə gəʊ θruː] (circuler)

To go back [tə gəʊ bæk] (revenir)

To go in [tə gəʊ ɪn] (entrer)

To go out [tə gəʊ aʊt] (sortir)...

Cela fonctionne avec tous les verbes de mouvement, comme ici avec **jump** et **hurry.**

To jump [tə dʒʌmp] (sauter)

To jump across [tə dʒʌmp əˈkrɒs] (traverser d'un bond)

To hurry [tə ˈhʌri] (se presser)

To hurry down [tə ˈhʌri daʊn] (descendre rapidement)

D. Traduction

Traduisez en anglais les phrases suivantes :

1. Tom et Becky tournent à droite.

2. Tom et Becky continuent tout droit.

3. Tom et Becky se mettent à courir.

4. Tom et Becky reviennent.

E. Activité d'expression : Creative writing

Écrivez un petit paragraphe en anglais en répondant à la question suivante :

According to you, how will Tom and Becky find their way back? (À votre avis, comment Tom et Becky retrouveront-ils leur chemin ?).

Traduction de l'extrait de *Tom Sawyer*

Revenons maintenant à Tom et Becky, et à leur pique-nique. Ils parcoururent avec difficulté les sombres galeries avec le reste du groupe, contemplant les célèbres merveilles de la caverne : des merveilles affublées de noms souvent trop descriptifs, comme « le Salon », « la Cathédrale », « le Palais d'Aladdin », et ainsi de suite. Bientôt on se mit à jouer à cache-cache et Tom et Becky s'y appliquèrent avec entrain jusqu'à ce que cette agitation ne les fatigue un peu. Alors, ils s'aventurèrent dans une artère sinueuse, et, levant bien haut leurs bougies, déchiffrèrent le dense réseau de noms, de dates, d'adresses postales et de devises entrelacés qui ornaient les parois rocheuses, tels des fresques réalisées à la fumée de bougie. Ils flânaient en devisant, et c'est à peine s'ils remarquèrent qu'ils se trouvaient à présent dans une partie de la caverne dont les parois étaient dépourvues de fresques. Ils inscrivirent leur nom à la fumée de leur bougie sur le surplomb au-dessus de leur tête et continuèrent leur chemin. Peu de temps après, ils débouchèrent dans un lieu où un mince filet d'eau, ruisselant d'une saillie et charriant un dépôt calcaire, avait au fil des ans formé une chute d'eau, fine et ondulée comme un pan de dentelle, dans la pierre luisante et impérissable. Tom glissa son corps mince derrière la cataracte afin de l'illuminer pour le plus grand plaisir de Becky. Il découvrit qu'elle cachait une sorte d'escalier naturel, abrupt et étroitement entouré de parois : il fut saisi d'une ambition d'explorateur.

Becky répondit à son appel, ils laissèrent une marque de fumée pour retrouver leur chemin et s'élancèrent dans leur quête. Ils errèrent çà et là, au plus profond des entrailles secrètes de la caverne, laissèrent une nouvelle marque, puis bifurquèrent, à la recherche de trouvailles qu'ils pourraient partager avec le monde d'en-haut. En un endroit, ils découvrirent une grotte spacieuse dont le plafond était hérissé d'une multitude de stalactites étincelantes, aussi longues et larges que la jambe d'un homme. Ils en firent le tour, émerveillés et admiratifs. [...] Désormais, pour la première fois, le profond silence du lieu posa sa main pesante sur l'esprit des enfants. Becky dit :

« Eh bien, je n'avais pas remarqué, mais cela fait bien longtemps que je n'ai pas entendu les autres.

– Voyons Becky, nous sommes bien loin au-dessous d'eux – et je ne sais à quelle distance au nord, au sud, à l'est, ni dans quelle direction. On ne peut pas les entendre d'ici.

Becky commença à s'inquiéter.

– Je me demande depuis combien de temps nous sommes en bas, Tom. Nous ferions mieux de nous en retourner.

– Oui, c'est sûr, j'me dis qu'on ferait bien d'rentrer.

– Peux-tu retrouver le chemin, Tom ? Pour moi, ce n'est qu'un enchevêtrement trompeur. » [...]

Ils s'engagèrent dans un passage, le suivirent en silence un long moment, jetant un œil à chaque nouvelle ouverture, pour voir si son aspect leur était un tant soit peu familier, mais elles leur étaient toutes inconnues. Chaque fois que Tom examinait une issue possible, Becky scrutait son visage, à la recherche d'un signe encourageant, et il disait avec entrain : « Oh, ça va aller, c'est pas celle-là, mais on va la trouver très vite ! » Mais chaque échec entamait son optimisme, et il se mit à emprunter des voies au hasard, animé par le vague espoir de tomber sur celle qu'ils recherchaient. Il continuait à dire « ça va aller », mais le cœur serré par une telle angoisse que ces mots sonnaient faux, et semblaient vouloir dire, « tout est perdu ». Becky, prise d'une peur panique, se cramponnait à lui et faisait tout son possible pour retenir ses larmes, sans succès.

Réponses

B. Compréhension

1. They got lost because Tom wanted to explore the cave.

2. They did not pay attention to the route they had taken and left only two smoke marks.

3. No, they were with a group of people when they entered the cave.

D. Traduction

1. Tom and Becky turn right.

2. Tom and Becky go straight down.

3. Tom and Becky start to run.

4. Tom and Becky come back.

E. Activité d'expression

Voici comment Mark Twain fait sortir les enfants de la grotte dans le roman : Tom s'aide du fil de son cerf-volant pour explorer la grotte sans se perdre et ramène Becky à la surface après avoir trouvé le bon chemin.

"Tom followed two avenues as far as his kite-line would reach; [...] he followed a third to the fullest stretch of the kite-line, and was about to turn back when he glimpsed a far-off speck that looked like daylight; dropped the line and groped toward it, pushed his head and shoulders through a small hole, and saw the broad Mississippi rolling by!"

Tom explora deux artères aussi loin que le lui permettait son fil de cerf-volant; il suivit une troisième artère sur toute la longueur du fil et était sur le point de rebrousser chemin lorsqu'il aperçut au loin un point lumineux qui ressemblait à la lumière du jour. Il lâcha la ligne et s'en approcha à tâtons, passa la tête et les épaules à travers une ouverture étroite, et contempla le cours du vaste Mississippi !

Chapitre 6

Appelle-moi

DANS CE CHAPITRE :

» **Appeler et répondre au téléphone**

» **Noter et laisser des messages**

» **Surmonter des difficultés au téléphone**

» **Obtenir de l'aide de l'opérateur**

Un **phone** [fəʊn] [UK], [ˈfoʊn] [US] (téléphone) n'est qu'une invention pratique dont vous vous êtes servi toute votre vie ou presque, n'est-ce pas ? Peut-être avez-vous un téléphone portable pour pouvoir parler quand et où vous en avez envie. Téléphoner (dans votre langue, faut-il préciser) est une seconde nature pour vous. Mais quand vous avez besoin de faire ou de recevoir un **call** [kɔːl] [UK], [ˈkɒl] [US] (appel téléphonique) en anglais, c'est une autre histoire.

Vos mains sont moites ? Vous bredouillez ? Vous oubliez d'un coup ce que vous vouliez dire ? Allez-vous même jusqu'à éviter d'utiliser le téléphone ? Eh oui, moi aussi – c'est ce que je ressens quand je dois téléphoner dans un autre pays. Mais n'ayez pas peur d'utiliser le téléphone ; prenez le combiné, faites le numéro et dites **Hello?** [həˈləʊ] [UK], [həˈloʊ] [US] (Allô ?). Que faites-vous ensuite ? Continuez à lire et vous le saurez.

Ce chapitre peut vous aider à parler au téléphone avec moins de stress et de meilleurs résultats. Il comporte les mots et les expressions les plus couramment utilisés en téléphonant ainsi que quelques bons trucs pour aider les autres à mieux vous comprendre. Il vous donne aussi des indications sur la façon de noter et de transmettre des **messages** [ˈmesɪdʒɪz] (messages), sur ce qu'il faut dire quand vous avez fait un **wrong number** [rɒŋ ˈnʌmbə] (faux numéro), et sur la façon d'obtenir de l'aide d'un **information operator** [ɪnfəˈmeɪʃn̩ ˈɒpəreɪtə] (opérateur du service de renseignements téléphoniques).

Dring, dring ! Répondre au téléphone

Que dit-on en anglais quand on **answer the phone** [ˈɑːnsə ðə fəʊn] (répond au téléphone) ? Eh bien ! il y a différentes possibilités, mais la réaction standard et la plus courante que vous entendrez quand quelqu'un répond au téléphone est simplement **Hello** ou **Hello?** comme une question, en accentuant la seconde syllabe.

Vous pourrez aussi entendre l'une des réponses suivantes :

- **Yes?** [jes] (Oui ?)
- **Einstein residence, Albert speaking.** [ˈaɪnstaɪn ˈrezɪdəns ˈælbət ˈspiːkɪŋ] (Vous êtes chez les Einstein, Albert à l'appareil.)

Parfois les gens répondent avec leur prénom et le mot **here** [hɪə] (ici) comme dans **Bill here** [bɪl hɪə] (ici Bill). Mais en répondant au téléphone, tenez-vous en à un simple **Hello**. Répondre par **Yes** ou Bill peut sembler un peu froid ou impersonnel (en plus, vous ne vous appelez vraisemblablement pas Bill).

Passer un appel

Disons que vous êtes obligé de **make a call** [meɪk ə kɔːl] (passer un appel) parce que vous ne pouvez convaincre, ni forcer aucun de vos amis anglophones à le faire à votre place. Le téléphone **rings** [rɪŋz] (sonne), et quelqu'un répond et dit **Hello?**

C'est votre tour. Laquelle des choses suivantes allez-vous faire maintenant ?

- Paniquer et **hang up** [hæŋ ʌp] (raccrocher).
- Dire **Fine, thank you.** [faɪn θæŋk ju] (Bien, merci).
- Dire **Who is this?** [huː ɪz ðɪs] (Qui est à l'appareil ?)
- Dire **Hello?** en espérant que l'autre personne va parler de nouveau.
- Aucune de ces options.

Espérons que vous choisissez la dernière possibilité, car si vous faites l'une des autres choses, la personne **on the other end** [ɒn ði ˈʌðər end] (à l'autre bout du fil) pourrait penser que vous êtes impoli. Et en tout cas ne paniquez pas – après tout, ce n'est qu'un coup de téléphone.

Dites simplement **Hello**, parlez calmement et identifiez-vous de l'une des manières suivantes :

- **This is** (votre nom) [ðɪs ɪz] (Ici______.) Dites cela si la personne qui répond vous connaît.
- **My name is ____.** [maɪ neɪm ɪz] (Mon nom est ______.) Dites cela si la personne qui répond ne vous connaît pas.

Ensuite, demandez la personne à qui vous voulez parler, de la manière suivante :

- **Is ___ there?** [ɪz____ðeə] (____ est-il/elle ici ?)
- **May/can I speak to ___?** [meɪ kən aɪ spiːk tə] (Pourrais-je/puis-je parler à ____ ?)

Maintenant, que dit la personne à l'autre bout ? Cela dépend. Imaginez que vous appeliez votre ami Devin. Vous dites **Hello. Is Devin here?** [hə'ləʊ ɪz 'devɪn hɪə] (Allô est-ce que Devin est là ?). Il peut y avoir ensuite différents scénarios :

- Devin répond et dit :
  - **This is Devin.** [ðɪs ɪz 'devɪn] (Ici Devin.)
  - **Speaking.** ['spiːkɪŋ] (Lui-même.)
- Ce n'est pas Devin qui répond, mais il est à la maison. La personne qui répond dit :
  - **Just a minute.** [dʒəst ə 'mɪnɪt] (Un instant.)
  - **Hold on a minute. Who's calling please?** [həʊld ɒn ə 'mɪnɪt huːz 'kɔːlɪŋ pliːz] (Attendez un instant. Qui est à l'appareil ?)
- Devin est ici, mais il ne peut répondre au téléphone pour l'instant. La personne qui répond peut dire :
  - **Devin can't come to the phone now. Can I have him call you back?** ['devɪn kɑːnt kʌm tə ðə fəʊn naʊ kən aɪ həv ɪm kɔːl ju bæk] (Devin ne peut pas répondre au téléphone maintenant. Puis-je lui demander de vous rappeler ?)
  - **Can he call you back? He's busy.** [kən hi kɔːl ju bæk hiz 'bɪzi] (Peut-il vous rappeler ? Il est occupé.)

Si Devin n'est pas à la maison, vous voulez peut-être laisser un message. Reportez-vous à la section « Laisser un message », plus loin dans ce chapitre.

Si un **caller** [ˈkɔːlə] (interlocuteur) dit **Who is this?** [huː ɪz ðɪs] (Qui est à l'appareil ?) il fait preuve d'une mauvaise éducation. En revanche, si vous appelez quelqu'un et si vous ne vous identifiez pas, il est parfaitement normal que la personne qui répond demande **Who is this?** ou **Who's speaking?** [huːz ˈspiːkɪŋ] (Qui est à l'appareil ?).

Vous devez passer un coup de téléphone ? Si vous avez le temps, pourquoi ne pas faire une répétition ? Écrivez les questions que vous voulez poser et les choses que vous voulez dire. Puis répétez-les à haute voix plusieurs fois. (Les gens autour de vous vous verront parler à vous-même et vous trouveront un peu bizarre, mais ne vous en inquiétez pas – faites-le quand même.)

Mots clés

telephone	[ˈtelɪfəʊn] [UK], [ˈteləˌfoʊn] [US]	téléphone
phone	[fəʊn] [UK], [foʊn] [US]	téléphone
mobile phone cell phone	[ˈməʊbaɪl fəʊn] [UK], [sel foʊn] [US]	téléphone portable
the other end	[ði ˈʌðər end]	l'autre bout du fil
to make a call	[tə meɪk ə kɔːl] [UK], [tə meɪk ə kɒl] [US]	donner un coup de téléphone
to receive a call	[tə rɪˈsiːv ə kɔːl] [UK], [tə rəˈsiːv ə kɒl] [US]	recevoir un coup de téléphone

Verbes téléphoniques : *to ring* [UK], *to call* [US], *to phone*, et quelques autres

En anglais américain, les verbes les plus courants pour décrire l'action de téléphoner sont **to call** et **to phone**. Les Britanniques disent **to ring** [tə rɪŋ] (appeler par téléphone), un mot inusité dans ce sens aux États-Unis. Les verbes **to call** et **to phone** sont des verbes réguliers. En revanche, **to ring** est un verbe irrégulier dont les formes sont **rang** [ræŋ] (appela) et **rung** [rʌŋ] (appelé). Voir le chapitre 2 pour plus d'informations sur les verbes réguliers et irréguliers.

Essayez ces expressions auprès de vos amis :

- **Ring me sometime.** [rɪŋ miː ˈsʌmtaɪm] (Appelle-moi quand tu pourras.)
- **Call me sometime.** [kɔːl miː ˈsʌmtaɪm] (Appelle-moi quand tu pourras.)
- **Okay, I'll give you a ring this weekend.** [əʊˈkeɪ aɪl gɪv ju ə rɪŋ ðɪs wiːkˈend] (D'accord, je t'appellerai ce week-end.)
- **Okay, I'll phone you this weekend.** [əʊˈkeɪ aɪl fəʊn ju ðɪs wiːkˈend] (D'accord, je t'appellerai ce week-end.)

Ne dites pas **call to**, comme dans **I'll call to you tomorrow** [aɪl kɔːl tə ju təˈmɒrəʊ] (Je ferai appel à toi demain). Dites seulement **I'll ring you tomorrow** [UK], ou **I'll call you tomorrow** [US].

To answer [tə ˈɑːnsə] [UK], [tə ˈænsər] [US] (répondre) est le verbe signifiant que l'on accepte un appel téléphonique ou que l'on prend le combiné, comme dans **I called her house, but nobody answered** [aɪ kɔːld hə ˈhaʊs bət ˈnəʊbədi ˈɑːnsəd] (J'ai appelé chez elle, mais personne n'a répondu.)

Une personne qui prévoit de vous téléphoner peut utiliser l'une de ces expressions familières :

- **I'll give you a ring.** [aɪl gɪv ju ə rɪŋ] (Je vais t'appeler/vous appeler.)
- **I'll give you a buzz.** [aɪl gɪv ju ə bʌz] (Je vais t'appeler/vous appeler.)

Mots clés

to phone	[tə fəʊn] [UK], [tə foʊn] [US]	téléphoner
to ring	[UK] [tə rɪŋ]	appeler au téléphone
to ring	[UK, US] [tə rɪŋ]	sonner
to answer (the phone)	[tə ˈɑːnsə] [UK], [tə ˈænsər] [US]	répondre (au téléphone)
to hang up	[tə hæŋ ʌp]	raccrocher

« N » comme Nancy : comment épeler les mots

En parlant anglais, il est fréquent de **spell out** [spel aʊt] (épeler) les mots difficiles à comprendre. Parfois, même si l'on parle lentement et en faisant attention, l'autre personne ne comprend pas ce que vous dites, et donc il peut vous être bien utile de connaître votre **ABCs** [eɪbiːˈsiːz] (alphabet).

Conversation

Tran Vu passe un coup de téléphone. Il a composé le numéro, et le téléphone sonne.

Autre personne :	**Hello?** [həˈləʊ] Allô ?
Tran Vu :	**Hello. This is Tran Vu.** [həˈləʊ ðɪs ɪz træn vuː] Allô. Ici Tran Vu.
Autre personne :	**What? Who is this?** [wɒt huː ɪz ðɪs] Quoi ? Qui est-ce ?
Tran Vu :	**Tran Vu. This is Tran Vu.** [træn vuː ðɪs ɪz træn vuː] Tran Vu. Ici Tran Vu.
Autre personne :	**I'm sorry. What did you say?** [aɪm ˈsɒri wɒt dɪd ju seɪ] Pardon. Que disiez-vous ?
Tran Vu :	**This is Tran Vu – T-R-A-N-V-U. My name is Tran Vu.** [ðɪs ɪz træn vuː tɪ ɑːr eɪ en vɪ uː maɪ neɪm ɪz træn vuː] Ici Tran Vu T-R-A-N-V-U. Mon nom est Tran Vu.

Autre personne :	**Sorry. I still didn't catch your name. Say that again.** [ˈsɒri aɪ stɪl ˈdɪdnt kætʃ jə neɪm seɪ ðət əˈgen] Désolé. Je n'ai toujours pas saisi votre nom. Répétez-le.

Si la personne à l'autre bout du fil ne vous comprend pas, ne prenez pas le prochain avion pour rentrer dans votre pays et ne renoncez pas définitivement à vous servir du téléphone. Recommencez plus lentement et épelez votre nom en utilisant le tableau ci-après. La traduction du tableau en français n'est pas mot à mot, car chez nous, on utilise des prénoms pour épeler. Cette façon d'épeler est particulièrement utile quand vous dites des lettres qui se ressemblent comme **B, C, D, E, G, P, T, V** et **Z**. Pour apprendre à prononcer les lettres de l'alphabet anglais, consultez le chapitre 1.

Notez que ce tableau ne fournit pas l'alphabet complet, parce que certaines lettres, comme le **W** sont faciles à comprendre et sont rarement confondues avec d'autres lettres.

A as in apple	[eɪ əz ɪn ˈæpl̩]	A comme Antoine
B as in boy	[biː əz ɪn bɔɪ]	B comme Bruno
C as in cat	[siː əz ɪn kæt]	C comme Catherine
D as in dog	[diː əz ɪn dɒg]	D comme Dominique
E as in elephant	[iː əz ɪn ˈelɪfənt]	E comme Emile
F as in Frank	[ef əz ɪn fræŋk]	F comme Frank
G as in George	[dʒiː əz ɪn dʒɔːdʒ]	G comme Georges
H as in Hank	[eɪtʃ əz ɪn hæŋk]	H comme Hugo
I as in Isaac	[aɪ əz ɪn ˈaɪzək]	I comme Isaac
J as in John	[dʒeɪ əz ɪn dʒɒn]	J comme Jean
M as in Mary	[em əz ɪn ˈmeəri]	M comme Marie
N as in Nancy	[en əz ɪn ˈnænsi]	N comme Nancy

P as in Paul	[pi: əz ɪn pɔ:l]	P comme Paul
R as in Robert	[ɑ:r əz ɪn ˈrɒbət]	R comme Robert
S as in Sam	[es əz ɪn sæm]	S comme Sam
T as in Tom	[ti: əz ɪn tɒm]	T comme Tom
U as in unicorn	[ju: əz ɪn ˈju:nɪkɔ:n]	U comme Ursule
V as in Victor	[vi: əz ɪn ˈvɪktə]	V comme Victor
Z as in zebra	zed əz ɪn ˈzebrə]	Z comme Zélie

Conversation

Voici de nouveau la conversation de Tran Vu, cette fois en utilisant la méthode pour épeler son nom.

Autre personne : **Sorry. I still didn't catch your name. Say that again.**

[ˈsɒri aɪ stɪl ˈdɪdnt kætʃ jə neɪm seɪ ðət əˈgen]

Désolé. Je n'ai toujours pas compris votre nom. Répétez-le.

Tran Vu : **Let me spell it. My first name is Tran: T as in Tom, R as in Robert, A as in apple, N as in Nancy. My last name is Vu: V as in Victor, U as in unicorn.**

[let mi: spel ɪt maɪ fɜ:st neɪm ɪz træn ti: əz ɪn tɒm ɑ:r əz ɪn ˈrɒbət eɪ əz ɪn ˈæpļ en əz ɪn ˈnænsi maɪ lɑ:st neɪm ɪz vu: vi: əz ɪn ˈvɪktə ju: əz ɪn ˈju:nɪkɔ:n]

Je vais épeler. Mon prénom est Tran : T comme Tom, R comme Robert, A comme Antoine, N comme Nancy. Mon nom de famille est Vu : V comme Victor, U comme Ursule.

Autre personne : **Oh! Tran Vu!**

[əʊ træn vu:]

Oh ! Tran Vu !

Tran Vu : **Yes. Tran Vu.**

[jes træn vu:]

Oui. Tran Vu.

Autre personne :	**Hi, Mr. Vu. How can I help you?** [haɪ ˈmɪstə vu: haʊ kən aɪ help ju] Bonjour Monsieur Vu. Que puis-je faire pour vous ?

Vous trouverez d'autres indications sur la prononciation en anglais au chapitre 1.

Si vous ne comprenez pas ce que dit quelqu'un, vous pouvez vous aussi lui demander d'épeler des mots. Dites simplement :

» **Please spell that.** [pli:z spel ðæt] (Veuillez épeler s'il vous plaît.)

» **Can you spell that, please?** [kən ju spel ðæt pli:z] (Pouvez-vous épeler s'il vous plaît ?)

» **Will you please spell that for me?** [wɪl ju pli:z spel ðət fə mi:] (Pourriez-vous s'il vous plaît m'épeler ce mot ?)

Laisser un message

Quand vous appelez quelqu'un, si vous avez de la chance, vous tomberez sur une personne, mais souvent vous obtenez une **answering machine** [ˈɑ:nsərɪŋ məʃi:n] (répondeur) ou le **voice mail** [vɔɪs meɪl] (boîte vocale) qui vous dit **Please leave a message** [pli:z li:v ə ˈmesɪdʒ] (Merci de me laisser un message) ou **Leave a message** [pli:z li:v ə ˈmesɪdʒ] (Laissez-moi un message). Dans cette section je vous donne quelques idées sur la façon de procéder avec les boîtes vocales et sur la façon de laisser des messages à de véritables personnes.

En attendant le beep : répondeurs et boîtes vocales

Certains messages d'accueil sur répondeur sont interminables et embrouillés. Ne vous inquiétez pas si vous ne pouvez pas comprendre le message vocal. Quand il est (enfin) terminé, laissez simplement un message. Par exemple :

This is Sam. My number is 252-1624. Please give me a call. Thank you. Goodbye. [ðɪs ɪz sæm maɪ ˈnʌmbə ɪz tu: faɪv tu: wʌn sɪks tu: fɔ: pli:z gɪv mi: ə kɔ:l θæŋk ju gʊdˈbaɪ] (Ici Sam. Mon numéro est 252-1624. Rappelle-moi s'il te plaît/rappelez-moi s'il vous plaît. Merci. Au revoir.)

Appeler une entreprise peut être quelque peu différent des appels personnels, parce que vous pouvez tomber sur un **message machine** ou un **voice mail** qui vous fournit un menu d'options déroutantes en anglais. Même une personne maîtrisant parfaitement l'anglais peut avoir du mal à s'y retrouver. Voici donc un truc : essayez d'appuyer sur 0. Parfois, ce geste vous relie à une véritable personne. Naturellement, vous pouvez réécouter les options jusqu'à ce que vous ayez compris celle qui vous convient – bonne chance !

DIRE LES NUMÉROS DE TÉLÉPHONE AMÉRICAINS – LA MANIÈRE CORRECTE

En Amérique du Nord, si vous dites 42-75-713 ou 4-2757-13, la personne qui écoute ne reconnaîtra pas un numéro de téléphone. Mais si vous dites 427-5713, pas de problème ! Un **phone number** [fəʊn ˈnʌmbə] (numéro de téléphone) se compose de trois chiffres, d'une pause, et de quatre autres chiffres.

Dites les trois premiers chiffres individuellement, comme ceci : **four-two-seven** [fɔ: tu: ˈsevn̩] (quatre-deux-sept, et non quatre cent vingt-sept ni quatre vingt-sept). Quant aux quatre derniers chiffres, vous pouvez les dire individuellement ou – comme dans l'exemple précédent – **fifty-seven thirteen** [ˈfɪfti ˈsevn̩ θɜːˈtiːn] (cinquante-sept treize). Mais attention ! Quand vous commencez à dire **13** [θɜːˈtiːn] (treize), certaines personnes peuvent comprendre 30 [ˈθɜːti] (trente) et commencer à écrire ou à composer 30 avant que vous n'ayez fini.

Pour inclure un **area code** [ˈeəriə kəʊd] (code zone) dites **area code 307**, faites une pause d'une seconde, et continuez par le reste du numéro.

Demander à quelqu'un de prendre un message

La situation suivante vous est probablement familière : vous appelez quelqu'un qui n'est pas là, et vous demandez à la personne qui répond au téléphone de faire en sorte que votre ami(e) **call you back** [kɔ:l ju bæk] (vous rappelle) ou si vous pouvez **leave a message** [li:v ə ˈmesɪdʒ] (laisser un message). Ce n'est pas différent en anglais quand vous êtes dans cette situation – faites la même chose, en utilisant quelques unes des expressions proposées dans cette section.

CARTES TÉLÉPHONIQUES – UNE BONNE INVENTION

De nos jours, presque tout un chacun utilise des **phone cards** [fəʊn kɑːdz] (cartes téléphoniques) pour des appels longue distance lors d'un déplacement. Ce procédé est commode, assez rapide et généralement moins cher que les appels par d'autres moyens. Ces cartes sont vendues dans de nombreux endroits. Quand vous en avez besoin, vous pouvez demander **Where can I buy a phone card?** [weə kən aɪ baɪ ə fəʊn kɑːd] (Où pourrais-je acheter une carte téléphonique ?).

Conversation

Valérie Dupont appelle son amie Lynn, mais c'est sa camarade de chambre qui répond. (Piste 17)

Camarade de Lynn : **Hello?**
[həˈləʊ]
Allô ?

Valérie Dupont : **Hello. This is Valérie Dupont.**
[həˈləʊ ðɪs ɪz ˈvæləri ˈduːpant]
Allô. Ici Valérie Dupont.

Camarade de Lynn : **Excuse me?**
[ɪkˈskjuːz miː]
Pardon ?

Valérie Dupont : **This is Valérie Dupont. Valérie Dupont.**
[həˈləʊ ðɪs ɪz ˈvæləri ˈduːpant ˈvæləri ˈduːpant]
C'est Valérie Dupont. Valérie Dupont.

Camarade de Lynn : **Oh, yes. Hello Valérie.**
[əʊ jes həˈləʊ ˈvæləri]
Oh, oui. Bonjour Valérie.

Valérie Dupont : **Is Lynn there?**

[ɪz lɪn ðeə]

Est-ce que Lynn est là ?

Camarade de Lynn : **No. But she'll be back this afternoon. Would you like to leave a message?**

[nəʊ bət ʃil bi bæk ðɪs ɑːftəˈnuːn wʊd ju laɪk tə liːv ə ˈmesɪdʒ]

Non. Mais elle sera de retour cet après-midi. Veux-tu/voulez-vous laisser un message ?

Valérie Dupont : **Yes. Please ask her to call Valérie.**

[jes pliːz ɑːsk hə tə kɔːl ˈvæləri]

Oui. S'il te plaît/s'il vous plaît demande-lui/demandez-lui d'appeler Valérie.

Camarade de Lynn : **Okay.**

[əʊˈkeɪ]

Bien.

Valérie Dupont : **My phone number is 423-9876.**

[maɪ fəʊn ˈnʌmbə ɪz fɔː tuː θriː naɪn eɪt ˈsevn̩ sɪks]

Mon numéro de téléphone est 423-9876.

Camarade de Lynn : **Okay. I'll give her the message.**

[əʊˈkeɪ aɪl gɪv hə ðə ˈmesɪdʒ]

Bon. Je lui transmettrai le message.

Valérie Dupont : **Thank you very much. Bye.**

[θæŋk ju ˈveri mʌtʃ baɪ]

Merci beaucoup. Au revoir.

Camarade de Lynn : **Bye.**

[baɪ]

Au revoir.

Voici quelques variantes de la façon de prendre et de laisser un message.

- La personne qui **takes the message** peut dire :
  - **Can I take a message?** [kən aɪ teɪk ə ˈmesɪdʒ] (Puis-je prendre un message ?)
  - **Do you want me to have him call you back?** [də ju wɔnt miː tə həv hɪm kɔːl ju bæk] (Voulez-vous/veux-tu que je lui demande de vous/te rappeler ?)
- La personne qui **leaves a message** peut dire :
  - **May I leave a message?** [meɪ aɪ liːv ə ˈmesɪdʒ] (Puis-je laisser un message ?)
  - **Could you give her a message?** [kəd ju gɪv hər ə ˈmesɪdʒ] (Pourriez-vous/pourrais-tu lui transmettre un message ?)
  - **Would you tell him I called?** [wʊd ju tel hɪm aɪ kɔːld] (Pourriez-vous/pourrais-tu lui dire que j'ai appelé ?)

Les mots **could** [kʊd] (pourrais/pourriez…) et **would** [wʊd] (voudrais/voudriez… passé de **will**) sont des formes courtoises de **can** [kæn] et **will** [wɪl] (le verbe auxiliaire du futur). On utilise en général **could** et **would** envers des personnes qu'on ne connaît pas très bien.

Mots clés

to take a message	[tə teɪk ə ˈmesɪdʒ]	prendre un message
to leave a message	[tə liːv ə ˈmesɪdʒ]	laisser un message
to give her a message	[tə gɪv hər ə ˈmesɪdʒ]	lui donner un message
tell him I called	[tel hɪm aɪ kɔːld]	dis-lui/dites-lui que j'ai appelé
call someone back	[kɔːl ˈsʌmwʌn bæk]	rappeler quelqu'un
return someone's call	[rɪˈtɜːn ˈsəmwənz kɔːl]	retourner l'appel de quelqu'un

Excusez-moi ! – Faire un faux numéro

Quand vous faites une erreur de numérotation et obtenez un **wrong number** [rɒŋ ˈnʌmbə] (faux numéro), vous avez probablement l'habitude de vous excuser, de raccrocher et d'essayer de nouveau. Je vous montre comment faire la même chose, mais en anglais. Si vous constatez que vous avez fait un faux numéro, dites simplement :

- **Oops, sorry.** [u:ps ˈsɒri] (Aïe, désolé.)
- **I think I dialed the wrong number. Sorry.** [aɪ θɪŋk aɪ ˈdaɪəld ðə rɒŋ ˈnʌmbə ˈsɒri] (Je pense avoir fait un faux numéro. Excusez-moi.)

Conversation

Esther, qui fait ses études aux États-Unis, est chez elle avec ses deux enfants dans l'appartement qu'ils ont loué quand le téléphone sonne. (Piste 18)

Esther : **Hello?**

[həˈləʊ]

Allô ?

Interlocuteur : **Hello. Is Cory home?**

[həˈləʊ ɪz ˈkɔ:i həʊm]

Allô. Cory est-elle à la maison ?

Esther : **Excuse me?**

[ɪkˈskju:z mi:]

Pardon ?

Interlocuteur : **Is Cory there?**

[ɪz ˈkɔ:i ðeə]

Cory est-elle là ?

Esther : **There's no Cory here.**

[ðeəz nəʊ ˈkɔ:i hɪə]

Il n'y a pas de Cory ici.

Interlocuteur :	**Hmm. What number is this?** [m wɒt ˈnʌmbə ɪz ðɪs] Hum. Quel est votre numéro ?
Esther :	**What number did you call?** [wɒt ˈnʌmbə dɪd ju kɔːl] Quel numéro avez-vous composé ?
Interlocuteur :	**I called 333-6789.** [aɪ kɔːld θriː θriː θriː sɪks ˈsevn̩ eɪt naɪn] J'ai appelé le 333-6789.
Esther :	**I think you dialed the wrong number.** [aɪ θɪŋk ju ˈdaɪəld ðə rɒŋ ˈnʌmbə] Je pense que vous avez fait un mauvais numéro.
Interlocuteur :	**Oh. Sorry to bother you.** [əʊ ˈsɒri tə ˈbɒðə ju] Oh. Désolé de vous avoir dérangé.
Esther :	**That's alright. Goodbye.** [ðæts ɔːlˈraɪt gʊdˈbaɪ] Ce n'est rien. Au revoir.
Interlocuteur :	**Bye.** [baɪ] Au revoir.

Allô, opérateur ?

L'annuaire téléphonique (**phone book**) est d'un grand secours pour trouver des numéros de téléphone, mais même les anglophones de naissance n'arrivent pas toujours à les trouver rapidement – si même ils les trouvent ! C'est alors que de véritables personnes – les opérateurs/opératrices du téléphone – peuvent vous venir en aide.

Renseignements téléphoniques

Vous êtes aux États-Unis et vous avez besoin d'un numéro de téléphone, d'une adresse ou d'un code zone ? Faites le 411 et un agent des renseignements répondra et vous aidera. Ces agents demandent souvent **What city?** [wɒt ˈsɪti] (Quelle ville ?) voulant dire « Quelle ville voulez-vous appeler ? ».

Il est également possible de se connecter à `www.411.com`.

GÉRER LES APPELS IMPORTUNS

Juste quand vous vous mettez à table avec votre famille, le téléphone sonne. C'est une entreprise qui veut vous vendre un abonnement à un journal ou un carnet de coupons de réduction. L'appel peut aussi venir d'une organisation qui veut que vous fassiez un don à une association de bienfaisance ou qui sollicite votre opinion dans une enquête. Beaucoup de ces appels concernent de bons produits et de justes causes – mais ce n'est pas toujours le cas ! Dans le cas d'un appel sans intérêt, vous pouvez utiliser l'une des formules brèves suivantes – et raccrocher !

- **I'm not interested.** [aɪm nɒt ˈɪntrəstɪd] (Cela ne m'intéresse pas.)
- **I don't give money over the phone.** [aɪ dəʊnt gɪv ˈmʌni ˈəʊvə ðə fəʊn] (Je ne donne pas d'argent par téléphone.)
- **Sorry. No speak English!** [ˈsɒri nəʊ spiːk ˈɪŋglɪʃ] (Je ne parle pas anglais !)

Et si un opérateur persiste à vous déranger, appelez la police. Le harcèlement téléphonique est illégal.

Quelques classiques de la musique anglo-saxonne sur le téléphone :

- "Memphis, Tennessee" de Chuck Berry (*Single*, 1959)
- "Off The Hook" des Rolling Stones (*The Rolling Stones, Now!*, 1965)
- "New York Telephone Conversation" de Lou Reed (*Transformer*, 1972)
- "Call me" de Blondie (*American Gigolo*, 1980)
- "I Just Called to Say I Love You" de Stevie Wonder (*The Woman in Red*, 1984)

Jeux et activités

Essayez de trouver les mots manquants dans la conversation téléphonique suivante. Forrest a appelé son ami Colin, et quelqu'un vient de répondre au téléphone.

Bye, there, phone number, This is, are you, Hello, leave, message, fine, Forrest, 487-7311, call

1. Camarade de chambre de Colin : _______?
2. Forrest : Hi. _______ Forrest.
3. Camarade de chambre de Colin : Hi Forrest. How _______?
4. Forrest : I'm _______, thanks. Is Colin _______?
5. Camarade de chambre de Colin : No. Do you want to _______ a message?
6. Forrest : Yes, please. Just tell him that _______ called.
7. Forrest : And ask him to _______ me back.
8. Camarade de chambre de Colin : Okay. What's your _______?
9. Forrest : It's _______.
10. Camarade de chambre de Colin : Okay. I'll give him your _______.
11. Forrest : Thanks _______.

Solutions : Annexe C, p. 430.

PARTIE 3
EN VISITE

« NOUS APPRENONS TOUJOURS LA LANGUE ET MARTIN, QUAND IL NE CONNAÎT PAS UN MOT, SE FAIT COMPRENDRE EN LE MIMANT. IL A ESSAYÉ D'ACHETER UN SIÈGE DE TOILETTE L'AUTRE JOUR, ET ILS ONT FAILLI LE JETER DEHORS. »

DANS CETTE PARTIE . . .

Vous trouverez ce qu'il vous faut pour que l'anglais vous accompagne en voyage. Elle est conçue pour le voyageur qui a besoin de connaître un peu la langue ainsi que quelques notions culturelles pour passer la douane sans encombre, sauter dans un autobus ou utiliser d'autres moyens de transport, s'enregistrer à un hôtel, aller au restaurant et, bien sûr, changer de l'argent qu'il dépensera dans les magasins.

Chapitre 7

L'argent, l'argent, l'argent

DANS CE CHAPITRE :

- **Monnaies américaine et britannique**
- **Changer de l'argent**
- **Automates bancaires**
- **Cartes de crédit**

On dit que l'argent ne fait pas le bonheur. C'est probablement vrai, mais vous avez quand même besoin d'argent pour payer des choses essentielles. Et quand vous voyagez loin de chez vous, vous aurez moins de soucis (et vous vous amuserez davantage !) si vous savez comment vous procurer et utiliser la devise appropriée. Ce chapitre vous apporte le vocabulaire et les informations nécessaires pour comprendre la monnaie britannique et celle des États-Unis, accéder à vos comptes bancaires et satisfaire vos besoins financiers les plus élémentaires quand vous êtes loin de chez vous. (Consultez les chapitres 8, 9 et 10 pour plus d'informations sur les achats, les pourboires et le paiement d'une addition.)

Dollars et cents

La devise américaine se décompose en **dollars** [ˈdɒləz] [UK], [ˈdɑːlərz] [US] (dollars) de papier et en **cents** [sents] (cents) sous forme de pièces. Tous les billets de banque américains ont le même aspect – ils sont verts ! Ils ont tous la même taille, et tous arborent le portrait de présidents américains. Mais bien sûr ils n'ont pas tous le même montant. Les **bills** [bɪlz] (billets de banque) américains comportent les dénominations suivantes :

- **ones** [wʌnz] (billet d'un dollar)
- **fives** [faɪvz] (billet de cinq dollars)
- **tens** [tenz] (billet de dix dollars)
- **twenties** [ˈtwentɪz] (billet de vingt dollars)
- **fifties** [ˈfɪftɪz] (billets de cinquante dollars)
- **one hundred** [wʌn ˈhʌndrəd] (billets de cent dollars)
- **five hundred** [faɪv ˈhʌndrəd] (billets de cinq cents dollars)

Si quelqu'un dit **It costs five bucks** [ɪt kɒsts faɪv bʌks] (Ça coûte cinq dollz'), il ne parle pas d'un cerf mâle (aussi appelé **a buck**) ; il parle de dollars ! **A buck** [ə bʌk] est le terme populaire pour un dollar. Une autre expression populaire est **that green stuff** [ðət gri:n stʌf] (cette chose verte) – pour se référer de façon générale à l'argent sous forme de billets. Si vous voulez utiliser cette expression, n'oubliez pas le mot **that**.

Les différents **coins** [kɔɪnz] (pièces) représentent des **cents** (¢). Cent cents équivalent à un dollar. La liste suivante vous donne une idée générale des noms des pièces et de leur valeur.

- **penny** [ˈpeni] (penny) 1¢
- **nickel** [ˈnɪkl̩] (cinq cents) 5¢
- **dime** [daɪm] (dix cents) 10¢
- **quarter** [ˈkwɔ:tə] (vingt-cinq cents) 25¢

Voici une autre façon d'écrire des cents : **$.05** pour **5 cents**, **$.10** pour **10 cents**, etc. On écrit les montants en dollars comme suit : **$10** ou **$10.00**. Utilisez un **decimal point** [ˈdesɪml̩ pɔɪnt] (point décimal), non une virgule, pour indiquer les cents.

Si vous utilisez un billet de 100 dollars (et parfois un billet de 20 ou 50 dollars), ne soyez pas surpris si l'employé du magasin inspecte le billet pour s'assurer qu'il est vrai. Il est tenu de vérifier l'authenticité du billet.

Quand vous dites **This is ten dollars** [ðɪs ɪz ten ˈdɒləz] [UK], [ðɪs ɪz ten ˈdɑːlərz] [US] (c'est dix dollars), le mot **dollars** est un nom au pluriel, et donc il se termine par s. Mais quand vous dites **This is a ten-dollar bill** [ðɪs ɪz ə ten ˈdɒlə bɪl] (C'est un billet de dix dollars), où est passé le s du mot **dollar** ? La réponse est simple. Dans la seconde phrase, **dollar** n'est pas un substantif, mais un adjectif décrivant le mot **bill**. En anglais, les adjectifs n'ont pas de terminaison indiquant le pluriel même s'ils portent sur des noms au pluriel. (Vous trouverez plus d'informations sur les noms et les adjectifs au chapitre 2.)

Pounds et pence

Pour **pay cash** [peɪ kæʃ] (payer en liquide), les Britanniques utilisent, à la différence des Américains, des **bank notes** [bæŋk nəʊts] (billets de banque) et éventuellement des **coins** [kɔɪnz] (pièces), mais non des **bills**. Pour eux, le mot **bills** se réfère à des factures, non à l'un des moyens servant à les régler. Et depuis la décimalisation de leur **currency** [ˈkʌrənsi] (monnaie), les Britanniques décomposent directement les **pounds** [paʊndz] (livres) en **pence** [pens] (pence, pluriel de **penny**), sans passer par le stade intermédiaire des **shillings** [ˈʃɪlɪŋz] (shillings). Désormais, **one pound is worth 100 pence** [wʌn paʊnd ɪz wɜːθ wʌn ˈhʌndrəd pens] (une livre vaut cent pence), ce qui simplifie les calculs.

Si les anglophones n'ont pas tous la même monnaie et des mots un peu différents pour parler d'argent, ils représentent en revanche les montants en argent selon les mêmes conventions : le **currency sign** [ˈkʌrənsi saɪn] (signe monétaire) précède immédiatement le montant, lequel comporte s'il y a lieu un **decimal point** [ˈdesɪml̩ pɔɪnt] (point décimal) et non une virgule.

- **A ten-pound note** [ə ten paʊnd nəʊt] (un billet de dix livres)
- **The price is £12.52.** [ðə praɪs ɪz twelv paʊndz ˈfɪfti tuː] (Le prix est de 12,52 livres.)
- **Her flight from Dublin to Nice cost her only €25.00.** [hə flaɪt frəm ˈdʌblɪn tə niːs kɒst hər ˈəʊnli ˈtwenti faɪv ˈjʊərəʊz] (Son vol de Dublin à Nice ne lui a coûté que 25 euros.)

Mots clés

pound	[paʊnd]	livre
dollar	[ˈdɒlə] [UK], [ˈdɑːlər] [US]	dollar
note	[UK] [nəʊt]	billet (de banque)
bill	[US] [bɪl]	billet (de banque)
paper money	[ˈpeɪpə ˈmʌni]	billets
pence	[pens]	pence
cents	[sents]	cents
coins	[kɔɪnz]	pièces
denomination	[dɪnɒmɪˈneɪʃn̩]	dénomination

Changer de l'argent

S'il vous est possible d'utiliser des **euros** [ˈjʊərəʊz] [UK], [ˈjʊəroʊz] [US] (euros) sans restriction en Irlande et aussi pour régler certains achats en Grande-Bretagne, vous devez obligatoirement payer en **US currency** [jʊ es ˈkʌrənsi] (devise US) ce que vous achetez aux États-Unis. Il vous faut donc savoir où vous pouvez changer de l'argent et comment réaliser la **transaction** [trænˈzækʃn̩] (transaction).

Dans les grandes villes, vous pouvez changer de l'argent dans les bureaux de change et les grands hôtels. Vous pouvez aussi changer de l'argent dans les aéroports et les banques, bien que toutes les banques n'acceptent pas les devises étrangères. Voici les expressions qui vous aideront à réaliser l'opération :

- **Where can I exchange money?** [weə kən aɪ ɪksˈtʃeɪndʒ ˈmʌni] (Où puis-je changer de l'argent ?)
- **Where can I find a bank?** [weə kən aɪ faɪnd ə bæŋk] (Où puis-je trouver une banque ?)
- **Do you change foreign currency here?** [də ju tʃeɪndʒ ˈfɒrən ˈkʌrənsi hɪə] (Changez-vous des devises étrangères ici ?)

Vous voudrez aussi connaître le **exchange rate** [ɪkˈstʃeɪndʒ reɪt] (taux de change) et apprendre si vous devez en outre payer une commission. Vous pourrez ensuite réaliser la transaction au moyen des phrases suivantes :

- **What's the exchange rate today?** [wɒts ði ɪksˈtʃeɪndʒ reɪt təˈdeɪ] (Quel est le taux de change aujourd'hui ?)
- **Do you charge a fee?** [də ju tʃɑːdʒ ə fiː] (Prenez-vous une commission ?)
- **I'd like to exchange money, please** [aɪd laɪk tu ɪksˈtʃeɪndʒ ˈmʌni pliːz] (Je voudrais changer de l'argent s'il vous plaît.)

À la banque

Quand vous entrez dans une banque, vous trouvez généralement une zone délimitée par une corde où les gens font la queue pour aborder le prochain **teller** [ˈtelə] (guichetier) disponible. Quand ce sera votre tour, il dira :

- **Next!** [nekst] (Suivant !)
- **May I help you?** [meɪ aɪ help ju] (Que puis-je faire pour vous ?)

Ensuite avancez et expliquez ce dont vous avez besoin. Les phrases suivantes doivent permettre de satisfaire la plupart de vos besoins bancaires, à part le change, évoqué dans la section précédente.

- **I'd like to change some traveller's cheques** [UK]/**traveler's checks** [US]. [aɪd laɪk tə tʃeɪndʒ səm ˈtrævləɪz tʃeks] (Je voudrais changer des chèques de voyage.)
- **I need to cash a cheque** [UK]/**check** [US]. [aɪ niːd tə kæʃ ə tʃek] (J'ai besoin d'encaisser un chèque.)
- **I want to make a deposit.** [aɪ wɒnt tə meɪk ə dɪˈpɒzɪt] (Je veux faire un dépôt.)
- **I'd like to open an account.** [aɪd laɪk tə ˈəʊpən ən əˈkaʊnt] (Je voudrais ouvrir un compte.)

Pour plus d'informations sur des expressions comme **I'd like**, **I want**, et d'autres expressions du même genre, allez au chapitre 3.

Mots clés

to exchange	[tə ɪks'tʃeɪndʒ]	changer
exchange rate	[ɪks'tʃeɪndʒ reɪt]	taux de change
currency	['kʌrənsi]	devise
fee	[fi:]	commission

Conversation

Pierre attend son tour à la banque pour changer son argent en dollars US. (Piste 19)

Caissier : **Next! What can I do for you today?**
[nekst wɒt kən aɪ du fə ju tə'deɪ]
Suivant ! Que puis-je faire pour vous aujourd'hui ?

Pierre : **Do you exchange foreign currency?**
[də ju ɪks'tʃeɪndʒ 'fɒrən 'kʌrənsi]
Changez-vous des devises étrangères ?

Caissier : **Yes. Some currencies. What do you have?**
[jes səm 'kʌrənsɪz wɒt də ju hæv]
Oui. Certaines devises. Qu'est-ce que vous avez ?

Pierre : **Euros. Can you exchange that?**
['jʊərəʊz kən ju ɪks'tʃeɪndʒ ðæt]
Des euros. Pouvez-vous les changer ?

Caissier : **Yes, I can. How much would you like?**
[jes aɪ kæn haʊ mʌtʃ wʊd ju laɪk]
Oui. Combien voulez-vous ?

Pierre : **I'd like to get 200 dollars. What's the exchange rate today?**
[aɪd laɪk tə get tu: 'hʌndrəd 'dɒləz wɒts ði ɪk'stʃeɪndʒ reɪt tə'deɪ]
Je voudrais 200 dollars. Quel est le taux de change aujourd'hui ?

Caissier :	**1.21.** [wʌn pɔɪnt ˈtwenti wʌn] 1,21.

Pierre a compté son argent et maintenant le caissier lui demande en quelles dénominations il veut les dollars.

Caissier :	**How would you like your money? Are fifties okay?** [haʊ wʊd ju laɪk jə ˈmʌni ə ˈfɪftɪz əʊˈkeɪ] Comment voulez-vous votre argent ? Des billets de cinquante vous conviennent-ils ?
Pierre :	**Two fifties and the rest in twenties, please.** [tuː ˈfɪftɪz ənd ðə rest ɪn ˈtwentɪz pliːz] Deux de cinquante et le reste en billets de vingt, s'il vous plaît.
Caissier :	**Okay, here's your money and your receipt.** [əʊˈkeɪ hɪəz jə ˈmʌni ən jə rɪˈsiːt] Bien, voici votre argent et votre reçu.
Pierre :	**Thank you. Good-bye.** [θæŋk ju gʊdˈbaɪ] Merci. Au revoir.

Mots clés

cash a cheque [UK] / a check [US]	[kæʃ ə tʃek]	encaisser un chèque
open an account	[ˈəʊpən ən əˈkaʊn]	ouvrir un compte
make a deposit	[meɪk ə dɪˈpɒzɪt]	faire un dépôt
teller	[ˈtelə]	guichetier
traveller's cheques [UK] / traveler's checks [US]	[ˈtrævləz tʃeks]	chèques de voyage

N'oubliez pas de compter votre argent et de vérifier votre **receipt** [rɪˈsiːt] (reçu) avant de quitter la banque pour vous assurer que vous avez le bon montant en dollars. Et conservez tous vos reçus de la banque pour pouvoir les vérifier avec votre compte en rentrant chez vous.

Automates bancaires

Les **Automated Teller Machines** [ɔːtəmætɪd ˈtelə məˈʃiːnz] (Guichets automatiques de banque) ou **ATMs** [eɪtiːˈemz] (GAB) se trouvent désormais un peu partout dans le monde, et en tout cas dans tous les pays anglophones. Aux États-Unis, ces appareils sont installés dans les lieux les plus divers, jusque dans certains théâtres. En utilisant des **ATMs** avec votre **credit card** [ˈkredɪt kɑːd] (carte de crédit) ou votre **bank card** [bæŋk kɑːd] (carte bancaire) vous accédez de la manière la plus simple à votre argent et vous le dépensez tout aussi simplement !

Vous ne verrez pas beaucoup de différences dans le fonctionnement des différents **ATMs** du monde entier. En Amérique du Nord, certains **ATMs** sont bilingues, et vous donnent le choix entre l'anglais ou l'espagnol, l'anglais ou le chinois, etc, en fonction des caractéristiques démographiques du lieu. Il n'est donc pas exclu d'en trouver parlant français en milieu anglophone ! Voici en tout cas une liste pas à pas de ce que vous pouvez voir sur l'écran de l'appareil et la façon d'interpréter ce que vous voyez. (Note : les termes utilisés peuvent varier, mais cette liste vous donne une idée générale de ce que vous pouvez rencontrer.)

1. **Please insert your card.** [pliːz ɪnˈsɜːt jə kɑːd] (Veuillez insérer votre carte.)

   À ce stade, vous pouvez avoir la possibilité de choisir une autre langue, si l'appareil est bilingue.

2. **Enter your PIN (or secret code) and then press Enter.** [ˈentə jə piː aɪ en ɔː ˈsiːkrɪt kəʊd ənd ðen pres ˈentə] (Entrez votre PIN (ou code secret) puis appuyez sur Enter.)

3. **Choose the type of transaction that you want to make.** [tʃuːz ðə taɪp əv trænˈzækʃn̩ ðət ju wɒnt tə ˈmeɪk] (Choisissez le type de transaction que vous voulez faire.) Par exemple :

   - **Withdraw cash** [wɪðˈdrɔː kæʃ] (Retirer de l'argent)
   - **Deposit** [dɪˈpɒzɪt] (Dépôt)
   - **Account balance** [əˈkaʊnt ˈbæləns] (Solde du compte)
   - **Electronic payment** [ˌɪlekˈtrɒnɪk ˈpeɪmənt] (Règlement électronique)

Si vous choisissez de retirer de l'argent, il vous sera ensuite demandé de préciser sur quel compte vous voulez faire le retrait : **checking account** [ˈtʃekɪŋ əˈkaʊnt] (compte chèque), **savings account** [ˈseɪvɪŋz əˈkaʊnt] (compte épargne), ou **credit card** [ˈkredɪt kɑːd] (carte de crédit).

Quand vous aurez fait votre choix, vous devrez choisir parmi différents montants de retrait, échelonnés par exemple de **$20** à **$300** ou taper le montant désiré.

4. Après avoir choisi ou tapé un montant, vous voyez apparaître successivement les commandes suivantes :

You entered $200.00. Is that correct? Yes or No? [ju ˈentəd tuː ˈhʌndrəd ˈdɒləz ɪz ðət kəˈrekt jes ɔː nəʊ] (Vous avez demandé 200 dollars. Est-ce correct ? Oui ou Non ?)

Your request is being processed. [jə rɪˈkwest ɪz ˈbiːɪŋ ˈprəʊsest] (Votre demande est en cours de traitement.)

Please remove your cash. [pliːz rɪˈmuːv jə kæʃ] (Veuillez prendre votre argent.)

Would you like another transaction? Yes or No? [wʊd ju laɪk əˈnʌðə trænˈzækʃn̩ jes ɔː nəʊ] (Voulez-vous faire une autre opération ?)

Please remove your card and receipt. [pliːz rɪˈmuːv jə kɑːd ənd rɪˈsiːt] (Veuillez retirer votre carte et votre reçu.)

Mots clés

to choose	[tə tʃuːz]	choisir
to enter	[tə ˈentə]	valider
to remove	[tə rɪˈmuːv]	retirer
to press	[tə pres]	appuyer
to withdraw	[tə wɪðˈdrɔː]	retirer
card	[kɑːd]	carte
cash	[kæʃ]	espèces
checking	[ˈtʃekɪŋ]	chèque (compte)
savings	[ˈseɪvɪŋz]	épargne
balance	[ˈbæləns]	solde

Utilisation des cartes de crédit

Les cartes de crédit ou de débit peuvent grandement vous faciliter la vie – et les voyages ! Elles vous donnent un accès instantané à toutes sortes de produits et de services, ainsi qu'à votre argent. Mais les cartes de paiement ne sont pas acceptées partout, et certains commerçants n'acceptent que des cartes bien précises.

Et vous pouvez sans doute laisser vos chéquiers chez vous, les chèques provenant de banques étrangères étant rarement acceptés en paiement.

Conversation

Jacqueline se trouve dans un magasin et se renseigne sur les formes de paiement acceptables. (Piste 20)

Jacqueline : **Do you take credit cards?**

[də ju teɪk ˈkredɪt kɑːdz]

Prenez-vous les cartes bancaires ?

Caissier : **Yes, Visa and MasterCard.**

[jes ˈviːzə ənd ˈmɑːstəkɑːd]

Oui, Visa et MasterCard.

Jacqueline : **No Discover card?**

[nəʊ dɪˈskʌvə kɑːd]

Pas la carte Discover ?

Caissier : **No, I'm sorry.**

[nəʊ aɪm ˈsɒri]

Non, je suis désolé.

Jacqueline : **Can I use my bank card?**

[kən aɪ juːz maɪ bæŋk kɑːd]

Puis-utiliser ma carte bancaire ?

Caissier : **Does it say Visa or MasterCard on it?**

[dəz ɪt seɪ ˈviːzə ɔː ˈmɑːstəkɑːd ɒn ɪt]

Y a-t-il marqué Visa ou MasterCard sur la carte ?

Jacqueline : **No, it doesn't.**

[nəʊ ɪt ˈdʌznt]

Non.

Caissier : **I'm sorry. I can't accept it.**

[aɪm ˈsɒri aɪ kɑːnt ək ˈsept ɪt]

Je suis désolé/désolée. Je ne peux pas l'accepter.

Jacqueline : **May I write a cheque** [UK]/**check** [US]?

[meɪ aɪ raɪt ə tʃek]

Puis-je faire un chèque ?

Caissier : **Is it local?**

[ɪz ɪt ˈləʊkḷ]

Vient-il d'une banque locale ?

Jacqueline : **No, it's from my bank in France.**

[nəʊ ɪts frəm maɪ bæŋk ɪn frɑːns]

Non c'est un chèque de ma banque en France.

Caissier : **I'm sorry. We only take local cheques** [UK]/**checks** [US].

[aɪm ˈsɒri wi ˈəʊnli teɪk ˈləʊkḷ tʃeks]

Je regrette. Nous ne prenons que les chèques des banques locales.

Jacqueline : **Well, may I pay with cash?**

[wel meɪ aɪ peɪ wɪð kæʃ]

Bon, puis-je payer en espèces ?

Caissier : **Did you say cash? Of course, we always take cash!**

[dɪd ju seɪ kæʃ əv kɔːs wi ˈɔːlweɪz teɪk kæʃ]

Vous avez dit en espèces ? Bien sûr, nous prenons toujours les espèces.

Deux prépositions pour payer : *by* et *with*

Quand le vendeur ou le caissier vous demande comment vous voulez payer, répondez par la préposition **by** [baɪ] (par) ou par la préposition **with** [wɪð] (avec). Ces prépositions connectent le mot **pay** [peɪ] (payer) avec la forme de paiement. Voici des exemples :

- **I'll pay by cheque** [UK]/**check** [US]. [aɪl peɪ baɪ tʃek] (Je paierai par chèque.)
  - **... by credit card.** [baɪ ˈkredɪt kɑ:d] (... par carte de crédit.)
- **I'll pay with a cheque** [UK]/**check** [US]. [aɪl peɪ wɪð ə tʃek] (Je paierai avec un chèque.)
  - **... with a credit card.** [wɪð ə ˈkredɪt kɑ:d] (... avec une carte de crédit.)
  - **... with cash.** [wɪð kæʃ] (... en espèces.)

Note : Vous pouvez dire aussi **I'll pay in cash** [aɪl peɪ ɪn kæʃ] (Je paierai en espèces), mais non **by cash** [baɪ kæʃ] (par espèces).

Avez-vous remarqué l'article **a** faisant suite à **with** ? Utilisez un article quand le nom qui suit est un nom d'entité dénombrable (ce qui veut dire qu'on peut le mettre au pluriel). Le mot **cash** est un nom d'entité non dénombrable (ce qui veut dire qu'il n'en existe pas de forme au pluriel), de sorte qu'il n'a pas besoin d'article. (Pour plus d'informations sur les noms dénombrables et indénombrables, voyez le chapitre 10. Et pour plus de détails sur les articles, voyez le chapitre 2.)

Deux verbes qui paient : *to accept* et *to take*

Accept [əkˈsept] (accepter) et **take** [teɪk] (prendre) sont deux verbes utilisés pour décrire la forme de paiement admise par un commerce. **Accept** est un verbe régulier, et **take** est irrégulier. Dans les exemples suivants d'expressions courantes, remarquez la façon d'utiliser **accept** et **take** :

- **Do you accept Visa?** [də ju əkˈsept ˈvi:zə] (Acceptez-vous Visa ?)
- **We take major credit cards.** [wi teɪk ˈmeɪdʒə ˈkredɪt kɑ:dz] (Nous prenons les principales cartes de crédit.)
- **We accept all forms of payment.** [wi əkˈsept ɔ:l fɔ:mz əv ˈpeɪmənt] (Nous acceptons toutes les formes de paiement.)

Pour voir les formes passées de **to take**, allez à l'annexe A. Et découvrez d'autres façons d'utiliser le verbe **to take** aux chapitres 5, 6, et 9.

Quelques chansons sur l'argent : les chansons anglo-saxonnes reflètent l'importance de l'argent dans la culture des pays anglophone, entre bien-être matériel et menace de corruption.

- "Why don't you give me your money" des Beatles (*Abbey Road*, 1969)
- "Money" des Pink Floyd (*The Dark Side of the Moon*, 1973)
- "Money, Money, Money" de ABBA (*Arrival*, 1976)
- "Material Girl" de Madonna (*Like a Virgin*, 1985)
- "Gold Digger" de Kanye West (*Late Registration*, 2005)
- "Super Rich Kids" de Frank Ocean (*Channel Orange*, 2012)

Jeux et activités

Quel est votre sens de l'argent ? Voici un moyen de répondre à cette question. Identifiez les billets et les pièces du dessin ci-dessous qui correspondent aux mots monétaires suivants :

ten-dollar bill, quarter, 45 cents, 50 dollars, penny, 2 twenties, nickel, $.30, $30, 5 bucks, 50¢

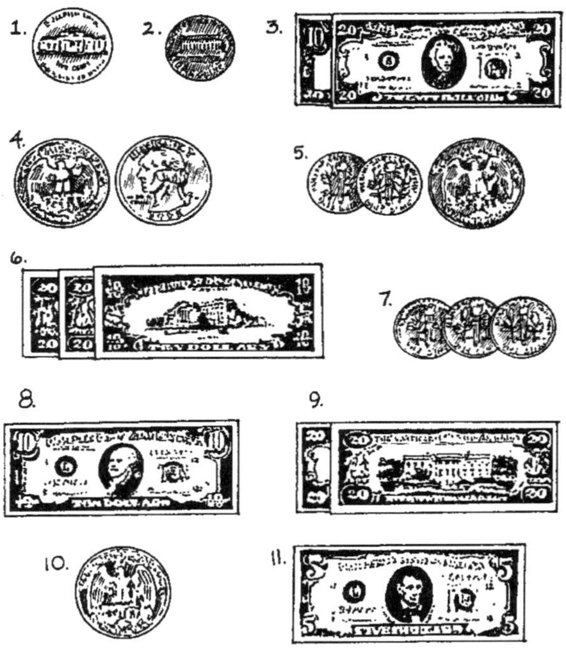

1.___________________________

2.___________________________

3.___________________________

4.___________________________

5.___________________________

6.___________________________

7.___________________________

8.___________________________

9.___________________________

10.___________________________

11.___________________________

Solutions : Annexe C, p. 431.

BUSINESS ENGLISH

Dans les pays anglo-saxons, le **business world** [ˈbɪznəs wɜːld] (monde des affaires) est marqué par le modèle libéral de **Wall Street** [wɔːl striːt] à New York et de la **City** [ˈsɪti] à Londres. Les États-Unis et le Royaume-Uni se sont lancés à corps perdu dans la **globalization** [gləʊbələˈzeɪʃən] (mondialisation) de l'économie, avec notamment l'**outsourcing** [ˈaʊtsɔːsɪŋ] (délocalisation) des emplois pour baisser les **production costs** [prəˈdʌkʃn̩ kɒsts] (coûts de production). Le **labour market** [ˈleɪbə ˈmɑːkɪt] (marché du travail) y est plus **flexible** [ˈfleksəbl̩] (souple) qu'en France aux dépens de la **job security** [dʒɒb sɪˈkjʊərɪti] (de la stabilité des emplois), mais permet un **unemployment rate** [ʌnɪmˈplɔɪmənt reɪt] (taux de chômage) moins élevé. De même les **taxes** [ˈtæksɪz] (impôts) sur les **companies** [ˈkʌmpənɪz] (entreprises) sont moins élevées qu'en France. La **deregulation** [diːˈregjuleɪʃn̩] (dérégulation) dans le domaine des **wages** [ˈweɪdʒɪz] (salaires) y entraîne d'importantes **income inequalities** [ˈɪŋkʌm ɪnɪˈkwɒlɪtiz] (disparité des revenus). L'**economic crisis** [iːkəˈnɒmɪk ˈkraɪsɪs] (crise économique) de 2007 a eu un impact important sur la vie quotidienne, avec une forte augmentation du **household debt** [ˈhaʊshəʊld det] (endettement des ménages), souvent dû au problème des **subprimes** [ˈsʌbpraɪmz] (prêts hypothécaires à risque), ainsi qu'une baisse des **benefits** [ˈbenɪfɪts] (aides publiques) pour les plus démunis. Tandis que les gouvernements tentent de **boost the economy** [buːst ði ɪˈkɒnəmi] (relancer l'économie) et de **keep banks afloat** [kiːp bæŋks əˈfləʊt] (renflouer les banques), on assiste à une crise de confiance envers la finance internationale : les **financial markets** [faɪˈnænʃl̩ ˈmɑːkɪts] (les marchés financiers) semblent **out of hand** [aʊt əv hænd] (incontrôlables) tandis qu'une forte contestation, avec des mouvements comme « **Occupy Wall Street** » [ˈɒkjʊpaɪ wɔːl striːt] ou les « **99%** » [ˈnaɪnti naɪn pəˈsent], ont vu le jour à la fin des années 2000.

Le vocabulaire des affaires

» Companies [ˈkʌmpənɪz] **(les entreprises)**

A corporation [ə kɔːpəˈreɪʃn̩] (une grande entreprise)

A multinational [ə mʌltiˈnæʃn̩əl] (une multinationale)

Small or medium-sized firm - SME [smɔːl ɔː ˈmiːdɪəm saɪzd fɜːm] [ˈes em iː] (petites et moyennes entreprises – PME)

A family-run business [ə ˈfæməli rʌn ˈbɪznəs] (une entreprise familiale)

To run a business [tə rʌn ə ˈbɪznəs] (gérer une entreprise)

The board of directors [ðə bɔːd əv dɪˈrektəz] (le conseil d'administration)

Human resources [ˈhjuːmən rɪˈzɔːsɪz] (les ressources humaines)

The head office [ðə hed ˈɒfɪs] (le siège social)

A branch office [ə brɑːntʃ ˈɒfɪs] (une succursale)

A merger [ə ˈmɜːdʒə] (une fusion)

To take over a firm [tə teɪk ˈəʊvər ə fɜːm] (racheter une firme)

» Productivity [prɒdʌkˈtɪvɪti] **(la productivité)**

To produce [tə prəˈdjuːs] (produire)

Output [ˈaʊtpʊt] (la production)

BUSINESS ENGLISH *(SUITE)*

Costs [kɒsts] (les coûts)

Profitable [ˈprɒfitəbl̩] (rentable)

Unprofitable [ʌnˈprɒfitəbl̩] (peu rentable)

To fall behind [tə fɔ:l bɪˈhaɪnd] (prendre du retard)

To catch up on something [tə kætʃ ʌp ɒn ˈsʌmθɪŋ] (rattraper le retard dans un domaine)

Working Conditions [ˈwɜ:kɪŋ kənˈdɪʃn̩z] (les conditions de travail)

Worker protection [ˈwɜ:kə prəˈtekʃn̩] (la protection des travailleurs)

Career development [kəˈrɪə dɪˈveləpmənt] (la gestion de carrière)

Earnings [ˈɜ:nɪŋz] (les revenus)

Purchasing power [ˈpɜ:tʃəsɪŋ ˈpaʊə] (le pouvoir d'achat)

To generate jobs [tə ˈdʒenəreɪt dʒɒbz] (créer des emplois)

Environment-friendly [ɪnˈvaɪərənmənt ˈfren-dli] (qui respecte l'environnement)

Sustainable growth [səˈsteɪnəbl̩ grəʊθ] (le développement durable)

Raw material [rɔ: məˈtɪərɪəl] (la matière première)

A commodity [ə kəˈmɒdɪti] (un bien de consommation)

» **Trade** [treɪd] **(le commerce)**

The law of supply and demand [ðə lɔ:r əv səˈplaɪ ən dɪˈmɑ:nd] (la loi de l'offre et de la demande)

Free market [fri: ˈmɑ:kɪt] (l'économie de marché)

Competitiveness [kəmˈpetətɪvnɪs] (la compétitivité)

Competitive [kəmˈpetətɪv] (compétitif)

To import [tə ɪmˈpɔ:t] (importer)

To export [tə ɪkˈspɔ:t] (exporter)

To liberalize [tə ˈlɪbrəlaɪz] (libéraliser)

To negotiate [tə nɪˈgəʊʃieɪt] (négocier)

To capture a market [tə ˈkæptʃər ə ˈmɑ:kɪt] (capter un marché)

An outlet for [ən ˈaʊtlet fɔ:] (un débouché pour)

To promote [tə prəˈməʊt] (promouvoir)

To purchase [tə ˈpɜ:tʃəs] (acheter)

The trade balance [ðə treɪd ˈbæləns] (la balance commerciale)

A trade surplus [ə treɪd ˈsɜ:pləs] (un excédent commercial)

A trade deficit [ə treɪd ˈdefɪsɪt] (un déficit commercial)

World economy [wɜ:ld ɪˈkɒnəmi] (l'économie mondiale)

Globalization [ˌgləʊbələˈzeɪʃən] (la mondialisation)

To go global [tə gəʊ ˈgləʊbl̩] (s'internationaliser)

To outsource [tə ˈaʊtsɔ:s] (délocaliser)

Protectionism [prəˈtekʃənɪzəm] (le protectionnisme)

Emerging countries [ɪˈmɜ:dʒɪŋ ˈkʌntrɪz] (les pays émergents)

Developed countries [dɪˈveləpt ˈkʌntrɪz] (les pays développés)

BUSINESS ENGLISH *(SUITE)*

Developing countries [dɪˈveləpɪŋ ˈkʌntrɪz] (les pays en développement)

Tariffs [ˈtærɪfs] (les droits de douane)

Quotas [ˈkwəʊtəz] (les quotas)

Exchange rate [ɪkˈstʃeɪndʒ reɪt] (le taux de change)

» Economy [ɪˈkɒnəmi] **(l'économie)**

Growth [grəʊθ] (la croissance)

Decrease [dɪˈkriːs] (la baisse)

To increase / to rise [tə ɪnˈkriːs tə raɪz] (augmenter)

To decrease / to drop [tə dɪˈkriːs tə drɒp] (baisser)

A boom [ə buːm] (une forte progression)

A slump [ə slʌmp] (une forte baisse)

To stabilize [tə ˈsteɪbəlaɪz] (se stabiliser)

To fluctuate [tə ˈflʌktʃʊeɪt] (fluctuer)

A discrepancy [ə dɪˈskrepənsi] (un déséquilibre, un décalage)

To expand [tə ɪkˈspænd] (se développer)

To shrink [tə ʃrɪŋk] (se réduire)

An upward trend [ən ˈʌpwəd trend] (une tendance à la hausse)

A downward trend [ə ˈdaʊnwəd trend] (une tendance à la baisse)

To soar / to skyrocket [tə sɔː tə ˈskaɪrɒkɪt] (monter en flèche)

To plummet / to collapse [tə ˈplʌmɪt tə kəˈlæps] (s'effondrer)

To reach a peak [tə riːtʃ ə piːk] (atteindre un point très haut)

To reach a low [tə riːtʃ ə ləʊ] (atteindre un point très bas)

An upturn [ən ˈʌptɜːn] (une reprise)

A downturn [ə ˈdaʊntɜːn] (une phase descendante)

Figures [ˈfɪgəz] (des chiffres)

Data [ˈdeɪtə] (des données)

To exceed [tə ɪkˈsiːd] (dépasser)

To forecast [tə ˈfɔːkɑːst] (prévoir)

A curve [ə kɜːv] (une courbe)

A graph [ə grɑːf] (un graphique)

A pie chart [ə paɪ tʃɑːt] (un graphique circulaire)

» Finance [ˈfaɪnæns] **(la finance)**

The stock exchange [ðə stɒk ɪkˈstʃeɪndʒ] (la bourse)

Equity [ˈekwɪti] (les fonds propres)

Investment [ɪnˈvestmənt] (l'investissement)

A shareholder [ə ˈʃeəhəʊldə] (un actionnaire)

To own shares in a firm [tə əʊn ʃeəz ɪn ə fɜːm] (détenir des actions au sein d'une entreprise)

A trader [ə ˈtreɪdə] (un courtier, un négociateur)

A stockbroker [ə ˈstɒkbrəʊkə] (un agent de change)

Fraud [frɔːd] (la fraude)

Tax shelters [tæks ˈʃeltəz] (les niches fiscales)

Bankruptcy [ˈbæŋkrʌptsi] (la banqueroute)

White-collar crime [waɪt ˈkɒlə kraɪm] (les criminels en col blanc)

A crackdown against [ə ˈkrækdaʊn əˈgenst] (des mesures énergiques contre...)

A lawsuit [ə ˈlɔːsuːt] (un procès)

A conflict of interest [ə ˈkɒnflɪkt əv ˈɪntrəst] (un conflit d'intérêts)

» **State Intervention** [steɪt ˌɪntəˈvenʃn̩] **(le rôle de l'état)**

The welfare state [ðə ˈwelfeə steɪt] (l'Etat-providence)

The public sector [ðə ˈpʌblɪk ˈsektə] (le secteur public)

The private sector [ðə ˈpraɪvɪt ˈsektə] (le secteur privé)

A public company [ə ˈpʌblɪk ˈkʌmpəni] (une entreprise publique)

A private company [ə ˈpraɪvɪt ˈkʌmpəni] (une entreprise privée)

Government spending [ˈgʌvənmənt ˈspendɪŋ] (les dépenses publiques)

To boost something [tə buːst ˈsʌmθɪŋ] (stimuler, accroître quelque chose)

To curb [tə kɜːb] (réduire, restreindre)

A package of measures [ə ˈpækɪdʒ əv ˈmeʒəz] (une série de mesures)

To implement measures [tə ˈɪmplɪment ˈmeʒəz] (appliquer des mesures)

To speed up a process [tə spiːd ʌp ə ˈprəʊses] (accélérer un processus)

To offset [tə ˈɒfset] (contrebalancer, compenser)

To be committed to something [tə bi kəˈmɪtɪd tə ˈsʌmθɪŋ] (s'engager en faveur de quelque chose)

To reinforce [tə riːɪnˈfɔːs] (renforcer)

To grant [tə grɑːnt] (garantir)

To jeopardize [tə ˈdʒepədaɪz] (menacer)

A subsidy [ə ˈsʌbsədi] (une subvention)

To rely on [tə rɪˈlaɪ ɒn] (dépendre de)

To provide somebody with something [tə prəˈvaɪd ˈsʌmbədi wɪð ˈsʌmθɪŋ] (fournir quelque chose à quelqu'un)

Your CV in English

On joint parfois au **résumé** [ˈrezjuːmeɪ] (CV) une **cover letter** [ˈkʌvə ˈletə] (lettre de motivation), de préférence **handwritten** [hændˈrɪtn̩] (écrite à la main) et des **references** [ˈrefrənsɪz] (lettres de recommandation).

Dans le **heading** [ˈhedɪŋ] (l'en-tête), indiquez votre **full name** [fʊl ˈneɪm] (nom complet), **permanent address** [ˈpɜːmənənt əˈdres] (adresse permanente), sans oublier de mentionner le pays, votre **telephone number** [telɪfəʊn ˈnʌmbə] (numéro de téléphone), votre **e-mail address** [ˈiːmeɪl əˈdres] (adresse électronique). Il est également d'usage de mentionner votre **date of birth** [deɪt əv bɜːθ] (date de naissance) et votre **citizenship** [ˈsɪtɪzənʃɪp] (nationalité).

Évitez les adresses fantaisistes de type `beaugosse75@exemple.com`. Le modèle classique est `prenom.nom@exemple.com` : une recherche d'emploi ou de stage peut être l'occasion de se créer une adresse sérieuse ! Pour la date de naissance, n'oubliez pas que dans les pays anglo-saxons, on indique généralement le mois avant le jour.

Vient ensuite le détail de votre **education** [edʒʊˈkeɪʃn̩] (formation), n'oubliez pas d'y indiquer la **further training** [ˈfɜːðə ˈtreɪnɪŋ] (formation continue) que vous aurez pu suivre durant votre vie professionnelle, ainsi que le nom de l'institution (université, institut de formation…) et le **type of program** [taɪp əv ˈprəʊgræm] (le type de diplôme) validé durant vos années d'études. N'hésitez pas à décrire en quelques mots le contenu de la formation.

Dans **professional experience** [prəˈfeʃnəl ɪkˈspɪərɪəns] (expérience professionnelle), vous pouvez indiquer les **jobs held** [dʒɒbz held] (les postes occupés) mais aussi les **internships** [ˈɪntərnʃɪps] (stages) effectués. Commencez par les expériences les plus récentes et mentionnez ensuite les plus anciennes. De même, n'hésitez pas à expliquer en quelques mots vos activités et vos missions dans l'entreprise pour chaque poste.

Dans **additional information** [əˈdɪʃn̩əl ɪnfəˈmeɪʃn̩] (informations complémentaires), mentionnez toutes les **experiences** [ɪkˈspɪərɪənsɪz] (expériences) et **achievements** [əˈtʃiːvmənts] (réussites) qui vous semblent importantes pour valoriser votre formation et votre carrière.

Dans les pays anglo-saxons, on aime valoriser tout ce qui a trait au **leadership** [ˈliːdəʃɪp] (responsabilités collectives), même dans des domaines personnels (capitaine de l'équipe de foot du collège, chef de patrouille chez les scouts…).

Dans la catégorie **computer skills** [kəmˈpjuːtə skɪlz] (compétences informatiques), n'oubliez pas d'indiquer les **software programs** [ˈsɒftweə] (logiciels) que vous maîtrisez. Détaillez le niveau des **languages spoken** [ˈlæŋgwɪdʒɪz ˈspəʊkən] (langues parlées). Vous pouvez être **bilingual** [baɪˈlɪŋgwəl] (bilingue) ou **fluent** [ˈfluːənt] (avoir un niveau avancé) **in a language** [ɪn ə ˈlæŋgwɪdʒ] (dans une langue) ou avoir **a good or a basic knowledge of a language** [ə gʊd ɔːr ə ˈbeɪsɪk ˈnɒlɪdʒ əv ə ˈlæŋgwɪdʒ] (une bonne connaissance ou des rudiments dans une langue).

La rubrique **personal data** [ˈpɜːsənl̩ ˈdeɪtə] (informations personnelles) est facultative, et regroupe la **marital status** [ˈmærɪtl̩ ˈsteɪtəs] (situation familiale), les **interests** [ˈɪntrəsts] (centres d'intérêt) ainsi que les **sports and activities** [spɔːts ənd ækˈtɪvətiz] (sports et activités de loisir).

Sample CV

SHAKESPEARE, William
Permanent address: The Globe Theatre, 21 New Globe Walk, Bankside, London SE1 9DT, England
tel. 00 44 123 456 789
email address: william.shakespeare@example.com
Date of birth: 4-23-1564
Citizenship: English

EDUCATION

c. 1574-1577: King Edward VI Grammar School, Stratford-upon-Avon (studied composition, rhetoric and Latin)

PROFESSIONAL EXPERIENCE

1603-1611: playright, actor, director and shareholder in the *King's Men* theater company
1595-1603: playwright and actor in James Burbage's theater company *The Lord Chamberlain's Men*
1587: internship as a stable boy in London

ADDITIONNAL INFORMATION

Wrote thirty-seven plays, including *Hamlet*, *Romeo and Juliet*, *Richard III* and *A Midsummer Night's Dream*.

BUSINESS ENGLISH *(SUITE)*

COMPUTER SKILLS

none, but would probably have handled word processors pretty well if they had existed at the time.

LANGUAGES SPOKEN

mother tongue: English
fluent in Latin
good working knowledge of Greek

PERSONAL DATA

Marital status: married
Interests : drama, obviously...

Chapitre 8

Séjourner à l'hôtel

DANS CE CHAPITRE :

» **Choisir un hôtel ou un motel**

» **Réserver une chambre**

» **Indiquer des dates**

» **Enregistrement à l'arrivée et au départ**

» **Pronoms possessifs et adjectifs**

Parfois, le meilleur moment de l'arrivée dans un lieu inconnu est celui où l'on se présente à l'hôtel et où l'on dépose ses bagages. Que vous préfériez la sécurité d'avoir organisé à l'avance votre séjour ou trouver directement votre logement en arrivant, vous serez plus à l'aise si vous connaissez déjà certains mots et expressions de base. (Bien sûr, vous pouvez emporter ce livre avec vous et le consulter en cas de besoin.)

Dans ce chapitre, vous apprenez comment trouver et réserver une chambre, parler au personnel d'un hôtel ou d'un motel, et comprendre les services fournis par les hôtels. Vous y verrez aussi des informations sur les pronoms et les adjectifs possessifs.

Choisir entre un hôtel ou un motel aux États-Unis

Aussi bien dans un hôtel que dans un motel, vous pouvez bénéficier d'une chambre confortable avec une salle de bains, d'un service agréable et souvent d'une piscine.

La principale différence entre les hôtels et les motels est la gamme des services et des aménagements offerts – et bien sûr le prix.

Les hôtels sont plus chers parce qu'ils sont **full-service** [fʊl ˈsɜːvɪs] (service complet), ce qui veut dire qu'ils comportent en général un restaurant et un bar, un service de valet et de concierge, des moyens informatiques, et souvent un bureau ou centre d'affaires où vous pouvez faire des photocopies et vous connecter à internet.

BED AND BREAKFAST

Si vous recherchez une manière différente de vous loger, vous pouvez décider de séjourner dans un **bed-and-breakfast** ou **B&B** [biː ən biː] (chambre d'hôte). Ce type d'hébergement se situe parfois dans une ancienne ferme ou une ancienne demeure, magnifiquement restaurée, et le petit-déjeuner est inclus dans le prix. Mais n'oubliez pas que les **B&Bs**, surtout aux États-Unis, sont assez coûteux, et que vous pouvez avoir à partager la salle de bains avec d'autres visiteurs. En outre, s'agissant des États-Unis, le type et l'ampleur du petit-déjeuner peut varier considérablement. Certains de ces **B&Bs** offrent un petit-déjeuner de style britannique extrêmement copieux et varié, d'autres offrent seulement quelques pâtisseries, du jus de fruits, du thé et du café, un peu comme ce que les Britanniques appellent **continental breakfast** [kɒntɪˈnentl̩ ˈbrekfəst] (petit déjeuner continental). Les **B&Bs** sont souvent parfaits pour des séjours romantiques, mais peuvent être moins bien adaptés aux besoins des familles avec enfants.

Où que vous séjourniez – du motel le plus élémentaire jusqu'au **five-star hotel** [faɪv stɑː həʊˈtel] [UK], [faɪv stɑː hoʊˈtel] [US] (hôtel cinq étoiles), les options en matière de chambre et les prix peuvent varier considérablement. Et donc, avant votre décision finale, vérifiez les prix en posant les questions suivantes :

- **What is the price range of your rooms?** [wɒt ɪz ðə praɪs reɪndʒ əv jə ruːmz] (Quelle est la gamme de prix des chambres ?)
- **What type of accommodation do you have?** [wɒt taɪp əv əkɒməˈdeɪʃn̩ də ju hæv] (Quel type de chambre avez-vous ?)

Si les prix sont supérieurs à ce que vous voulez payer, vous pouvez demander **Do you have anything less expensive?** [də ju həv ˈeniθɪŋ les ɪkˈspensɪv] (Avez-vous quelque chose de moins cher ?)

Faire une réservation

Si vous voulez être sûr d'avoir un endroit pour dormir la nuit (et la plupart des gens le veulent après un long voyage), vous devez réserver une chambre à l'avance. La plupart des hôtels et motels, aux États-Unis, ont des **toll-free numbers** [təʊl friː ˈnʌmbəz] [UK], [toʊl friː ˈnʌmbəz] [US] (numéros d'appel gratuits) – habituellement des numéros 1-800 – que vous pouvez appeler à l'avance pour réserver une chambre. Les expressions suivantes vous aideront à entamer le processus de réservation :

- **I'd like to make a reservation for June 15.** [aɪd laɪk tə meɪk ə rezəˈveɪʃn̩ fə dʒuːn fɪfˈtiːnθ] (Je voudrais faire une réservation pour le 15 juin.)
- **Do you have any vacancies for the night of July 8?** [də ju həv ˈeni ˈveɪkənsɪz fə ðə naɪt əv dʒuːˈlaɪ eɪtθ] (Avez-vous des chambres disponibles pour la nuit du 8 juillet ?)
- **I'd like to reserve a room for two people for August 22.** [aɪd laɪk tə rɪˈzɜːv ə ruːm fə tuː ˈpiːpl̩ fər ˈɔːgəst ˈtwenti ˈsekənd] (Je voudrais réserver une chambre pour deux personnes pour le 22 août.)

Voyez la section « Exprimer la date par des nombres ordinaux », plus loin dans ce chapitre, pour voir comment indiquer les dates.

Pour finaliser votre réservation, l'hôtel a encore besoin des informations suivantes :

- **arrival date** [əˈraɪvl̩ deɪt] (date d'arrivée)
- **departure date** [dɪˈpɑːtʃə deɪt] (date de départ)
- **number of people staying in the room** [ˈnʌmbər əv ˈpiːpl̩ ˈsteɪɪŋ ɪn ðə ruːm] (nombre de personnes occupant la chambre)
- **credit card number** [ˈkredɪt kɑːd ˈnʌmbə] (numéro de carte de crédit)
- **special needs** [ˈspeʃl̩ niːdz] (besoins particuliers) tels que lit pour bébé, accessibilité par chaise roulante et régime alimentaire.

Si vous attendez d'arriver à votre destination pour rechercher un endroit où dormir, vous pouvez demander aux gens du pays de vous recommander un hôtel ou un motel, aller à un centre d'informations ou simplement regarder autour de vous. Si vous voyez un panneau disant **vacancy** [ˈveɪkənsi], des chambres sont disponibles. Mais un signe **no vacancy** (pas de place) veut dire que l'hôtel ou le motel est **full or booked** [fʊl ɔː bʊkt] (plein ou entièrement réservé). Si vous ne voyez pas de panneau, entrez et posez la question : **Do you have any vacancies?** [də ju həv ˈeni ˈveɪkənsɪz] (Avez-vous de la place ?)

S'il y en a, vous pouvez demander le prix en posant une question de la section précédente. S'il n'y en a pas, demandez à l'employé de la réception de vous recommander un autre hôtel ou motel. Voici comment faire :

- **Could you recommend another hotel/motel?** [kəd ju rekə'mend ə'nʌðə həʊ'tel məʊ'tel] (Pouvez-vous recommander un autre hôtel/motel ?)
- **Do you know where I can find a vacancy?** [də ju nəʊ weər aɪ kən faɪnd ə 'veɪkənsi] (Savez-vous où je peux trouver de la place ?)

Exprimer la date par des nombres ordinaux

Imaginez que vous arriviez à votre hôtel après un long voyage pour découvrir que vous avez une réservation – mais pour le mois suivant ! Vous pouvez augmenter vos chances de trouver une chambre en arrivant en indiquant votre date d'arrivée très clairement et très exactement lors de la réservation. En anglais, les dates sont écrites dans cet ordre : **month/day/year** [mʌnθ deɪ jiə] (mois/jour/année).

Par exemple, la date 3/1/2014 est le 1er mars 2014, non le 3 janvier 2014. En parlant, vous pouvez exprimer la date de l'une des façons suivantes :

- **March first, two thousand and fourteen** [mɑ:tʃ fɜ:st tu: 'θaʊzn̩d ənd fɔ:'ti:n] (Premier mars 2014)
- **The first of March, two thousand and fourteen** [ðə fɜ:st əv mɑ:tʃ tu: 'θaʊzn̩d ənd fɔ:'ti:n] (Le premier mars 2014)

Cela peut prendre un peu de temps pour s'habituer à voir et à écrire le mois en premier, mais vous y penserez chaque fois que vous verrez une date telle que 5/15/14. Bien sûr, il n'y a pas de 15e mois !

Pour exprimer une date telle que 3/1/2014, vous utilisez des nombres ordinaux – des nombres comme premier, second, troisième, etc. qui indiquent un ordre ou une séquence. Voici des règles simples sur la façon de dire les nombres ordinaux en anglais :

- Pour les nombres se terminant par 1 (sauf 11) dites **first**.
- Pour les nombres se terminant par 2 (sauf 12) dites **second**.
- Pour les nombres se terminant par trois (sauf 13), dites **third**.
- Pour 11, 12, 13, et tous les autres nombres, ajoutez la terminaison **-th**.

Pour plus de précision sur les nombres ordinaux consultez le tableau 9.1, qui contient les nombres ordinaux les plus courants utilisés dans les dates.

TABLEAU 9.1 **Nombres ordinaux**

Nombre ordinal	Prononciation	Traduction
first (1st)	[fɜːst]	premier
second (2nd)	[sekənd]	deuxième
third (3rd)	[θɜːd]	troisième
fourth (4th)	[fɔːθ]	quatrième
fifth (5th)	[fɪfθ]	cinquième
sixth (6th)	[sɪksθ]	sixième
seventh (7th)	[ˈsevnθ]	septième
eighth (8th)	[eɪtθ]	huitième
ninth (9th)	[naɪnθ]	neuvième
tenth (10th)	[tenθ]	dixième
eleventh (11th)	[ɪˈlevn̩θ]	onzième
twelfth (12th)	[twelfθ]	douzième
thirteenth (13th)	[θɜːˈtiːnθ]	treizième
fourteenth (14th)	[fɔːˈtiːnθ]	quatorzième
fifteenth (15th)	[fɪfˈtiːnθ]	quinzième
sixteenth (16th)	[siːkˈstiːnθ]	seizième
seventeenth (17th)	[sevnˈtiːnθ]	dix-septième
eighteenth (18th)	[eɪˈtiːnθ]	dix-huitième
nineteenth (19th)	[naɪnˈtiːnθ]	dix-neuvième
twentieth (20th)	[ˈtwentɪəθ]	vingtième
twenty-first (21st)	[ˈtwenti ˈfɜːst]	vingt et unième
thirtieth (30th)	[ˈθɜːtɪəθ]	trentième
one-hundredth (100th)	[wʌn ˈhʌndrədθ]	centième

Conversation

Nettie Abbott appelle le bureau des réservations d'un hôtel pour faire une réservation pour elle-même et son mari, Charlie. (Piste 21)

Réception : **Mattison Hotel. How can I help you?**

[ˈmætəsən həʊˈtel haʊ kən aɪ help ju]

Hôtel Mattison. Que puis-je faire pour vous ?

Nettie : **Hello. I'd like to make a reservation for February 9th and 10th.**

[həˈləʊ aɪd laɪk tə meɪk ə rezəˈveɪʃn̩ fə ˈfebjʊəri naɪnθ ənd tenθ]

Bonjour. Je voudrais faire une réservation pour le 9 et le 10 février.

Réception : **How many adults will there be, ma'am?**

[haʊ məni ˈædʌlts wl̩ ðə bi mæm]

Combien y aura-t-il d'adultes, Madame ?

Nettie : **Two.**

[tuː]

Deux.

Réception : **Any children?**

[ˈeni ˈtʃɪldrən]

Des enfants ?

Nettie : **Oh my, no! Our children are grown.**

[əʊ maɪ nəʊ aʊə ˈtʃɪldrən ə grəʊn]

Oh certainement pas ! Nos enfants sont grands !

Réception : **Do you want a smoking or non-smoking room?**

[də ju wɒnt ə ˈsməʊkɪŋ ɔː ˈnɑːnˈsmokɪŋ ruːm]

Voulez-vous une chambre fumeur ou non-fumeur ?

Nettie : **Non-smoking.**

[ˈnɑːnˈsmokɪŋ]

Non fumeur.

Réception : **I can give you a room with a queen or king-size bed.**

[aɪ kən gɪv ju ə ruːm wɪð ə kwiːn ɔː kɪŋ saɪz bed]

Je peux vous donner une chambre avec un grand lit ou un très grand lit.

Nettie : **We'll take the king.**

[wil teɪk ðə kɪŋ]

Nous prendrons le très grand.

Réception : **Okay. That room will be $85 per night.**

[əʊˈkeɪ ðət ruːm wl̩ bi ˈeɪti faɪv ˈdɒləz pɜː naɪt]

Bon. Cette chambre coûte 85 dollars par nuit.

Nettie : **That's fine.**

[ðæts faɪn]

C'est bon.

Réception : **I need a credit-card number to hold your reservation.**

[aɪ niːd ə ˈkredɪt kɑːd ˈnʌmbə tə həʊld jə rezəˈveɪʃn̩]

J'ai besoin d'un numéro de carte de crédit pour prendre votre réservation.

Nettie : **Okay. Here it is.**

[əʊˈkeɪ hɪər ɪt ɪz]

D'accord. Le voici.

Les anglophones utilisent les termes **ma'am** [mæm] (Madame) et **sir** [sɜː] (Monsieur) comme termes de respect. Vous entendrez ces mots dans des commerces orientés service. Le terme **Miss** [mɪs] (Mademoiselle) est souvent utilisé en s'adressant à une jeune fille ou une jeune femme.

Mots clés

hotel	[həʊˈtel] [UK], [hoʊˈtel] [US]	hôtel
motel	[məʊˈtel] [UK], [moʊˈtel] [US]	motel
room	[ruːm]	chambre
bed-and-breakfast	[bed ən ˈbrekfəst]	chambre d'hôte
price range	[praɪs reɪndʒ]	gamme de prix
accommodations	[əkɒməˈdeɪʃn̩z]	logement et services

LITS POUR REINES ET ROIS

Quels que soient votre taille, vos besoins ou vos préférences, il y a un lit pour vous. Le petit lit d'une personne s'appelle un **twin** [twɪn], si vous doublez sa taille vous obtenez un **double** [ˈdʌbl̩] (lit double) ; encore plus grand, et c'est un **queen** [kwiːn] (reine/grande taille), et s'il est encore plus grand et plus long c'est un **king** [kɪŋ] (roi/très grande taille). Ces appellations s'utilisent aussi bien aux États-Unis que dans les îles Britanniques, mais la plupart des chambres des hôtels et motels d'Amérique du Nord, où tout est plus grand, ont **two queen-sized beds** [tuː kwiːn saɪzd bedz] (grands lits). Mais vous pouvez obtenir d'autres options ou combinaisons de lits dans une pièce. Faites l'expérience d'un **king-sized bed** [kɪŋ saɪzd bed] (très grand lit), il est immense !

Enregistrement

L'heure de **check-in** [tʃek ɪn] (l'enregistrement) dans la plupart des hôtels et motels est aux alentours de **2 or 3 p.m.** [tuː ɔː θriː piːˈem] (14 ou 15 heures). Bien sûr, vous pouvez vous enregistrer à n'importe quelle heure, mais il n'est pas garanti que votre chambre soit prête avant l'heure de **check-in** spécifiée.

Le **reception counter** [UK] [rɪˈsepʃn̩ ˈkaʊntə] /**front desk** [US] [frʌnt desk] (la réception) est en général l'endroit approprié pour trouver des informations sur la région, y compris des cartes, des brochures sur les restaurants, les musées et d'autres lieux intéressants. Le personnel des hôtels est en général soucieux de répondre à vos questions et de faire des suggestions. Ce sont ces personnes que vous devez appeler si vous découvrez que vous avez besoin de quelque chose – **extra towels** [ˈekstrə taʊəlz] (des serviettes supplémentaires), **a hair dryer** [ə heə ˈdraɪə] (un sèche-cheveux), **an iron** [ən ˈaɪən] (un fer à repasser), etc.

Conversation

Nettie et Charlie Abbott sont arrivés à l'hôtel. Monsieur Abbott s'occupe de l'enregistrement tandis que madame Abbott va voir le **lobby** [ˈlɒbi] [UK], [lɑːbi] [US] (hall d'entrée) et le restaurant.

Réception : **May I help you?**

[meɪ aɪ help ju]

Puis-je vous aider ?

M. Abbott : **Yes, I want to check in. My wife and I have reservations for tonight and tomorrow night.**

[jes aɪ wɒnt tə tʃek ɪn maɪ waɪf ənd aɪ həv rezəˈveɪʃn̩z fə təˈnaɪt ənd təˈmɒrəʊ naɪt]

Oui, je veux m'enregistrer. Ma femme et moi avons des réservations pour cette nuit et celle de demain.

Réception : **Your name, sir?**

[jə neɪm sɜː]

Votre nom, Monsieur ?

M. Abbott : **Charles Abbott.**

[tʃɑːlz ˈæbət]

Charles Abbott.

Réception : **Yes, your room is ready.**

[jes jə ruːm ɪz ˈredi]

Oui, votre chambre est prête.

M. Abbott : **That's wonderful.**

[ðæts ˈwʌndəfəl]

C'est merveilleux.

Réception : **Here's your room key, and I'll call a porter to get your bags.**

[hɪəz jə ru:m ki: ənd aɪl kɔ:l ə ˈpɔ:tə tə get jə bægz]

Voici la clé de votre chambre, et je vais appeler un porteur pour chercher vos bagages.

M. Abbott : **Thank you.**

[θæŋk ju]

Merci.

Mots clés

reservation	[rezəˈveɪʃn̩]	réservation
arrival	[əˈraɪvl̩]	arrivée
vacancy	[ˈveɪkənsi]	place
a room	[ə ru:m]	une chambre
queen-size bed	[kwi:n saɪz bed]	grand lit
king-size bed	[kɪŋ saɪz bed]	très grand lit

Possession

Il ne faut pas être possessif en matière amoureuse, mais quand vous parlez anglais, être possessif (c'est-à-dire utiliser des pronoms et des adjectifs possessifs) est une bonne chose. Les possessifs servent à indiquer ce qui appartient aux uns et aux autres. (Voyez le chapitre 2 pour un tour d'horizon de la grammaire anglaise.)

Les **possessive adjectives** [pəˈzesɪv ˈædʒɪktɪvz] (adjectifs possessifs) se placent devant les noms et indiquent la possession – ils indiquent à qui ou à quoi le nom appartient. Voici les adjectifs possessifs :

- **my** [maɪ] (mon/ma/mes)
- **your** [jə] (ton/ta/tes/votre/vos)
- **her** [hə] (son/sa/ses – dans le cas d'un possesseur féminin)

- **his** [hɪz] (son/sa/ses – dans le cas d'un possesseur masculin)
- **its** [ɪts] (son/sa/ses – dans le cas d'un possesseur neutre)
- **our** [aʊə] (notre/nos)
- **their** [ðeə] (leur/leurs)

En anglais, les adjectifs possessifs (comme tous les adjectifs) sont invariables, que les noms soient au singulier ou au pluriel. Vous le comprendrez mieux en regardant les phrases suivantes :

- **These are her bags.** [ði:z ə hə bægz] (Ceux-ci sont ses bagages (à elle).)
- **This is her suitcase.** [ðɪs ɪz hə ˈsu:tkeɪs] (Ceci est sa valise (à elle).)

Le choix du bon adjectif possessif peut être un peu délicat au début. Vous devez utiliser l'adjectif possessif qui se réfère au possesseur (contrairement au français, où l'adjectif possessif choisi est celui qui correspond à l'entité possédée). Autrement dit, si le possesseur est féminin, utilisez le mot **her** pour montrer la possession, même si ce qui est possédé est masculin. Voici des exemples relatifs à Nettie et Charles Abbott (les voyageurs de ce chapitre) :

- **Nettie travels with her husband.** [ˈneti ˈtrævl̩z wɪð hə ˈhʌzbənd] (Nettie voyage avec son mari.)
- **His wife made a reservation.** [hɪz waɪf meɪd ə rezəˈveɪʃn̩] (Sa femme a fait une réservation.)

Les **possessive pronouns** [pəˈzesɪv ˈprəʊnaʊnz] (pronoms possessifs) montrent à qui ou à quoi appartient un nom précédemment mentionné. Ils se placent au début ou à la fin d'une phrase et peuvent être le sujet ou le complément. Voici les différents pronoms possessifs :

- **mine** [maɪn] (le mien/la mienne/les miens/les miennes)
- **yours** [jɔ:z] (le tien/la tienne/les tiens/les tiennes/le vôtre/la vôtre/les vôtres)
- **hers** [hɜ:z] (le sien/la sienne/les siens/les siennes – possesseur féminin)
- **his** [hɪz] (le sien/la sienne/les siens/les siennes – possesseur masculin)
- **ours** [aʊəz] (le nôtre/la nôtre/les nôtres)
- **theirs** [ðeəz] (le leur/la leur/les leurs)

Comme les adjectifs possessifs, les pronoms possessifs n'ont pas de forme au pluriel. Le -s dans les mots yours, hers, ours, et theirs implique la possession. Voici quelques exemples :

» **This luggage is yours.** [ðɪs ˈlʌgɪdʒ ɪz jɔ:z] (Ces bagages sont les vôtres.)

» **Mine is still in the car.** [maɪn ɪz stɪl ɪn ðə kɑ:] (Les miens sont toujours dans la voiture.)

Conversation

Un porteur de l'hôtel arrive pour porter les bagages de Nettie et Charlie dans leur chambre. (Piste 22)

Porteur : **Are these your bags?**

[ə ði:z jə bægz]

Ce sont vos bagages ?

Nettie : **Yes, they're ours. This is my husband's bag, and these three are mine.**

[jes ðeər aʊəz ðɪs ɪz maɪ ˈhəzbəndz bæg ənd ði:z θri: ə maɪn]

Oui ce sont les nôtres. Voici le sac de mon mari, et ces trois-là sont à moi.

Charlie : **Be careful with hers. They're filled with her best shoes!**

[bi ˈkeəfʊl wɪð hɜ:z ðeə fɪld wɪð hə best ʃu:z]

Faites attention aux siens. Ils sont remplis de ses plus belles chaussures !

Nettie : **And be careful with his. They're filled with his favorite travel magazines!**

[ənd bi ˈkeəfʊl wɪð hɪz ðeə fɪld wɪð hɪz ˈfeɪvərət ˈtrævl̩ mægəˈzi:nz]

Et faites attention au sien. Il est rempli de ses magazines préférés !

Porteur : **No problem. I'll lift them on to my cart.**

[nəʊ ˈprɒbləm aɪl lɪft ðəm ɒn tə maɪ kɑ:t]

Pas de problème. Je vais les mettre sur mon chariot.

Charlie : **Your shoes!**

[jə ʃu:z]

Tes chaussures !

Nettie : **Your magazines!**

[jə mæɡə'ziːnz]

Tes magazines !

Porteur : **Oh! My back!**

[əʊ maɪ bæk]

Oh ! Mon dos !

LES POURBOIRES

Il est habituel de donner des pourboires au personnel des hôtels et des motels. Si le service est exceptionnel, vous pouvez toujours donner **a generous tip** [ə 'dʒenərəs tɪp] (un pourboire généreux), mais n'oubliez pas que s'abstenir est considéré comme impoli. Voici donc quelques conseils pour que vous sachiez à qui donner des pourboires et approximativement de quels montants.

- **porter/bellhop** ['pɔːtə 'belhɒp] [UK], [pɔːrtər 'belhɑːp] [US] (porteur) **$1** par bagage
- **Valet/attendant** ['vælei ə'tendənt] (coursier) **$2–$5**
- **Housekeeper/maid** ['haʊskiːpə meɪd] (femme de chambre) **$1–$2** par jour
- **Room service** [ruːm 'sɜːvɪs] (service de chambre). Service de 15 % inclus ; **$1** à la personne qui livre.

Pour plus d'informations sur les monnaies britannique et américaine, reportez-vous au chapitre 7.

Mots clés

reception counter [UK]	[rɪ'sepʃn̩ 'kaʊntə]	réception
front desk [US]	[frʌnt desk]	réception
a tip	[ə tɪp]	un pourboire
porter	['pɔːrtər]	porteur
bellhop	['belhɒp] [UK], ['bel,hɑːp] [US]	porteur
luggage	['lʌɡədʒ]	bagages
bags	[bæɡz]	sacs/valises

Distinguer entre *There*, *Their*, et *They're*

Ces petits mots vous causent-ils des ennuis ? N'ayez crainte – les anglophones de naissance les confondent parfois accidentellement, eux aussi. La raison est que la prononciation est pratiquement la même. Ils diffèrent cependant quant au sens, à la fonction et, comme vous le voyez, à l'écriture. Le tableau 9.2 vous donne plus d'informations sur les différences. Notez que le mot **there** [ðeə] (il/là) a deux fonctions.

TABLEAU 9.2 There, Their, and They're

Mot	Fonction et sens	Exemple de phrase
There	Adverbe ; à ou vers un lieu spécifique	**Our bags are over there** [aʊə bægz ər ˈəʊvə ðeə] (Nos bagages sont là-bas)
There	Pronom ; sert à amorcer une déclaration	**There is (there's) a charge for room service** [ðə ɪz ðeəz ə tʃɑːdʒ fə ruːm ˈsɜːvɪs] (Le service dans la chambre est facturé)
Their	Adjectif possessif ; deux possesseurs ou plus	**Their bags are heavy** [ðer bægz ə ˈhevi] (Leurs bagages sont lourds)
They're	Contraction (**They + are**) combinaison d'un pronom personnel et d'un verbe ; ils/elles/ ce sont	**They are checking into a motel** [ðeɪ ə ˈtʃekɪŋ ˈɪntə ə məʊˈtel] (Ils prennent une chambre dans un motel)

Les chapitres 2 et 3 donnent plus d'explications sur les contractions.

LES PETITS SUPPLÉMENTS, CE QUI EST GRATUIT ET CE QUI NE L'EST PAS

Les services supplémentaires font souvent augmenter votre note d'hôtel. Des services tels que **laundry service** [ˈlɔːndri ˈsɜːvɪs] [UK], [lɒndri ˈsɝːvəs] [US] (blanchisserie), **room service** [ruːm ˈsɜːvɪs] (service de chambre), **Internet time** [ˈɪntə-net taɪm] (connexion à internet), et parfois même les appels téléphoniques locaux – normalement gratuits aux États-Unis – vous seront facturés. Et faites attention à ces snacks appétissants du **minibar** [ˈmɪnibɑː] (minibar), ils sont chers !

C'est pourquoi, afin d'éviter de grosses surprises, étudiez la brochure de l'hôtel ou les indications affichées dans la chambre pour découvrir les suppléments que vous devrez payer – et combien ils coûtent ! Cependant, certaines choses comme le **wake-up service** [weɪk ʌp ˈsɜːvɪs] (réveil), un **crib** [krɪb] (berceau/lit d'enfant), des **towels** [ˈtaʊəlz] (serviettes de toilette), **pillows** [ˈpɪləʊz] [UK], [ˈpɪloʊz] [US] (oreillers), et **blankets** [ˈblæŋkɪts] (couvertures) supplémentaires sont presque toujours gratuits où que vous alliez.

Quitter l'hôtel

Dans la plupart des hôtels et des motels, le **check-out time** [ˈtʃekaʊt taɪm] (l'heure limite de libération de la chambre) est 11 heures ou midi. Quand vous rendez la chambre, vous payez votre note, y compris tout service supplémentaire utilisé. Après, si vous ne partez pas tout de suite, vous pouvez généralement laisser vos bagages pour la journée derrière le comptoir de réservation ou dans un local spécial de stockage.

Aux États-Unis, la note inclut une taxe hôtelière locale allant de 7 à 20 % selon la ville. La moyenne est d'environ 10 %. En Europe, comme pour d'autres prestations de services, la note comporte une TVA.

Conversation

Nettie et Charlie sont restés deux nuits à l'hôtel et ont apprécié le restaurant et les autres services. Ils sont maintenant prêts à partir. (Piste 23)

Réception : **Yes, sir. How can I help you?**

[jes sɜː haʊ kən aɪ help ju]

Oui, Monsieur. Que puis-je faire pour vous ?

Charlie : **We'd like to check out. The name is Abbott.**

[wid laɪk tə tʃek aʊt ðə neɪm ɪz ˈæbət]

Nous voulons rendre la chambre. Notre nom est Abbott.

Réception : **What was your room number, sir?**

[wɒt wəz jə ruːm ˈnʌmbə sɜː]

Quel était votre numéro de chambre, Monsieur ?

Charlie : **Room 240.**

[ruːm tuː fɔːr əʊ]

Chambre 240.

Réception : **Was everything alright?**

[wəz ˈevrɪθɪŋ ɔːlˈraɪt]

Est-ce que tout s'est bien passé ?

Charlie : **Yes, it was very nice.**

[jes ɪt wəz ˈveri naɪs]

Oui, c'était très bien.

Réception : **How would you like to pay?**

[haʊ wʊd ju laɪk tə peɪ]

Comment voulez-vous payer ?

Charlie : **By credit card. Do you take MasterCard?**

[baɪ ˈkredɪt kɑːd də ju teɪk ˈmɑːstəkɑːd]

Par carte de crédit. Prenez-vous les MasterCard ?

Réception : **Yes, we do.**

[jes wi duː]

Oui.

Charlie : **May we leave our bags here for the day?**

[meɪ wi liːv aʊə bægz hɪə fə ðə deɪ]

Pouvons-nous laisser nos bagages ici pour la journée ?

Réception : **Certainly. We'll put them in our locked storage room.**

[ˈsɜːtnli wil pʊt ðəm ɪn aʊə lɒkt ˈstɔːrɪdʒ ruːm]

Bien sûr. Nous allons les mettre dans le local fermé à clé.

Charlie : **Thanks.**

[θæŋks]

Merci.

Jeux et activités

Tracez une ligne reliant chaque mot ou expression de la liste numéro 1 à un mot ou une expression de même sens dans la liste 2.

List #1	List #2
porter	vacancy
bags	top quality
five star	luggage
full	leave the hotel
rooms available	bellhop
check out	no vacancy

Choisissez maintenant le mot correct pour compléter la phrase en utilisant ces mots : **there, their, theirs, they're**. Note : Vous pouvez utiliser plusieurs fois le même mot.

1. _________ looking for _________ luggage.

2. Is that _________ luggage over _________?

3. No, that's not _________.

4. Oh, _________ it is!

Solutions : Annexe C, page 431.

Exercice

Bram Stoker, *Dracula*, 1897

Jonathan Harker, jeune clerc de notaire, doit quitter Londres et se rendre en Transylvanie pour traiter une importante affaire avec le Comte Dracula, dont il va découvrir la terrible réputation auprès de la population locale.

Count Dracula **had directed** me to go to the Golden Krone Hotel, which I found, to my great delight, to be thoroughly old-fashioned, for of course I wanted to see all I could of the ways of the country. I was evidently expected, for when I got near the door I faced a cheery-looking elderly woman in the usual peasant dress—white undergarment with long double apron, front, and back, of coloured stuff fitting almost too tight for modesty. When I came close she bowed and said, "The Herr Englishman?" "Yes," I said, "Jonathan Harker." She smiled, and gave some message to an elderly man in white shirt-sleeves, who **had followed** her to the door. He went, but immediately returned with a letter:

"My Friend,

Welcome to the Carpathians. I am anxiously expecting you. Sleep well to-night. At three to-morrow the diligence will start for Bukovina; a place on it is kept for you. At the Borgo Pass my carriage will await you and will bring you to me. I trust that your journey from London **has been** a happy one, and that you will enjoy your stay in my beautiful land.

Your friend,

DRACULA."

4 May

I found that my landlord **had got** a letter from the Count, directing him to secure the best place on the coach for me; but on making inquiries as to details he seemed somewhat reticent, and pretended that he could not understand my German. This could not be true, because up to then he had understood it perfectly; at least, he answered my questions exactly as if he did. He and his wife, the old lady who had received me, looked at each other in a frightened sort of way. He mumbled out that the money **had been sent** in a letter, and that was all he knew. When I asked him if he knew Count Dracula, and could tell me anything of his castle, both he and his wife crossed themselves, and, saying that they knew nothing at all, simply refused to speak further. It was so near the time of starting that I had no time to ask any one else, for it was all very mysterious and not by any means comforting.

Just before I was leaving, the old lady came up to my room and said in a very hysterical way:

"Must you go? Oh! young Herr, must you go?" She was in such an excited state that she seemed to have lost her grip of what German she knew, and mixed it all up with some other language which I did not know at all. I was just able to follow her by asking many questions. When I told her that I must go at once, and that I was engaged on important business, she asked again:

“Do you know what day it is?” I answered that it was the fourth of May. She shook her head as she said again: “Oh, yes! I know that! I know that, but do you know what day it is?” On my saying that I did not understand, she went on: “It is the eve of St. George’s Day. Do you not know that to-night, when the clock strikes midnight, all the evil things in the world will have full sway? Do you know where you are going, and what you are going to?”

A. Le vocabulaire utile :

to direct [tə dɪˈrekt] = indiquer

thoroughly [ˈθʌrəli] = entièrement

of course [əv kɔːs] = bien sûr

door [dɔː] = porte

elderly [ˈeldəli] = âgé

apron [ˈeɪprən] = tablier

to smile [tə smaɪl] = sourire

to follow [tə ˈfɒləʊ] = suivre

a letter [ə ˈletə] = une lettre

friend [frend] = ami

welcome [ˈwelkəm] = bienvenue

to expect [tə ɪkˈspekt] = attendre

journey [ˈdʒɜːni] = le voyage

to enjoy [tə ɪnˈdʒɔɪ] = apprécier

to pretend [tə prɪˈtend] = faire semblant

frightened [ˈfraɪtn̩d] = effrayé

to refuse [tə rɪˈfjuːz] = refuser

mysterious [mɪˈstɪərɪəs] = mystérieux

room [ruːm] = chambre

business [ˈbɪznəs] = une affaire

B. Compréhension: Did you understand the text?

1. Did Jonathan choose his hotel himself ? (Jonathan a-t-il choisi son hôtel lui-même ?)

2. How will he get to Count Dracula's castle ? (Comment va-t-il se rendre au château du Comte Dracula ?)

3. Do the owners of the Golden Krone Hotel know who Count Dracula is ? (Est-ce que les gérants de la Couronne Dorée connaissent le Comte Dracula ?)

C. Grammaire : retour vers le passé

Nous avons déjà parlé des temps du passé dans le chapitre 2. Maintenant, allons un peu plus loin et parlons d'un nouveau temps, le **present perfect** [ˈprezənt ˈpɜːfɪkt]. Il se forme à l'aide de l'auxiliaire **to have**, conjugué au présent, et du participe passé du verbe principal. Il sert à parler d'états ou d'événements qui viennent de se terminer ou qui ont commencé dans le passé et se poursuivent dans le présent. On en trouve un exemple dans la lettre de Dracula à Jonathan : « I trust that your journey from London **has been** a happy one » : « J'espère que vous avez fait bon voyage depuis Londres ». Le voyage de Jonathan est sur le point de s'achever, Stoker utilise donc le **present perfect**, qui est à mi-chemin entre le passé et le présent.

Un autre temps utilisé dans le texte est intéressant : le **past perfect** [pɑːst ˈpɜːfɪkt]. Il se forme à l'aide l'auxiliaire **to have** conjugué au passé, c'est-à-dire **had,** et du participe passé du verbe principal. Il exprime l'antériorité, c'est-à-dire le fait que l'action décrite a eu lieu avant une autre action passée. Prenons par exemple la première phrase du troisième paragraphe : « I found that my landlord **had got** a letter from the Count » : « J'ai appris que mon hôte avait reçu une lettre du Comte ». La première action au passé (exprimée au **preterit**) est "I found", la seconde action, plus ancienne, est exprimée au **past perfect** : "my landlord had got a letter from the Count". Vous trouverez d'autres exemples qui expriment cette antériorité en caractères gras dans le texte. Et maintenant, voici quelques phrases à traduire pour vous entraîner :

D. Traduction

Traduisez en anglais les phrases suivantes.

1. Jonathan voyage depuis des semaines.

2. Dracula est un vampire depuis des siècles.

3. Le comte avait prévu le voyage de Jonathan un mois à l'avance.

4. Jonathan était en train de préparer sa valise lorsque la vieille dame entra dans sa chambre.

E. Activité d'expression : Creative writing

Faites un portrait physique et moral du Comte Dracula tel que vous l'imaginez

Traduction de l'extrait de *Dracula*

Le Comte Dracula m'avait indiqué l'Hôtel de la Couronne Dorée, qui s'avéra des plus traditionnels, pour mon plus grand plaisir, car je voulais découvrir les mœurs de ce pays. J'étais manifestement attendu : en m'approchant du seuil, je me trouvai nez à nez avec une vieille dame à l'air enjoué, vêtue du costume paysan traditionnel – un sous-vêtement blanc recouvert sur le devant et dans le dos d'un long tablier double d'une étoffe colorée, si ajusté que s'en était presque indécent. à mon approche, elle s'inclina et dit « Le Herr anglais ? ». « Oui, répondis-je, Jonathan Harker ». Elle sourit, et lança quelques mots à un vieux monsieur en manches de chemise blanches qui l'avait suivie. Il partit, et revint immédiatement avec une lettre :

« Mon Ami,

Bienvenue dans les Carpates. Je vous attends avec impatience. Dormez bien cette nuit. La diligence partira pour Bucovine demain à trois heures : une place vous y est réservée. Ma calèche vous attendra au Col de Borgo et vous amènera jusqu'à moi. J'espère que vous avez fait bon voyage depuis Londres, et que vous apprécierez votre séjour dans mon beau pays.

Votre ami,

Dracula. »

4 mai

J'ai appris que mon hôte avait reçu une lettre du Comte qui lui ordonnait de réserver pour moi la meilleure place de la diligence. Lorsque je lui demandai de me donner plus de détails, il parut quelque peu réticent, et fit semblant de ne pas comprendre mon allemand, ce qui ne pouvait être vrai, puisqu'il l'avait parfaitement compris jusque-là, ou, du moins, avait toujours répondu à mes questions comme si c'était le cas. Il échangea avec son épouse, la vieille dame qui m'avait reçu, un regard effrayé. Il marmonna que l'argent avait été envoyé par courrier, et que c'était tout ce qu'il savait. Lorsque je lui demandai s'il connaissait le Comte Dracula, et s'il pouvait me parler de son château, sa femme et lui se signèrent et refusèrent tout bonnement de dire un mot de plus. L'heure du départ était imminente et je n'avais pas le temps d'interroger d'autres personnes, mais tout cela était très mystérieux et inquiétant par bien des aspects.

Alors que je m'apprêtais à prendre congé, la vieille dame monta dans ma chambre et me dit d'un ton hystérique :

« Faut-il vraiment que vous y alliez ? Oh, jeune Herr, le faut-il vraiment ? » Elle était dans un tel état d'agitation qu'elle semblait avoir perdu l'usage du peu d'allemand qu'elle connaissait, et le mélangeait avec une autre langue qui m'était entièrement inconnue. C'est à peine si je fus en mesure de la comprendre en lui posant toutes sortes de questions. Lorsque je lui dis que je devais partir sur le champ, que je m'étais engagé à conclure une importante affaire, elle reprit :

« Savez-vous quel jour nous sommes ? » Je répondis que nous étions le 4 mai. Elle reprit en secouant la tête : « Oh, oui, je le sais bien ! Je le sais bien, mais savez-vous quel jour nous sommes ? » Je lui dis que je ne comprenais pas, et elle poursuivit : « C'est la veille de la Saint George. Ne savez-vous pas que ce soir, lorsque l'horloge sonnera les douze coups de minuit, tous les pouvoirs maléfiques du monde se déchaîneront ? Connaissez-vous votre destination, savez-vous vers quoi vous vous dirigez ? »

Réponses

B. Compréhension

1. No, Count Dracula told him where to stay. (to stay = séjourner)
2. Jonathan has to take the stagecoach (= la diligence) for Bucovina, get off (= descendre) at the Borgo Pass and then take Count Dracula's personal carriage up to (= jusqu'à) the castle.
3. Yes, they do. The old lady tries to warn Jonathan against visiting the Count. (to warn somebody against doing something = déconseiller à quelqu'un de faire quelque chose)

D. Traduction

1. Jonathan has been travelling for weeks.
2. Dracula has been a vampire for centuries.
3. The Count had planned Jonathan's travel a month in advance.
4. Jonathan was packing his suitcase when the old lady entered his room.

Remarquez que l'on traduit généralement le **present perfect** par du présent de l'indicatif en français lorsque l'état ou l'action décrits ne sont pas terminés.

Pour traduire le **past perfect**, on utilise généralement le plus-que-parfait français, qui exprime la même idée d'antériorité.

Attention : on utilise le **continuous past** [kən'tɪnjʊəs pɑːst] (preterit progressif) (voir chapitre 2) plutôt que le **past perfect** quand l'action la plus ancienne (ici préparer sa valise) n'est pas terminée au moment où l'action la plus récente (ici entrer dans la chambre) commence.

E. Activité d'expression

Voici la description du Comte par Mina, la fiancée de Jonathan, dans la suite du roman :

« [Jonathan] gazed at a tall, thin man, with a beaky nose and black moustache and pointed beard [...]. His face was not a good face; it was hard, and cruel, and sensual, and his big white teeth, that looked all the whiter because his lips were so red, were pointed like an animal's. Jonathan kept staring at him, till I was afraid he would notice. I feared he might take it ill, he looked so fierce and nasty. »

[Jonathan] contemplait un homme grand et mince, au nez aquilin, à la moustache noire et à la barbe taillée en pointe. Le visage de cet homme n'avait rien d'avenant : ses traits étaient durs, cruels et sensuels, et ses grandes dents blanches, qui semblaient d'autant plus claires que ses lèvres étaient d'un rouge profond, étaient aussi pointues que celles d'un animal. Jonathan continuait à le dévisager, et j'eus peur que l'homme ne le remarque. Je craignais qu'il ne le prenne mal, tant il semblait féroce et malfaisant.

Chapitre 9

Les restaurants et les repas

DANS CE CHAPITRE :

- **Les mots pour les aliments et les repas**
- **Réserver une table au restaurant**
- **Comprendre le menu**
- **Commander les plats et la boisson**

Quand on pense à la meilleure cuisine du monde, celle des pays anglophones ne vient pas aussitôt à l'esprit. Vous vous demandez peut-être même si « cuisine » est un mot qui convient aux aliments associés avec les États-Unis, comme les hamburgers, les hot dogs, les frites et les pizzas surgelées (certes, la pizza est italienne – mais la pizza surgelée est très américaine !).

Heureusement, dîner au restaurant dans un pays anglophone, et même aux États-Unis, implique bien d'autres expériences que celle du fast-food. Dans les métropoles des îles Britanniques comme dans celles d'Amérique du Nord, des émigrés de tous les coins du monde ont apporté leurs traditions, et influencé les habitudes alimentaires régionales, comme aux États-Unis **Cajun** [ˈkeɪdʒən] (Cajun) et **Tex-Mex** [ˈteks ˈmeks] (cuisine d'inspiration mexicaine au Texas). Vous trouverez plus loin dans ce chapitre des expressions qui vous aideront à sélectionner des plats en anglais, en Amérique du Nord et en Europe. Eh oui, je vous parlerai aussi un peu des fast-foods !

La faim et la soif

Lorsque votre estomac vous dit qu'il est temps de manger et lorsque vous avez besoin d'étancher votre soif, voici quelques expressions qui vous aideront à obtenir quelque chose **to eat** [tə iːt] (à manger) ou **to drink** [tə drɪŋk] (à boire).

» **I'm hungry.** [aɪm ˈhʌŋgri] (J'ai faim.)

» **I'm thirsty.** [aɪm ˈθɜːsti] (J'ai soif.)

» **Let's eat.** [lets iːt] (Mangeons.)

Utilisez le verbe **to be** – non pas **to have** – avec les adjectifs **hungry** et **thirsty**. En outre, l'anglais utilise **to be** au lieu de **to have** pour indiquer l'âge. Par exemple, dites **I am 20 years old** [aɪ əm ˈtwenti jiəz əʊld] (J'ai 20 ans). (Voyez le chapitre 3 pour d'autres idées sur la façon d'exprimer l'âge.)

LES MOTS DE LA FAIM

I'm hungry [aɪm ˈhʌŋgri] (J'ai faim) est direct et précis – vous voulez manger ! Mais d'autres expressions courantes ne sont pas si évidentes. Par exemple, vous pourriez dire **I'm so hungry, I could eat a horse!** [aɪm səʊ ˈhʌŋgri aɪ kəd iːt ə hɔːs] (j'ai tellement faim, je pourrais manger un éléphant). Vous pouvez dire aussi **I'm starving** [aɪm ˈstɑːvɪŋ] (je meurs de faim) ou **I'm famished** [aɪm ˈfæmɪʃt] (je suis affamé). En tout cas, tout le monde sait que vous voulez à manger, maintenant.

Traditionnellement, le moment du repas est un moment social – à moins que vous ne deviez vous sauver pour aller travailler ou que vous n'ayez qu'une pause déjeuner très brève – et vous devriez passer un peu de temps à table, profitant de la compagnie de ceux avec qui vous prenez les repas. Le style de vie accéléré change la façon dont beaucoup de gens mangent, mais même pour des Américains, trois bons repas par jour représentent encore la norme. Les sections suivantes vous parlent des repas de la journée. Avez-vous faim ?

Qu'y a-t-il au petit-déjeuner ?

Si vous avez faim le matin, vous pouvez demander **What's for breakfast?** [wɒts fə ˈbrekfəst] (Qu'y a-t-il au petit-déjeuner ?). **Breakfast** veut dire littéralement **break**

the fast [breɪk ðə fɑ:st] (rompre le jeûne), mais en pays anglophone, le petit-déjeuner est un repas tellement populaire que certains restaurants affichent **"Breakfast served all day!"** [ˈbrekfəst sɜ:vd ɔ:l deɪ] (Petit-déjeuner servi toute la journée !).

Voici quelques ingrédients solides typiques d'un petit-déjeuner anglo-américain :

» **bacon** [ˈbeɪkən] (bacon)

» **cereal** [ˈsɪərɪəl] (céréales)

» **eggs** [egz] (œufs)

» **French toast** [frentʃ təʊst] [UK], [frentʃ toʊst] [US] (sorte de pain perdu)

» **pancakes** [ˈpænkeɪks] (crèpes)

» **sausage** [ˈsɒsɪdʒ] [UK], [ˈsɒsədʒ] [US] (saucisson/saucisse)

» **toast** [təʊst] [UK], [toʊst] [US] (toast)

» **waffles** [ˈwɒfl̩z] [UK], [ˈwɑ:fl̩z] [US] (gaufres)

Et voici quelques boissons de petit-déjeuner :

» **coffee** [ˈkɒfi] [UK], [ˈkɑ:fi] [US] (café)

» **juice** [dʒu:s] [UK] (jus de fruits)

» **tea** [ti:] (thé)

COMMENT VOULEZ-VOUS VOS ŒUFS ?

On pourrait répondre en plaisantant à cette question et les demander « sur une assiette ! ». Mais vous devez être un peu plus spécifique – et probablement moins drôle – en commandant vos œufs. Voici quelques possibilités courantes :

» **fried** [fraɪd] (sur le plat)

» **omelette** [UK], **omelet** [US] [ˈɒmlɪt] (en omelette)

» **poached** [pəʊtʃt] [UK], [poʊtʃt] [US] (pochés)

» **scrambled** [ˈskræmbl̩d] (brouillés)

Aux États-Unis, vous serez confronté à de multiples variétés d'œufs sur le plat :

» **Sunny-side up** [ˈsʌnisaɪd ʌp] (le jaune – le soleil – n'est pas cuit).

» **Sunny-side down** [ˈsʌnisaɪd daʊn] (l'œuf est retourné pendant sa cuisson).

» **Over easy** [ˈəʊvər ˈi:zi] (le jaune est encore assez liquide).

» **Medium** [ˈmi:dɪəm] (à point : le jaune est encore un peu liquide).

» **Hard** [hɑ:d] (le jaune est complètement cuit).

Malgré toutes ces possibilités, beaucoup de gens ne prennent qu'une tasse de café vite faite et un morceau de pain grillé pour le petit-déjeuner durant la semaine. Mais le week-end, ils dorment souvent tard et prennent alors un **brunch** [brʌntʃ] (brunch). Le brunch est souvent servi dans le style buffet avec tous les articles typiques du breakfast et en plus **omelettes** [UK]/**omelets** [US] [ˈɒmlɪtz] (des omelettes) et d'autres plats à base d'œufs, des hors-d'œuvres, **fruit** [fruːt] (des fruits), **pastries** [ˈpeɪstrɪz] (des pâtisseries), **muffins** [ˈmʌfɪnz] (des muffins), et peut-être **champagne** [ʃæmˈpeɪn] (du champagne).

Qu'y a-t-il pour le déjeuner ?

Entre midi et une heure, c'est le moment de dire **Let's have lunch!** [lets həv lʌntʃ] (Déjeunons !). La plupart des gens arrêtent leur travail pour attraper quelque chose à manger ou réchauffent un plat au micro-ondes du bureau, puis retournent au travail. Mais pour d'autres, un repas de midi chaud et convivial est le repas principal de la journée.

Voici la composition d'un déjeuner typique :

- **salad** [ˈsæləd] (salade)
- **sandwich** [ˈsænwɪdʒ] (sandwich)
- **soup** [suːp] (potage)
- **microwaveable meal** [ˈmaɪkrəweɪvəbl̩ miːl] (repas à réchauffer au micro-ondes)

Vous pouvez (en général) utiliser **to eat** [tə iːt] (manger) ou bien **to have** [tə hæv] (prendre) pour parler de nourriture. Par exemple, **Let's eat lunch** [lets iːt lʌntʃ] (Déjeunons) et **Let's have lunch** [lets həv lʌntʃ] (Déjeunons) ont le même sens. Et vous pouvez utiliser **to drink** [tə drɪŋk] (boire) ou **to have** pour parler de boire quelque chose : **I drink coffee every morning** [aɪ drɪŋk ˈkɒfi ˈevri ˈmɔːnɪŋ] (Je bois du café chaque matin) et **I have coffee every morning** [aɪ həv ˈkɒfi ˈevri ˈmɔːnɪŋ] (Je prends du café chaque matin). **Eat, have** et **drink** sont tous des verbes irréguliers. (Consultez les tables des verbes irréguliers dans l'annexe A pour voir leur conjugaison.)

En français, il est correct de dire « Je prends mon petit-déjeuner à 7 heures », mais en anglais, vous ne pouvez pas dire « I take breakfast at 7 a.m ». Vous devez utiliser les verbes **to eat** ou **to have** décrits dans le paragraphe précédent. Vous pouvez utiliser **take** quand vous parlez de nourriture dans certaines situations, comme quand vous commandez un plat : **I'll take the salmon** [aɪl teɪk ðə ˈsæmən]

(Je prendrai le saumon), ou au bureau : **Let's take a break** [lets teɪk ə breɪk] (Faisons une pause). Pour en savoir plus sur l'usage de **take** dans de telles circonstances, lisez la section « Verbes pour commander : **to have** et **to take** », plus loin dans ce chapitre, et regardez aussi le chapitre 14.

Qu'y a-t-il pour dîner ?

Le soir, vous pouvez demander **What should we have for dinner?** [wɒt ʃəd wi həv fə ˈdɪnə] (Qu'allons-nous manger au dîner ?). Dans les pays de langue anglaise, et surtout en Amérique du Nord, le repas du soir commence nettement plus tôt qu'en Europe continentale et surtout que dans les pays latins, vers 5 ou 6 heures du soir. Le repas du soir est le principal repas de la journée, et ce peut être le seul repas que les membres d'une famille prennent ensemble.

Un dîner typique inclut un **main course** [meɪn kɔːs] (plat principal) tel que :

- **casserole** [ˈkæsərəʊl] [UK], [ˈkæsəroʊl] [US] (cassolette)
- **fish** [fɪʃ] (poisson)
- **meat** [miːt] (viande)
- **pizza** [ˈpiːtsə] (pizza)
- **poultry** [ˈpəʊltri] [UK], [ˈpoʊltri] [US] (volaille)
- **spaghetti** [spəˈgeti] (spaghetti)

Et un ou plusieurs des accompagnements suivants :

- **bread** [bred] (pain)
- **potatoes** [pəˈteɪtəʊz] (pommes de terre)
- **rice** [raɪs] (riz)
- **salad** [ˈsæləd] (salade)
- **vegetables** [ˈvedʒɪtəbl̩z] (légumes verts)

Au chapitre 10, vous trouverez le vocabulaire spécifique des légumes (et aussi des fruits).

Dans certaines régions des États-Unis, par exemple dans certains États du Sud-Ouest, les gens prennent un repas principal à midi, suivi d'un repas plus léger – appelé **supper** [ˈsʌpə] (dîner léger) – le soir. Bien sûr, si vous avez faim entre les repas, vous pouvez toujours prendre un petit **snack** [snæk] (quelque chose à grignoter).

Quand vous **set the table** [set ðə ˈteɪbl̩] (mettez la table) pour le dîner, voici les articles de base dont vous avez besoin en anglais :

- **silverware** [ˈsɪlvəweə] (couverts)
  - **forks** [fɔːks] [UK] (fourchettes)
  - **knives** [naɪvz] (couteaux)
  - **spoons** [spuːnz] (cuillers)
- **dishes** [ˈdɪʃɪz] (vaisselle)
  - **bowls** [bəʊlz] [UK], [boʊlz] [US] (plats/coupes/bols)
  - **cups** [kʌps] (tasses)
  - **glasses** [ˈglɑːsɪz] [UK], [ˈglæsəz] [US] (verres)
  - **plates** [pleɪts] (assiettes)
- **other items** [ʌðə ˈaɪtəmz] [UK] (autres articles)
  - **placemats** [ˈpleɪsmæts] (set de table)
  - **saltcellar** [UK], **salt shaker** [US] [sɒltˈselər] [UK], [sɔːlt ˈʃeɪkə] [US] (salière)
  - **pepper pot** [UK], **pepper shaker** [US] [ˈpepə pɒt] [UK], [ˈpepə ˈʃeɪkə] [US] (poivrier)
  - **tablecloth** [ˈteɪblklɒθ] [UK] (nappe)

FINGER FOOD

Quand est-il convenable de manger avec ses doigts ? Quand vous mangez du **finger food** [ˈfɪŋgə fuːd] (aliments à prendre avec les doigts), bien sûr ! **Finger food** est un classement officieux d'aliments que vous pouvez prendre avec les mains sans commettre un faux pas. Appartiennent à cette catégorie **fried chicken** [fraɪd ˈtʃɪkɪn] (poulet frit), **pizza** [ˈpiːtsə] (pizza), **bacon** [ˈbeɪkən] (bacon), et les **appetizers** [ˈæpɪtaɪzəz] (amuses-bouche). Dans le doute, regardez comment font les autres ou demandez **Is this finger food?** [ɪz ðɪs ˈfɪŋgə fuːd] (peut-on le manger avec les doigts ?). Mais si vous n'êtes pas à l'aise en mangeant avec les doigts, vous pouvez habituellement utiliser une fourchette et un couteau.

La conversation suivante vous permettra de pratiquer les termes utilisés à table et vous fera découvrir quelques expressions à utiliser si quelque chose manque.

Conversation

La famille Grebe (des Britanniques) est sur le point de se mettre à table pour dîner. Les deux filles, Lindsey et Melissa, ont mis la table.

Mrs Grebe : **The food is ready. Let's sit down.**

[ðə fuːd ɪz ˈredi lets sɪt daʊn]

Le repas est prêt. Asseyons-nous.

Mr Grebe : **Wait a second. Where are the plates?**

[weɪt ə ˈsekənd weər ə ðə pleɪts]

Une seconde. Où sont les assiettes ?

Melissa : **Lindsey, you forgot the plates!**

[ˈlɪndzi ju fəˈgɒt ðə pleɪts]

Lindsey, tu as oublié les assiettes !

Lindsey : **No, I didn't. You did!**

[nəʊ aɪ ˈdɪdnt ju dɪd]

Non je ne les ai pas oubliées, c'est toi !

Mrs Grebe : **Here are some plates. Now, let's eat.**

[hɪər ə səm pleɪts naʊ lets iːt]

Voici des assiettes. Maintenant mangeons.

Mr Grebe : **I don't have a fork.**

[aɪ dəʊnt həv ə fɔːk]

Je n'ai pas de fourchette.

Melissa : **I'll get you one.**

[aɪl get ju wʌn]

Je vais t'en chercher une.

Mrs Grebe : **And I'm missing a spoon.**

[ənd aɪm ˈmɪsɪŋ ə spuːn]

Et il me manque une cuiller.

Lindsey : **Oops! Here's a spoon.**

[uːps hɪəz ə spuːn]

Oups ! Voici une cuiller.

Mr Grebe : **Wait a minute! No napkins?**

[weɪt ə ˈmɪnɪt nəʊ ˈnæpkɪnz]

Une minute ! Pas de serviettes ?

Aller au restaurant

Dining out [ˈdaɪnɪŋ aʊt] (Aller au restaurant) vous donne l'occasion de choisir parmi les cuisines de tous les pays, et de goûter aussi les plats et la culture du pays anglophone où vous vous trouvez. Cette section peut vous aider à vous sentir à l'aise quand quelqu'un dit **Let's go out to eat!** [lets gəʊ aʊt tə iːt] (Allons au restaurant !).

Même en semaine, les restaurants prisés peuvent être complets. Si vous voulez une table, il vaut mieux appeler et réserver. Sinon, préparez-vous à attendre.

Conversation

Vlada et son mari Mike (des Américains) veulent essayer un nouveau restaurant. Le restaurant a bénéficié de critiques enthousiastes et ils décident d'appeler pour réserver. (Piste 24)

Réception : **Hello, Clouds Restaurant.**

[həˈləʊ klaʊdz ˈrestrɒnt]

Allo, restaurant Clouds.

Mike : **I'd like to make a reservation for Monday night.**

[aɪd laɪk tə meɪk ə rezəˈveɪʃn̩ fə ˈmʌndi naɪt]

Je voudrais faire une réservation pour lundi soir.

Réception : **I'm sorry, we're closed Monday nights.**
[aɪm ˈsɒri wɪə kləʊzd ˈmʌndeɪ naɪts]
Je suis désolé(e), nous sommes fermé le lundi soir.

Mike : **How about Sunday?**
[haʊ əˈbaʊt ˈsʌndeɪ]
Et dimanche ?

Réception : **Sunday is fine. What time?**
[ˈsʌndeɪ ɪz faɪn wɒt taɪm]
Dimanche c'est bon. Quelle heure ?

Mike : **Seven-thirty.**
[ˈsevn̩ ˈθɜːti]
Sept heures et demie.

Réception : **How many people?**
[haʊ məni ˈpiːpl̩]
Combien de personnes ?

Mike : **Two.**
[tuː]
Deux.

Réception : **And your name?**
[ənd jə neɪm]
À quel nom ?

Mike : **Mike Moran.**
[maɪk məˈræn]
Mike Moran.

Réception : **Okay, Mr Moran. That's two at 7:30 for this Sunday.**
[əʊˈkeɪ ˈmɪstə məˈræn ðæts tuː ət ˈsevn̩ ˈθɜːti fə ðɪs ˈsʌndeɪ]
D'accord M. Moran. Deux personnes à 7 h 30 dimanche prochain.

Dans beaucoup de restaurants, le **host** [həʊst] [UK], [hoʊst] [US] (le maître d'hôtel) prend votre nom et vous conduit à votre table. Mais en Amérique, si vous ne voyez personne pour vous accueillir et si vous voyez un panneau indiquant **Please seat yourself** [pli:z si:t jɔ:ˈself] (Installez-vous s'il vous plaît), n'hésitez pas et prenez la table que vous voulez.

Conversation

Joanne vient d'arriver en ville et est entrée dans un restaurant où il y a du monde, espérant trouver une place.

Host : **Good evening. Two for dinner?**

[gʊd ˈi:vn̩ɪŋ tu: fə ˈdɪnə]

Bonsoir. Deux personnes pour dîner ?

Joanne : **No, just one.**

[nəʊ dʒəst wʌn]

Non, une seulement.

Host : **Do you have a reservation?**

[də ju həv ə rezəˈveɪʃn̩]

Avez-vous réservé ?

Joanne : **No, I'm afraid I don't.**

[nəʊ aɪm əˈfreɪd aɪ dəʊnt]

Non, malheureusement pas.

Host : **Then I'll put your name on our waiting list.**

[ðen aɪl pʊt jə neɪm ɒn aʊə ˈweɪtɪŋ lɪst]

Alors je vais mettre votre nom sur notre liste d'attente.

Joanne : **How long will it be?**

[haʊ lɒŋ wl̩ ɪt bi]

Cela prendra combien de temps ?

Host : **About 20 minutes.**

[əˈbaʊt ˈtwenti ˈmɪnɪts]

Environ 20 minutes.

Joanne : **Okay, I'll wait. My name is Joanne.**

[əʊˈkeɪ aɪl weɪt maɪ neɪm ɪz dʒəʊˈæn]

Bien, je vais attendre. Je m'appelle Joanne.

Host : **I'll call you as soon as I have a free table.**

[aɪl kɔːl ju əz suːn əz aɪ həv ə friː ˈteɪbl̩]

Je vous appelle dès que j'ai une table libre.

Dans un café américain, il est généralement considéré comme mal élevé de s'asseoir à une table occupée (mais où il reste de la place) – même si c'est le seul endroit disponible. La coutume peut sembler idiote, peut-être, mais c'est ainsi le plus souvent. Vous pourrez cependant rencontrer quelques exceptions à cette règle non écrite, dans les cafétérias d'établissements scolaires ou de bureaux, où vous pouvez demander **Is this seat taken?** [ɪz ðɪs siːt ˈteɪkən] (Cette place est-elle prise ?) si vous apercevez une chaise disponible à une table.

Mots clés

to sit down	[tə sɪt daʊn]	s'asseoir
to wait	[tə weɪt]	attendre
to dine out	[tə daɪn aʊt]	dîner au restaurant
to make a reservation	[tə meɪk ə rezəˈveɪʃn̩]	faire une réservation

Commander à partir du menu

Choisir ce que vous voulez dans le menu peut être toute une aventure. Dans un restaurant proposant une cuisine d'Europe continentale, vous pourrez reconnaître des plats qui vous sont familiers (bien qu'ils puissent être considérablement modifiés). Cependant, certains plats peuvent avoir des noms créatifs, de sorte qu'il est impossible de savoir de quoi ils se composent – sauf si vous le demandez. Voici quelques façons de poser cette question, ainsi que quelques autres, utilisables pour commander.

- **Excuse me. What's this?** [ɪkˈskjuːz miː wɒts ðɪs] (Excusez-moi. Qu'est-ce que c'est que ça ?)

- **Can you tell me about this item?** [kən ju tel mi: ə'baʊt ðɪs 'aɪtəm (Pouvez-vous me dire quelque chose sur ce plat ?)
- **Which items are vegetarian?** [wɪtʃ 'aɪtəmz ə vedʒɪ'teərɪən] (Quels plats sont végétariens ?)

Pour presque tous les plats que vous commandez – même le plat principal – vous disposez de plusieurs possibilités, comme le degré de cuisson de la viande, le type de préparation des pommes de terre, le type de sauce pour la salade, et ainsi de suite. Les sections suivantes vous aideront à découvrir les options disponibles, et à demander ce qui vous convient.

Viande

Voici quelques-unes des options :

- **beef** [bi:f] (bœuf)
- **lamb** [læm] (agneau)
- **pork** [pɔ:k] (porc)

Le serveur peut aussi vous demander **How do you want your meat?** [haʊ də ju wɒnt jə mi:t] (Quelle cuisson pour la viande ?) pour pouvoir dire au chef combien de temps il doit cuire votre bœuf. Vous avez le choix entre les réponses suivantes :

- **medium** ['mi:dɪəm] (à point)
- **rare** [reə] (bleu)
- **well done** [wel dʌn] (bien cuit)

Si vous hésitez entre plusieurs possibilités, demandez **medium-rare** ['mi:dɪəm reə] (saignant) ou **medium-well** ['mi:dɪəm wel] (entre à point et bien cuit).

Pommes de terre

Et voici quelques options pour les pommes de terre :

- **baked potatoes** [beɪkt pə'teɪtəʊz] [UK], [beɪkt pə'teɪtoʊz] [US] (pommes de terre au four), servies avec l'un des ingrédients suivants (mais si vous hésitez entre eux, prenez-les tous les trois !) :
  - **sour cream** [saʊə kri:m] (crème fermentée)
  - **butter** ['bʌtə] (beurre)
  - **chives** [tʃaɪvz] (ciboulette)

- **French fries** [frentʃ fraɪz] (pommes frites)
- **mashed potatoes** [mæʃt pəˈteɪtəʊz] [UK], [mæʃt pəˈteɪtoʊz] [US] (purée de pommes de terre)

Sauce de salade (Salad dressing)

Les restaurants britanniques assaisonnent la salade à leur manière, un peu fade, et ne vous demandent pas votre avis. Mais lors d'un premier séjour aux États-Unis, soyez sur vos gardes, vous pourriez avoir des surprises.

- **blue cheese** [bluː tʃiːz] (à base d'un fromage de type Roquefort)
- **French** [frentʃ] (« française », sauce onctueuse un peu sucrée, d'une couleur indéfinissable, au goût répugnant pour un palais français)
- **Italian** [ɪˈtæljən] (sauce à l'huile et au vinaigre de vin, relevée avec un peu d'ail)
- **Ranch** [rɑːntʃ] [UK], [ræntʃ] [US] (moins sucrée et nettement plus relevée que la **French**, et pouvant comporter une dizaine d'ingrédients parmi lesquels de la moutarde et de l'ail)
- **Thousand Island** [ˈθaʊzn̩d ˈaɪlənd] (même commentaire que pour la **French**, sauf la couleur, qui est rose)

Boissons

Tandis que les Britanniques boivent de l'eau à peine fraîche, et leur bière parfois presque tiède, les Américains ont un faible pour les boissons glacées. Dans tout restaurant américain, dès que vous prenez place à table, un serveur se précipite pour remplir votre (grand) verre de glaçons presque sans eau. Si l'eau ne vous suffit pas ou si vos dents supportent mal la congélation, vous pouvez demander :

- **milk** [mɪlk] (du lait)
- **soda** [ˈsəʊdə] [UK], [ˈsoʊdə] [US] (un soda)
- **hot coffee/tea** [hɒt ˈkɒfi tiː] [UK], [hɑːt ˈkɑːfi tiː] [US] (du café/thé chaud)
- **alcoholic beverages** [ælkəˈhɒlɪk ˈbevərɪdʒɪz] [UK], [ælkəˈhɑːlɪk ˈbevrɪdʒəz] [US] (des boissons alcoolisées)

Let's eat [lets iːt] (Mangeons) est une phrase courante applicable au petit déjeuner, au déjeuner ou au dîner. Mais **let's drink** [lets drɪŋk] (buvons) se réfère habituellement à l'absorption d'alcool. Si donc vous dites **I want to drink** [aɪ wɒnt tə drɪŋk] (je veux boire), cela implique que vous voulez boire de l'alcool – et peut-être même vous saouler un peu !

Conversation

Joanne est finalement assise dans le restaurant rempli de monde, et la serveuse est venue prendre sa commande. (Piste 25)

Serveuse : **Hi. I'm Sara, I'll be your server.**

[haɪ aɪm ˈseərə aɪl bi jə ˈsɜːvə]

Bonjour, je m'appelle Sara et c'est moi qui vais vous servir.

Joanne : **Hi, Sara.**

[haɪ ˈseərə]

Bonjour Sara.

Serveuse : **Ready to order?**

[ˈredi tə ˈɔːdə]

Prête à commander ?

Joanne : **Yes, I'll have the poached salmon with rice.**

[jes aɪl həv ðə pəʊtʃt ˈsæmən wɪð raɪs]

Oui, je prendrai le saumon poché avec du riz.

Serveuse : **That comes with soup or salad.**

[ðət kʌmz wɪð suːp ɔː ˈsæləd]

Vous pouvez avoir du potage ou une salade avec.

Joanne : **I'll take the salad.**

[aɪl teɪk ðə ˈsæləd]

Je prendrai la salade.

Serveuse : **And what kind of dressing for you?**

[ənd wɒt kaɪnd əv ˈdresɪŋ fə ju]

Et quelle sorte de sauce voulez-vous ?

Joanne : **Ranch.**

[rɑːntʃ]

Ranch.

Serveuse : **Something to drink?**

[ˈsʌmθɪŋ tə drɪŋk]

Quelque chose à boire ?

Joanne : **I'd like a glass of Chardonnay, please.**

[aɪd laɪk ə glɑːs əv ʃardəˈneɪ pliːz]

Je voudrais un verre de chardonnais, s'il vous plaît.

Serveuse : **Okay. I'll be right back with some bread and your wine.**

[əʊˈkeɪ aɪl bi raɪt bæk wɪð səm bred ənd jə waɪn]

Bien. Je reviens tout de suite avec du pain et le vin.

Conversation avec la personne qui sert

Un serveur expérimenté ne doit pas venir trop souvent à votre table pendant un repas, mais rester vigilant pour le cas où vous auriez besoin de lui. Si vous avez besoin de quelque chose pendant le repas, il faut qu'il soit facile d'attirer son attention. Vous pouvez dire ensuite **Excuse me. May I please have...** [ɪkˈskjuːz miː meɪ aɪ pliːz hæv] (Pardon. Pourrais-je avoir...) suivi d'une ou plusieurs choses de cette liste :

- **more water** [mɔː ˈwɔːtə] [UK] (plus d'eau)
- **some coffee** [səm ˈkɒfi] [UK], [səm ˈkɑːfi] [US] (du café)
- **another glass of wine** [əˈnʌðə ˈglɑːs əv waɪn] [UK], [əˈnʌðr̩ glæs əv waɪn] [US] (un autre verre de vin)
- **the bill** [UK]/**check** [US] [ðə bɪl] [UK], [tʃek] [US] (l'addition)

Les verbes pour commander : *to have* et *to take*

Le serveur/la serveuse et son client peuvent l'un et l'autre utiliser les verbes **to have** [tə hæv] (avoir) et **to take** [tə teɪk] (prendre). Le serveur vous dit typiquement **I'll take your order** [aɪl teɪk jər ˈɔːdə] (Je vais prendre votre commande) ou demande **What will you have?** [wɒt wl̩ ju hæv] (Que prendrez-vous ?). Le client répond habituellement avec le verbe **to have**, par exemple **I'll have the steak** [aɪl həv ðə steɪk] (Je prendrai le steak).

Mais si la personne qui sert vous offre un choix, le client répond habituellement par le verbe **to take**, qui en pareil cas signifie choisir, comme dans **I'll take the rice** [aɪl teɪk ðə raɪs] (Je prendrai le riz). **Have** et **take** sont l'un et l'autre des verbes irréguliers. (Consultez les verbes irréguliers dans l'annexe A pour voir leurs formes du passé.) Vous trouverez d'autres indications sur le verbe **to take** dans les chapitres 5, 6 et 9 (le chapitre actuel).

Mots clés

to order	[tə ˈɔːdə]	commander
menu	[ˈmenjuː]	menu
server	[ˈsɜːvə]	serveur/serveuse
waiter	[ˈweɪtə]	serveur
waitress	[ˈweɪtrɪs]	serveuse

La fin du repas et l'addition

Assez rapidement après que vous aurez fini de manger, la personne qui sert devrait arriver pour enlever les assiettes et vous demander si vous désirez un dessert et/ou un café. Jetez un coup d'œil sur la conversation suivante pour y trouver quelques expressions utilisables à la fin du repas.

Conversation

Vlada et Mike ont fini leur repas, et la serveuse arrive pour enlever les assiettes.

Serveuse : **All finished here?**

[ɔːl ˈfɪnɪʃt hɪə]

Vous avez terminé ?

Vlada : **Yes, thank you. It was delicious.**

[jes θæŋk ju ɪt wəz dɪˈlɪʃəs]

Oui, merci. C'était délicieux.

Serveuse : **Would you like to see a dessert menu?**

[wʊd ju laɪk tə siː ə dɪˈzɜːt ˈmenjuː]

Voulez-vous voir la carte des desserts ?

Mike : **Definitely.**

[ˈdefɪnətli]

Absolument.

Serveuse : **Here you are. And can I get you some tea or coffee?**

[hɪə ju ɑː ənd kən aɪ get ju səm tiː ɔː ˈkɒfi]

Voici. Et prendrez-vous du thé ou du café ?

Mike : **Yes, please. A cup of coffee.**

[jes pliːz ə kʌp əv ˈkɒfi]

Oui, s'il vous plaît. Un café.

Serveuse : **Cream 'n' sugar?**

[kriːm ən ˈʃʊgə]

Crème et sucre ?

Mike : **Excuse me? What kind of sugar?**

[ɪkˈskjuːz miː wɒt kaɪnd əv ˈʃʊgə]

Pardon ? Quel genre de sucre ?

Serveuse : **I mean do you want cream and sugar for your coffee?**

[aɪ miːn də ju wɒnt kriːm ənd ˈʃʊgə fə jə ˈkɒfi]

Je veux dire voulez-vous de la crème et du sucre avec le café ?

Mike : **No thanks, just black.**

[nəʊ θæŋks dʒəst blæk]

Non merci, du café noir.

Après quelques minutes, la serveuse revient avec le café et prend la commande pour le dessert.

Serveuse : **Here's your coffee, sir. Have you decided on dessert?**

[hɪəz jə ˈkɒfi sɜː həv ju dɪˈsaɪdɪd ɒn dɪˈzɜːt]

Voici votre café, Monsieur. Avez-vous choisi le dessert ?

Vlada : **Can you recommend something? They all sound good.**

[kən ju rekəˈmend ˈsʌmθɪŋ ðeɪ ɔːl saʊnd gʊd]

Pouvez-vous recommander quelque chose ? Ils semblent tous bons.

Serveuse : **The chocolate mousse is my favorite.**

[ðə ˈtʃɒklət muːs ɪz maɪ ˈfeɪvərət]

Je vous conseille la mousse au chocolat.

Vlada : **Okay. We'd like to share one.**

[əʊˈkeɪ wid laɪk tə ʃeə wʌn]

Très bien. Nous voudrions en partager une.

Serveuse : **Okay. One chocolate mousse with two spoons, right?**

[əʊˈkeɪ wʌn ˈtʃɒklət muːs wɪð tuː spuːnz raɪt]

Bon. Une mousse au chocolat avec deux cuillères, c'est bien ça ?

Mike : **Perfect.**

[ˈpɜːfɪkt]

Parfait.

Si vous aimez les sucreries, on dit en anglais que vous avez « **a sweet tooth** » [ə swiːt tuːθ] (« le bec sucré »). Si vous voulez quelque chose de sucré à la fin du repas, ces desserts courants sont faits pour vous :

- **cake** [keɪk] (gâteau)
- **cookies** [ˈkʊkɪz] (biscuits)
- **custard** [ˈkʌstəd] (flan)
- **ice cream** [aɪs kriːm] (glace)
- **pie** [paɪ] (tarte)
- **sherbet** [ˈʃɜːbət] (sorbet)

Quand la dernière bouchée de dessert est avalée et que vous avez fini de boire votre café, la serveuse apporte **the bill** [ðə bɪl] [UK] ou **the check** [ðə tʃek] [US] (l'addition). C'est le décompte des plats et des boissons, plus la **tax** [tæks] (taxe). Pour éviter tout embarras à la fin du repas, demandez toujours quelles formes de paiement le restaurant accepte en faisant la réservation ou avant de vous asseoir.

Certains restaurants n'acceptent pas les chèques ni certaines cartes de crédit. (Le chapitre 8 donne plus de précisions sur le paiement de l'addition.)

LE « DOGGY BAG »

Dans les restaurants américains les portions sont souvent gigantesques, et c'est pourquoi il est pratique d'emmener chez vous ce que vous n'avez pas terminé et de demander un **doggie bag** [ˈdɒgi bæg], en français souvent orthographié « doggy bag » . En fait, c'est une pratique courante – même dans les restaurants chics. Au début, le **doggie bag** était vraiment pour le chien ; quelques restes de viande pour Spot. Mais désormais, pour la plupart des gens, le repas pris au restaurant un soir est le déjeuner du lendemain. Deux repas pour le prix d'un ! Pour emmener les restes chez vous, vous pouvez dire :

» **May I have a doggie bag?** [meɪ aɪ həv ə ˈdɒgi bæg] (Puis-je avoir un « doggy bag » ?)

» **I'd like to take this home.** [aɪd laɪk tə teɪk ðɪs həʊm] (Je voudrais emmener ceci chez moi.)

Aux États-Unis, un pourboire est attendu. En fait, un **tip** [tɪp] ou **gratuity** [grəˈtjuːɪti] (pourboire) de 15 à 20 % de l'addition avant taxe est standard. Bien sûr, vous pouvez toujours laisser plus d'argent pour un excellent service (ou moins pour un service médiocre).

Mots clés

dessert	[dɪˈzɜːt]	dessert
the bill [UK]	[ðə bɪl]	l'addition
the check [US]	[ðə tʃek]	l'addition
tax	[tæks]	taxe
gratuity	[grəˈtjuːɪti]	pourboire

Pour les gens pressés

Les restaurants **fast food** [fɑːst fuːd] [UK], [fæst fuːd] [US] (fast-food) et les **takeaways** [UK] [ˈteɪkəweɪz] (traiteurs/plats à emporter)/**takeouts** [US] [teɪkˈaʊts] (même sens) existent partout dans le monde, et vous êtes sans doute familiarisé avec le type de nourriture et de service en question. Mais dans un fast-food américain, vous pouvez être surpris par la variété du choix des plats et surtout par les portions gigantesques. Par exemple, un **small** [smɔːl] [UK], [smɒl] [US] (petit) soda aux États-Unis peut être comme un **large** [lɑːdʒ] (grand) soda en France. Et si vous commandez un grand soda – attention – vous pouvez avoir besoin de l'aide de tous vos amis pour le finir !

Les **hamburgers** [ˈhæmbɜːgəz] (hamburgers) peuvent eux aussi être beaucoup plus gros que ce à quoi vous êtes habitué, et une grande portion de **fries** [fraɪz] (pommes frites) peut ressembler à un repas complet ! Commander – en anglais – dans un fast-food peut être un peu déroutant, surtout si le restaurant est bondé et si la personne qui prend la commande parle vite. Mais ne perdez pas votre sang-froid, relaxez-vous et demandez à la personne qui est derrière le comptoir de parler plus lentement et de vous expliquer ce que vous ne comprenez pas.

Conversation

Godfrey est dans un restaurant fast-food et commande à déjeuner. La personne qui prend sa commande parle très vite. Godfrey ressent la pression, mais il veut savoir exactement ce qu'il est en train de commander, et il prend le temps de poser des questions. (Piste 26)

Employé : **Next. What would you like?**
[nekst wɒt wʊd ju laɪk]
Suivant. Que voulez-vous ?

Godfrey : **I'll have a cheeseburger.**
[aɪl həv ə ˈtʃiːzbɜːgə]
Je prendrai un burger au fromage.

Employé : **You want everything on that?**
[ju wɒnt ˈevrɪθɪŋ ɒn ðæt]
Vous voulez tout dessus ?

Godfrey : **Everything? What's everything?**
[ˈevrɪθɪŋ wɒts ˈevrɪθɪŋ]
Tout ? C'est quoi, tout ?

Employé : **Mayonnaise, lettuce, tomatoes, onions, and pickles.**

[meɪəˈneɪz ˈletɪs təˈmɑːtəʊz ˈʌnjənz ən ˈpɪkl̩z]

Mayonnaise, laitue, tomates, oignons et pickles.

Godfrey : **No onions, please.**

[nəʊ ˈʌnjənz pliːz]

Pas d'oignons, s'il vous plaît.

Employé : **Anything else?**

[ˈeniθɪŋ els]

Autre chose ?

Godfrey : **I'll have an orange soda.**

[aɪl həv ən ˈɒrɪndʒ ˈsəʊdə]

Je prendrai un soda à l'orange.

Employé : **What size? Small, medium, or large?**

[wɒt saɪz smɔːl ˈmiːdɪəm ɔː lɑːdʒ]

Quelle taille ? Petit, moyen ou grand ?

Godfrey : **Small, please.**

[smɔːl pliːz]

Petit, s'il vous plaît.

Employé : **"Fear t'go?"**

[fɪə tə gəʊ]

Sur place ou à emporter ?

Godfrey : **What? Excuse me?**

[wɒt ɪkˈskjuːz miː]

Quoi ? Pardon ?

Employé : **For here or to go?**

[fə hɪər ɔː tə gəʊ]

Sur place ou à emporter ?

Godfrey : **To go.**

[tə gəʊ]

À emporter.

Employé : **That's five eighty five.**

[ðæts faɪv ˈeɪti faɪv]

Ça fera cinq dollars quatre-vingt cinq.

Jeux et activités

Vous décidez d'aller dîner dans un petit restaurant. Vous commandez un steak, de la purée de pommes de terre, un potage de légumes, une salade verte, du café et un verre d'eau. Avant de commencer à manger, examinez tout ce qu'il y a sur la table et trouvez ce qui manque.

A______________________________

B______________________________

C______________________________

D______________________________

E______________________________

F______________________________

G______________________________

H______________________________

I______________________________

J______________________________

Solutions : Annexe C, p. 431.

HOW TO MAKE A GOOD BURGER

Fatty and delicious [ˈfæti ən dɪˈlɪʃəs] (riche et savoureux), le burger a traversé les frontières pour devenir un **guilty pleasure** [ˈɡɪlti ˈpleʒə] (un plaisir coupable) partagé dans le monde entier. De **junk food** [dʒʌŋk fuːd] (malbouffe), il est passé au rang de **comfort food** [ˈkʌmfət fuːd] (nourriture régressive), voire de **gourmet food** [ˈɡʊəmeɪ fuːd] (plat gastronomique) : outre les chaînes de **fast food** [fɑːst fuːd] industrielles, on le sert maintenant dans les **stylish bistros** [ˈstaɪlɪʃ ˈbiːstrəʊz] (cafés chics) et dans les **gastro pubs** [ˈɡæstrəʊ pʌbz] (brasseries).

Burgers for Dummies (des burgers pour les Nuls !)

Serves 4 (pour 4 personnes)
Preparation time (temps de préparation) 15 minutes
Cooking time (temps de cuisson) 30 minutes
4 **hamburgers** [ˈhæmbɜːɡəz] (steaks hachés)
4 **burger buns** [ˈbɜːɡə bʌnz] (pains à burger)
3 **onions** [ˈʌnjənz] (oignons)
3 **tomatoes** [təˈmɑːtəʊz] (tomates)
4 or 8 **slices of bacon** [ˈslaɪsɪz əv ˈbeɪkən] (tranches de bacon)

4 or 8 **slices of cheese** [ˈslaɪsɪz əv tʃiːz] (tranches de fromage) : du **cheddar** [ˈtʃedə] si vous voulez goûter le **original flavour** [əˈrɪdʒṇəl ˈfleɪvə] (goût d'origine), mais comme nous sommes en France, pourquoi ne pas profiter de nos délicieux fromages : Cantal, Saint-Nectaire et Fourme d'Ambert sont absolument **yummy** [ˈjʌmi] (succulents) dans un burger !

Mettre une **tablespoonful** [ˈteɪblspuːnfʊl] (cuillerée à soupe) d'**olive oil** [ˈɒlɪv ɔɪl] (huile d'olive) dans une **frying pan** [ˈfraɪɪŋ pæn] (poêle) et faire revenir les trois oignons, **thinly sliced** [ˈθɪnli slaɪst] (coupés fin) pendant au moins vingt minutes, jusqu'à ce qu'ils soient bien **sticky** [ˈstɪki] (collants) et **caramelized** [ˈkerəməlaɪzd] (caramélisés). **Set aside** [set əˈsaɪd] (réservez). **Fry** [fraɪ] (faites revenir) les tranches de bacon sans matière grasse quelques secondes, puis **seal** [siːl] (saisissez) les pains coupés en deux, seulement côté mie, réservez. **Salt and pepper** [sɔːlt ənd ˈpepə] (salez et poivrez) les steaks puis **brown them** [braʊn ðəm] (faites-les dorer) trois minutes de chaque côté, ou selon votre goût, ajoutez la tranche de fromage sur le haut du steak et laissez cuire une petite minute de plus. Assemblez les burgers en ajoutant la laitue au dernier moment. C'est prêt ! **Enjoy** [ɪnˈdʒɔɪ] (bon appétit) !

Vous pouvez préparer vous-même votre steak haché en achetant la **minced meat** [mɪnst miːt] (viande hachée) chez le boucher et en y ajoutant des **herbs** [hɜːbz] (herbes aromatiques) comme le **basil** [ˈbæzḷ] (basilic) ou le **parsley** [ˈpɑːsli] (persil) et un peu d'huile d'olive. Vous pouvez aussi préparer des burgers à base de **lamb** [læm] (agneau) par exemple, pour varier les plaisirs. Attention, après avoir formé vos steaks, il faut les laisser reposer quelques heures au **fridge** [frɪdʒ] (frigo) pour qu'ils soient bien fermes.

Les side dishes [saɪd ˈdɪʃɪz] (accompagnements)

Le burger se sent seul sans ses **chips** [tʃɪps] (UK) ou **fries** [fraɪz] (US) (frites). Si vous n'avez pas de friteuse, il est toujours possible de faire des frites au four. Il suffit de **peal** [piːl] (éplucher) puis de **cut** [kʌt] (couper) les pommes de terre. À vous de voir si vous préférez vos frites **thin** [θɪn] (fines) ou

HOW TO MAKE A GOOD BURGER *(SUITE)*

thick [θɪk] (épaisses), dans ce cas il vaut mieux prévoir un temps de cuisson plus important. Rincez-les bien, puis séchez-les avec soin à l'aide d'un torchon propre ou de papier absorbant, ajoutez une ou deux cuillerées à soupe d'huile d'olive et **a pinch** [ə pɪntʃ] (une pincée) de paprika. Mettez-les à dorer 30 à 35 minutes au four à 210° sur une feuille de papier cuisson en évitant qu'elles ne se chevauchent et en les secouant un peu de temps en temps.

La **burger sauce** [ˈbɜːgə sɔːs] est une sorte de mayonnaise agrémentée de moutarde et de cornichons coupés très fin, mais on peut lui préférer le **ketchup** [ˈketʃəp] ou la **tartar sauce** [ˈtɑːtə sɔːs] (sauce tartare).

La grande question est de savoir où trouver les gros **pickles** [ˈpɪkl̩z] (cornichons marinés) en France. On en trouve de plus en plus facilement en grandes surfaces, le tout étant de choisir des cornichons aigre-doux, pas trop piquants.

Fancy a drink?

On accompagne souvent le burger d'un **soda** [ˈsəʊdə] (soda), mais pourquoi ne pas se laisser tenter par une petite **beer** [bɪə] (bière) ? Les pays anglophones sont de grands producteurs de bières, qu'ils divisent en général entre **ales** [eɪlz] et **lagers** [ˈlɑːgəz]. La « ale » est une bière plus traditionnelle, au goût souvent fort et aromatique, à l'aspect opaque. C'est un peu l'équivalent de nos bières d'abbaye, alors que la « lager » est souvent plus légère, et plus industrielle dans ses procédés de fabrication. La **stout** [staʊt] est une « ale » brune au goût prononcé. La stout irlandaise est réputée pour sa couleur brun profond et pour son amertume. En Angleterre, la **porter** [ˈpɔːtə] est une « brown ale » : une bière artisanale aromatique à la couleur brune moins foncée que la stout. Les bières américaines sont issues des traditions anglaise et irlandaise, mais également allemande et d'Europe de l'est. Les États-Unis produisent à la fois de la « lager » et de la « ale ». Ce sont en particulier des amateurs de « **pilsners** » [pɪlsnəz], ces « lagers » blondes légères et désaltérantes.

Chapitre 10
Faire ses achats

DANS CE CHAPITRE :

- **Les achats alimentaires**
- **Poids et mesures anglo-américains**
- **Entités dénombrables et non dénombrables**
- **L'habillement**
- **Trouver la bonne taille**
- **Pronoms personnels**

Quelles que soient les circonstances dans lesquelles vous voyagez ou vous séjournez en pays anglophone, vous serez amené à faire des achats.

Que vous soyez à la recherche de souvenirs à offrir à vos amis au retour, en train d'essayer des vêtements d'un nouveau style ou d'acheter ce qu'il faut pour le repas du soir, faire des achats est toujours une bonne occasion de pratiquer votre anglais.

Dans ce chapitre, je vous donne toutes les informations dont vous avez besoin pour réussir vos emplettes, trouver les articles que vous voulez, demander de l'aide et comprendre les tailles et les prix. De plus, je vous informe sur la politique de retour (généralement très libérale) des magasins américains, conforme à l'expression « le client a toujours raison ». Prenez votre porte-monnaie ou votre carte bancaire, et allez faire les courses !

Direction le supermarché

Dans la plupart des villes américaines, vous trouverez de petits **grocery stores** [ˈgrəʊsəri stɔ:z] [UK], [ˈgroʊsəri stɔ:rz] [US] (magasins d'alimentation), souvent appelés **corner markets** [ˈkɔ:nə ˈmɑ:kɪts] (magasins de quartier) ou **mom and pop stores** [mɒm ənd pɒp stɔ:z] (petits commerces). Ces magasins appartiennent souvent à une famille, et vous pouvez y trouver un peu de tout, mais pas une grande variété de marques.

Si vous désirez une plus grande sélection et éventuellement des réductions de prix, dirigez-vous vers le **supermarket** [ˈsu:pəmɑ:kɪt] (supermarché), où vous trouverez une variété surprenante de marques et de choix, et des étagères entières consacrées à un seul article comme la sauce pour les pâtes ou le papier toilette !

TROP DE CHOIX

Êtes-vous décontenancé par les choix infinis des supermarchés américains ? Les Américains le sont souvent eux aussi. Aller au supermarché pour acheter un **quart of milk** [kwɔ:t əv mɪlk] (quart de gallon de lait, soit un peu moins d'un litre, mais le gallon US étant plus petit que le gallon impérial britannique, un **quart of milk** serait un peu plus d'un litre de lait en Grande-Bretagne, où l'on parle plutôt de **pint of milk** [paɪnt əv mɪlk], huitième de gallon de lait, soit un peu plus d'un demi-litre) peut être une opération redoutable. Il n'y a pas seulement du lait, mais du **whole milk** [həʊl mɪlk] (lait entier), **2% fat milk** [tu: pəˈsent fæt mɪlk] (lait à 2 % de matière grasse), **organic milk** [ɔ:ˈgænɪk mɪlk] (lait bio) et ainsi de suite. Si donc vous voulez un article de base tel que de la sauce tomate ou du beurre de cacao, recherchez sur l'emballage les mots **original flavor** [əˈrɪdʒn̩əl ˈfleɪvə] (goût d'origine) ou **plain** [pleɪn] (simple).

Vous pouvez avoir à mettre en œuvre des talents de détective quand vous arrivez dans un grand supermarché et quand vous vous lancez à la recherche des articles désirés. Mais si vous n'avez pas envie de jouer les détectives, vous pouvez toujours demander à un employé de vous aider. Voici quelques expressions essentielles pour demander de l'aide – et n'oubliez pas de commencer par **Excuse me** [ɪkˈskju:z mi:] (Excusez-moi) ou **Pardon me** [ˈpɑ:dn̩ mi:] (Pardon) :

- » **Where can I find ___?** [weə kən aɪ faɪnd] (Où puis-je trouver ___ ?)
- » **Where is/are the _____?** [weə ɪz ə ði:] (Où est/sont le/les ___ ?)
- » **Do you sell ___?** [də ju sel] (Vendez-vous du/des ___ ?)

Naviguer entre les rayons

Avant d'entrer dans les **aisles** [aɪlz] (allées), prenez un **trolley** [UK]/**shopping cart** [US] [ˈtrɒli] [UK], [ˈʃɑːpɪŋ ˈkɑːrt] [US] (chariot) ou un **basket** [ˈbɑːskɪt] [UK], [ˈbæskət] [US] (panier) pour emporter quelques articles. Au-dessus de chaque allée se trouve un écriteau indiquant les catégories de produits qui s'y trouvent.

La circulation des chariots dans les allées suit le même schéma que la circulation dans les rues – en tenant la gauche ou la droite, selon le pays où vous vous trouvez. Et tout comme dans la rue, vous devez faire attention aux « conducteurs irresponsables » !

Conversation

Sue a besoin de quelques produits alimentaires. Elle fait habituellement ses courses dans un magasin de quartier, mais aujourd'hui elle va dans un grand supermarché et demande à un employé de l'aider.

Sue : **Pardon me. Do you carry canned salmon?**

[ˈpɑːdn̩ miː də ju ˈkæri kænd ˈsæmən]

Pardon. Avez-vous du saumon en boîte ?

Employé : **I think so. It would be on aisle 12 next to the canned tuna.**

[aɪ θɪŋk səʊ ɪt wʊd bi ɒn aɪl twelv nekst tə ðə kænd ˈtjuːnə]

Je pense que oui. Ce serait dans l'allée 12 à côté du thon en boîte.

Sue : **And where can I find the eggs?**

[ənd weə kən aɪ faɪnd ði egz]

Et où puis-je trouver les œufs ?

Employé : **They're in the dairy section on aisle 6.**

[ðeər ɪn ðə ˈdeəri ˈsekʃn̩ ɒn aɪl sɪks]

Ils sont au rayon frais dans l'allée 6.

Sue : **Thank you.**

[θæŋk ju]

Merci.

Employé :	**My pleasure.**
	[maɪ ˈpleʒə]
	Il n'y a pas de quoi.

Mots clés

shopping	[ˈʃɒpɪŋ] [UK], [ˈʃɑ:pɪŋ] [US]	les achats
supermarket	[ˈsu:pəmɑ:kɪt]	supermarché
grocery store	[ˈgrəʊsəri stɔ:] [UK] [ˈgroʊsəri stɔ:r] [US]	magasin d'alimentation
market	[ˈmɑ:kɪt]	marché
trolley [UK]	[ˈtrɒli]	charriot
shopping cart [US]	[ˈʃɑ:pɪŋ ˈkɑ:rt]	charriot
basket	[ˈbɑ:skɪt]	panier
aisle	[aɪl]	allée

Achat de fruits et de légumes

Aux États-Unis, vous trouverez entre autres dans le rayon **produce** [ˈprɒdju:s] (primeurs) du supermarché **citrus fruit** [ˈsɪtrəs fru:t] (des agrumes) de Floride et de Californie, **bananas** [bəˈnɑ:nəz] [UK], [bəˈnænəz] [US] (des bananes) du Mexique, **crisp apples** [krɪsp ˈæpl̩z] (des pommes croquantes) de l'État de Washington. Selon la saison et le lieu géographique, vous trouverez plus (ou moins) de variétés.

Voici quelques-uns des fruits les plus courants :

- **apple** [ˈæpl̩] (pomme)
- **banana** [bəˈnɑ:nə] [UK], [bəˈnænə] [US] (banane)
- **grapes** [greɪps] (raisins)
- **lemon** [ˈlemən] (citron)
- **lime** [laɪm] (citron vert)
- **mango** [ˈmæŋgəʊ] [UK], [ˈmæŋgoʊ] [US] (mangue)

- **melon** [ˈmelən] (melon)
- **orange** [ˈɒrɪndʒ] [UK], [ˈɔːrəndʒ] [US] (orange)
- **papaya** [pəˈpaɪə] (papaye)
- **peach** [piːtʃ] (pêche)
- **pear** [peə] (poire)
- **pineapple** [ˈpaɪnæpl̩] (ananas)
- **strawberry** [ˈstrɔːbri] [UK], [ˈstrɒberi] [US] (fraise)

Comme dans tous les pays pourvus d'une riche agriculture, les supermarchés des États-Unis regorgent de fruits et légumes frais de toutes sortes. Les États-Unis cultivent beaucoup de légumes – en fait, la vallée centrale de la Californie, la région qui s'étend sur presque toute la longueur de l'État, est surnommée le « saladier », parce qu'une partie importante des légumes du pays y est cultivée.

Voici quelques-uns des légumes les plus courants :

- **bean** [biːn] (haricot)
- **broccoli** [ˈbrɒkəli] [UK], [ˈbrɑːkəli] [US] (brocoli)
- **cabbage** [ˈkæbɪdʒ] (chou)
- **carrot** [ˈkærət] (carotte)
- **celery** [ˈseləri] (céleri)
- **cucumber** [ˈkjuːkʌmbə] [UK], [ˈkjuːkʌmbər] [US] (concombre)
- **lettuce** [ˈletɪs] (laitue)
- **mushroom** [ˈmʌʃrʊm] (champignon)
- **onion** [ˈʌnjən] [UK] (oignon)
- **pea** [piː] (pois)
- **pepper** [ˈpepə] (poivron)
- **potato** [pəˈteɪtəʊ] [UK], [pəˈteɪtoʊ] [US] (pomme de terre)
- **squash** [US] [skwɒʃ] [UK], [skwɑːʃ] [US] (courge)
- **vegetable marrow** [UK] [ˈvedʒɪtəbl̩ ˈmærəʊ] [UK], [ˈvedʒtəbl̩ ˈmeroʊ] [US] (courge)

- » **courgette** [UK] [kʊəˈʒet] (courgette)
- » **zucchini** [US] [zʊˈkiːni] (courgette)
- » **tomato** (techniquement un fruit) [təˈmɑːtəʊ] [UK], [təˈmeɪtoʊ] [US] (tomate)

Même si vous n'avez pas besoin d'acheter des **groceries** [ˈɡrəʊsərɪz] [UK], [ˈɡroʊsərɪz] [US] (articles d'alimentation), allez voir à l'intérieur d'un supermarché. Promenez-vous dans les allées pour voir les produits auxquels vous n'êtes pas habitué. Vous pouvez demander à un employé ce qu'est un article inconnu. Dites simplement : **Excuse me. What's this?** [ɪkˈskjuːz miː wɒts ðɪs] (Excusez-moi. Qu'est-ce que c'est ?)

Noms dénombrables et noms non dénombrables

Vous pouvez parler de certaines choses en précisant leur nombre, vous pouvez les compter. Par exemple, vous pouvez dire **one apple** [wʌn ˈæpl̩] (une pomme), ou **two apples** [tuː ˈæpl̩z] (deux pommes) parce le mot **apple** est un nom dénombrable.

Mais parfois vous ne pouvez pas associer de nombre à certains objets comme **salt** [sɔːlt] [UK], [sɒlt] [US] (du sel) et **lettuce** [ˈletəs] (de la laitue). Vous ne pouvez pas dire « two salts » (deux sels) et bien que vous puissiez parler en français de trois laitues, vous ne pouvez pas dire en anglais « three lettuces ». Ces aliments sont désignés par des noms non dénombrables, une catégorie de noms bien plus fréquente en anglais qu'en français.

Pour exprimer une quantité de ces objets non dénombrables, vous pouvez utiliser les mots **some** [sʌm] (un peu de), **any** [ˈeni] (du, utilisé dans une question ou dans une phrase négative), **a little** [ə ˈlɪtl̩] (un peu de), **a lot of** [ə lɒt ɒv] [UK], [ə lɑːt ʌv] [US] (beaucoup de), mais non pas **a** ou **an**. (Consultez le chapitre 2 pour plus de détails sur les articles.) Si vous voulez indiquer un nombre exact d'objets non dénombrables, vous devez l'insérer devant un nom dénombrable pour vous tirer d'affaire. Par exemple, puisque vous ne pouvez pas dire « four milks » (quatre laits), dites à la place **four glasses of milk** [fɔː ˈɡlɑːsɪz əv mɪlk] (quatre verres de lait). Vous ne pouvez pas compter le lait, mais vous pouvez compter les verres.

Dans l'expression **four glasses of milk**, remarquez la préposition **of** entre le nom dénombrable et le nom non dénombrable ; cette préposition est indispensable pour relier les deux noms dans ce type d'expression. En voici quelques autres exemples :

- » **a tin of soup** [UK] [ə tɪn əv suːp]/**a can of soup** [US] [ə kən əv suːp] (une brique de soupe)

» **three boxes of cereals** [θri: ˈbɒksɪz əv ˈsɪərɪəlz] (trois paquets de céréales)

» **two bottles of soda** [tu: ˈbɒtḷz əv ˈsəʊdə] [UK], [tu: ˈbɑ:tḷz əv ˈsoʊdə] [US] (deux bouteilles de soda)

Le tableau suivant liste d'autres noms non dénombrables portant sur des aliments, ainsi que les noms dénombrables que vous pouvez utiliser pour indiquer des quantités spécifiques :

Noms non dénombrables	*Noms dénombrables associés*
milk	**pint** [UK]/**quart or gallon** [US] [mɪlk paɪnt kwɔ:t ɔ: 'gælən] (pinte [UK] = 0,568 litre ; quart [US] = 0,946 litre ; gallon [US] = 3,79 litres de lait)
butter	**packet** [UK]/**carton or stick** [US] [ˈbʌtə ˈpækɪt ˈkɑ:rtn̩ ɔ:r stɪk] (plaquette de beurre)
yogurt	**pot** [UK]/**carton or pint** [US] [ˈjɒgət pɒt ˈkɑ:rtn̩ ɔ:r paɪnt] (pot/carton ou pinte [US] = 0,473 litre de yaourt)
wine	**bottle** [waɪn bɒtḷ] (bouteille de vin)
beer	**tin** [UK]/**can** [US] [bɪə tɪn kæn] (canette de bière)
coffee	**pound/cup** [ˈkɒfi paʊnd kʌp] (livre = 454 grammes/ tasse de café)
tea	**box/cup** [ti: bɒks kʌp] (paquet/tasse de thé)
salt	**grain/box** [sɔ:lt greɪn bɒks] (grain/paquet de sel)
celery	**stalk** [ˈseləri stɔ:k] (branche de céleri)
lettuce	**head** [ˈletɪs hed] (laitue – nom dénombrable en français)

Poids et mesures

Si un magasin américain affiche **potatoes 50¢ per pound** [pəˈteɪtəʊz fɪfti sents pɜ: paʊnd] (pommes de terre à 50 cents la livre), quel est exactement le prix ? Et dans le cas d'un **quart of milk** [kwɔ:t əv mɪlk] [UK], [kwɔ:rt əv mɪlk] [US] (quart de gallon de lait) ? Bien que la majeure partie du monde emploie le système métrique, les États-Unis continuent d'utiliser des mesures telles que la livre, le gallon et le quart dans les transactions de tous les jours (après avoir tenté à maintes reprises – sans grande conviction et sans y parvenir – de passer au système métrique).

Il n'est pas bien difficile de convertir des **pounds (lbs)** en **kilograms (kilos)** – divisez simplement les livres par deux pour obtenir un nombre approximatif de kilos. Pour être plus exact, **1 kilo** équivaut à **2.205 lbs** et **1 lbs** équivaut à **0.454 kilo**. Ces facteurs de conversion vous serviront aussi bien en Grande- Bretagne qu'aux États-Unis, où l'on utilise les mêmes mesures de poids. Ainsi, le poids de la viande y est mesuré en **pounds**, et ce sont bien les mêmes **pounds**.

Malheureusement, les mesures de volume utilisées de part et d'autre de l'Atlantique portent les mêmes noms, mais ne correspondent pas aux mêmes volumes. Comment un **quart** se compare-t-il à un **litre** [UK]/**liter** [US] ? C'est encore assez facile, si vous parvenez à vous souvenir que c'est un peu plus d'un litre en Grande-Bretagne où **1 quart = 1.136 liters**, et un peu moins d'un litre aux États-Unis où **1 quart = 0.946 liters**. Fort heureusement, les rapports entre **gallon**, **quart** et **pint** sont les mêmes pour tout le monde, de sorte qu'aux États-Unis, un **gallon** correspond à un peu moins de quatre litres, un **quart** un peu moins d'un litre, et une **pint** un peu moins d'un demi-litre, tandis qu'en Grande-Bretagne un **gallon** correspond à un peu plus de quatre litres, un **quart** un peu plus d'un litre et une **pint** un peu plus d'un demi-litre.

Voici maintenant quelques rapports entre les mesures de volume, qui vous seront utiles pour appliquer des recettes de cuisine écrites en anglais :

- **3 teaspoons (tsp) = 1 tablespoon (tbsp)**
- **2 cups = 1 pint (pt)**
- **2 pints = 1 quart**
- **4 quarts = 1 gallon**

Les caisses

Quand vous avez **checked off** [tʃekt ɒf] (coché) tous les articles de votre **shopping list** [ˈʃɒpɪŋ lɪst] [UK], [ˈʃɑːpɪŋ lɪst] [US] (liste de courses) dirigez-vous vers la **check-out line** [ˈtʃekaʊt laɪn] (file d'attente de la caisse) pour payer vos achats. En général, vous videz votre chariot et vous placez les articles sur le **counter** [ˈkaʊntə] (comptoir).

Avez-vous toujours l'impression d'avoir choisi la file d'attente la plus lente ? Si oui, vous vous sentirez chez vous dans les files d'attente des supermarchés. Pendant que vous attendez, vous pouvez pratiquer votre anglais en bavardant avec le client devant ou derrière vous.

Et voici deux particularités des supermarchés américains : quand votre tour est venu de payer, la personne qui place vos articles dans un sac (il y en a toujours une) peut vous demander quel genre de sac vous voulez, et si vous avez besoin d'aide pour porter vos achats jusqu'à votre voiture. Et si vous utilisez une carte bancaire pour payer vos achats, l'employé peut vous demander si vous voulez du **cash back** [kæʃbæk] (recevoir de l'argent en liquide). (Vous pouvez en général obtenir de **$20** à **$50** avec votre carte bancaire.) Voici quelques-unes des expressions que vous pourrez entendre dans la file d'attente des caisses :

- **Paper or plastic?** [ˈpeɪpər ɔː ˈplæstɪk] (Papier ou plastique ?)
- **Do you want help out?** [də ju wɒnt help aʊt] (Voulez-vous de l'aide pour aller à votre voiture ?)
- **Do you want cash back?** [də ju wɒnt kæʃ bæk] (Voulez-vous de l'argent liquide ?)

Si vous n'avez que quelques articles et si la personne devant vous a un chariot rempli, ne soyez pas surpris si elle vous propose de vous laisser passer en disant : **You can go ahead** [ju kən gəʊ əˈhed] (Vous pouvez passer). C'est un geste de courtoisie courant, mais non la règle. Si cela se produit, dites simplement **Thank you** [θæŋk ju] (Merci) et allez-y.

Conversation

Charles rejoint la file d'attente de la caisse et est salué par le caissier.

Caissier : **Hi. How are you today?**

[haɪ haʊ ə ju təˈdeɪ]

Bonjour. Comment allez-vous aujourd'hui ?

Charles : **Fine, how about you?**

[faɪn haʊ əˈbaʊt ju]

Bien, et vous ?

Caissier : **Pretty good. Is this cash or charge?**

[ˈprɪti gʊd ɪz ðɪs kæʃ ɔː tʃɑːdʒ]

Pas mal. Espèces ou carte bancaire ?

Charles : **Cash.**

[kæʃ]

Espèces.

Assistant : **Paper or plastic?**

[ˈpeɪpər ɔː ˈplæstɪk]

Papier ou plastique ?

Charles : **Paper please.**

[ˈpeɪpə pliːz]

Papier, s'il vous plaît.

Caissier : **Your total is $42.73.**

[jə ˈtəʊtl̩ ɪz ˈfɔːti tuː ˈdɒləz ˈsevnti θriː]

ça fera 42,73 dollars.

Assistant : **Do you want help out?**

[də ju wɒnt help aʊt]

Voulez-vous de l'aide pour porter vos sacs ?

Charles : **No thanks. That's okay.**

[nəʊ θæŋks ðæts əʊˈkeɪ]

Non merci. C'est bon.

Caissier : **Here's your change and receipt.**

[hɪəz jə tʃeɪndʒ ənd rɪˈsiːt]

Voici votre monnaie et votre reçu.

Charles : **Thank you.**

[θæŋk ju]

Merci.

Caissier : **Have a good day.**

[həv ə gʊd deɪ]

Bonne journée.

Charles : **Thanks. You too.**

[θæŋks ju tuː]

Merci. À vous aussi.

Mots clés

check-out line	[ˈtʃekaʊt laɪn]	file d'attente de la caisse
cash register	[kæʃ ˈredʒɪstə]	caisse enregistreuse
shopping list	[ˈʃɒpɪŋ lɪst] [UK], [ˈʃɑ:pɪŋ lɪst] [US]	liste de courses
item	[ˈaɪtəm]	article

Juste ma taille : acheter des vêtements

Que vous fassiez des achats dans des **boutiques** [bu:ˈti:ks] (boutiques), des **gift shops** [gɪft ʃɒps] (boutiques de souvenirs) ou des **malls** [mɔ:lz] [UK], [mɒlz] [US] (centres commerciaux), votre expédition sera beaucoup plus amusante et satisfaisante si vous connaissez quelques expressions et si vous suivez quelques recommandations relatives à ce genre d'achats. Vous trouverez dans cette section de nombreuses informations pratiques et des expressions simples pour réaliser vos opérations, demander l'aide d'une **salesperson** [ˈseɪlzpɜ:sn̩] (vendeur/vendeuse) ou simplement pour qu'on vous laisse regarder à votre guise.

Je regarde seulement

Dans les **department stores** [dɪˈpɑ:tmənt stɔ:z] (grands magasins) vous pouvez errer des semaines (bon, disons de nombreuses minutes) sans voir un vendeur ni une vendeuse. Mais si vous avez la chance d'en voir un/une, vous pouvez demander **Excuse me, can you help me?** [ɪkˈskju:z mi: kən ju help mi:] (Excusez-moi, pouvez-vous m'aider ?).

Dans les magasins plus petits, un vendeur ou une vendeuse viendra probablement vous voir tout de suite et vous posera l'une de ces questions : **May I help you?** [meɪ aɪ help ju] (Puis-je vous aider ?) ou **Do you need help to find anything?** [də ju ni:d help tə faɪnd ˈeniθɪŋ] (Avez-vous besoin d'aide pour trouver quelque chose ?). Peut-être voulez-vous simplement **browse** [braʊz] (regarder à loisir). Dans ce cas, dites simplement **No thanks. I'm just looking** [nəʊ θæŋks aɪm dʒəst ˈlʊkɪŋ] (Non merci, je regarde seulement).

S'habiller

On trouve des vêtements du style Western dans le monde entier. Les mots **jeans** [dʒi:nz] et **T-shirt** [ti: ʃɜ:t] sont aussi des mots français. Vous trouverez dans cette section d'autres noms anglais d'articles vestimentaires et de types de chaussures.

Voici quelques mots pour les **women's clothes** [ˈwɪmɪnz kləʊðz] [UK], [ˈwɪmɪnz kloʊðz] [US] (vêtements pour femme) :

- **dress** [dres] (robe)
- **blouse** [blaʊz] (chemisier)
- **skirt** [skɜ:t] (jupe)
- **suit** [su:t] (tailleur)
- **trouser suit** [UK] [ˈtraʊzə su:t] (tailleur avec pantalon)
- **pantsuit** [US] [ˈpænt su:t] (tailleur avec pantalon)
- **nightgown** [ˈnaɪtgaʊn] (chemise de nuit)
- **underwear** [ˈʌndəweə] (sous-vêtements)

Et voici quelques mots désignant des **men's clothes** [menz kləʊðz] [UK], [menz kloʊðz][US] (vêtements d'homme) :

- **dress shirt** [dres ʃɜ:t] (chemise habillée)
- **sports shirt** [spɔ:ts ʃɜ:t] (chemise de sport)
- **sports jacket** [spɔ:ts ˈdʒækɪt] (veste de sport)
- **tie** [taɪ] (cravate)
- **vest** [UK] [vest] (tricot porté sous la chemise)
- **undershirt** [US] [ˈəndərʃərt] (tricot porté sous la chemise)

Les termes ci-après s'utilisent aussi bien pour les femmes que pour les hommes :

- **pants** [UK] [pænts] (caleçon)
- **pants** [US] [pænts] (pantalon)
- **trousers** [UK] [ˈtraʊzəz] (pantalon)
- **slacks** [slæks] (pantalon informel)
- **jacket** [ˈdʒækɪt] (veste)

- **coat** [kəʊt] [UK], [koʊt] [US] (manteau)
- **suit** [su:t] (costume)
- **shirt** [ʃɜ:t] (chemise)
- **shorts** [ʃɔ:ts] (short)
- **swimsuit** [ˈswɪmsu:t] [UK] (maillot de bain)
- **sweatshirt** [ˈswetʃɜ:t] (tricot de sport à manches longues)
- **robe** [rəʊb] [UK], [roʊb] [US] (robe de chambre ou robe d'avocat)
- **pyjamas** [UK] [pəˈdʒɑ:məz] (pyjama)
- **pajamas** [US] [pəˈdʒɑ:məz] (pyjama)

Les listes qui précèdent mentionnent certaines différences entre les vocabulaires vestimentaires britannique et américain. L'habillement est l'un des domaines où le langage courant diffère notablement d'un bord à l'autre de l'Atlantique. Outre le mot **pants** qui veut dire caleçon pour les Britanniques et pantalon pour les Américains, citons le mot **jumper**, maillot couvrant la partie supérieure du corps d'un Britannique, équivalent du mot **sweater** doté du même sens pour tout le monde. Pour un Américain, un **jumper** est une robe sans manches portée au-dessus d'un corsage ou d'un sweater, autrement dit une robe-chasuble.

Vous avez sans doute remarqué le « s » indicatif du pluriel à la fin de mots tels que **pants, trousers, slacks, pyjamas, shorts...** alors que les équivalents français sont au singulier. Le point commun entre ces mots est qu'ils désignent des vêtements qui recouvrent plus ou moins les jambes, et à ce titre sont considérés comme constitués de deux parties symétriques, la gauche et la droite, indissociables : on ne peut pas mettre ces mots au singulier. Mais comment dire « trois pantalons » ? Réponse : **three pairs of trousers** (ou **three pairs of pants**).

En ce qui concerne les chaussures, voici les modèles que vous trouverez dans le magasin de chaussures de votre quartier :

- **dress shoes** [dres ʃu:z] (chaussures de ville)
- **high heels** [haɪ hi:lz] (hauts talons)
- **loafers** [ˈləʊfəz] [UK], [ˈloʊfəz] [US] (mocassins)
- **pumps** [pʌmps] (ballerines)
- **sandals** [ˈsændl̩z] (sandales)
- **slippers** [ˈslɪpəz] (pantoufles)

Il y a beaucoup de noms pour les chaussures de sport, selon le sport auquel elles sont destinées. Même les anglophones de naissance ne savent pas toujours quels termes utiliser, et vous n'avez pas à vous inquiéter si vous ne connaissez pas le mot approprié. Les Américains appellent **sneakers** [ˈsniːkəz] (baskets) des chaussures de toile à semelle en caoutchouc mais utilisent aussi, comme les Britanniques, l'appellation **tennis shoes** [tenɪs ʃuːz] (tennis) pour désigner la même chose.

Vous rencontrerez aussi les mots **athletic shoes** [æθˈletɪk ʃuːz], **running shoes** [ˈrʌnɪŋ ʃuːz] et **trainers** [US] [ˈtreɪnəz] (chaussures de sport) parmi tant d'autres.

Conversation

Sophie vient de s'installer à Manhattan, et elle a besoin de vêtements d'hiver. Elle va faire ses achats dans l'une des nombreuses boutiques de mode.

Vendeuse : **Hello. Can I help you find something?**

[həˈləʊ kən aɪ help ju faɪnd ˈsʌmθɪŋ]

Bonjour. Puis-je vous aider à trouver quelque chose ?

Sophie : **Yes. I'm looking for a winter coat.**

[jes aɪm ˈlʊkɪŋ fər ə ˈwɪntə kəʊt]

Oui. Je cherche un manteau d'hiver.

Vendeuse : **A casual coat or dressy coat?**

[ə ˈkæʒʊəl kəʊt ɔː ˈdresi kəʊt]

Un manteau pour tous les jours ou habillé ?

Sophie : **Casual.**

[ˈkæʒʊəl]

Pour tous les jours.

Vendeuse : **We have wool coats here.**

[wi həv wʊl kəʊts hɪə]

Nous avons des manteaux de laine ici.

Sophie : **Anything in leather?**

[ˈeniθɪŋ ɪn ˈleðə]

Avez-vous des choses en cuir ?

Vendeuse : **Yes, we have leather jackets over there.**

[jes wi həv ˈleðə ˈdʒækɪts ˈəʊvə ðeə]

Oui, nous avons des vestes en cuir là-bas.

Sophie : **Thank you. I'll take a look at them.**

[θæŋk ju aɪl teɪk ə lʊk ət ðəm]

Merci. Je vais aller les regarder.

Trouver la bonne taille

Si vous êtes un homme (ou si vous faites des achats pour un homme), vous n'aurez pas trop de mal à comprendre les tailles masculines ou à trouver des vêtements de taille adéquate. Mais pour les femmes, la chose est plus délicate, parce que pour une raison mystérieuse, **sizes** [ˈsaɪzɪz] (les tailles) féminines varient amplement d'un fabricant à l'autre. Par exemple, je possède des vêtements (que je porte actuellement) avec des tailles de 3 à 12 imprimées sur les étiquettes ! Donc, si vous êtes une femme, vous devez **try on** [traɪ ɒn] (essayer) chaque article pour voir s'il vous va. La « grande » taille d'une marque peut être la taille « zéro » d'une autre !

Le tableau suivant vous donne la correspondance entre les tailles des États-Unis, de la Grande-Bretagne et de la France :

États-Unis	6	8	10	12	14	16	18
Grande Bretagne	8	10	12	14	16	18	20
France	36	38	40	42	44	46	48

Utilisez les indications suivantes pour convertir les tailles de vestes ou de costumes masculins

États-Unis et Grande-Bretagne	34	36	38	40	42	44	46	48
France	44	46	48	50	52	54	56	58

Essayer

Vous regardez tous les **clothing racks** [ˈkləʊðɪŋ ræks] [UK], [ˈkloʊðɪŋ ræks] [US] (rayons de vêtements) et vous trouvez quelques articles qui vous plaisent. Vous voulez maintenant les essayer dans la **dressing room** [ˈdresɪŋ ru:m] (cabine d'essayage). Voici quelques expressions pour vous aider à le faire :

- **May I try this on?** [meɪ aɪ traɪ ðɪs ɒn] (Puis-je l'essayer ?)
- **Where is the dressing room?** [weə ɪz ðə ˈdresɪŋ ru:m] (Où se trouve la cabine d'essayage ?)

Ou encore, la vendeuse peut vous poser l'une des questions suivantes :

- **Are you ready to try those on?** [ə ju ˈredi tə traɪ ðəʊz ɒn] (Êtes-vous prête à les essayer ?)
- **Shall I put those in the dressing room for you?** [ʃəl aɪ pʊt ðəʊz ɪn ðə ˈdresɪŋ ru:m fə ju] (Voulez-vous que je les mette dans la cabine d'essayage pour vous ?)

Conversation

La vendeuse laisse Sophie regarder les vestes. Après quelques minutes, elle revient pour voir où en est sa cliente. (Piste 27)

Vendeuse : **Are you finding everything okay?**
[ə ju ˈfaɪndɪŋ ˈevrɪθɪŋ ˌəʊˈkeɪ]
Est-ce que tout va bien ?

Sophie : **I like this coat, but I can't find the size.**
[aɪ laɪk ðɪs kəʊt bət aɪ kɑ:nt faɪnd ðə saɪz]
J'aime ce manteau, mais je ne trouve pas la taille.

Vendeuse : **It's in the sleeve. This is a small.**
[ɪts ɪn ðə sli:v ðɪs ɪz ə smɔ:l]
Elle est dans la manche. C'est une taille S.

Sophie : **I need a medium.**
[aɪ ni:d ə ˈmi:dɪəm]
J'ai besoin d'une taille M.

Vendeuse : **Here's a medium. Would you like to try it on?**

[hɪəz ə ˈmiːdɪəm wʊd ju laɪk tə traɪ ɪt ɒn]

Voici une taille M. Voulez-vous l'essayer ?

Sophie : **Yes. Where are your dressing rooms?**

[jes weər ə jə ˈdresɪŋ ruːmz]

Oui. Où sont vos cabines d'essayage ?

Vendeuse : **They're over there by the purses.**

[ðeər ˈəʊvə ðeə baɪ ðə ˈpɜːsɪz]

Elles sont là-bas près des sacs à main.

Mots clés

salesperson	[ˈseɪlzpɜːsn̩]	vendeur/vendeuse
just looking	[dʒəst ˈlʊkɪŋ],	je regarde seulement
to try on	[tə traɪ ɒn]	essayer
to fit	[tə fɪt]	bien aller
size	[saɪz]	taille
dressing room	[ˈdresɪŋ ruːm]	cabine d'essayage

Du plus petit au plus grand : utilisation du comparatif

Disons que vous essayez une chemise, mais elle est trop serrée et vous avez besoin d'une taille plus grande. Pour demander une taille plus grande ou plus petite, vous avez besoin d'utiliser le **comparative** [kəmˈpærətɪv] (comparatif). Le comparatif est une forme d'adjectif utilisée pour comparer deux choses. Le comparatif anglais se forme en fonction du nombre de syllabes de l'adjectif, de la manière suivante :

» Dans le cas d'un adjectif d'une ou de deux syllabes, ajoutez la terminaison **-er**. Par exemple :

- **big** → **bigger** [bɪg ˈbɪgə] (grand/grande/grands/grandes plus grand/grande/grands/grandes)

- **small** → **smaller** [smɔːl ˈsmɔːlə] [UK], [smɑːl ˈsmɑːlə] [US] (petit/petite/petits/petites plus petit/petite/petits/petites)
- **fancy** → **fancier** [ˈfænsi ˈfænsɪə] (élégant/élégante/élégants/élégantes plus élégant/élégante/élégants/élégantes)

» Dans le cas d'un adjectif de trois syllabes ou plus, utilisez le mot **more** [mɔː] (plus) ou le mot **less** [les] (moins) devant l'adjectif. Par exemple :

- **more casual** [mɔː ˈkæʒʊəl] (plus décontracté/décontractée/ décontractés/décontractées)
- **less casual** [les ˈkæʒʊəl] (moins décontracté/décontractée/décontractés/décontractées)
- **more expensive** [mɔːr ɪkˈspensɪv] (plus cher/chère/chers/chères)
- **less expensive** [les ɪkˈspensɪv] (moins cher/chère/chers/chères)

Voici quelques expressions courantes utilisant le comparatif, qui vous serviront lors de vos achats :

» **Do you have this in a larger size?** [də ju həv ðɪs ɪn ə ˈlɑːdʒə saɪz] (Avez-vous ceci dans une taille plus grande ?)

» **Do you have anything less expensive?** [də ju həv ˈeniθɪŋ les ɪkˈspensɪv] (Avez-vous quelque chose de moins cher ?)

Conversation

Sophie essaie une veste en laine de taille moyenne, mais elle est trop petite. Elle a besoin d'une autre taille. (Piste 28)

Sophie : **This jacket is too small. Do you have a larger size?**

[ðɪs ˈdʒækɪt ɪz tuː smɔːl də ju həv ə ˈlɑːdʒə saɪz]

Cette veste est trop petite. Avez-vous une taille plus grande ?

Vendeuse : **I'm sorry. I don't have any larger sizes in that style.**

[aɪm ˈsɒri aɪ dəʊnt həv ˈeni ˈlɑːdʒə ˈsaɪzɪz ɪn ðət staɪl]

Je suis désolée. Je n'ai pas de tailles plus grandes dans ce style.

Sophie : **What do you have in my size?**

[wɒt də ju həv ɪn maɪ saɪz]

Qu'est-ce que vous avez dans ma taille ?

Vendeuse : **I have this leather jacket in a medium.**

[aɪ həv ðɪs ˈleðə ˈdʒækɪt ɪn ə ˈmiːdɪəm]

J'ai cette veste en cuir en taille M.

Sophie : **Do you have something less expensive?**

[də ju həv ˈsʌmθɪŋ les ɪkˈspensɪv]

Avez-vous quelque chose de moins cher ?

Vendeuse : **This synthetic leather is less expensive and more casual.**

[ðɪs sɪnˈθetɪk ˈleðə ɪz les ɪkˈspensɪv ən mɔː ˈkæʒʊəl]

Ce cuir synthétique est moins cher et plus décontracté.

Sophie : **Okay, I'll try that.**

[əʊˈkeɪ aɪl traɪ ðæt]

Bon, je vais l'essayer.

Seulement ce qu'il y a de mieux : le superlatif

Le **superlative** [suːˈpɜːlətɪv] (superlatif) exprime le niveau ultime de quelque chose. Comme le comparatif, le superlatif est une forme d'adjectif, et vous la construisez en fonction du nombre de syllabes de l'adjectif, comme suit :

» Aux adjectifs d'une ou deux syllabes, vous ajoutez la terminaison **-est**. Par exemple :

- **big** → **biggest** [bɪg ˈbɪgɪst] (grand/grande/grands/grandes → le plus/la plus/les plus grand/grande/grands/grandes)
- **small** → **smallest** [smɔːl ˈsmɔːlɪst] [UK], [smɑːl ˈsmɑːlɪst] [US] (petit/petite/petits/petites → le plus/la plus/les plus petit/petite/petits/ petites)
- **fancy** → **fanciest** [ˈfænsi ˈfænsɪɪst] (élégant/élégante/élégants/élégantes → le plus/la plus/les plus élégant/élégante/élégants/élégantes)

» Dans le cas des adjectifs de trois syllabes ou plus, vous utilisez le mot **most** [məʊst] [UK], [moʊst] [US] (le/la/les plus) ou le mot **least** [liːst] (le/la/les moins). Par exemple :

- **most casual** [məʊst ˈkæʒʊəl] [UK], [moʊst ˈkæʒʊəl] [US] (le/la/les plus décontracté/décontractée/décontractés/décontractées)

- **least casual** [liːst ˈkæʒʊəl] [UK] (le/la/les moins décontracté/décontractée/décontractés/décontractées)
- **most expensive** [məʊst ɪkˈspensɪv] [UK], [moʊst ɪkˈspensɪv] [US] (le/la/les plus cher/chère/chers/chères)
- **least expensive** [liːst ɪkˈspensɪv] (le/la/les moins cher/chère/chers/chères)

Il y a quelques exceptions à la règle du comparatif et du superlatif. Par exemple : on dit **most patient** [məʊst ˈpeɪʃnt] [UK], [moʊst ˈpeɪʃnt] [US] (le plus patient) et non pas « patientest ». Et dans certains cas, comme dans les mots suivants – très courants – les formes du comparatif et du superlatif sont complètement irrégulières, et vous devez les mémoriser :

» **Good** [gʊd] (bon/bonne/bons/bonnes), **better** [ˈbetə] (meilleur/meilleure/meilleurs/meilleures), et **best** [best] (le/la/les meilleur/meilleure/meilleurs/meilleures). Par exemple : **This coat is better quality than that coat.** [ðɪs kəʊt s ˈbetə ˈkwɒlɪti ðən ðət kəʊt] (Ce manteau-ci est de meilleure qualité que ce manteau-là.)

» **Bad** [bæd] (mauvais/mauvaise/mauvaises), **worse** [wɜːs] (pire) et **worst** [wɜːst] (le/la/les pire/pires). Par exemple : **This store has the best prices, but the worst service!** [ðɪs stɔː həz ðə best ˈpraɪsɪz bət ðə wɜːst ˈsɜːvɪs] (Ce magasin a les meilleurs prix mais le pire service !)

Conversation

Jean essaie des chaussures dans un magasin. Il lui faut utiliser le comparatif puis le superlatif pour demander des chaussures plus grandes.

Jean : **Excuse me, do these come in a larger size?**

[ɪkˈskjuːz miː də ðiːz kʌm ɪn ə ˈlɑːdʒə saɪz]

Excusez-moi, avez-vous celles-ci dans une taille plus grande ?

Vendeur : **No. Size 13 is the largest.**

[nəʊ saɪz θɜːˈtiːn z ðə ˈlɑːdʒɪst]

Non. La pointure 13 est la plus grande.

Jean : **And how about this style?**

[ənd haʊ əˈbaʊt ðɪs staɪl]

Et pour ce modèle ?

Vendeur : **Yes. That comes in your size.**

[jes ðət kʌmz ɪn jə saɪz]

Oui. Il existe dans votre taille.

Jean : **What is the widest width you carry?**

[wɒt ɪz ðə ˈwaɪdɪst wɪtθ ju ˈkæri]

Quelle est la plus grande largeur que vous ayez ?

Vendeur : **D is the widest width.**

[di: ɪz ðə ˈwaɪdɪst wɪtθ]

D est la largeur la plus grande.

Jean : **Okay, I'll try that.**

[əʊˈkeɪ aɪl traɪ ðæt]

Bien, je vais essayer celle-là.

Mots clés

comparative	[kəmˈpærətɪv]	comparatif
superlative	[su:ˈpɜ:lətɪv]	superlatif
more	[mɔ:]	plus
less	[les]	moins
most	[məʊst] [UK], [moʊst] [US]	le/la/les plus
least	[li:st]	le/la/les moins

Dans la plupart des boutiques et des grands magasins des États-Unis, les prix sont fixes et la taxe sur les ventes est ajoutée à la caisse. On ne marchande pas les prix. Toutefois, si vous trouvez de la **damaged merchandise** [ˈdæmɪdʒd ˈmɜ:tʃəndaɪz] (marchandise endommagée), vous pouvez demander au vendeur si l'article peut être vendu à prix réduit. Si vous voyez un article marqué **as is** [əz ɪz] (tel quel), cela veut dire que le magasin sait que l'article est endommagé et a déjà réduit le prix. (Parfois le dommage est juste une petite tache ou déchirure, à laquelle vous pouvez remédier chez vous.)

La politique des retours : rapporter l'article au magasin

Vous achetez une chemise pour un ami, mais vous découvrez qu'elle ne lui va pas. Vous pouvez **take it back** [teɪk ɪt bæk] (la rapporter) au magasin pour un **refund** [rɪˈfʌnd] (remboursement) ou un **exchange** [ɪksˈtʃeɪndʒ] (échange). Mais pensez à apporter votre **receipt** [rɪˈsiːt] (reçu) si vous voulez récupérer votre argent. Sans reçu vous pouvez toujours retourner des articles, mais vous recevrez en échange un crédit sur le magasin et non de l'argent comptant.

Dans un pays où « **the customer is always right** » [ðə ˈkʌstəmə ɪz ˈɔːlweɪz raɪt] (« le client est roi »), vous pouvez généralement retourner des articles qui ne vous satisfont pas ou au sujet desquels vous **change your mind** [tʃeɪndʒ jə maɪnd] (changez d'avis) après les avoir emportés chez vous.

Conversation

Matt reçoit une chemise pour son anniversaire, mais elle ne correspond pas à son style. Il la rapporte au magasin, mais il n'a pas de reçu. (Piste 29)

Matt : **I'd like to return this shirt.**

[aɪd laɪk tə rɪˈtɜːn ðɪs ʃɜːt]

Je voudrais rendre cette chemise.

Vendeur : **Do you have the receipt?**

[də ju həv ðə rɪˈsiːt]

Avez-vous le reçu ?

Matt : **No, it was a gift.**

[nəʊ ɪt wəz ə gɪft]

Non, c'était un cadeau.

Vendeur : **Is there a problem with the shirt?**

[ɪz ðər ə ˈprɒbləm wɪð ðə ʃɜːt]

Y a-t-il un problème avec la chemise ?

Matt : **It's just not my style.**

[ɪts dʒəst nɒt maɪ staɪl]

Ce n'est simplement pas mon style.

Vendeur : **With no receipt, I can only give you a store credit.**

[wɪð nəʊ rɪˈsiːt aɪ kən ˈəʊnli gɪv ju ə stɔː ˈkredɪt]

Sans reçu, je peux seulement vous donner un bon d'achat dans le magasin.

Matt : **That's fine. Thanks.**

[ðæts faɪn θæŋks]

C'est bien. Merci.

Vous et moi : pronoms personnels

Les **pronouns** [ˈprəʊnaʊnz] [UK], [ˈproʊnaʊnz] [US] (pronoms) sont bien pratiques dans toutes les langues. Ils vous permettent d'éviter de répéter les noms des gens, des lieux et des objets en remplaçant les noms auxquels ils se réfèrent.

Remarquez comme une phrase est lourde et paraît absurde sans pronom :

Matt didn't like the shirt his friend gave *Matt*. (Matt n'a pas aimé la chemise que son ami a donnée à Matt.)

Mais avec les pronoms, vous pouvez dire :

He didn't like the shirt his friend gave *him*. (Il n'a pas aimé la chemise que son ami lui a donnée.)

Parmi les pronoms **he** et **him** de la phrase précédente, le mot **him** est appelé **object pronoun** [ˈɒbdʒekt ˈprəʊnaʊn] [UK], [ˈɒbdʒekt ˈproʊnaʊn] [US] (pronom complément d'objet). Les pronoms compléments agissent en tant que complément du verbe ou de la préposition qu'ils suivent. Ils se placent en général à la fin ou près de la fin de la phrase, non entre le sujet et le verbe comme en français dans l'exemple précédent. (Consultez le chapitre 2 sur les **subject pronouns**, tels que **he**.)

Voici une liste des pronoms compléments d'objet direct/indirect en anglais :

- **me** [miː] (me)
- **you** [ju] (te/vous)

» **her** [hə] (la/lui)

» **him** [hɪm] (le/lui)

» **it** [ɪt] (le/lui)

» **them** [ðəm] (les/leur)

» **us** [ʌs] (nous)

Regardez les phrases suivantes comportant des pronoms compléments d'objet directs ou indirects (les compléments sont en italique) :

» **Ann bought *this shirt* for *me*.** [æn bɔ:t ðɪs ʃɜ:t fə mi:] (Ann m'a acheté cette chemise.)

» **She wants *me* to show *it* to *you*.** [ʃi wɒnts mi: tə ʃəʊ ɪt tə ju] (Elle veut que je te la montre.)

» **My cousins will visit *us*.** [maɪ ˈkʌzn̩z wl̩ ˈvɪzɪt ʌs] (Mes cousin(e)s vont venir nous voir.)

» **You can meet *them*.** [ju kən mi:t ðəm] (Tu peux les rencontrer.)

To et for : quelques prépositions

Les prépositions posent problème parce qu'il n'y a pas de règle pour vous dire exactement celles qu'il faut utiliser. Essayez d'apprendre seulement quelques prépositions à la fois. En voici deux – **to** [tə] (à) et **for** [fɔ:] (pour) – utilisables avec les mots qui servent à faire des achats.

On utilise **to** avec les mots suivants :

» **give (something) to** [gɪv ˈsʌmθɪŋ tə] (donner (quelque chose) à)

» **show (something) to** [ʃəʊ ˈsʌmθɪŋ tə] (montrer (quelque chose) à)

On utilise **for** avec les mots suivants :

» **buy (something) for** [baɪ ˈsʌmθɪŋ fɔ:] (acheter (quelque chose) pour)

» **just right for** [dʒəst raɪt fɔ:] (juste ce qu'il faut pour)

» **pay for (something)** [peɪ fɔ: ˈsʌmθɪŋ] (payer (quelque chose))

» **too big/small for** [tu: bɪg smɔ:l fɔ:] (trop grand/petit pour)

Avec les mots **give** [gɪv] (donner), **show** [ʃəʊ] [UK], [ʃoʊ] [US] (montrer), et **buy** [baɪ] (acheter), n'utilisez pas de préposition quand le pronom complément d'objet indirect vient entre le verbe et le nom. Par exemple : **I bought her a gift** [aɪ bɔːt hər ə gɪft] (Je lui ai acheté un cadeau).

Conversation

Pratiquez l'utilisation des pronoms et des prépositions dans la conversation suivante entre un vendeur et Matt, qui essaie des vêtements. (Piste 30)

Vendeur : **How do those pants fit?**

[haʊ də ðəʊz pænts fɪt]

Est-ce que ce pantalon vous va ?

Matt : **They're too big for me.**

[ðeə tuː bɪg fə miː]

Il est trop grand pour moi.

Vendeur : **Okay, give them to me. I'll get a smaller size for you.**

[əʊˈkeɪ gɪv ðəm tə miː aɪl get ə ˈsmɔːlə saɪz fə ju]

OK, donnez-le moi. Je vais vous chercher une taille plus petite.

Matt : **Thanks. I need one size smaller.**

[θæŋks aɪ niːd wʌn saɪz ˈsmɔːlə]

Merci. J'ai besoin d'une taille au-dessous.

Le vendeur revient avec une taille plus petite et Matt l'essaie.

Vendeur : **How do they fit?**

[haʊ də ðeɪ fɪt]

Est-ce qu'il vous va ?

Matt : **They're perfect. Where do I pay for them?**

[ðeə ˈpɜːfɪkt weə də aɪ peɪ fə ðəm]

Il est parfait. Où puis-je payer ?

Vendeur : **At the front register.**

[ət ðə frʌnt ˈredʒɪstə]

À la caisse principale.

BON VIEUX OBJETS : ARTICLES D'OCCASION

Ce qu'une personne jette peut faire le bonheur d'une autre – dit-on. Et aux États-Unis, la vente d'objets usagés est un commerce florissant. Vous pouvez voir des **thrift stores** [θrɪft stɔːz] (magasins d'articles d'occasion) aussi appelés **second hand stores** qui vendent des objets à prix réduit. Vous pouvez aussi acheter des objets usagés dans des marchés appelés **flea markets** [fliː ˈmɑːkɪts] (marchés aux puces) et dans des **garage sales** [ˈgærɑːʒ seɪlz] (vide-greniers) familiaux où les gens vendent les objets dont ils ne veulent plus.

Aimez-vous négocier les prix ? Vous pouvez le faire aux **flea markets** et aux **yard sales** (mais pas dans les **thrift stores**). Marchander un peu pour arriver au prix final doit être un échange courtois et amical – nullement agressif. Voici quelques expressions pour négocier un achat :

» **How much do you want for this?** [haʊ mʌtʃ də ju wɒnt fə ðɪs] (Combien en voulez-vous ?)

» **Would you take __ for it?** [wʊd ju teɪk fər ɪt] (Accepteriez-vous de le vendre ___ ?)

Jeux et activités

Les Baxter ont acheté beaucoup de vêtements et tous les membres de la famille se montrent dans leurs nouveaux atours. Pouvez-vous identifier ce qu'ils portent ? Bien sûr, vous pouvez jeter un coup d'œil sur la section des vêtements de ce chapitre si vous avez besoin d'un peu d'aide.

1. ____________________ 8. ____________________

2. ____________________ 9. ____________________

3. ____________________ 10. ____________________

4. ____________________ 11. ____________________

5. ____________________ 12. ____________________

6. ____________________ 13. ____________________

7. ____________________

Solutions : Annexe C, p. 432.

Chapitre 11

Sortir en ville

DANS CE CHAPITRE :

- **Les actualités locales**
- **Expressions pour dire l'heure**
- **Aller au théâtre, au cinéma ou au concert**
- **Les bars et les boîtes de nuit**

Going out on the town [gəʊɪŋ aʊt ɒn ðə taʊn] (Sortir en ville), notamment dans un endroit inconnu, est un excellent moyen pour découvrir la culture et l'histoire de la ville et voir comment les gens utilisent leur temps libre. Vous pouvez visiter les musées, les cafés, les librairies, les sites historiques, les jardins publics, les théâtres et les boîtes de nuit. Dans certaines villes, vous pouvez participer à des promenades à pied organisées ou à des excursions en autocar pour visiter des sites présentant un intérêt culturel ou historique.

Dans ce chapitre, vous verrez comment vous informer sur les attractions et les événements locaux. Je vous donne aussi des expressions utiles pour acheter des tickets et inviter quelqu'un à sortir un soir avec vous. Et pour assurer l'intérêt et la sécurité de votre **nightlife** [ˈnaɪtlaɪf] (vie nocturne), j'inclus quelques indications sur ce qui est légal et ce qui ne l'est pas.

Se renseigner sur l'actualité locale

Vous voulez savoir ce qui se passe ? Voici différentes façons de vous informer sur les **events** [ɪˈvents] (événements) de la ville :

- Allez voir un **information centre** [UK], **information center** [US] [ɪnfəˈmeɪʃn̩ ˈsentə] (bureau d'information pour les touristes).

- Appelez ou allez voir la **Chamber of Commerce** [ˈtʃeɪmbər əv ˈkɒmɜːs] [UK], [ˈtʃeɪmbər əv ˈkɑːmərs] [US] (chambre de commerce).
- Consultez un **guidebook** [ˈɡaɪdbʊk] (guide touristique).
- Examinez les **information brochures** [ɪnfəˈmeɪʃn̩ ˈbrəʊʃəz] (brochures d'informations) d'un hôtel.
- Consultez le site internet de la ville où vous séjournez.
- Repérez les endroits intéressants sur une **map** [mæp] (carte).
- Recherchez des **flyers** [flaɪəz] (dépliants) et des **posters** [ˈpəʊstəz] [UK], [ˈpoʊstəz] [US] (affiches) portant sur les spectacles à venir.

À coup sûr, la façon la meilleure et la plus intéressante de découvrir ce qui se passe dans une ville est simplement de demander aux gens ! Parlez-leur dans les magasins ou à votre hôtel, demandez au serveur ou à la serveuse (les jeunes gens connaissent tous les bons clubs !) et parlez à d'autres touristes. Ne soyez pas timide – les gens adorent parler de leurs attractions ou soirées favorites.

Vous pouvez utiliser les expressions suivantes pour vous renseigner sur les événements locaux :

- **Can you recommend a good art gallery?** [kən ju rekəˈmend ə ɡʊd ɑːt ˈɡæləri] (Pouvez-vous recommander une bonne galerie d'art ?)
- **What should I see while I'm here?** [wɒt ʃəd aɪ siː waɪl aɪm hɪə] (Que devrais-je aller voir pendant mon séjour ?)
- **Are there any museums here?** [ə ðər ˈeni mjuːˈzɪəmz hɪə] (Y a-t-il des musées ici ?)
- **Where can I find tourist information?** [weə kən aɪ faɪnd ˈtʊərɪst ɪnfəˈmeɪʃn̩] (Où puis-je trouver des informations touristiques ?)

Mots clés

event	[ɪˈvent]	événement/spectacle
attraction	[əˈtrækʃn̩]	attraction
information	[ɪnfəˈmeɪʃn̩]	informations
nightlife	[ˈnaɪtlaɪf]	vie nocturne

Quelques sites pour les sorties et les actualités culturelles :
`http://www.timeout.com`
`http://www.moviefone.com`

Des sites spécifiques à quelques destinations populaires :
`http://www.discoverireland.ie`
`http://www.visitlondon.com/things-to-do/whats-on`
`http://www.office-tourisme-usa.com`
`http://www.australia.com`

Sans oublier les sites de guides touristiques en anglais, comme par exemple :
`http://www.roughguides.com`
`http://www.lonelyplanet.com`

Obtenir des informations

Avez-vous jamais prévu un programme de visites ou de distractions, et découvert que ce que vous venez voir est fermé (et ne rouvrira que le mardi suivant, quand vous serez reparti) ? Eh bien ! Si vous apprenez un peu d'anglais, vous pourrez éviter ce problème.

Avec quelques expressions simples, vous pouvez découvrir si un endroit est ouvert ou quand un événement aura lieu. Servez-vous des expressions suivantes pour obtenir des informations et préparer votre programme :

- **What are your hours?** [wɒt ə jə ˈaʊə] (Quelles sont vos heures d'ouverture ?)
- **What days are you open?** [wɒt deɪz ə ju ˈəʊpən] (Quels jours êtes-vous ouvert ?)
- **How much does it cost?** [haʊ mʌtʃ dəz ɪt kɒst] (Combien ça coûte ?)
- **Is there an admission fee?** [ɪz ðər ən ədˈmɪʃn̩ fiː] (L'entrée est-elle payante ?)

Pour faire des projets et obtenir des informations sur les événements et les attractions, vous avez besoin de parler de l'heure et de la date. La section suivante vous fournit toutes les notions de base sur la façon de dire l'heure ; le chapitre 8 peut vous aider à indiquer la date.

L'heure en anglais

Les anglophones disent l'heure de la manière suivante :

- » Avec les nombres 1 à 12, et non 1 à 24
- » Avec les abréviations **a.m.** [eɪ em] (de minuit à midi) et **p.m.** [piː em] (de midi à minuit)
- » Si vous dites à quelqu'un que vous le verrez demain à 10h, vous devez spécifier **a.m.** ou **p.m.** Sinon, vous risquez de l'attendre toute la journée si la personne en question a compris que vous vouliez dire 10h du soir !
- » Mais si vous lisez **12.00 a.m.** et si vous ne savez plus très bien s'il s'agit de midi ou de minuit, rappelez-vous que a.m. veut dire *ante meridiem*, soit avant midi. 12 heures avant midi, c'est donc **midnight** [ˈmɪdnaɪt] (minuit).

Si maintenant vous appliquez le même raisonnement à **12 p.m.** – p.m. voulant dire *post meridiem*, soit après midi – vous retombez sur... **midnight** ! Évitez donc soigneusement de dire ou d'écrire 12.00 (avec ou sans a.m. ou p.m.), et dites ou écrivez **midnight** ou **noon** [nuːn] (midi).

Aux États-Unis, seuls les militaires utilisent le système horaire dit **24-hour time** [ˈtwenti fɔːr ˈaʊə taɪm] (horaire de 1 à 24 heures). Si vous l'utilisez en parlant ou en écrivant dans les contacts quotidiens, les gens peuvent être déconcertés ou avoir besoin de réfléchir pour comprendre ce que vous voulez dire. Il vaut mieux utiliser **a.m.** et **p.m.** et les autres expressions de cette section.

L'heure s'exprime généralement par l'heure suivie des minutes. Pour 1 h 30 vous dites **one-thirty** [wʌn ˈθɜːti] (une heure trente). Voici quelques autres exemples :

- » **7:05 = seven o five** [ˈsevn̩ əʊ faɪv] (sept heures cinq)
- » **10:15 = ten fifteen** [ten fɪfˈtiːn] (dix heures quinze)
- » **11:45 = eleven forty-five** [ɪˈlevn̩ ˈfɔːti faɪv] (onze heures quarante-cinq)

Avez-vous besoin de savoir l'heure ? Vous pouvez la demander à quelqu'un au moyen de l'une des expressions suivantes :

- » **What time is it?** [wɒt taɪm ɪz ɪt] (Quelle heure est-il ?)
- » **Do you have the time?** [də ju həv ðə taɪm] (Avez-vous l'heure ?)

N'oubliez pas l'article **the** en demandant **Do you have the time?** Si vous l'oubliez, vous direz **Do you have time?** [də ju həv taɪm] (Avez-vous le temps ?), ce qui veut dire « êtes-vous trop occupé pour faire quelque chose ou pouvez-vous dégager un peu de temps ? ». Si vous posez cette question par erreur, la personne peut demander **time for what?** [taɪm fə wɒt] (du temps pour quoi faire ?).

Dire le mot **o'clock** après l'heure n'est pas nécessaire, et les gens le disent rarement devant les termes **a.m.** ou **p.m.** Mais il y a diverses façons d'exprimer une heure particulière en anglais. Regardez les exemples suivants :

- **It's three p.m.** [ɪts θri: pi:ˈem] (Il est quinze heures.)
- **It's three in the afternoon** [ɪts θri: ɪn ði ɑ:ftəˈnu:n] (Il est trois heures de l'après-midi.)
- **It's three o'clock in the afternoon** [ɪts θri: əˈklɒk ɪn ði ɑ:ftəˈnu:n] (Il est trois heures de l'après-midi.)
- **It's three** [ɪts θri:] (Il est trois heures.)

Les termes **past** [pɑ:st] (après) et **before** [bɪˈfɔ:] (avant) sont rarement utilisés en anglais américain pour exprimer l'heure. On tend à utiliser le mot **after** [ˈɑ:ftə] [UK], [ˈæftə] [US] (après) comme dans **ten *after* three** [ten ˈɑ:ftə θri:] (trois heures dix) et les mots **to** [tə] (jusqu'à) ou **till** [tɪl] (jusqu'à) comme dans **ten *to* five** [ten tə faɪv] (cinq heures moins dix). Quinze minutes avant ou après l'heure, vous pouvez utiliser les expressions **a quarter after** [ə ˈkwɔ:tər ˈɑ:ftə] (et quart) et **a quarter to** [ə ˈkwɔ:tə tə] (moins le quart). Ainsi vous pouvez exprimer 3 h 45 sous la forme **a quarter to four** [ə ˈkwɔ:tə tə fɔ:] (quatre heures moins le quart).

Conversation

Jean appelle le musée d'Histoire naturelle pour s'enquérir des horaires. (Piste 31)

Employé : **Natural History Museum. May I help you?**

[ˈnætʃrəl ˈhɪstṛi mju:ˈzɪəm meɪ aɪ help ju]

Musée d'Histoire naturelle. Que puis-je faire pour vous ?

Jean : **I need information about your hours.**

[aɪ ni:d ɪnfəˈmeɪʃṇ əˈbaʊt jə ˈaʊəz]

J'ai besoin de renseignements sur vos horaires.

Employé :	**We're open Tuesday through Friday from 11 a.m. to 5 p.m.** [wɪər ˈəʊpən ˈtjuːzdi θruː ˈfraɪdeɪ frəm ɪˈlevn̩ eɪ em tə faɪv piː em] Nous sommes ouverts du mardi au vendredi de 11 h à 17 h.
Jean :	**What about the weekends?** [wɒt əˈbaʊt ðə wiːkˈendz] Et les week-ends ?
Employé :	**On Saturday and Sunday, the hours are noon to 4.** [ɒn ˈsætədeɪ ənd ˈsʌndeɪ ði ˈaʊəz ə nuːn tə fɔː] Le samedi et le dimanche, nous sommes ouverts de midi à 16 heures.
Jean :	**Is there an admission fee?** [ɪz ðər ən ədˈmɪʃn̩ fiː] L'entrée est-elle payante ?
Employé :	**Five dollars for adults, and three dollars for children and seniors.** [faɪv ˈdɒləz fə ˈædʌlts ən θriː ˈdɒləz fə ˈtʃɪldrən ən ˈsiːnɪəz] Cinq dollars pour les adultes, et trois dollars pour les enfants et les seniors.
Jean :	**Thank you.** [θæŋk ju] Merci.

Mots clés

in the morning	[ɪn ðə ˈmɔːnɪŋ]	le matin
in the afternoon	[ɪn ði ɑːftəˈnuːn]	l'après-midi
in the evening	[ɪn ði ˈiːvn̩ɪŋ]	le soir
noon	[nuːn]	midi
midnight	[ˈmɪdnaɪt]	minuit

Prépositions de temps : *at, in* et *on*

On utilise trois prépositions – **at** [æt] (à), **in** [ɪn] (dans) et **on** [ɒn] (sur) – pour indiquer le moment. Vous reconnaissez peut-être ces mots pour les avoir vus dans la section sur la façon de dire l'heure. Leur emploi vous semble peut-être aléatoire, mais il vous faut respecter certaines règles :

- Utilisez **at** dans les expressions de temps précises, et en outre devant le mot **night**.
- Utilisez **in** avec les expressions **the morning, the evening and the afternoon**.
- Utilisez **on** avec les jours de la semaine, le mot **weekend** et les jours de fête.

Observez les exemples suivants :

- **The concert starts at 9:00 at night.** [ðə kɒnsət stɑːts ət naɪn ət naɪt] (Le concert commence à 9 heures du soir.)
- **We went to the park in the afternoon.** [wi went tə ðə pɑːk ɪn ði ɑːftəˈnuːn] (Nous sommes allés au parc dans l'après-midi.)
- **The museum is closed on Mondays.** [ðə mjuːˈzɪəm ɪz kləʊzd ɒn ˈmʌndeɪz] (Le musée est fermé le lundi.)

Quelle remarque pouvez-vous faire en comparant le dernier mot anglais et le dernier mot français de l'exemple précédent ? Réponse : le mot anglais est en caractères gras et le mot français est en caractères normaux. D'accord, mais ce que vous devez retenir, c'est que **Monday** commence par une majuscule, alors que « lundi » commence par une minuscule. En anglais les jours de la semaine – et les mois – sont des noms propres (des noms de dieux, comme le mois de mars et mardi, nommés d'après le dieu Mars, en français) méritant à ce titre de commencer par une majuscule. En français les jours et les mois sont traités comme des noms communs en dépit de leur origine divine.

Le cinéma

Un excellent moyen d'exercer vos talents d'écoute et d'apprendre de nouvelles expressions est d'aller au **cinema** [ˈsɪnəmə] (cinéma) en Grande- Bretagne ou **to the movies** [tə ðə ˈmuːvɪz] (au cinéma) en Amérique du Nord. Le mot américain **movies** est un raccourci pour **moving pictures**, mot datant de l'époque à laquelle nous disions cinématographe. Alors que les Britanniques utilisent comme nous le mot **film** [fɪlm] (film), les Américains vont voir un **movie** [ˈmu:vi] (film) dans un **movie theater** [ˈmu:vi ˈθi:ətə] (cinéma). Le mot américain **theater** utilisé seul désigne un théâtre où l'on assiste à un spectacle **live** [laɪv] (en direct), mais certains l'utilisent à tort à la place du mot composé **movie theater**.

Comme l'équivalent du mot français « centre » celui du mot français « théâtre » a deux orthographes anglaises : la britannique, **centre**, **theatre** et l'américaine **center**, **theater**.

Regardez les horaires des séances sur internet, ou appelez le cinéma pour écouter l'enregistrement des films et des horaires. Voici les questions à poser si vous avez la chance d'avoir affaire à un être humain :

- » **What films** [UK]/**movies** [US] **are playing today?** [wɒt fɪlmz ˈmu:vɪz ə ˈpleɪɪŋ təˈdeɪ] (Quels films sont projetés aujourd'hui ?)
- » **What time does the film** [UK]/**movie** [US] **start?** [wɒt taɪm dəz ðə fɪlm ˈmu:vi stɑ:t] (À quelle heure commence le film ?)
- » **Is there a matinée?** [ɪz ðeər ə ˈmætɪneɪ] (Y a-t-il une matinée ?)

Conversation

Barry et Hedy vont au guichet du cinéma pour acheter des billets.

Guichetier : **What movie?**

[wɒt ˈmu:vi]

Quel film ?

Hedy : **That depends. What time is *Titanic* playing?**

[ðət dɪˈpendz wɒt taɪm ɪz taɪˈtænɪk ˈpleɪɪŋ]

Ça dépend. À quelle heure passe *Titanic* ?

Guichetier : **There are two showings: at 5:00 and 8:30.**

[ðeər ə tu: ˈʃəʊɪŋz ət faɪv ənd eɪt ˈθɜ:ti]

Il y a deux séances : à 17 h et à 20 h 30.

Barry : **Let's go to the later one, okay?**

[lets gəʊ tə ðə ˈleɪtə wʌn əʊˈkeɪ]

Allons à celle qui passe plus tard, d'accord ?

Hedy : **Okay. Two for the 8:30 showing, please.**

[əʊˈkeɪ tuː fə ði eɪt ˈθɜːti ˈʃəʊɪŋ pliːz]

OK. Deux pour la séance de 20 h 30, s'il vous plaît.

Guichetier : **That will be fifteen dollars.**

[ðət wl̩ bi fɪfˈtiːn ˈdɒləz]

Cela fait quinze dollars.

CLASSEMENT DES FILMS AUX ÉTATS-UNIS

Aux États-Unis comme ailleurs, les films se voient attribuer un **rating** [ˈreɪtɪŋ] (classement) indiquant la catégorie de public à laquelle ils sont destinés. Voici les **ratings** les plus courants et leur signification :

» **G** : **general audiences** [ˈdʒenr̩əl ˈɔːdiənsɪz] pour tous publics (les enfants, la grand-mère, les parents et le chien)

» **PG** : **parental guidance** [pəˈrentl̩ ˈgaɪdns] (surveillance parentale) pour tous les enfants de moins de 17 ans

» **R** : **restricted** [rɪˈstrɪktɪd] (restreint) films interdits aux moins de 17 ans à cause de leur contenu « adulte »

Mots clés

showing	[ˈʃəʊɪŋ]	séance
ticket	[ˈtɪkɪt]	billet
box office	[bɒks ˈɒfɪs] [UK], [bɒks ˈɑːfɪs] [US]	guichet de cinéma
matinée	[ˈmætɪneɪ]	matinée

Concerts et pièces de théâtre

La **live music** [laɪv ˈmjuːzɪk] (musique live), le **live theatre** [UK]/**theater** [US] [laɪv ˈθɪətə] (théâtre) et les **dance concerts** [dɑːns ˈkɒnsət] [UK], [ˈdæns ˈkɑːnsərts] [US] (spectacles de danse) vous permettent d'approcher les **musicians** [mjuːˈzɪʃn̩z] (musiciens) et les **performers** [pəˈfɔːməz] (artistes).

Dans de petites villes, vous pouvez aller voir le **local talent** [ˈləʊkl̩ ˈtælənt] (artiste local) ; dans les villes plus importantes, vous pouvez voir des artistes de renommée internationale. Que vous alliez à **Carnegie Hall** [ˈkɑːnəgi hɔːl] (célèbre salle de concert à New York), au **Royal National Theatre** [ˈrɔɪəl ˈnæʃnəl ˈθɪətə] de Londres ou à la pièce de théâtre du lycée du coin, vous absorberez un peu de la culture locale et vous aurez l'occasion d'observer **the audience** [ði ˈɔːdiəns] [UK], [ði ˈɑːdiəns] [US] (le public).

Conversation

Hedy regarde le calendrier des spectacles dans le journal et en remarque un qu'elle voudrait voir.

Hedy : **Hey Barry, my favorite musician is playing tomorrow night.**

[heɪ ˈbæri maɪ ˈfeɪvərət mjuːˈzɪʃn̩ ɪz ˈpleɪɪŋ təˈmɒrəʊ naɪt]

Dis donc Barry, ma musicienne préférée joue demain soir.

Barry : **Who is it?**

[huː ɪz ɪt]

Qui est-ce ?

Hedy : **Mary McCaslin. She's a great folk musician.**

[meəri məˈkæzlən ʃiz ə greɪt fəʊk mjuːˈzɪʃn̩]

Mary McCaslin. C'est une grande artiste de musique folk.

Barry : **Where is she playing?**

[weər ɪz ʃi ˈpleɪɪŋ]

Où joue-t-elle ?

Hedy : **At the Rounder Theater at 8 p.m.**

[ət ðə ˈraʊndə ˈθiːətər ət eɪt piː em]

Au théâtre Rounder à 8 heures du soir.

Barry : **Okay. I'll call for tickets.**

[əʊˈkeɪ aɪl kɔːl fə ˈtɪkɪts]

C'est bon. J'appelle pour acheter des billets.

Sortir avec quelqu'un

Si vous trouvez un spectacle intéressant auquel vous voulez assister et si vous voulez demander à un ami/une amie de vous accompagner, vous avez besoin de connaître quelques expressions pour le lui proposer. Je vous suggère d'utiliser les phrases suivantes :

- **Would you like to see a film** [UK]/**movie** [US] **with me?** [wʊd ju laɪk tə siː ə fɪlm ˈmuːvi wɪð miː] (Veux-tu aller voir un film avec moi ?)
- **Do you like plays?** [də ju laɪk pleɪz] (Aimes-tu/aimez-vous les pièces de théâtre ?)
- **I'm going to a concert tomorrow. Do you want to come?** [aɪm ˈgəʊɪŋ tə ə ˈkɒnsət təˈmɒrəʊ də ju wɒnt tə kʌm] (Je vais à un concert demain. Veux-tu/voulez-vous venir ?)

Conversation

Winston et son amie Ellie discutent ensemble, et Winston propose à Ellie de sortir avec lui.

Winston : **Would you like to do something Friday night?**

[wʊd ju laɪk tə də ˈsʌmθɪŋ ˌfraɪdi naɪt]

Aimerais-tu faire quelque chose vendredi soir ?

Ellie : **Sure.**

[ʃʊə]

Bien sûr.

Winston :	**Have you seen the musical "Cats"?**	
	[həv ju siːn ðə ˈmjuːzɪkl̩ kæts]	
	As-tu vu la comédie musicale *Cats* ?	

Winston : **Have you seen the musical "Cats"?**

[həv ju siːn ðə ˈmjuːzɪkl̩ kæts]

As-tu vu la comédie musicale *Cats* ?

Ellie : **No, not yet.**

[nəʊ nɒt jet]

Non, pas encore.

Winston : **It's playing at the Majestic Theater. Would you like to go?**

[ɪts ˈpleɪɪŋ ət ðə məˈdʒestɪk ˈθiːətə wʊd ju laɪk tə gəʊ]

Elle joue au théâtre Majestic. Aimerais-tu y aller ?

Ellie : **I'd love to go.**

[aɪd lʌv tə gəʊ]

Avec le plus grand plaisir.

Winston : **Great. I've heard that it's an excellent show.**

[greɪt aɪv hɜːd ðət ɪts ən ˈeksələnt ʃəʊ]

Parfait. J'ai entendu dire que c'est un spectacle excellent.

Sortir le soir

La meilleure façon de trouver de bons **nightclubs** [ˈnaɪtklʌbz] (boîtes de nuit) ou **bars** [bɑːz] (bars) est de demander autour de vous. Chaque personne a un établissement préféré, mais avec quelques questions pertinentes, vous obtiendrez assez d'informations pour décider vous-même.

Tout le monde a entendu parler des **pubs** [pʌbz] (pubs) d'Irlande et de Grande-Bretagne. Les pubs ne sont pas une institution américaine, mais on trouve dans certaines villes des États-Unis des **breweries** [ˈbrʊərɪz] (brasseries) locales servant différentes sortes de **beers** [bɪəz] (bières) et généralement des repas légers. Voici quelques questions que vous pouvez poser aux gens du pays sur les clubs et les bars :

» **Do you know any good nightclubs?** [də ju nəʊ ˈeni gʊd ˈnaɪtklʌbz] (Connaissez-vous de bonnes boîtes de nuit ?)

» **What kind of bar is this?** [wɒt kaɪnd əv bɑː ɪz ðɪs] (C'est quel genre de bar ?)

» **Is there live music?** [ɪz ðeə laɪv ˈmjuːzɪk] (Y a-t-il des concerts ?)

» **Does the club have dancing?** [dəz ðə klʌb həv ˈdɑːnsɪŋ] (Est-ce un club où l'on peut danser ?)

Si quelqu'un vous demande si vous voulez du thé ou du café, vous pouvez dire **Coffee, please** [ˈkɒfi pliːz] (Du café, s'il vous plaît). Mais si vous voulez être plus formel ou faire ressortir votre préférence, vous pouvez dire **I prefer coffee** [aɪ prɪˈfɜː ˈkɒfi] (Je préfère du café). Si quelqu'un vous demande si vous aimez la musique classique, vous pouvez dire **I prefer jazz** [aɪ prɪˈfɜː dʒæz] (Je préfère le jazz). Observez les questions et les réponses suivantes :

» **Do you want to go to a museum?** [də ju wɒnt tə gəʊ tə ə mjuːˈzɪəm] (Veux-tu aller au musée ?) **I prefer to go see a film** [UK]/**movie** [US] [aɪ prɪˈfɜː tə gəʊ siː ə fɪlm ˈmuːvi] (Je préfère aller voir un film.)

» **Do you mind if I smoke?** [də ju maɪnd ɪf aɪ sməʊk] (Cela vous dérange-t-il si je fume ?) **I prefer that you don't** [aɪ prɪˈfɜː ðət ju dəʊnt] (Je préfère que vous ne fumiez pas.)

CELA VOUS DÉRANGE SI JE FUME ?

Si vous êtes un **smoker** [ˈsməʊkə] [UK], [ˈsmoʊkə] [US] (fumeur) en visite aux États-Unis vous direz peut-être « On dit que l'Amérique est le pays de la liberté, mais je ne peux fumer nulle part ! » et vous aurez raison. Mais un **nonsmoker** [nɒnˈsməʊkə] [UK], [nɒnˈsmoʊkə] [US] (non-fumeur) pourrait dire « J'ai le droit que l'on ne m'impose pas la fumée de cigarette ! » Le non-fumeur a raison lui aussi. Mais quelle que soit votre interprétation de la liberté, le fait demeure que fumer est interdit dans la plupart des lieux publics, y compris de nombreux bars et boîtes de nuit !

Si vous ne voyez pas d'**ashtrays** [ˈæʃtreɪz] (cendriers), fumer est probablement **not allowed** [nɒt əˈlaʊd] (interdit). En cas de doute, vous pouvez demander **Is it okay to smoke here?** [ɪz ɪt əʊˈkeɪ tə sməʊk hɪə] (Est-ce qu'on peut fumer ici ?)

CEUX QUI BOIVENT ET CELUI QUI CONDUIT

Vous pouvez conduire aux États-Unis dès l'âge de 16 ans (15 ans avec un adulte qui a le permis), mais vous ne pouvez pas entrer dans une boîte de nuit ou un bar (légalement) tant que vous n'avez pas 21 ans – le **legal drinking age** [ˈliːgḷ ˈdrɪŋkɪŋ eɪdʒ] (âge légal pour consommer de l'alcool) ! Attendez-vous à devoir montrer une **picture ID** [ˈpɪktʃər aɪ diː] (pièce d'identité avec photo). Et sachez que les clubs n'acceptent parfois pas les passeports comme des pièces d'identité valables.

Dans un club (ou dans une soirée ou un restaurant), vous pouvez entendre quelqu'un dire **I'm the designated driver** [aɪm ðə ˈdezɪgneɪtɪd ˈdraɪvə] (je suis le conducteur désigné). Cette personne consent à rester **sober** [ˈsəʊbə] [UK], [ˈsoʊbə] [US] (sobre) et à reconduire les autres en voiture chez eux. De nombreux bars et clubs servent des boissons non alcoolisées aux conducteurs désignés.

Conversation

Winston et Ellie décident d'aller dans un club après avoir vu jouer *Cats*. À l'entrée, ils ont affaire au **bouncer** [ˈbaʊnsə] (videur), la personne qui vérifie les pièces d'identité.

Videur : **Do you have your ID?**

[də ju həv jər aɪ diː]

Avez-vous votre pièce d'identité ?

Winston : **I have my passport.**

[aɪ həv maɪ ˈpɑːspɔːt]

J'ai mon passeport.

Videur : **We prefer a driver's license.**

[wi prɪˈfɜːr ə ˈdraɪvərz ˈlaɪsns]

Nous préférons un permis de conduire.

Winston : **I have that, too.**

[aɪ həv ðæt tuː]

J'ai ça aussi.

Ellie : **Here's mine.**

[hɪəz maɪn]

Voici le mien.

Videur : **Okay, you can go in.**

[əʊˈkeɪ ju kən gəʊ ɪn]

Bon, vous pouvez entrer.

Une fois à l'intérieur, une serveuse leur demande s'ils veulent quelque chose à boire.

Serveuse : **Can I get you a drink?**

[kən aɪ get ju ə drɪŋk]

Puis-je vous apporter une boisson ?

Ellie : **A glass of white wine.**

[ə glɑːs əv waɪt waɪn]

Un verre de vin blanc.

Serveuse : **And you, sir, something from the bar?**

[ənd ju sɜː ˈsʌmθɪŋ frəm ðə bɑː]

Et vous, Monsieur, voulez-vous boire quelque chose ?

Winston : **Just some sparkling water.**

[dʒəst səm ˈspɑːklɪŋ ˈwɔːtə]

Juste de l'eau gazeuse.

Ellie : **May I smoke in here?**

[meɪ aɪ sməʊk ɪn hɪə]

Puis-je fumer ici ?

Serveuse : **We prefer that you go out on the patio.**

[wi prɪˈfɜː ðət ju gəʊ aʊt ɒn ðə ˈpætɪəʊ]

Nous préférons que vous sortiez sur le patio.

Ellie : **Okay.**

[əʊˈkeɪ]

D'accord.

N'oubliez pas le pourboire pour la personne qui vous sert à boire dans un bar ou un night-club. La norme est de donner 15 à 20 % de la note.

Mots clés

alcohol	[ˈælkəhɒl] [UK], [ˈælkəhɑːl] [US]	alcool
minor	[ˈmaɪnə]	mineur
underage	[ʌndərˈeɪdʒ]	au-dessous de l'âge requis
smoke	[sməʊk] [UK], [smoʊk] [US]	fumer ou fumée
ashtray	[ˈæʃtreɪ]	cendrier

Jeux et activités

Dans l'espace libre, inscrivez une autre façon d'indiquer l'heure. (Je vous donne un modèle dans le premier exemple.)

Two in the afternoon: 2:00 p.m.

1. Midnight: ____________.

2. 12 p.m.: ____________.

3. A quarter after three: ____________.

4. A quarter to three: ____________.

5. 5:00 a.m.: ____________.

6. Five-thirty in the evening: ____________.

Solutions : Annexe C, p. 432.

SÉRIES, FI LMS ET MUSIQUES : LA POP CULTURE ANGLO-SAXONNE

Les **TV series** [tiːˈviː ˈsɪəriːz] (séries TV) traditionnelles, centrées sur la vie quotidienne d'une communauté, comme *Coronation Street* ou *Eastenders*, sont devenues des jalons incontournables du paysage audiovisuel anglais ; un certain regain de **creativity** [kriːeɪˈtɪvəti] (créativité) et d'**innovation** [ɪnəˈveɪʃn̩] (nouveauté) s'est manifesté ces dernières années outre-Manche (avec *The Thick of it*, *Sherlock*, ou encore la reprise de *Doctor Who*), ainsi qu'aux États-Unis, où ont vu le jour des séries de qualité rapidement élevées au rang de classiques. Les anciennes **soap operas** [səʊp ˈɒprəz] (comédies sentimentales) comme *Santa Barbara* ou *Dallas* ont laissé la place dans les années 1990 à des **sitcoms** [ˈsɪtkɒmz] (sitcoms) de qualité, comme *Friends*, souvent ponctuées par des **laugh tracks** [lɑːf træks] (rires enregistrés). Les années 2000 ont été marquées par un véritable renouveau des **serial dramas** [ˈsɪərɪəl ˈdrɑːməz] (séries télévisées) en tous genres : **thrillers** [ˈθrɪləz] (séries à suspens) comme *Lost* ou *24*, **satires** [ˈsætaɪəz] (critiques de la société) comme *Arrested Development, Desperate Housewives* ou *Sex and the City,* **animated sitcoms** [ˈænɪmeɪtɪd ˈsɪtkɒmz] (dessins animés humoristiques) comme *South Park* ou *The Simpsons* ; ou **crime dramas** [kraɪm ˈdrɑːməz] (*Oz, The Wire, Breaking Bad, Dexter*), **medical dramas** [ˈmedɪkl̩ ˈdrɑːməz] comme *E.R., Grey's Anatomy* ou *House M.D.*, **political dramas** [pəˈlɪtɪkl̩ ˈdrɑːməz] comme *The West Wing*, ou encore **fantasy dramas** [ˈfæntəsi ˈdrɑːməz] comme *Game of Thrones*.

Hollywood, berceau du cinéma américain, a permis le développement de genres comme le **western** [ˈwestən] (western), les **epics** [ˈepɪks] (péplums) et le **film noir** [fɪlm nɔɪr], puis l'arrivée des **blockbusters** [ˈblɒkbʌstəz] (films à succès), tels que les **science fiction movies** [ˈsaɪəns ˈfɪkʃn̩ ˈmuːvɪz] (films de science fiction) à gros budget, ou encore les **thrillers** [ˈθrɪləz] (films à suspens) et les **action movies** [ˈækʃn̩ ˈmuːvɪz] (films d'action). Les acteurs britanniques ont toute leur place dans le système des studios américains et occupent les premiers rôles de certaines **franchises** [ˈfræntʃaɪzɪz], comme celle des **James Bond movies** [dʒeɪmz bɒnd ˈmuːvɪz] ou les adaptations des aventures de **Harry Potter** [ˈhæri ˈpɒtə] dont de nombreuses scènes sont tournées en Angleterre.

Parmi les succès du cinéma britannique, on compte beaucoup de **romcoms** [ˈrɒmkɒmz] (comédies romantiques) ou encore les **animated movies** [ˈænɪmeɪtɪd ˈmuːvɪz] (films d'animation) des Studios Aardman. Le cinéma d'auteur est marqué par les **social criticism movies** [ˈsəʊʃl̩ ˈkrɪtɪsɪzəm ˈmuːvɪz] (films de critique sociale) de Ken Loach, Stephen Frears ou Danny Boyle.

La **New Zealand** [njuː ˈziːlənd] (Nouvelle Zélande) est connue pour être le décor des adaptations de **The Lord of the Rings** [ðə lɔːd əv ðə rɪŋz] (*Le Seigneur des Anneaux*) et **The Hobbit** [ðə hɒbɪt] (*Bilbo le Hobbit*), tandis qu'en **Australia** [ɒˈstreɪliə] (Australie), les films de Baz Luhrmann jouissent d'une **international recognition** [ɪntəˈnæʃn̩əl rekəgˈnɪʃn̩] (reconnaissance à l'étranger). L'industrie du blockbuster est aujourd'hui mondialisée, notamment avec **Bollywood** [ˈbɒlɪwʊd], ces grands studios de Mumbai, en Inde, où sont produites des **musicals** [ˈmjuːzɪkl̩z] (comédies musicales) qui s'exportent dans le monde entier… Le cinéma de Hong Kong, ancienne colonie britannique, a fait connaître dans le monde des acteurs comme Bruce Lee puis Jackie Chan.

SÉRIES, FILMS ET MUSIQUES : LA POP CULTURE ANGLO-SAXONNE *(SUITE)*

La musique populaire anglo-saxonne a su conquérir le monde grâce à la grande diversité de ses genres, à son **star system** [stɑː ˈsɪstəm] (vedettariat) issue d'une **show business** [ʃəʊ ˈbɪznəs] (industrie du spectacle) florissante, mais aussi à sa qualité artistique. Aux États-Unis, les deux grandes traditions du **blues** [bluːz] et de la **country** [ˈkʌntri] ont donné naissance, dans les années 1950 et 1960, au **rock'n roll** [rɒk ən rəʊl] et à la **folk** [fəʊk], une **committed music** [kəˈmɪtɪd ˈmjuːzɪk] (musique engagée politiquement) dans la tradition des **protest songs** [ˈprəʊtest sɒŋz] (chansons de contestation) dénonçant les **social inequalities** [ˈsəʊʃl̩ ɪnɪˈkwɒlɪtɪz] (injustices sociales) et la **political corruption** [pəˈlɪtɪkl̩ kəˈrʌpʃn̩] (corruption politique). D'abord imitateurs du rock n' roll américain, les Beatles, les Kinks ou encore The Who ont peu à peu développé la musique **pop** [pɒp] mais également une musique **rock** [rɒk] britannique spécifique, qui s'est ensuite exportée vers les États-Unis. Ils ont créé des **songs** [sɒŋz] (chansons) plus **lyrical** [ˈlɪrɪkl̩] (avec des textes plus développés), plus proches en cela de la grande tradition du **blues** que du **rock n'roll** ou du **rockabilly** [ˈrɑːkəˌbɪli] américains, souvent considérés comme des versions **bankable** [ˈbæŋkəbl̩] (commerciales) et **mainstream** [ˈmeɪnstriːm] (consensuelles) développées par des chanteurs blancs à partir du **rhythm n' blues** [ˈrɪðəm ən bluːz] de la communauté afro-américaine. Les Rolling Stones, plus puristes, ont cherché à faire connaître en Grande-Bretagne puis à l'international le rhythm n' blues. Dans les années 1970-1980, des groupes comme Led Zeppelin sont considérés comme à l'origine du **hard rock** [hɑːd rɒk], tandis que le **punk rock** [pʌŋk rɒk] voit le jour avec les Clash ou les Sex Pistols, et aux États-Unis, avec des précurseurs comme Iggy and the Stooges. Aux États-Unis toujours, se développait au même moment un rock engagé, avec des artistes comme Bruce Springsteen, ainsi que le **heavy metal** [ˈhevi ˈmetl̩], expression américaine du hard rock. Les années 1990-2000 voient en Angleterre le développement de la **brit pop** [brɪt pɒp], avec des groupes comme Supergrass, Oasis ou Blur, aux chansons légères et commerciales, qui traitent de la vie quotidienne, tandis que les États-Unis ont vu le développement d'une critique sociale plus poussée avec les musiques **rap** [ræp] et le mouvement **grunge** [grʌndʒ]. Depuis les années 2000, le **post-rock** [pəʊst rɒk], la popularisation de l'**electronic music** [ɪlekˈtrɒnɪk ˈmjuːzɪk] (musique électronique) ou encore le **trip hop** [trɪp hɒp], sont signes de la vitalité et de la diversité des genres musicaux populaires anglo-saxons.

Le site `http://www.imdb.com` présente les grands succès du cinéma anglo-saxon, les acteurs, les réalisateurs…

Un site de critique musicale comme `http://pitchfork.com` fait le point sur les courants et les nouvelles créations dans le domaine de la musique.

Enfin, `http://epguides.com` recense toutes les séries télévisées et propose une liste complète des épisodes.

Chapitre 12

Aller et venir : différents moyens de transport

DANS CE CHAPITRE :

- **Comment trouver son chemin dans les aéroports**
- **Les transports en commun : les bus, les avions et les trains**
- **Prendre des taxis**
- **Louer une voiture**
- **Les routes et les autoroutes en Grande-Bretagne ou aux États-Unis**

Quand vous arrivez à l'**airport** [ˈeəpɔːt] (aéroport) après un vol de longue durée, la première chose que vous voulez probablement faire (après vous être assuré que vos bagages ne sont pas partis dans un autre pays), c'est de sortir de là !

Bien sûr, si vous arrivez aux États-Unis, vous devez présenter votre passeport et passer la douane avant de trouver un **transportation** [ˌtrænspɔːˈteɪʃn̩] (un moyen de transport) et de vous diriger vers votre point d'accueil. Si vous parlez un peu l'anglais, votre voyage sera plus agréable – et un peu moins stressant. Ce chapitre vous apporte des éléments du langage des voyages, ainsi que des renseignements sur la façon de quitter l'aéroport, d'utiliser les transports en commun, de louer une voiture et de circuler sur les routes.

Traverser l'aéroport et la douane

Dans les aéroports, presque toutes les indications sont en anglais. Voici quelques-uns des signes que vous verrez :

- **Baggage Claim** [ˈbægɪdʒ kleɪm] (Récupération des bagages)
- **Immigration** [ɪmɪˈgreɪʃn̩] (Immigration)
- **Customs** [ˈkʌstəmz] (Douane)
- **Information** [ɪnfəˈmeɪʃn̩] (Informations)
- **Arrivals** [əˈraɪvl̩z] (Arrivées)
- **Departures** [dɪˈpɑ:tʃəz] (Départs)
- **Ground Transport** [graʊnd ˈtrænspɔ:t] (Transports terrestres)

La plupart des gens tendent à être un peu anxieux au passage de l'**immigration** [ɪmɪˈgreɪʃn̩] (immigration) et de la **customs** [ˈkʌstəmz] (douane), mais si vous n'avez pas avec vous d'articles prohibés, vous pouvez en temps normal les traverser sans encombre. Ayez bien entendu avec vous les documents appropriés – un **visa** [ˈvi:zə] (visa), un **passport** [ˈpɑ:spɔ:t] (passeport) et votre **ticket** [ˈtɪkɪt] (billet d'avion) – et suivez le panneau « Immigration ».

Conversation

Henri vient d'arriver aux États-Unis. Il est parvenu aux services de l'immigration et il parle avec un agent de l'immigration. (Piste 32)

Agent : **May I see your passport?**

[meɪ aɪ si: jə ˈpɑ:spɔ:t]

Puis-je voir votre passeport ?

Henri : **Yes. Here it is.**

[jes hɪər ɪt ɪz]

Oui. Le voici.

Agent : **And your ticket. What's the purpose of your visit?**

[ənd jə ˈtɪkɪt wɒts ðə ˈpɜ:pəs əv jə ˈvɪzɪt]

Et votre billet. Quel est le but de votre visite ?

Henri :	**I've come on a student visa.** [aɪv kʌm ɒn ə ˈstjuːdnt ˈviːzə] Je viens avec un visa d'étudiant.
Agent :	**May I see your visa?** [meɪ aɪ siː jə ˈviːzə] Puis-je voir votre visa ?
Henri :	**Here you are.** [hɪə ju ɑː] Le voici.
Agent :	**How long will you be staying in the United States?** [haʊ lɒŋ wl̩ ju bi ˈsteɪɪŋ ɪn ðə juˈnaɪtɪd steɪts] Combien de temps allez-vous séjourner aux États-Unis ?
Henri :	**Two months.** [tuː mʌnθs] Deux mois.
Agent :	**Okay. Please proceed to customs.** [əʊˈkeɪ pliːz prəˈsiːd tə ˈkʌstəmz] Bien. Veuillez aller à la douane.

À la douane, on peut vous demander d'ouvrir ou de déballer vos bagages et de répondre à des questions sur certains articles. Si vous avez de la chance, le **customs officer** [ˈkʌstəmz ˈɒfɪsə] (douanier) vous demandera seulement si vous introduisez aux États-Unis des articles prohibés.

Voici quelques expressions que vous devez connaître :

- **Please open your bags.** [pliːz ˈəʊpən jə bægz] (Veuillez ouvrir vos bagages.)
- **Do you have any items to declare?** [də ju həv ˈeni ˈaɪtəmz tə dɪˈkleə] (Avez-vous des articles à déclarer ?)

Mots clés

luggage	[ˈlʌgɪdʒ]	bagages
baggage	[ˈbægɪdʒ]	bagages
bags	[bægz]	bagages
schedule	[ˈʃedjuːl] [UK], [ˈskedjuːl] [US]	horaire
ticket	[ˈtɪkɪt]	billet
passport	[ˈpɑːspɔːt]	passeport

Si vous avez un problème quelconque avec l'immigration ou la douane ou si le douanier confisque des objets prohibés, vous avez intérêt à rester calme, courtois et coopératif. Ne plaisantez jamais avec des agents de l'immigration ou de la douane. Et si vous êtes arrêté pour une raison quelconque, ne proposez pas d'argent – c'est illégal.

Sortir de l'aéroport

Après être passé par les points de contrôle obligatoires et avoir récupéré vos bagages, vous devriez voir des panneaux vous dirigeant vers les moyens de transport terrestres, et vous pourrez prendre un **taxi** [ˈtæksi] (taxi), un **bus** [bʌs], ou une **airport shuttle** [ˈeəpɔːt ˈʃʌtl̩] (navette d'aéroport). Si vous ne voyez pas de panneaux, allez à un comptoir d'information et demandez les horaires des bus et des navettes.

La liste ci-après vous précise les options dont vous disposez pour quitter l'aéroport :

» **Bus** : un autobus peut vous emmener en centre-ville ou en banlieue, mais pas toujours à votre destination exacte. Pour plus de sûreté, demandez au **driver** [ˈdraɪvə] (chauffeur) de vous dire exactement où il va. En outre, vous devez avoir le **fare** [feə] (montant du billet) exact – les chauffeurs ne rendent généralement pas la monnaie. Les questions suivantes peuvent vous aider à trouver le bon autobus :

- **Where does this bus go?** [weə dəz ðɪs bʌs gəʊ] (Où va ce bus ?)
- **Does this bus go to___?** [dəz ðɪs bʌs gəʊ tə] (Ce bus va-t-il à ___ ?)

» Si vous êtes en autobus dans une ville inconnue, vous pouvez facilement rater votre **stop** [stɒp] (arrêt). Demandez au chauffeur de vous prévenir quand le bus arrive à votre destination. Voici ce qu'il faut dire :

- **Please tell me where to get off the bus.** [pli:z tel mi: weə tə get ɒf ðə bʌs] (S'il vous plaît, dites-moi quand je dois descendre.)
- **Can you tell me when we get to my stop?** [kən ju tel mi: wen wi get tə maɪ stɒp] (Pourrez-vous me dire quand nous serons arrivés à mon arrêt ?)

» **Airport shuttle** : ce petit véhicule emmène de six à neuf passagers et vous conduit à votre destination spécifique. Bien sûr, le trajet est plus cher qu'en bus (mais souvent moins cher qu'en taxi). Et bien qu'il puisse durer longtemps (surtout si vous êtes la dernière personne à descendre), le service « porte-à-porte » est un grand avantage.

» **Taxi** : vous trouverez normalement de nombreux **taxis** [ˈtæksiz] (taxis) ou **cabs** [kæbz] (taxis) à l'aéroport. Demandez le prix au **driver** [ˈdraɪvə] (chauffeur) en montant – il peut y avoir un prix fixe pour aller de l'aéroport au centre-ville. Pour plus d'informations sur la façon de vous déplacer en taxi, voyez la section « Appeler un taxi » plus loin dans ce chapitre.

Utilisation des transports en commun

Si vous visitez une grande ville, vous avez accès à des **public transportation** [ˈpʌblɪk trænspɔ:ˈteɪʃn̩] (transports en commun) généralement excellents. Les **commuter trains** [kəˈmju:tə treɪnz] (trains de banlieue) et le **subway** [ˈsʌbweɪ] [US] ou **underground** [ˈʌndəgraʊnd] [UK] (métros) – en Grande-Bretagne le mot **subway** désigne un passage souterrain pour piétons – sont rapides, pratiques, peu chers et infiniment préférables à un après-midi dans votre voiture à la recherche d'une place de parking.

Mais dans les villes plus petites ou les banlieues américaines, les transports en commun sont souvent limités. Si vous cherchez un endroit où trouver des transports publics, vous pouvez vous adresser à quelqu'un. Par exemple :

» **Where is the closest train station?** [weər ɪz ðə ˈkləʊsɪst treɪn ˈsteɪʃn̩] (Où se trouve la gare la plus proche ?)

» **Where is the closest bus stop?** [weər ɪz ðə ˈkləʊsɪst bʌs stɒp] (Où se trouve l'arrêt de bus le plus proche ?)

» **Where can I find the subway/ the underground?** [weə kən aɪ faɪnd ðə ˈsʌbweɪ ði ˈʌndəgraʊnd] (Où se trouve le métro ?)

Pour vous promener dans un autobus de la ville, procurez-vous un horaire à une station d'autobus ou demandez à quelqu'un du pays où vous pouvez en trouver un. Les **routes** [ru:ts] (itinéraires) des bus sont distingués par des numéros, et vous devez généralement payer le prix exact du trajet à moins que vous n'achetiez un **bus pass** [bʌs pɑ:s] (carte de bus).

La plupart des lignes d'autobus proposent des **transfers** [ˈtrænsfɜ:z] (transferts) qui sont des tickets vous permettant de prendre une correspondance sans coût supplémentaire jusqu'à votre destination. Si vous prenez le métro ou un train de banlieue, vous pouvez généralement acheter votre ticket avant de monter dans le train. Voici quelques expressions utilisables dans les transports en commun :

- **How do I get to __ Street?** [haʊ də aɪ get tə ___ stri:t] (Comment puis-je aller rue __ ?)
- **Which train goes to __?** [wɪtʃ treɪn gəʊz tə___] (Quel est le train pour __ ?)
- **May I have a transfer?** [meɪ aɪ həv ə ˈtrænsfɜ:] (Pourrais-je avoir un billet de correspondance ?)

Conversation

Voici une conversation entre un agent des transports et un usager. (Piste 33)

Henriette : **What bus goes to Elder Street?**

[wɒt bʌs gəʊz tə ˈeldə stri:t]

Quel bus va rue Elder ?

Agent : **Number 5 bus.**

[ˈnʌmbə faɪv bʌs]

Le bus numéro 5.

Henriette : **Where do I catch number 5 bus?**

[weə də aɪ kætʃ ˈnʌmbə faɪv bʌs]

Où puis-je prendre le bus numéro 5 ?

Agent : **Take number 27 bus to Lake Street, and then transfer to number 5.**

[teɪk ˈnʌmbə ˈtwenti ˈsevn̩ bʌs tə leɪk stri:t ənd ðen ˈtrænsfɜ: tə ˈnʌmbə faɪv]

Prenez le bus numéro 27 jusqu'à la rue du Lac, puis changez pour le numéro 5.

Henriette : **Is there a more direct route to Elder Street?**

[ɪz ðər ə mɔː dɪˈrekt ruːt tə ˈeldə striːt]

Y a-t-il un chemin plus direct jusqu'à la rue Elder ?

Agent : **Yes, you can take the commuter train to Elder.**

[jes ju kən teɪk ðə kəˈmjuːtə treɪn tə ˈeldə]

Oui, vous pouvez prendre le train de banlieue jusqu'à Elder.

Henriette : **Where's the nearest train station?**

[weəz ðə ˈnɪərɪst treɪn ˈsteɪʃn̩]

Où est la gare la plus proche ?

Agent : **One block down this street.**

[wʌn blɒk daʊn ðɪs striːt]

Un pâté de maison en continuant dans cette rue.

Henriette : **Great. Thanks.**

[greɪt θæŋks]

Très bien. Merci.

Appeler un taxi

Dans de nombreuses villes importantes et en centre-ville, vous verrez passer des **taxis** [ˈtæksɪz] (taxis) dans la rue à la recherche de clients. Mais dans de nombreuses villes plus petites, vous pouvez avoir à appeler un service de taxis pour qu'on vienne vous chercher. N'attendez donc pas à un coin de rue – vous pourriez attendre des jours avant de voir un taxi !

Mots clés

bus	[bʌs]	bus
train	[treɪn]	train
underground [UK]	[ˈʌndəgraʊnd]	métro
subway [US]	[ˈsʌbweɪ]	métro
route	[ru:t]	itinéraire
bus pass	[bʌs pɑ:s]	carte de bus
transfer	[ˈtrænsfɜ:]	transfert
direct route	[dɪˈrekt ru:t]	trajet direct

Si vous voyagez en taxi, sachez que les **fares** [feəz] (prix des courses) sont calculés par *mile* et que le prix est affiché sur le **meter** [ˈmi:tə] (compteur).

Il n'est pas courant de partager un taxi avec une autre personne. Il est préférable – mais ce n'est pas une obligation – de donner au chauffeur un pourboire de 15 à 20 % du montant total de la course.

Voici quelques expressions à utiliser une fois à bord du taxi :

- » **I'd like to go to ___.** [aɪd laɪk tə gəʊ tə] (Je voudrais aller à ___.)
- » **Please take me to ___.** [pli:z teɪk mi: tə] (Conduisez-moi s'il vous plaît à ___.)

Longs voyages en car, en train ou en avion

Si vous avez peu d'argent mais beaucoup de temps – ou si vous voulez simplement voir le paysage –, les grands trajets en car peuvent être un bon moyen de déplacement aux États-Unis. Achetez un **one-way ticket** [wʌn weɪ ˈtɪkɪt] (aller simple) ou un **round-trip ticket** [raʊnd trɪp ˈtɪkɪt] (aller-retour) à la **bus station** [bʌs ˈsteɪʃn̩] (station de bus) et attendez-vous à faire d'intéressantes rencontres en cours de route !

Un voyage en bus en Amérique du Nord dure généralement plusieurs jours, et vous donne l'occasion de nouer des contacts avec vos compagnons de voyage. Dans les îles Britanniques, minuscules par comparaison, les gens prennent le train (ou l'avion) pour les déplacements sur une « longue » distance, qui ne durent jamais très longtemps, et le bus est plutôt réservé, comme en France, à des déplacements dans une même région. Autre différence, l'achat d'un billet – de bus, d'avion ou de train – met en jeu un tout autre vocabulaire : vous achetez un **single ticket** [ˈsɪŋgl̩ ˈtɪkɪt] (aller simple) ou un **return ticket** [rɪˈtɜːn ˈtɪkɪt] (aller-retour).

Si vous recherchez un peu plus de confort et si vous pouvez dépenser un peu plus d'argent, prenez un **train** [treɪn] (train). Pour un voyage en train d'assez longue durée, et à un coût plus important, vous pouvez avoir un **private sleeper** [ˈpraɪvɪt ˈsliːpə] (cabine de wagon-lit) et prendre vos repas dans le **dining car** [ˈdaɪnɪŋ kɑː] (wagon-restaurant). Le train lui aussi vous donne la possibilité d'admirer tranquillement le paysage. Vous achetez vos billets à la gare ou par l'intermédiaire d'une **travel agency** [ˈtrævl̩ ˈeɪdʒənsi] (agence de voyage).

Conversation

Sid se rend à Atlanta pour aller voir un ami. Il est à la gare routière où il se renseigne sur les horaires et prend son billet.

Sid : **When does the bus leave for Atlanta?**

[wen dəz ðə bʌs liːv fə ætˈlæntə]

Quand part le bus pour Atlanta ?

Guichetier : **In one hour, at 3 p.m.**

[ɪn wʌn ˈaʊə ət θriː piː em]

Dans une heure, à 15 heures.

Sid : **Okay. I'd like a one-way ticket to Atlanta.**

[əʊˈkeɪ aɪd laɪk ə wʌnˈweɪ ˈtɪkɪt tə ætˈlæntə]

Bon. Je voudrais un aller simple pour Atlanta.

Guichetier : **That's 62 dollars.**

[ðæts ˈsɪksti tuː ˈdɒləz]

C'est 62 dollars.

Sid : **When does the bus arrive in Atlanta?**

[wen dəz ðə bʌs əˈraɪv ɪn ætˈlæntə]

Quand le bus arrive-t-il à Atlanta ?

Guichetier : **Around 5 p.m. tomorrow.**

[ə'raʊnd faɪv piː em tə'mɒrəʊ]

Vers 17 heures demain.

Sid : **Okay, thanks.**

[əʊ'keɪ θæŋks]

OK, merci.

Guichetier : **Here's your ticket.**

[hɪəz jə 'tɪkɪt]

Voici votre billet.

Pour une raison inconnue, les gares routières et ferroviaires des États-Unis sont souvent situées loin du centre-ville et parfois dans des quartiers inhospitaliers. Vous avez intérêt à y aller en taxi, si vous ne trouvez pas un bus (ou un ami) pour vous y conduire.

Bien que plus cher, **air travel** [eə 'trævḷ] (le voyage par avion) est le moyen le plus utilisé par la plupart des gens qui voyagent à l'intérieur des États- Unis. Vous pouvez traverser tout le pays en **plane** [pleɪn] (avion) en quatre heures environ. Arrivez tôt pour enregistrer vos bagages, passer par le **security check** [sɪ'kjʊərɪti tʃek] (contrôle de sécurité) et parvenir à votre **gate** [geɪt] (porte). Vous pouvez acheter votre billet à l'avance à une **travel agency** ['trævḷ 'eɪdʒənsi], sur **the Internet** [ði 'ɪntənet] (Internet) ou à un **ticket counter** ['tɪkɪt 'kaʊntə] (comptoir) de l'aéroport.

UN ARRÊT COÛTEUX

Aux États-Unis, il est interdit de fumer dans les bus longue distance et dans les trains. Le **bus driver** [bʌs 'draɪvə] (conducteur de bus) ou le **train conductor** [treɪn kən'dʌktə] (contrôleur du train) vous dira quels arrêts sont des **smoking stops** ['sməʊkɪŋ stɒps] (arrêts pour fumer) où vous pouvez descendre et fumer.

Mais ne vous éloignez pas trop – il risque de partir sans vous !

Conversation

Bernard se rend dans une agence de voyage pour se renseigner au sujet d'un vol aller-retour de Los Angeles à New York. (Piste 34)

Bernard : **I need a round-trip ticket to New York.**

[aɪ niːd ə raʊnd ɑːwnd'trɪp 'tɪkɪt tə njuː jɔ k]

J'ai besoin d'un billet aller-retour pour New York.

Agent : **What are your dates of travel?**

[wɒt ə jə deɪts əv 'trævl̩]

Quelles sont vos dates de voyage ?

Bernard : **I want to leave April 3rd and return April 10th.**

[aɪ wɒnt tə liːv 'eɪprəl θɜːd ənd rɪ'tɜːn 'eɪprəl tenθ]

Je veux partir le 3 avril et revenir le 10 avril.

Agent : **And where are you leaving from?**

[ən weər ə ju 'liːvɪŋ frɒm]

Et d'où partez-vous ?

Bernard : **Los Angeles.**

[lɒs 'ændʒɪliːz]

Los Angeles.

Agent : **I can get you a non-stop from L.A. to New York La Guardia airport.**

[aɪ kən get ju ə nɒn'stɒp frəm el eɪ tə njuː jɔːk lɑː 'gwɑːdiə 'eəpɔːt]

Je peux vous trouver un vol direct jusqu'à New York La Guardia.

Bernard : **What's the fare?**

[wɒts ðə feə]

Quel est le prix du billet ?

Agent : **$430 plus tax.**

[fɔː 'hʌndrəd ən 'θɜːti 'dɒləz plʌs tæks]

430 dollars plus la taxe.

Bernard :	**Okay. I'll take it.** [əʊ'keɪ aɪl teɪk ɪt] D'accord. Je le prends.
Agent :	**Do you want a window or an aisle seat?** [də ju wɒnt ə 'wɪndəʊ ɔːr ən aɪl siːt] Voulez-vous une place fenêtre ou couloir ?
Bernard :	**Window, please.** ['wɪndəʊ pliːz] Fenêtre, s'il vous plaît.

Mots clés

Single ticket [UK]	['sɪŋgl̩ 'tɪkɪt]	aller simple
one-way ticket [US]	[wʌn weɪ 'tɪkɪt]	aller simple
return ticket [UK]	[rɪ'tɜːn 'tɪkɪt]	aller-retour
round-trip ticket [US]	[raʊnd trɪp 'tɪkɪt]	aller-retour
ticket counter	['tɪkɪt 'kaʊntə]	guichet/comptoir
travel agency	['trævl̩ 'eɪdʒənsi]	agence de voyage
station	['steɪʃn̩]	gare

S'informer sur la durée et la distance

Quand vous voyagez, quel que soit le mode de transport, vous voulez généralement savoir à quelle distance se trouve votre destination et combien de temps prendra le voyage. Vous devez peut-être prendre une correspondance ou rencontrer un ami qui vous attend à l'autre bout. Voici les questions à poser :

- **How far is it?** [haʊ fɑːr ɪz ɪt] (C'est à quelle distance ?)
- **How long does it take to get there?** [haʊ lɒŋ dəz ɪt teɪk tə get ðeə] (Combien de temps dure le trajet ?)

Conversation

Monique prévoit un voyage de Los Angeles à San Francisco. Elle s'informe auprès d'un ami de la distance et du temps nécessaire. (Piste 35)

Monique : **How far is it from Los Angeles to San Francisco?**

[haʊ fɑːr ɪz ɪt frəm lɒs ˈændʒɪliːz tə sæn frænˈsɪskəʊ]

Quelle est la distance de Los Angeles à San Francisco ?

Evan : **About 400 miles.**

[əˈbaʊt fɔː ˈhʌndrəd maɪlz]

Environ 400 miles.

Monique : **How long does it take to get there?**

[haʊ lɒŋ dəz ɪt teɪk tə get ðeə]

Combien de temps faut-il pour arriver là-bas ?

Evan : **About 1 hour by plane.**

[əˈbaʊt wʌn ˈaʊə baɪ pleɪn]

Environ une heure par avion.

Monique : **How about by car?**

[haʊ əˈbaʊt baɪ kɑː]

Et en voiture ?

Evan : **Around 6 to 8 hours depending on the route you take.**

[əˈraʊnd sɪks tə eɪt ˈaʊəz dɪˈpendɪŋ ɒn ðə ruːt ju teɪk]

Environ 6 à 8 heures selon l'itinéraire.

Monique : **What is the best route to take?**

[wɒt ɪz ðə best ruːt tə teɪk]

Quelle est le meilleur itinéraire ?

Evan : **That depends. The coast route is more scenic, but Interstate 5 and Highway 101 are faster.**

[ðət dɪˈpendz ðə kəʊst ruːt ɪz mɔː ˈsiːnɪk bʌt ɪntəˈsteɪt faɪv ənd ˈhaɪweɪ wʌn əʊ wʌn ə ˈfɑːstə]

Cela dépend. Le chemin par la côte est plus spectaculaire, mais l'autoroute inter-États 5 et l'autoroute 101 sont plus rapides.

Louer une voiture

Aimez-vous voyager en toute indépendance et être libre de voyager à votre propre rythme ? Ou avez-vous simplement besoin d'une voiture pour vos affaires ou pour une brève excursion ? En ce cas, vous pouvez louer une voiture et découvrir les joies de la conduite sur les **motorways** [ˈməʊtəweɪz] (autoroutes) de Grande-Bretagne ou les **highways** [ˈhaɪweɪz] (autoroutes) des États-Unis et du Canada.

Chaque agence de location de véhicules a des procédures et des exigences spécifiques. Selon l'agence, vous devez être âgé de 18 à 25 ans pour louer une voiture, et vous avez besoin des documents suivants :

- **A valid driver's license** [ə ˈvælɪd ˈdraɪvərz ˈlaɪsns] (Un permis de conduire valide). Notez qu'en anglais britannique, permis de conduire se dit et s'écrit **driving licence** [ˈdraɪvɪŋ ˈlaɪsns].
- **A major credit card** [ə ˈmeɪdʒə ˈkredɪt kɑːd] (Une carte bancaire reconnue). En général, les sociétés n'acceptent que Visa, American Express et Master Card.

Louer une voiture n'est pas très coûteux, surtout si vous partagez la dépense avec des amis. La plupart des sociétés louent **by the day** [baɪ ðə deɪ] (à la journée) et accordent des **free miles** [friː maɪlz] (miles gratuits) – ce qui veut dire pas de facturation du nombre de miles effectués – jusqu'à 200 miles ou plus selon la société. Certaines sociétés offrent des miles illimités moyennant un supplément de prix. Voici quelques termes à connaître pour choisir une voiture :

- **compact** [kəmˈpækt] (voiture plus petite et assez économique)
- **luxury** [ˈlʌkʃəri] (de luxe)
- **mini-van** [mini væn] (minibus)
- **two-door** [tuː dɔː] (à deux portes)

» **four-door** [fɔː dɔː] (à quatre portes)

» **stick shift** [stɪk ʃɪft] (à changement de vitesse manuel). L'équivalent britannique de **stick shift** est **gear lever** [gɪə ˈliːvə] (levier de changement de vitesse).

Conversation

Karen et son fils vont dans une agence de location de voitures pour aller à Boston.

Agent : **Can I help you?**

[kən aɪ help ju]

Puis-je vous aider ?

Karen : **We want to rent a car.**

[wi wɒnt tə rent ə kɑː]

Nous voulons louer une voiture.

Agent : **What type of car do you want?**

[wɒt taɪp əv kɑː də ju wɒnt]

Quel type de voiture voulez-vous ?

Karen : **A small four-door with automatic transmission.**

[ə smɔːl fɔː dɔː wɪð ɔːtəˈmætɪk trænzˈmɪʃn̩]

Une petite automatique quatre portes.

Agent : **All our cars are automatics.**

[ɔːl aʊə kɑːz ər ɔːtəˈmætɪks]

Toutes nos voitures sont des automatiques.

Karen : **What's the price?**

[wɒts ðə praɪs]

Quel est le prix ?

Agent : **$25 per day with 200 free miles.**

[ˈtwenti faɪv ˈdɒləz pɜː deɪ wɪð tuː ˈhʌndrəd friː maɪlz]

25 dollars par jour avec 200 miles gratuits.

Karen : **Okay, we'll take it.**

[əʊˈkeɪ wil teɪk ɪt]

D'accord, nous la prenons.

Agent : **I need to see your driver's license and credit card.**

[aɪ niːd tə siː jə ˈdraɪvərz ˈlaɪsns ən ˈkredɪt kɑːd]

J'ai besoin de voir votre permis de conduire et votre carte de crédit.

Karen : **Here you are.**

[hɪə ju ɑː]

Les voici.

Agent : **Would you like to buy extra insurance?**

[wʊd ju laɪk tə baɪ ˈekstrə ɪnˈʃʊərəns]

Voulez-vous souscrire une assurance supplémentaire ?

Karen : **No thanks.**

[nəʊ θæŋks]

Non merci.

COMPARAISON DES MILES ET DES KILOMÈTRES

Avez-vous déjà couru une course de 10 kilomètres ? Aux États-Unis, les courses de 10 km sont assez répandues. Les Américains savent que c'est environ 6,2 miles. Mais c'est à peu près tout ce qu'ils savent sur les kilomètres ; ils sont beaucoup plus familiarisés avec les miles.

En dépit de quelques campagnes très sérieuses pour faire passer les États-Unis au système métrique, ce pays a conservé son système de mesure – par la force de l'habitude et à cause du coût de la conversion. (Et par attachement à toutes ces chansons qui utilisent le mot « miles » comme **such as I can see for miles and miles and miles...**) Si donc vous voyez un panneau indiquant « New York 300 miles » et si vous êtes un adepte du système métrique, faites une conversion : divisez par 5 et multipliez par 8. Vous obtiendrez la distance approximative en kilomètres, et vous déciderez en connaissance de cause s'il faut continuer à rouler ou vous arrêter dans le prochain motel.

En route

Avant de prendre la route ou de parcourir les rues d'une ville en voiture, vous devez connaître quelques **rules of the road** [ruːlz əv ðə rəʊd] (règles de circulation) et savoir interpréter les **road signs** [rəʊd saɪnz] (panneaux routiers). Avant toute chose, rappelez-vous que dans beaucoup de pays anglophones (Afrique du Sud, Australie, Inde, Irlande, Nouvelle-Zélande, Royaume-Uni...) le volant de la voiture est normalement à droite, et qu'il faut rouler sur la gauche de la route.

Au Canada et aux États-Unis, on roule sur le **right-hand side** [raɪt hænd saɪd] (côté droit) comme en Europe continentale et dans la plupart des pays du monde. Certains **road signs** sont universels ou du moins ils sont logiques.

Par exemple, un panneau avec des enfants marchant et portant des livres veut dire que vous vous trouvez près d'une école. Voici la signification de quelques panneaux courants aux États-Unis :

- **Stop** [stɒp] (stop) : un hexagone rouge avec des lettres blanches.
- **Yield** [jiːld] (céder le passage) : un triangle blanc avec un bord rouge.
- **One-way street** [wʌn weɪ striːt] (rue à sens unique) : une flèche blanche dans un rectangle noir.
- **No U-turn** [nəʊ juː tɜːn] (demi-tour interdit) : un rectangle blanc avec le symbole universel rouge d'interdiction sur une flèche en forme de U.
- **Railroad crossing** [ˈreɪlrəʊd ˈkrɒsɪŋ] (passage à niveau) : un X sur fond blanc avec les lettres RR.

Note : passage à niveau se dit **Railway crossing** [ˈreɪlweɪ ˈkrɒsɪŋ] en anglais britannique. Dans certains États américains, il est permis de **turn right** [tɜːn raɪt] (tourner à droite) à un feu rouge, mais seulement depuis la voie la plus à droite et seulement si le carrefour est libre. Faites attention aux piétons et aux panneaux indiquant **no turn on red** [nəʊ tɜːn ɒn red] (interdiction de tourner à droite au feu rouge).

Les limites de vitesse et les autres règles de circulation sont strictement appliquées et les contraventions en roulant (contrairement à celles relatives au stationnement) comportent de très fortes amendes. Si un agent de police vous arrête, rangez-vous lentement sur la droite et restez dans la voiture, en gardant les mains sur le volant ; l'agent viendra à votre fenêtre. Et ne paniquez pas – coopérez simplement avec lui et restez courtois.

Mots clés

stop sign	[stɒp saɪn] [UK], [stɑːp saɪn] [US]	panneau "stop"
traffic light	[ˈtræfɪk laɪt]	feu de circulation
pedestrian	[pɪˈdestrɪən]	piéton
pedestrian crossing [UK]	[pɪˈdestrɪən ˈkrɒsɪŋ]	passage pour piétons
crosswalk [US]	[ˈkrɒswɔːk]	passage pour piétons
intersection	[ɪntəˈsekʃn̩]	carrefour

PED X-ING ET ENFANTS LENTS

Un de mes amis britanniques, voyant les lettres **Ped X-ing** peintes sur la route devant lui, n'avait aucune idée de ce que ces lettres voulaient dire. (De façon analogue vous pouvez voir **RR X-ing** peint sur la chaussée. Ce panneau annonce un **Railroad Crossing**.) Et ce panneau qui dit **Slow Children** [draɪv ˈsləʊli] (littéralement "enfants lents") ? Vous pourriez vous demander si vous devez faire attention à des enfants qui s'attardent dans la rue ou si le quartier est réservé à des enfants qui ne suivent pas bien à l'école. Mais le panneau veut dire simplement que vous devez **drive slowly** [sləʊ ˈtʃɪldrən] (conduire lentement) parce qu'il peut y avoir des enfants. (Les panneaux sont faits pour être faciles à lire – et non pour vous rendre perplexe, n'est-ce pas ?)

Acheter de l'essence

En conduisant, vous pouvez vous apercevoir que vous avez besoin de trouver une **gas station** [gæs ˈsteɪʃn̩] (station-service). **Gas** est l'abréviation du mot **gasoline** [ˈgæsəliːn] (essence), qui est employé en Amérique du Nord, mais non en Grande-Bretagne, où l'on s'arrête à une **petrol station** [ˈpetrəl ˈsteɪʃn̩] pour acheter du **petrol** [ˈpetrəl] (de l'essence). Si vous ne voyez pas de station-service sur votre chemin, arrêtez-vous pour poser l'une des deux questions suivantes :

» **Where is the nearest gas station?** [weə ɪz ðə ˈnɪərɪst gæs ˈsteɪʃn̩] (Où se trouve la station-service la plus proche ?)

» **Where can I buy gas?** [weə kən aɪ baɪ gæs] (Où puis-je acheter de l'essence ?)

Aux États-Unis comme en Europe, la plupart des stations-service sont **self-service** [self ˈsɜːvɪs] (en libre service), ce qui veut dire que vous devez **pump** [pʌmp] (pomper) l'essence vous-même. Cependant, il existe encore à certains endroits des stations **full service** [fʊl ˈsɜːvɪs] (service complet) ou une **full service pump** [fʊl ˈsɜːvɪs pʌmp] (pompe service complet) où un **attendant** [əˈtendənt] (préposé) s'occupera de l'essence et peut-être vérifiera **your oil** (l'huile) et **your tires** [jə ˈtaɪəz] (les pneus).

Vous trouvez le **price per gallon** [praɪs pɜː ˈgælən] (prix au gallon) inscrit sur la pompe, et selon la politique de la station vous payez avant ou après avoir pris l'essence. En général, vous payez à l'intérieur de la station-service, qui est souvent un **mini-market** [mini ˈmɑːkɪt] (mini-marché) où vous pouvez acheter des snacks et des boissons. Les gallons dont il est question ici sont des gallons américains, équivalant chacun à 3,79 litres. (Sur les routes britanniques, vous n'avez pas à vous soucier des gallons impériaux, équivalant à 4,55 litres, car l'essence y est vendue au litre.)

Il existe trois types de carburant : **unleaded** [ʌnˈledɪd] (sans plomb), **regular** [ˈregjʊlə] (ordinaire) et **diesel** [ˈdiːzl̩] (diesel). Si vous payez à l'avance, utilisez l'une de ces expressions pour dire au caissier combien de carburant il vous faut :

» **I want 10 gallons of regular.** [aɪ wɒnt ten ˈgælənz əv ˈregjʊlə] (Je veux 10 gallons d'ordinaire.)

» **Give me 20 dollars of unleaded.** [gɪv miː ˈtwenti ˈdɒləz əv ʌnˈledɪd] (Donnez-moi 20 dollars de sans plomb.)

» **I want to fill it up.** [aɪ wɒnt tə fɪl ɪt ʌp] (Je veux faire le plein.)

Mots clés

petrol station [UK]	[ˈpetrəl ˈsteɪʃn̩]	station-service
gas station [US]	[gæs ˈsteɪʃn̩]	station-service
pump	[pʌmp]	pompe
oil	[ɔɪl]	huile
petrol tank [UK]	[ˈpetrəl tæŋk]	réservoir (à essence)
gas tank [US]	[gæs tæŋk]	réservoir (à essence)
tires	[ˈtaɪəz]	pneus

Conversation

Adam part faire un trajet en voiture et il s'arrête à une station d'essence libre-service pour faire le plein. Il parle avec le préposé.

Préposé : **How much?**

[haʊ mʌtʃ]

Combien ?

Adam : **Fill 'er up.**

[fɪl ər ʌp]

Le plein.

Préposé : **Which pump are you on?**

[wɪtʃ pʌmp ə ju ɒn]

À quelle pompe êtes-vous ?

Adam : **Pump 8.**

[pʌmp eɪt]

Pompe 8.

Préposé : **You need to pay first and come back for your change.**

[ju niːd tə peɪ fɜːst ən kʌm bæk fə jə tʃeɪndʒ]

Vous devez payer d'abord et revenir pour la monnaie.

Adam : **Okay, I'll give you 25 dollars.**

[əʊˈkeɪ aɪl ɡɪv ju ˈtwenti faɪv ˈdɒləz]

Bien, je vous donne 25 dollars.

Préposé : **That's fine. Go ahead and start the pump. It stops automatically.**

[ðæts faɪn ɡəʊ əˈhed ənd stɑːt ðə pʌmp ɪt stɒps ɔːtəˈmætɪkl̩i]

C'est bon. Allez-y et démarrez la pompe. Elle s'arrète automatiquement.

Adam : **Thanks.**

[θæŋks]

Merci.

Quelques chansons sur les voitures : symboles de liberté ou de consumérisme, les voitures sont très présentes dans l'imaginaire de la pop, de la country et du rock anglo-saxons.

- "Little Deuce Coupe" des Beach Boys (*Little Deuce Coupe*, 1963)
- "Drive My Car" des Beatles (*Rubber Soul*, 1965)
- "Jaguar" de The Who (*The Who Sell Out*, 1967)
- "Mercedes Benz" de Janis Joplin (*Pearl*, 1970)
- "On The Road Again" de Willie Nelson (*Honeysuckle Rose*, 1980)
- « Airbag » de Radiohead (*OK Computer*, 1997)

Jeux et activités

Ce chapitre vous prépare à trouver votre chemin dans un territoire non familier. Voyez à quelle vitesse vous trouverez votre chemin dans ce jeu en cherchant les mots anglais **bus, cab, car, freeway, gas, oil, plane, street, subway, taxi, tire, traffic, train, trip, U-turn** et **yield**. (Les mots sont cachés horizontalement, verticalement et en diagonale dans le rectangle ci-dessous.)

X	A	T	M	P	S	U	B	W	A	Y
R	C	A	R	L	O	T	U	Q	E	I
A	Z	X	E	A	F	U	R	U	M	E
T	R	I	P	G	I	R	I	E	U	L
R	O	M	S	L	C	N	E	E	E	D
A	D	U	P	R	X	A	S	O	E	T
F	B	G	H	L	G	K	T	M	I	R
F	R	E	E	W	A	Y	I	I	F	L
I	D	A	G	H	S	N	L	X	R	N
C	A	B	B	O	A	S	E	A	C	E

Solutions : Annexe C, p. 432.

Exercice

« Swing Low, Sweet Chariot »

Chorus:
Swing low, sweet chariot,
Comin' for to carry me home;
Swing low, sweet chariot,
Comin' for to carry me home.

I looked over Jordan,
And what did I see,
Comin' for to carry me home,
A band of angels comin' after me,
Comin' for to carry me home.

Repeat chorus:

If you get there before I do,
Comin' for to carry me home,
Tell all my friends I'm comin' too,
Comin' for to carry me home.

Cette chanson de pionniers américaine est très ancienne et il en existe plusieurs versions. On pense qu'elle a été composée au XIXe siècle par Wallis Willis, un esclave qui vivait près du Mississippi, qu'il compare ici au Jourdain, fleuve du Moyen-Orient mentionné très souvent dans la Bible. De nombreux **negro spirituals** [ˈniːgrəʊ ˈspɪrɪtʃʊəlz] (chants d'église afro-américains) mettent en parallèle le destin de la communauté noire américaine à celui des Hébreux tel qu'il est raconté dans l'Ancien Testament, à travers l'expérience de l'exil et de l'esclavage.

A. Le vocabulaire utile :

Chorus [ˈkɔːrəs] = refrain

To swing [tə swɪŋ] = bercer, balancer, osciller

A chariot [ə ˈtʃærɪət] = un chariot

Home [həʊm] = la maison, le foyer

To carry [tə ˈkæri] = porter, apporter

To look over [tə lʊk ˈəʊvə] = contempler, inspecter

Band [bænd] = groupe, bande

Angel [ˈeɪndʒəl] = ange

Friend [frend] = ami

B. Vocabulaire spécifique : le verbe « to get »

En anglais, le verbe **to get** [tə get] (avoir, devenir, trouver, arriver...) a un sens très vague lorsqu'il est tout seul, mais accompagné d'une postposition (voir chapitre 5, l'extrait des *Aventures de Tom Sawyer*), il devient très utile pour exprimer

» le mouvement :

To get up [tə get ʌp] (se lever)

To get down [tə get daʊn] (descendre)

To get in [tə get ɪn] (entrer)

To get out [tə get aʊt] (sortir)

To get about [tə get əˈbaʊt] (voyager)

To get back [tə get bæk] (revenir, reculer)

To get away [tə get əˈweɪ] (fuir, s'évader)

» mais aussi des idées plus variées :

To get along [tə get əˈlɒŋ] (se débrouiller, faire des progrès, bien s'entendre)

To get together [tə get təˈgeðə] (se voir entre amis)

To get across [tə get əˈkrɒs] (comprendre)

To get ahead [tə get əˈhed] (prendre de l'avance)

On l'utilise pour exprimer le **résultat** d'un état ou d'une action, comme dans les exemples suivants :

They got married [ðeɪ gɒt ˈmærɪd] (ils se sont mariés)

He got drunk [hi gɒt drʌŋk] (il s'est saoulé)

She got arrested [ʃi gɒt əˈrestɪd] (elle s'est fait arrêter)

I got him to clean his room [aɪ gɒt hɪm tə kliːn hɪz ruːm] (Je lui ai fait nettoyer sa chambre)

He got used to her mess [hi gɒt juːzd tə hə mes] (Il s'est habitué à son désordre)

C. Grammaire : exprimer le but

Aujourd'hui, on n'exprime plus la notion de but de la même façon que dans la chanson. En gros, on ne dit pas « for to » (comme dans « Comin' for to carry me home ») mais on choisit l'un ou l'autre !

En général, on exprime le but avec **to** [tə] + **verbe à l'infinitif**.

Ex. **I came to bring you back**. [aɪ keɪm tə brɪŋ ju bæk] (Je suis venu te ramener).

À l'inverse, on exprime le fait de vouloir éviter de faire quelque chose à l'aide de **not to** [nɒt tə] + **verbe à l'infinitif**.

Ex. **I tried not to wake you up, sorry...** [aɪ traɪd nɒt tə weɪk ju ʌp ˈsɒri] (J'ai essayé de ne pas te réveiller, désolé...)

Mais attention, lorsque le sujet de la proposition principale n'est pas le même que celui de la subordonnée, on utilise **for** [fɔː] + **sujet** + **to** + **verbe à l'infinitif**.

Ex. **I switched off the TV for you to sleep tight**. [aɪ swɪtʃt ɒf ðə tiːˈviː fə ju tə sliːp taɪt] (J'ai éteint la télé pour que tu puisses bien dormir).

D. Traduction

Traduisez en anglais les phrases suivantes à l'aide du verbe to get **:**

1. Je me suis levé pour pouvoir m'échapper.

2. Elle a reculé pour ne pas être renversée par la voiture.

3. Nous avons pris l'habitude de voyager.

4. Je l'ai obligé à descendre.

5. Nous nous sommes réunis pour que vous puissiez vous entendre.

Traduction de « Swing Low, Sweet Chariot »

Refrain :
Berce-moi doucement, cher chariot,
Venu me ramener chez moi ;
Berce-moi doucement, cher chariot,
Venu me ramener chez moi.

Je contemplais le Jourdain,
Et qu'ai-je vu ?
Venus me ramener chez moi,
Une troupe d'anges après moi,
Venus me ramener chez moi

Refrain :

Si vous me devancez,
Venus me ramener chez moi,
Dites à tous mes amis que j'arrive aussi,
Venus me ramener chez moi.

Réponses

D. Traduction

1. I got up to get away.

2. She got back not to get hit by the car.

3. We got used to get about.

4. I got him to get down.

5. We got together for you to get along.

PARTIE 4
VIVRE DANS UN PAYS ANGLOPHONE

« J'AI RÉUSSI À FAIRE ARRANGER LA VOITURE AUJOURD'HUI AVEC SEULEMENT LES TERMES ALIMENTAIRES QUE JE CONNAISSAIS. J'AI FAIT LE PLEIN DE CAFÉ, CHANGÉ LA SAUCE ET J'AI FAIT RÉPARER LE DONUT ARRIÈRE GAUCHE. »

DANS CETTE PARTIE . . .

Comme l'indique son titre, cette partie est axée sur le mode de vie dans les pays anglophones. Les quatre chapitres de cette partie décrivent la vie chez soi, au travail, pendant les loisirs, et évoquent pour finir des solutions à différents problèmes ou situations d'urgence.

Chapitre 13

La maison

DANS CE CHAPITRE :

- **L'intérieur d'une maison**
- **Le mobilier**
- **Visiter la maison de quelqu'un**
- **Nettoyage de la maison**
- **Réparations**

Ce chapitre vous présente le **home** de base. Il vous fera connaître notamment les expressions clés qui vous aideront à garder une maison propre et bien entretenue. Et je vous explique certaines coutumes pour que vous sachiez quoi faire en visitant la maison de quelqu'un d'autre.

Chez soi

On utilise en général le mot **house** [haʊs] (maison) pour décrire un bâtiment, comme dans **I live in a house** [aɪ lɪv ɪn ə haʊs] (J'habite une maison). Mais on dit **I'm going home** [aɪm ˈgəʊɪŋ həʊm] (Je rentre chez moi) ou **Welcome to my home** [ˈwelkəm tə maɪ həʊm] (Bienvenue chez moi) en se référant à ce lieu de refuge personnel où l'on peut se détendre et puiser de nouvelles forces. Voici d'autres types de résidence que les Anglo-Saxons appellent **home** :

- **flat** (UK) [flæt], **apartment** (US) [əˈpɑːrtmənt] (appartement)
- **condo** [ˈkɑːndəʊ] (appartement en copropriété)
- **mobile home** [ˈməʊbaɪl həʊm] (maison déplaçable)

Regardons à l'intérieur

Ouvrez la porte et entrez dans une **residence** [ˈrezɪdəns] (demeure), et vous y trouverez deux ou trois **bedrooms** [ˈbedru:mz] (chambres à coucher) avec une ou deux **bathrooms** [ˈbɑ:θru:mz] (salles de bains). Vous y trouverez peut-être même un **half-bath** [hɑ:f bɑ:θ] (cabinet de toilette), qui n'est pas une demie **bath-tub** [bɑ:θ tʌb] (baignoire) ! C'est une pièce avec un lavabo et un **toilet** [ˈtɔɪlɪt] (WC), mais sans baignoire. Selon la taille de la maison, vous y trouverez quelques-unes des pièces suivantes :

» **den** [den] (pièce retirée) ou **family room** [ˈfæməli ru:m] (salle de séjour)

» **dining room** [ˈdaɪnɪŋ ru:m] (salle à manger)

» **kitchen** [ˈkɪtʃɪn] (cuisine)

» **living room** [ˈlɪvɪŋ ru:m] (salle de séjour)

» **office** [ˈɒfɪs] [UK], [ˈɑ:fɪs] [US] (bureau)

» **utility room** [ju:ˈtɪlɪti ru:m] (buanderie)

LE SOL

Le sol d'une maison typique anglaise ou américaine est recouvert d'une **wall-to-wall carpet** [wɔ:l tə wɔ:l ˈkɑ:pɪt] (moquette) épaisse. Les gens apprécient cette surface parce qu'elle est plus douce, plus silencieuse et plus chaude qu'un **bare floor** [beə flɔ:] (sol nu). Mais d'autres personnes préfèrent les reflets chaleureux et le lustre d'un **hardwood floor** [ˈhɑ:dwʊd flɔ:] (parquet) recouvert de quelques **throw rugs** [θrəʊ rʌgz] (petits tapis) décoratifs. Mais comment nettoie-t-on cette moquette direz-vous ? Avec un bon et puissant aspirateur et un shampoing régulier !

Pour continuer votre visite, marchez dans le **hall** [hɔ:l] (couloir en anglais américain ; hall d'entrée en anglais britannique) qui relie les pièces entre elles ; montez **the stairs** [ðə steəz] (l'escalier). Les Américains numérotent les étages en commençant par le rez-dechaussée qu'ils appellent **first floor** [fɜ:st flɔ:] – **ground floor** [graʊnd flɔ:] en anglais britannique – d'où un décalage par rapport aux Britanniques et au reste de l'Europe. Ou bien descendez quelques marches pour aller au **basement** [ˈbeɪsmənt] (sous-sol) sous la maison, à moins que comme dans beaucoup de maisons nouvelles, il n'y ait pas de sous-sol. Voulez-vous de l'air frais ? Alors poussez la porte pour aller dans la **veranda** (UK) [vəˈrændə] ou **porch** (US) [pɔ:tʃ] (véranda) [en anglais britannique, **porch** a le même sens que le mot porche en français]. Ou s'il y a un **deck** [dek] (comme une véranda, mais non couverte) ou un **patio** [ˈpætɪəʊ] [UK], [ˈpætɪoʊ] [US] (patio), étendez-vous sur une chaise longue et admirez les fleurs et le gazon dehors dans le **garden** [ˈgɑːdn̩].

En tant que visiteur, vous serez généralement invité à venir dans le living-room, la salle à manger et peut-être la cuisine. Mais si la maison est neuve ou a été rénovée, votre hôte ou votre hôtesse voudront sans doute vous la faire visiter, de sorte que vous verrez aussi les salles de bains et les chambres. En vous conduisant d'une pièce à l'autre, votre hôtesse débitera une série de mots anglais. La liste suivante vous aidera à suivre ses explications :

» Dans la cuisine :

- **cabinets** [ˈkæbɪnəts] (placards)
- **microwave** [ˈmaɪkrəweɪv] (micro-ondes)
- **refrigerator** [rɪˈfrɪdʒəreɪtə] (réfrigérateur)
- **sink** [sɪŋk] (évier)
- **cooker** [ˈkʊkə] [UK], **stove** [stoʊv] [US] (cuisinière)

» Dans la salle à manger :

- **sideboard** (UK) [ˈsaɪdbɔːd], **hutch** (US) [hʌtʃ] (buffet)
- **table and chairs** [teɪbl̩ ənd tʃeəz] (une table et des chaises)

» Dans le living-room :

- **armchair** [ˈɑːmtʃeə] (fauteuil)
- **coffee table** [ˈkɒfi ˈteɪbl̩] (table basse)
- **couch** [kaʊtʃ] (divan)
- **desk** [desk] (bureau)
- **end tables** [end ˈteɪbl̩z] (bouts de canapé)
- **fireplace** [ˈfaɪəpleɪs] (cheminée)
- **lamp** [læmp] (lampe)

» Dans la chambre :

- **bed** [bed] (lit)
- **cupboard** [UK], [ˈkʌbəd] **closet** [US] [ˈklɒzɪt] (placard/armoire)
- **chest of drawers** (UK) [tʃest əv drɔːz] **dresser** (US) [ˈdresər] (commode)

» Dans la salle de bains :

- **bath-tub** [bɑːθ tʌb] (baignoire)
- **shower** [ˈʃaʊə] (douche)
- **sink** [sɪŋk] (lavabo)
- **toilet** [ˈtɔɪlɪt] (WC)

Préposition de lieu : *on, under* et *near*

Une préposition de lieu indique la position d'un objet par rapport à un autre. Par exemple, la préposition **on** [ɒn] (sur) dans la phrase **The cat is on the sofa** [ðə kæt ɪz ɒn ðə ˈsəʊfə] (Le chat est sur le canapé) vous dit exactement où vous trouverez le chat : sur les coussins du canapé.

Voici quelques prépositions spatiales dont la connaissance vous sera utile :

» **above** [əˈbʌv] (au-dessus)

» **against** [əˈgenst] (contre)

» **behind** [bɪˈhaɪnd] (derrière)

» **below** [bɪˈləʊ] [UK], [bɪˈloʊ] [US] (au-dessous de)

» **beside** [bɪˈsaɪd] (à côté de)

» **in** [ɪn] (dans) ou **inside of** [ɪnˈsaɪd ɒv] (à l'intérieur de)

» **in front of** [ɪn frʌnt ɒv] (devant)

» **near** [nɪə] (près de)

» **next to** [nekst tə] (près de/à côté de)

» **on** [ɒn] ou **on top of** [ɒn tɒp ɒv] (sur)

» **under** [ˈʌndə] ou **underneath** [ʌndəˈniːθ] (sous)

Si votre amie vous demande de l'aider à réarranger **her furniture** [hə ˈfɜːnɪtʃə] (ses meubles), vous devrez connaître des prépositions spatiales pour que le tapis se retrouve bien sous – et non pas sur – la table basse. Voici quelques-unes des choses que votre amie peut dire, surtout si elle vous fait faire tout le travail !

» **Move the couch against the wall.** [muːv ðə kaʊtʃ əˈgenst ðə wɔːl] (Déplace le canapé contre le mur.)

» **Put the table near the window.** [ˈpʊt ðə ˈteɪbl̩ nɪə ðə ˈwɪr dəʊ] (Mets la table près de la fenêtre.)

» **Lay the rug in front of the door.** [leɪ ðə rʌg ɪn frʌnt əv ðə dɔː] (Pose le tapis devant la porte.)

» **Tired? Put yourself on the couch.** [ˈtaɪəd pʊt jɔːˈself ɒn ðə kaʊtʃ] (Fatigué ? Mets-toi sur le canapé.)

Conversation

Anne est dans un magasin de meubles à la recherche de certains articles pour sa nouvelle demeure.

Vendeur : **May I help you?**

[meɪ aɪ help ju]

Puis-je vous aider ?

Anne : **Yes. I need some lamps.**

[jes aɪ niːd səm læmps]

Oui. J'ai besoin de lampes.

Vendeur : **Most of the lamps are over here.**

[məʊst əv ðə læmps ər ˈəʊvə hɪə]

La plupart des lampes sont par ici.

Anne : **I want two matching table lamps to go on my end tables.**

[aɪ wɒnt tuː ˈmætʃɪŋ ˈteɪbl̩ læmps tə gəʊ ɒn maɪ end ˈteɪbl̩z]

Je veux deux lampes de table assorties pour aller sur mes bouts de canapé.

Vendeur : **We have many styles to choose from.**

[wi həv ˈmeni staɪlz tə tʃuːz frɒm]

Nous avons un grand choix de styles.

Anne : **Okay, I'll just look.**

[əʊˈkeɪ aɪl dʒəst lʊk]

OK, je vais regarder.

Par la suite, Anne se rend au rayon mobilier d'un grand magasin à la recherche d'un tapis.

Anne : **Do you carry rugs?**

[də ju ˈkæri rʌgz]

Avez-vous des tapis ?

Vendeur : **Yes, right over there. What type do you want?**

[jes raɪt ˈəʊvə ðeə wɒt taɪp də ju wɒnt]

Oui, juste là-bas. Quel genre voulez-vous ?

Anne : **I want a large area rug to go under my dinette set.**

[aɪ wɒnt ə lɑːdʒ ˈeəriə rʌg tə gəʊ ˈʌndə maɪ daɪˈnet set]

Je veux un grand tapis pour aller sous les meubles de mon coin cuisine.

Vendeur : **About how large?**

[əˈbaʊt haʊ lɑːdʒ]

Environ de quelle taille ?

Anne : **Approximately 6 feet by 8 feet.**

[əˈprɒksɪmətli sɪks fiːt baɪ eɪt fiːt]

Environ 6 pieds par 8.

Mots clés

furniture	[ˈfɜːnɪtʃə]	meubles/mobilier
appliance	[əˈplaɪəns]	appareil domestique
household	[ˈhaʊshəʊld]	ménage
floor	[flɔː]	sol
ceiling	[ˈsiːlɪŋ]	plafond
wall	[wɔːl] [UK], [wɑːl] [US]	mur
door	[dɔː]	porte

Bienvenue

Des connaissances peuvent vous dire **Come over sometime** [kʌm ˈəʊvə ˈsʌmtaɪm] (Venez nous voir un de ces jours), mais en général ce n'est pas une invitation formelle à aller chez eux. C'est seulement une manifestation d'amitié et l'indication que la personne pourrait vous inviter dans l'avenir. Une invitation réelle inclut une heure et une date spécifiques. Par exemple :

- **Can you come to my house for dinner next Tuesday?** [kən ju kʌm tə maɪ haʊs fə ˈdɪnə nekst ˈtjuːzdi] (Pouvez-vous venir chez moi pour dîner mardi prochain ?)
- **We'd like to have you over for dinner. How about Saturday?** [wiːd laɪk tə həv ju ˈəʊvə fə ˈdɪnə haʊ əˈbaʊt ˈsætədeɪ] (Nous aimerions vous inviter à dîner. Est-ce que samedi vous conviendrait ?)

Et vous pouvez répondre :

- **Thank you. That would be great.** [θæŋk ju ðət wʊd ɔi greɪt] (Merci, avec plaisir.)
- **I'd love to come. Thank you.** [aɪd lʌv tə kʌm θæŋk ju] (Je serais très heureux de venir. Merci.)

Devez-vous enlever vos chaussures ou les garder quand vous **enter** [ˈentə] (entrez) dans la maison ? En tant qu'invité dans la maison de quelqu'un, gardez vos chaussures, à moins que vous ne remarquiez que vos hôtes sont **in their stocking feet** [ɪn ðeə ˈstɒkɪŋ fiːt] (en chaussettes ou en bas). Vous pouvez alors demander **Should I take off my shoes?** [ʃəd aɪ teɪk ɒf maɪ ʃuːz] (Dois-je enlever mes chaussures ?)

Conversation

La conversation suivante vous fournit quelques expressions à utiliser quand vous visitez la maison de quelqu'un (ou quand vous invitez quelqu'un chez vous). Lois rend visite à ses nouveaux amis, Ed et Portia. (Piste 36)

Lois : **Hello.**

[həˈləʊ]

Bonjour.

Portia : **Welcome! Please come in!**

[ˈwelkəm pliːz kʌm ɪn]

Bienvenue ! Entre donc !

Lois : **What a lovely home you have.**

[wɒt ə ˈlʌvli həʊm ju hæv]

Quelle adorable maison vous avez.

Portia : **Thank you.**

[θæŋk ju]

Merci.

Ed : **Hi, Lois. We're glad you could come.**

[haɪ ˈləʊɪs wɪə glæd ju kəd kʌm]

Bonsoir, Lois. Nous sommes heureux que tu aies pu venir.

Lois : **Thank you for inviting me.**

[θæŋk ju fər ɪnˈvaɪtɪŋ miː]

Merci de m'avoir invitée.

Ed : **May I take your coat?**

[meɪ aɪ teɪk jə kəʊt]

Puis-je prendre ton manteau ?

Lois : **Yes, thanks. Should I take off my shoes?**

[jes θæŋks ʃəd aɪ teɪk ɒf maɪ ʃuːz]

Oui, merci. Dois-je ôter mes chaussures ?

Portia : **If you like, but it's not necessary.**

[ɪf ju laɪk bət ɪts nɒt ˈnesəsəri]

Si tu veux, mais ce n'est pas nécessaire.

Ed : **Please, sit down. Would you like something to drink – soda, wine, juice?**

[pliːz sɪt daʊn wʊd ju laɪk ˈsʌmθɪŋ tə drɪŋk ˈsəʊdə waɪn dʒuːs]

Je t'en prie, assieds-toi. Veux-tu quelque chose à boire – du soda, du vin, du jus de fruits ?

Lois : **Thanks. I'll have a soda.**

[θæŋks aɪl həv ə ˈsəʊdə]

Merci. Je prendrai un soda.

FAIS COMME CHEZ TOI !

Si vous séjournez chez quelqu'un plus de quelques jours, ne soyez ni surpris ni offensé si votre hôte vous dit de **help yourself** [help jɔːˈself] (vous servir vous-même) pour prendre à manger dans le réfrigérateur, puis vous montre où se trouvent le café et les snacks ou comment utiliser la machine à laver. Dans d'autres cultures ce pourrait être considéré comme une façon cavalière de traiter un invité !

UN CADEAU

Quand vous êtes un **guest** [gest] (invité), vous pouvez vouloir apporter un **gift** [gɪft] (cadeau) à votre hôte. Ce n'est pas obligé, mais c'est toujours apprécié (et c'est une marque de courtoisie). En cas de rencontre informelle, vous pouvez apporter des sucreries, un dessert, des fleurs, du vin ou une bière de bonne qualité. En offrant votre cadeau, vous pouvez dire :

» **This is for you**. [ðɪs ɪz fə ju] (C'est pour toi/vous.)

» **I brought you something**. [aɪ brɔːt ju ˈsʌmθɪŋ] (Je t'ai/vous ai apporté quelque chose.)

Si vous demeurez chez quelqu'un pour la nuit ou plus longtemps, vous pouvez apporter un cadeau plus important ou envoyer un **thank you gift** [θæŋk ju gɪft] (cadeau de remerciement) après votre départ. Le cadeau pourrait être un objet pour la maison ou quelque chose de votre pays.

Dans certaines cultures il est poli de refuser des offres de boisson ou de nourriture deux ou trois fois avant d'accepter. Mais en Angleterre et aux États-Unis, si vous refusez une fois, vous n'aurez peut-être pas une deuxième chance ! Pourquoi ? Parce qu'il est considéré comme impoli de la part de votre hôte ou hôtesse de continuer à proposer et de vous mettre sous pression pour accepter à boire ou à manger si vous n'en voulez pas. Les gens proposent rarement plus de deux fois. Si donc vous avez faim, soif, ou si vous voulez simplement accepter le geste social, dites **Yes, thank you** [jes θæŋk ju] (Oui, merci) la première fois que quelque chose est offert.

Mots clés

to invite	[tə ɪnˈvaɪt]	inviter
invitation	[ɪnvɪˈteɪʃn̩]	invitation
to visit	[tə ˈvɪzɪt]	visiter
guest	[gest]	visiteur/invité
host	[həʊst] [UK], [hoʊst] [US]	hôte
welcome	[ˈwelkəm]	bienvenue
gift	[gɪft]	cadeau

Le ménage

Peu de gens aiment faire le **housework** [ˈhaʊswɜːk] (ménage), mais quand la maison devient sale et mal rangée, il faut **clean up the clutter** [kliːn ʌp ðə ˈklʌtə] (nettoyer et mettre en ordre). Vous pouvez utiliser différents produits ou gadgets pour rendre le nettoyage plus rapide et facile. Mais malgré les appareils ménagers modernes, le ménage reste un **chore** [tʃɔː] (corvée). La plupart des gens font eux-mêmes le ménage ; ils n'ont pas de **maid** [meɪd] (bonne) ou de **housekeeper** [ˈhaʊskiːpə] (aide ménagère) pour les aider. Du fait de leurs horaires de travail, la plupart des gens font le ménage chez eux les week-ends. Voici les expressions correspondant aux travaux de base :

- **clean the bathroom** [kliːn ðə ˈbɑːθruːm] (nettoyer la salle de bains)
- **scrub the toilet** [skrʌb ðə ˈtɔɪlɪt] (nettoyer les WC)
- **vacuum the carpets** [ˈvækjʊəm ðə ˈkɑːpɪts] (aspirer les moquettes)
- **mop the floors** [mɒp ðə flɔːz] (laver les sols)
- **wash the dishes** [wɒʃ ðə ˈdɪʃɪz] (laver la vaisselle)
- **dust the furniture** [dʌst ðə ˈfɜːnɪtʃə] (dépoussiérer les meubles)
- **wash the windows** [wɒʃ ðə ˈwɪndəʊz] (nettoyer les carreaux)

Mots clés

housework	[ˈhaʊswɜːk]	ménage
housekeeper	[ˈhaʊskiːpə]	aide ménagère
clean up	[kliːn ʌp]	nettoyer/ranger
clutter	[ˈklʌtə]	désordre
chore	[tʃɔː]	corvée

Les verbes du travail domestique : *to do* et *to make*

Les verbes **do** [duː] et **make** [meɪk] (faire) sont souvent utilisés pour décrire les corvées domestiques. Mais attention ! Quand vous ***do*** **housework**, vous ***do*** certains travaux et vous ***make*** d'autres travaux. Il n'y a pas de règle pour décider quel verbe utiliser, et pour les mémoriser... ***make*** **a list** [meɪk ə lɪst] (faites une liste).

Voici quelques travaux pour lesquels on utilise le verbe **do** :

- **do the dishes** [duː ðə ˈdɪʃɪz] (faire la vaisselle)
- **do the laundry** [duː ðə ˈlɔːndri] (faire la lessive)
- **do the ironing** [duː ði ˈaɪənɪŋ] (faire le repassage)

Et en voilà d'autres pour lesquels on utilise le verbe **make** :

- **make the beds** [meɪk ðə bedz] (faire les lits)
- **make a meal** [meɪk ə miːl] (préparer un repas)

Conversation

Des invités sont attendus dans la famille Bremer, et tout le monde participe aux tâches ménagères.

Maman : **Everyone has to pitch in and help do the cleaning.**

[ˈevrɪwʌn həz tə pɪtʃ ɪn ən help duː ðə ˈkliːnɪŋ]

Chacun doit s'y mettre et aider à faire le ménage.

Aaron : **I'll empty the trash and make the beds.**

[aɪl ˈempti ðə træʃ ən meɪk ðə bedz]

Je vais vider les ordures et faire les lits.

Kristy : **I'll do the vacuuming and dusting.**

[aɪl duː ðə ˈvækjuːmɪŋ ən ˈdʌstɪŋ]

Je vais passer l'aspirateur et faire la poussière.

Maman : **Lisa, you pick up your toys.**

[ˈliːsə ju pɪk ʌp jə tɔɪz]

Lisa, tu ramasses tes jouets.

Papa : **I'll do the dishes.**

[aɪl duː ðə ˈdɪʃɪz]

Je vais faire la vaisselle.

Maman : **And I'll start making dinner.**

[ənd aɪl stɑːt ˈmeɪkɪŋ ˈdɪnə]

Et je vais commencer à préparer le dîner.

Lisa : **What will Joseph do?**

[wɒt wl̩ ˈdʒəʊzɪf duː]

Que va faire Joseph ?

Papa : **He's only a baby. He gets to play while we do the work.**

[hiz ˈəʊnli ə ˈbeɪbi hi gets tə pleɪ waɪl wi duː ðə wɜːk]

Ce n'est qu'un bébé. Il va jouer pendant que nous faisons le travail.

Les outils pour le ménage et le jardin

Que vous fassiez vous-même le ménage et le **gardening** (UK) [ˈgɑːdn̩ɪŋ] **yardwork** (US) [jɑːrdwɝːk] (jardinage) ou que vous fassiez appel à quelqu'un pour le faire à votre place, vous aurez besoin de savoir nommer certains outils ou produits en anglais, par exemple pour pouvoir emprunter le râteau du voisin.

Voici d'abord les noms de quelques articles servant au nettoyage de l'intérieur de la maison :

- **broom** [bru:m] (balai)
- **mop** [mɒp] [UK], [mɑ:p] [US] (serpillière)
- **dishcloth** [ˈdɪʃklɒθ] [US] (lavette – pour la vaisselle)
- **tea towel** (UK) [ti: ˈtaʊəl] **dishtowel** (US) [dɪʃˈtaʊəl] (torchon – pour essuyer la vaisselle)
- **dishwasher** [ˈdɪʃwɒʃə] [UK], [ˈdɪʃwɑ:ʃər] [US] (lave-vaisselle)
- **detergent** [dɪˈtɜ:dʒənt] (détergent)
- **washer** [ˈwɒʃə] [UK], [ˈwɑ:ʃər] [US] (lave-linge)
- **dryer** [ˈdraɪə] (sèche-linge)
- **furniture polish** [ˈfɜ:nɪtʃə ˈpɒlɪʃ] [UK], [ˈfɝ:nɪtʃər ˈpɑ:lɪʃ] [US] (cire pour les meubles)
- **cleanser** [ˈklenzə] (produit de nettoyage)

Et voici les noms de quelques outils de jardinage :

- **lawn mower** [lɔ:n ˈməʊə] [UK], [lɒn ˈmoʊə] [US] (tondeuse à gazon)
- **garden hose** [ˈgɑ:dn̩ həʊz] [UK], [ˈgɑ:rdn̩ hoʊz] [US] (tuyau d'arrosage)
- **rake** [reɪk] (râteau)
- **clippers** [ˈklɪpəz] (sécateur)

Notez le pluriel obligatoire des mots **clippers**, considéré comme comportant deux éléments indissociables, tout comme les mots **jeans, slacks, trousers, pants, shorts...** du chapitre 10.

Cette vieille maison : les problèmes et les réparations

Il a plu toute la journée, et tout d'un coup, la pluie n'est plus seulement dehors, elle est **dripping** [ˈdrɪpɪŋ] (en train de s'infiltrer) aussi sur la moquette ! Ou l'eau des WC ne part pas dans l'égout, mais déborde et se répand sur le sol ! Il est temps de demander de l'aide.

Si vous êtes locataire vous appelez votre **landlord** [ˈlændlɔ:d] (propriétaire). C'est à lui de faire faire les réparations, et de les payer ! Mais si vous êtes propriétaire de la maison, vous avez besoin de l'une de ces personnes :

- **electrician** [ɪlekˈtrɪʃn̩] (électricien)
- **plumber** [ˈplʌmə] (plombier)
- **repair person** [rɪˈpeə ˈpɜ:sn̩] (réparateur)
- **roofer** [ˈru:fə] (couvreur)

Description des problèmes domestiques

Quand vous appelez le plombier (ou le propriétaire) et que votre maison se transforme rapidement en lac, vous devez décrire le problème au plus vite – et exactement. Qui que vous appeliez pour faire les réparations, les expressions suivantes vous aideront à expliquer ce qui ne va pas :

- **The roof is leaking.** [ðə ru:f ɪz ˈli:kɪŋ] (Le toit fuit.)
- **The drain is clogged.** [ðə dreɪn ɪz klɒgd] (Le tuyau d'évacuation est bouché.)
- **The toilet has overflowed.** [ðə ˈtɔɪlɪt həz ˌəʊvəˈfləʊd] (Les WC ont débordé.)
- **The light switch doesn't work.** [ðə laɪt swɪtʃ ˈdʌznt wɜ:k] (L'interrupteur ne fonctionne pas.)

Conversation

Devin habite une vieille maison qu'il loue. Tout commence à se dégrader et il appelle son propriétaire, Mr James, pour expliquer ce qui arrive. (Piste 37)

Devin : **Hello, Mr. James?**

[həˈləʊ ˈmɪstə dʒeɪmz]

Allo, monsieur James ?

Mr. James : **Hi, Devin.**

[haɪ ˈdeˌvɪn]

Bonjour, Devin.

Devin : **There are some problems with the house.**

[ðər ə səm ˈprɒbləmz wɪð ðə haʊs]

Il y a des problèmes dans la maison.

Mr. James :	**What kind of problems?** [wɒt kaɪnd əv ˈprɒbləmz] Quelle sorte de problèmes ?
Devin :	**The bathroom faucet is dripping, and the toilet isn't working right.** [ðə ˈbɑːθruːm ˈfɔːsɪt ɪz ˈdrɪpɪŋ ənd ðə ˈtɔɪlɪt ˈɪznt ˈwɜːkɪŋ raɪt] Le robinet de la salle de bains fuit et les WC ne marchent pas bien.
Mr. James :	**Is the hot or cold tap dripping?** [ɪz ðə hɒt ɔː kəʊld tæp ˈdrɪpɪŋ] Est-ce le robinet d'eau chaude ou celui d'eau froide qui fuit ?
Devin :	**The hot.** [ðə hɒt] L'eau chaude.
Mr. James :	**And what about the toilet?** [ən wɒt əˈbaʊt ðə ˈtɔɪlɪt] Et les WC ?
Devin :	**The water keeps running after I flush.** [ðə ˈwɔːtə kiːps ˈrʌnɪŋ ˈɑːftə aɪ flʌʃ] L'eau continue à couler après avoir tiré la chasse d'eau.
Mr. James :	**Okay, I'll come around 3 this afternoon to look at it.** [əʊˈkeɪ aɪl kʌm əˈraʊnd θriː ðɪs ɑːftəˈnuːn tə lʊk ət ɪt] Bon, je viendrai vers 3 heures cet après-midi pour regarder ça.
Devin :	**Thanks.** [θæŋks] Merci.
Mr. James :	**No problem.** [nəʊ ˈprɒbləm] Pas de problème.

Mots clés

broken	[ˈbrəʊkən] [UK], [ˈbroʊkən] [US]	cassé
problem	[ˈprɒbləm] [UK], [ˈprɑːbləm] [US]	problème
not working	[nɒt ˈwɜːkɪŋ]	ne marche pas
to repair	[tə rɪˈpeə]	réparer
to fix	[tə fɪks]	réparer ou régler

Réparer soi-même

Vous êtes un bricoleur de génie ? Vous voulez simplement économiser un peu d'argent en réparant vous-même ? Dans ce cas, la **hardware store** [ˈhɑːdweə stɔː] (quincaillerie) a ce qu'il vous faut. Vous y trouverez les **tools** [tuːlz] (outils) dont vous avez besoin, des conseils d'un vendeur, et un livre sur les réparations à faire soi-même. Voici quelques-uns des mots dont vous aurez besoin :

- **wrench** [rentʃ] (clé à molette)
- **pliers** [plaɪəz] (pinces)
- **screw driver** [skruː ˈdraɪvə] (tournevis)
- **hammer** [ˈhæmə] (marteau)
- **nails** [neɪlz] (clous)
- **screws** [skruːz] (vis)
- **caulking** [ˈkɔːkɪŋ] [UK], [ˈkɒkɪŋ] [US] (enduit)
- **masking tape** [ˈmɑːskɪŋ teɪp] (ruban de masquage)

Jeux et activités

Faites le tour de cette maison et identifiez – en anglais – les pièces et les objets domestiques repérés par une ligne continue. Pour aller encore plus loin, citez tous les objets domestiques que vous pourrez.

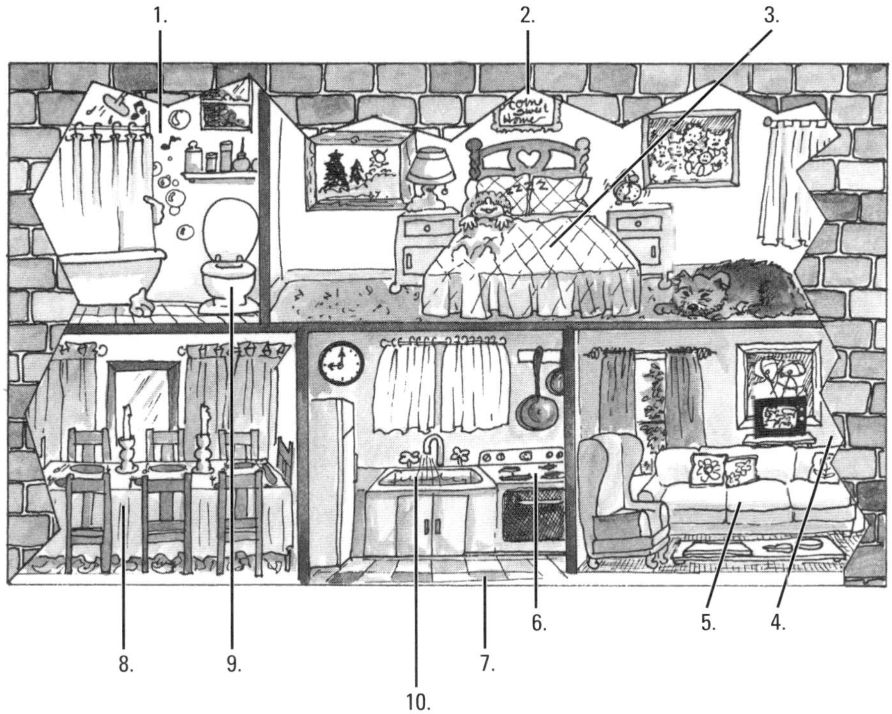

Solutions : Annexe C, p. 433.

Chapitre 14
Au travail

DANS CE CHAPITRE :

- **Le travail et le lieu de travail**
- **Le temps et l'argent**
- **Prendre des rendez-vous**
- **Le business**

Afin de décrire vos activités professionnelles, vous avez besoin de savoir connaître le style et le langage des affaires pour être à l'aise dès la première **handshake** [ˈhændʃeɪk] (poignée de main). Ce chapitre regorge de termes relatifs aux affaires et d'observations d'ordre culturel à mettre dans votre **briefcase** [ˈbriːfkeɪs] (porte-documents) pour les avoir avec vous lors de vos voyages d'affaires.

Qu'est-ce que vous faites ? – Discussion sur votre travail

Qu'est-ce que tu veux faire quand tu seras grand(e) ? Avant de devenir grand, un enfant entend cette question des centaines de fois ! Pour beaucoup d'Anglo-Saxons, leur **work** [wɜːk] (travail) définit leur valeur et leur identité.

Questions sur votre activité

La curiosité vis-à-vis d'autrui, que les Américains manifestent sans retenue – à l'opposé des Britanniques – porte encore davantage sur l'activité professionnelle que sur l'environnement familial.

Dans les minutes qui suivent une première rencontre avec un Américain, il vous demandera probablement **What do you do?** [wɒt də ju duː] [UK] (Que faites-vous dans la vie ?) ou **What's your occupation?** [wɒts jər ɒkjʊˈpeɪʃn̩] (Quelle est votre profession ?). Voici deux autres façons de poser la question :

- **What do you do for a living?** [wɒt də ju də fər ə ˈlɪvɪŋ] (Comment gagnez-vous votre vie ?)
- **What kind of work do you do?** [wɒt kaɪnd əv wɜːk də ju duː] (Quel genre de métier faites-vous ?)

Vous pouvez répondre en précisant votre activité ou en décrivant votre travail :

- **I'm a computer programmer** [aɪm ə kəmˈpjuːtə ˈprəʊgræmə] (Je suis programmeur)
- **I'm a truck driver** [aɪm ə trʌk ˈdraɪvə] (Je suis routier.)

Pour indiquer votre activité, vous devez utiliser le verbe **to be** comme dans **I am a doctor** [aɪ əm ə ˈdɒktə] (Je suis médecin). Pour décrire ce que vous faites, utilisez un verbe qui explique votre travail comme dans **I teach...** [aɪ tiːtʃ] (J'enseigne...) ou **I manage...** [aɪ ˈmænɪdʒ] (Je dirige ou je suis chargé de...). Vous possédez une entreprise ? Dites alors **I own a business** [aɪ əʊn ə ˈbɪznəs] (Je possède une entreprise). Vous pouvez dire aussi **I'm self-employed** [aɪm self ɪmˈplɔɪd] (Je travaille en indépendant) ou **I work for myself** [aɪ wɜːk fə maɪˈself] (Je travaille pour mon propre compte). Une personne qui ne travaille plus peut dire **I don't work. I'm retired** [aɪ dəʊnt wɜːk aɪm rɪˈtaɪəd] (Je ne travaille pas. Je suis retraité).

Mots clés

work	[wɜːk]	travail
job	[dʒɒb] [UK], [dʒɑːb] [US]	métier
occupation	[ˌɒkjʊˈpeɪʃn̩]	activité
a living	[ə ˈlɪvɪŋ]	une façon de gagner sa vie
employed	[ɪmˈplɔɪd]	pourvu d'un emploi

Dans un contexte professionnel il est courant d'offrir une **business card** [ˈbɪznəs kɑːd] (carte de visite) après avoir fait la connaissance de quelqu'un. Vous pouvez dire **Here's my card** [hɪəz maɪ kɑːd] (Voici ma carte). Pour demander la carte de quelqu'un vous dites **Do you have a card?** [də ju həv ə kɑːd] (Avez-vous une carte de visite ?)

Parler de son activité

La télévision américaine comportait autrefois un jeu où les concurrents devaient deviner le métier ou **line of work** [laɪn əv wɜːk] (genre d'activité) d'un invité. Naturellement, son job n'était jamais un job courant – comme un **teacher** [ˈtiːtʃə] (enseignant) ou un **insurance agent** [ɪnˈʃʊərəns ˈeɪdʒənt] (agent d'assurances). Le métier de l'invité était toujours un job exotique comme un dresseur d'éléphants ou un goûteur de thé professionnel !

Pour vous aider à décrire votre activité (à moins qu'elle ne soit exotique), voici quelques catégories générales d'activités et quelques métiers spécifiques :

- **Professions libérales**
  - **dentist** [ˈdentɪst] (dentiste)
  - **doctor** [ˈdɒktə] [UK], [ˈdɑːktər] [US] (médecin)
  - **engineer** [endʒɪˈnɪə] (ingénieur)
  - **lawyer** [ˈlɔːjə] (avocat)
  - **professor** [prəˈfesə] (professeur)
  - **psychologist** [saɪˈkɒlədʒɪst] (psychologue)
- **Entreprises**
  - **accountant** [əˈkaʊntənt] (comptable)
  - **administrator** [ədˈmɪnɪstreɪtə] (administrateur)
  - **CEO** [siː iːˈəʊ] (Directeur général) [**CEO = Chief Executive Officer**]
  - **secretary** [ˈsekrətəri] (secrétaire)
- **Artisans**
  - **construction worker** [kənˈstrʌkʃn̩ ˈwɜːkə] (ouvrier du bâtiment)
  - **mechanic** [mɪˈkænɪk] (mécanicien)
  - **painter** [ˈpeɪntə] (peintre)
  - **plumber** [ˈplʌmə] (plombier)
- **Arts**
  - **artist** [ˈɑːtɪst] (artiste)

- **entertainer** [entəˈteɪnə] (comédien)
- **writer** [ˈraɪtə] (écrivain)

» **Service public**

- **firefighter** [ˈfaɪəfaɪtə] (pompier)
- **police officer** [pəˈliːs ˈɒfɪsə] (policier)

» **Autres**

- **farmer** [ˈfɑːmə] (fermier)
- **factory worker** [ˈfæktəri ˈwɜːkə] (ouvrier d'usine)
- **salesperson** [ˈseɪlzpɜːsn̩] (vendeur)
- **social worker** [ˈsəʊʃl̩ ˈwɜːkə] (assistant social)

Conversation

Nettie et Portia parlent au salon de coiffure pendant qu'on les coiffe.

Nettie : **What are your children doing now?**

[wɒt ə jə ˈtʃɪldrən ˈduːɪŋ naʊ]

Que font tes enfants maintenant ?

Portia : **Ann is an architect working for a company in Seattle.**

[æn ɪz ən ˈɑːkɪtekt ˈwɜːkɪŋ fər ə ˈkʌmpəni ɪn sɪˈætl̩]

Anne est architecte pour une société à Seattle.

Nettie : **Is your son still teaching?**

[ɪz jə sʌn stɪl ˈtiːtʃɪŋ]

Ton fils enseigne-t-il toujours ?

Portia : **Yes. He's head of the English department.**

[jes hiz hed əv ði ˈɪŋglɪʃ dɪˈpɑːtmənt]

Oui. Il dirige la section d'anglais.

Nettie : **Excellent!**

[ˈeksələnt]

Très bien !

Portia : **And how about your daughters?**

[ənd haʊ əˈbaʊt jə ˈdɔːtəz]

Et que deviennent tes filles ?

Nettie : **Miriam is a landscaper and runs her own business.**

[ˈmɪrɪəm ɪz ə ˈlændskepər ənd rʌnz hər əʊn ˈbɪznəs]

Miriam est paysagiste et gère sa propre société.

Portia : **Good for her.**

[gʊd fə hə]

Bravo !

Nettie : **And Deborah is a psychologist with a private practice.**

[ənd ˈdebərə ɪz ə saɪˈkɒlədʒɪst wɪð ə ˈpraɪvɪt ˈpræktɪs]

Et Deborah est psychologue et possède son propre cabinet.

Portia : **Wonderful!**

[ˈwʌndəfəl]

Merveilleux !

COLS BLEUS ET COLS BLANCS

Vous connaissez l'expression « l'habit ne fait pas le moine ». Mais la tradition consistant à porter une chemise bleue (avec un col bleu) si l'on est ouvrier et une chemise blanche (avec un col blanc) si l'on pratique une « profession » a donné naissance aux termes **blue-collar worker** [bluː ˈkɒlə ˈwɜːkə] (col bleu) et **white-collar worker** [waɪt ˈkɒlə ˈwɜːkə] (col blanc). En Amérique, vous verrez ces termes utilisés dans des commentaires sur la vie sociale et les études démographiques.

Partir travailler

Si vous êtes comme moi, vous préférez probablement rester au lit quand **the alarm goes off** [ði əˈlɑːm gəʊz ɒf] (le réveil sonne), mais finalement, vous devez **get up** [get ʌp] (vous lever) et vous préparer pour aller travailler. Ensuite vous partez pour le **job site** [dʒɒb saɪt] (lieu de travail) : **the factory** [ðə ˈfæktəri] (l'usine), **the office** [ði ˈɒfɪs] (le bureau) ou **the classroom** [ðə ˈklæsruːm] (la salle de classe). Ou si vous êtes un géologue ou un représentant de commerce, votre travail se passe peut-être **in the field** [ɪn ðə fiːld] (sur le terrain) – ce qui veut dire sur un site loin du bureau. (Bien sûr, si vous êtes fermier, vous travaillez toujours **in the field**.)

Le lieu de travail

Après avoir déterminé ce que vous faites, les gens posent souvent la question **Where do you work?** [weə də ju wɜːk] (Où travaillez-vous ?). Vous pouvez donner une réponse générale, ou une réponse spécifique, comme :

- **I work on a construction site.** [aɪ wɜːk ɒn ə kənˈstrʌkʃn̩ saɪt] (Je travaille sur un chantier.)
- **I have a desk job.** [aɪ həv ə desk dʒɒb] (Je travaille dans un bureau.)
- **I work for John Wiley and Sons.** [aɪ wɜːk fə dʒɒn ˈwaɪli ənd sʌnz] (Je travaille chez John Wiley and Sons.)
- **Factory**: quand retentit le signal sonore de la **factory** ou **manufacturing plant** [mænjʊˈfæktʃərɪŋ plɑːnt] (atelier de fabrication), vous **clock in** [klɒk ɪn] (pointez) ou **punch a timecard** [pʌntʃ ə ˈtaɪmkɑːd] (perforez une carte de présence) et vous allez sur une **assembly line** [əˈsembli laɪn] (chaîne de montage) ou une **production line** [prəˈdʌkʃn̩ laɪn] (ligne de production).

  Certaines personnes travaillent au service **shipping** [ˈʃɪpɪŋ] (expéditions) ou au service **receiving** [rɪˈsiːvɪŋ] (réceptions). Les **machinists** [məˈʃiːnɪsts] (opérateurs) contribuent au bon fonctionnement des machines-outils, tandis que le **quality control personnel** [ˈkwɒlɪti kənˈtrəʊl pɜːsəˈnel] (personnel du contrôle qualité) s'assure de la qualité et de la conformité des produits.
- **Bureau** : après l'arrivée au bureau, la première opération de la journée est d'aller chercher une tasse de café dans le **break room** [breɪk ruːm] (local de pause), puis d'aller à votre bureau et **check your e-mail** [tʃek jər ˈiːmeɪl] (vérifier votre courrier électronique).

  En général, seul le CEO et les cadres supérieurs ont des **private offices** [ˈpraɪvɪt ˈɒfɪsɪz] (bureaux personnels). Le reste du **office staff** [ˈɒfɪs stɑːf] (personnel de bureau) peut partager un bureau ou une grande pièce divisée en **workspaces** [wɜːkˈspeɪsɪz] (espaces de travail) individuels ou en **cubicles** [ˈkjuːbɪkl̩z] (compartiments).

Équipement de bureau

Même une petite entreprise est généralement pourvue de tous les types imaginables d'**office equipment** [ˈɒfɪs ɪˈkwɪpmənt] (équipement de bureau). Vous êtes probablement familiarisé avec les équipements suivants, dont voici les noms en anglais :

- **computer** [kəmˈpjuːtə] (ordinateur)
- **copier** [ˈkɒpiə] [UK], [ˈkɑːpiər] [US] (copieur)
- **fax machine** [fæks məˈʃiːn] (fax)
- **file cabinet** [faɪl ˈkæbɪnət] (meuble de classement)
- **keyboard** [ˈkiːbɔːd] (clavier)

Plus de papier ? Quelqu'un est parti avec votre distributeur de scotch ? Regardez dans le tiroir du bureau, le **supply cabinet** [səˈplaɪ ˈkæbɪnət] (armoire des fournitures) – ou le bureau de votre collègue ! – pour trouver les objets suivants :

- **eraser** [ɪˈreɪzə] (gomme)
- **file folders** [faɪl ˈfəʊldəz] (classeurs)
- **paper** [ˈpeɪpə] (papier)
- **paperclips** [ˈpeɪpəklɪps] (trombones)
- **pen** [pen] (stylo)
- **pencil** [ˈpensļ] (crayon)
- **stapler** [ˈsteɪplə] (agrafeuse)
- **tape** [teɪp] (ruban adhésif)

À quel étage suis-je ?

Quand vous entrez dans un **lift** (UK) [lɪft] **elevator** (US) [ˈelɪveɪtər] (ascenseur), vous risquez de vous retrouver au **wrong floor** [rɒŋ flɔː] (mauvais étage) si vous n'êtes pas au courant du fait suivant. Aux États-Unis, le niveau de la rue d'un immeuble est presque toujours appelé le **first floor** [fɜːst flɔː] (premier étage), **ground floor** [graʊnd flɔː] (rez-de-chaussée) ou **lobby** [ˈlɒbi] [UK], [ˈlɑːbi] [US] (lobby). Le niveau au-dessus est le **second floor** [ˈsekənd flɔː] (premier étage) – non le **first floor** comme en Grande-Bretagne. (Les mots **first**, **second**, etc. sont des nombres ordinaux. Vous trouverez plus d'indications à leur sujet au chapitre 8.)

Ne soyez pas surpris si un bâtiment n'a pas de **thirteenth floor** [θɜ:ˈti:nθ flɔ:] (treizième étage) ! Ou plutôt, d'étage numéroté 13 – les numéros d'étage peuvent sauter du **twelfth** [twelfθ] (douzième) au **fourteenth floor** [fɔ:ˈti:nθ flɔ:] (quatorzième étage). Pourquoi ? Parce que certains Anglo-Saxons pensent que le nombre 13 porte malheur. Vous pouvez appeler ça de la superstition, mais pourquoi prendre des risques ?

Décrire vos collègues

Vous passez beaucoup de temps vos collègues, et il est bon que vous connaissiez des termes pour les décrire et préciser leurs relations avec vous. En plus de votre **boss** [bɒs] [UK], [bɑ:s] [US] (patron) ou **employer** [ɪmˈplɔɪə] (employeur), voici quelques autres personnes que vous pouvez rencontrer au travail :

- **Business partner** [ˈbɪznəs ˈpɑ:tnə] (associé) : une personne qui possède une partie d'une entreprise avec vous
- **Client** [ˈklaɪənt] (client) : personne qui paie pour les services ou produits fournis
- **Colleague** [ˈkɒli:g] [UK], [ˈkɑ:li:g] [US] (collègue) : quelqu'un qui travaille avec vous dans un contexte professionnel ou académique
- **Co-worker** [kəʊˈwɜ:kə] (personne qui travaille avec vous)
- **Customer** [ˈkʌstəmə] (client) : personne entrant dans un établissement commercial pour acheter quelque chose.

En anglais, le mot **patron** [ˈpeɪtrən] désigne un bienfaiteur, ou le client régulier d'un hôtel, d'un restaurant ou d'un commerce, en aucune façon un « patron ».

Mots clés

office	[ˈɒfɪs] [UK], [ˈɑ:fɪs] [US]	bureau
factory	[ˈfæktəri]	usine
staff	[stɑ:f]	personnel
boss	[bɒs] [UK], [bɑ:s] [US]	patron
employer	[ɪmˈplɔɪə]	employeur
employee	[emplɔɪˈi:]	employé

Le temps c'est de l'argent

Nulle part le dicton **time is money** [taɪm ɪz mʌni] (le temps c'est de l'argent) n'est pris plus au sérieux que sur le lieu de travail (en dépit d'une atmosphère décontractée et amicale). Le but des entreprises – et de toute société grande ou petite – est de **make a profit** [meɪk ə ˈprɒfɪt] (faire des bénéfices).

Oubliez les images de télé et de Hollywood montrant des Américains sereins passant leurs journées à se détendre autour des piscines. La réalité est que les travailleurs américains passent plus d'heures au travail chaque semaine, et ont moins de jours de vacances que ceux de nombreux autres pays industrialisés.

S'enquérir du **salary** [ˈsæləri] (salaire) d'une autre personne est habituellement considéré comme impoli, et la comparaison de votre salaire avec celui d'un collègue peut même vous coûter votre job dans certaines sociétés ! Mais il est de bon ton de se plaindre un peu de rémunérations basses et du manque d'avantages divers ! Les gens font souvent des commentaires non spécifiques (en bien et en mal) sur ce qu'ils gagnent – et vous pouvez le faire aussi. Voici ce que vous pouvez entendre ou dire :

- **I'm paid hourly.** [aɪm peɪd ˈaʊəli] (Je suis payé à l'heure.)
- **I'm on a salary.** [aɪm ɒn ə ˈsæləri] (Je touche un salaire.)
- **I get a minimum wage.** [aɪ get ə ˈmɪnɪməm weɪdʒ] (Je touche le salaire minimum.)
- **I have a good-paying job.** [aɪ həv ə gʊd ˈpeɪɪŋ dʒɒb] (J'ai un job bien rémunéré.)
- **I got a raise.** [aɪ gɒt ə reɪz] (J'ai eu une augmentation.)
- **We received a pay cut!** [wi rɪˈsiːvd ə peɪ kʌt] (Nous avons subi une réduction de salaire !)

Mots clés

paycheck	[ˈpeɪˌtʃek]	salaire
wage	[weɪdʒ]	rémunération
salary	[ˈsæləri]	salaire
raise	[reɪz]	augmentation
pay cut	[peɪ kʌt]	réduction de salaire

L'horaire de travail

Pour la majorité des entreprises, l'horaire normal est de 8 heures à 5 ou 6 heures du soir, du lundi au vendredi, la plupart des gens ayant des **day jobs** [deɪ dʒɒbz] (travail de jour). Cependant un **24-hour business** [ˈtwenti fɔːr aʊə ˈbɪznəs] (une entreprise fonctionnant 24 heures sur 24) ou une usine peut avoir plusieurs **shifts** [ʃɪfts] (équipes).

Par exemple :

» **Day shift** [deɪ ʃɪft] (équipe de jour) : en général, l'horaire de travail est de 8 heures du matin à 5 heures du soir.

» **Night shift** [naɪt ʃɪft] (équipe de nuit) : la période de travail couvrant le soir et la nuit. Certaines sociétés divisent cette période en deux équipes :

- **Graveyard shift** [ˈgreɪvjɑːd ʃɪft] (littéralement, équipe du cimetière) : habituellement de minuit à 8 heures du matin.
- **Swing shift** [swɪŋ ʃɪft] (équipe mixte) : habituellement de 4 heures de l'après-midi à minuit.

L'heure du déjeuner et les pauses café

Un moment favori de la journée de travail – surpassé seulement par le **quitting time** [ˈkwɪtɪŋ taɪm] (l'heure de sortie) – est **the lunch hour** [ðə lʌntʃ aʊə] (l'heure du déjeuner). Bien qu'on dise heure du déjeuner, vous pouvez ne disposer que d'une demi-heure.

Le travailleur moyen **brown-bags** [braʊn bægz] (apporte son déjeuner), c'est-à-dire apporte à manger de chez lui, peut-être dans un sac en papier kraft. Certains préfèrent quitter le bureau à l'heure du déjeuner. Si quelqu'un veut sortir pour manger rapidement quelque chose, il peut vous demander de venir avec lui :

- **Do you want to get some lunch?** [də ju wɒnt tə get səm lʌntʃ] (Veux-tu aller déjeuner ?)
- **Want to join me for lunch?** [wɒnt tə dʒɔɪn mi: fə lʌntʃ] (Veux-tu te joindre à moi pour déjeuner ?)
- **Do you want to grab a bit to eat?** [də ju wɒnt tə græb ə bɪt tə i:t] (Veux-tu manger un morceau ?)

L'invitation par un ou une collègue de l'accompagner pour déjeuner est en général un geste informel – n'impliquant pas que la personne veuille établir une amitié durable. Il est courant entre collègues de travail de partager une amitié informelle n'allant pas au-delà du lieu de travail.

Un autre moment favori de la journée de travail est le **coffee break** [ˈkɒfi breɪk] (pause café). Il est courant de prévoir 15 minutes deux fois par jour pour les pauses café. Mais dans la plupart des lieux de travail, vous n'avez pas à attendre la pause pour utiliser les toilettes ou pour aller boire quelque chose. Fumer, cependant, est généralement réservé au temps de pause.

LE PAIN QUOTIDIEN

Si vous faites vivre votre famille en rapportant un salaire à la maison, vous êtes le **breadwinner** [ˈbredwɪnə] (soutien de famille) ou « **you bring home the bacon** » [ju brɪŋ həʊm ðə ˈbeɪkən] (vous « faites bouillir la marmite ») – sans jamais aller au magasin d'alimentation ! Ces expressions se réfèrent à la personne qui travaille à l'extérieur de la maison par opposition au rôle de **homemaker** [ˈhəʊmˌmeɪkə] – la personne qui fait marcher la maison, généralement la maîtresse de maison – celle qui va réellement chercher le pain et le bacon !

Le verbe **to take** [tə teɪk] (prendre) est souvent utilisé pour parler du déjeuner au travail comme dans **I take my lunch at noon** [aɪ teɪk maɪ lʌntʃ ət nu:n] (Je déjeune à midi). Sinon les verbes **to have** [tə hæv] (avoir) et **to eat** [tə i:t] (manger) sont généralement utilisés pour parler d'un repas, comme dans **Let's have dinner now** [lets həv ˈdɪnə naʊ] (Dînons maintenant).

Conversation

Amelia et Camille parlent ensemble au bureau. (Piste 38)

Amelia : **Do you want to join me for lunch?**

[də ju wɒnt tə dʒɔɪn mi: fə lʌntʃ]

Veux-tu venir déjeuner avec moi ?

Camille : **Thanks, but I can't. I have to finish this report.**

[θæŋks bət aɪ kɑ:nt aɪ həv tə ˈfɪnɪʃ ðɪs rɪˈpɔ:t]

Merci, mais je ne peux pas. Je dois finir ce rapport.

Amelia : **Do you want me to bring you something?**

[də ju wɒnt mi: tə brɪŋ ju ˈsʌmθɪŋ]

Veux-tu que je t'apporte quelque chose ?

Camille : **That's nice of you, but I brought my lunch.**

[ðæts naɪs əv ju bət aɪ brɔ:t maɪ lʌntʃ]

C'est gentil de ta part, mais j'ai apporté mon déjeuner.

Amelia : **Have you even taken a break today?**

[həv ju ˈi:vn̩ ˈteɪkən ə breɪk təˈdeɪ]

As-tu seulement fait une pause aujourd'hui ?

Camille : **No time. I'll stop for lunch soon.**

[nəʊ taɪm aɪl stɒp fə lʌntʃ su:n]

Pas le temps. Je m'arrêterai bientôt pour déjeuner.

Amelia : **Okay. Don't work too hard!**

[əʊˈkeɪ dəʊnt wɜ:k tu: hɑ:d]

Bon. Ne travaille pas trop dur !

Camille : **Thanks.**

[θæŋks]

Merci.

Mots clés		
shift	[ʃɪft]	équipe
lunch hour	[lʌntʃ aʊə]	heure du déjeuner
quitting time	[ˈkwɪtɪŋ taɪm]	heure de sortie
to smoke	[tə sməʊk] [UK] [tə smoʊk] [US]	fumer
to take a break	[tə teɪk ə breɪk]	faire une pause

Prendre un rendez-vous

Dans la société très active d'aujourd'hui, deux objets semblent désormais aussi essentiels que l'air que nous respirons : le **mobile phone** [məʊbaɪl fəʊn] [UK] **cell phone** [sel foʊn] [US] (téléphone portable), et bien sûr **the appointment book** [ði əˈpɔɪntmənt bʊk] (carnet de rendez-vous) ou **planner** [ˈplænə] (planning).

Muni de ces gadgets modernes, vous pouvez **conduct business** [kənˈdʌkt ˈbɪznəs] (littéralement, traiter des affaires) et **schedule appointments** [ˈʃedjuːl əˈpɔɪnt-mənts] (fixer des rendez-vous) n'importe où et n'importe quand – et grâce à cette commodité, certaines personnes n'ont jamais de véritable pause dans leur travail ni un instant de paix !

Tenir un carnet de rendez-vous est devenu si courant qu'avant de voir quand ils peuvent rencontrer un ami pour prendre un café, beaucoup de gens disent :

- » **Let me check my planner** [let miː tʃek maɪ ˈplænə] (Je regarde mon agenda.)
- » **Let me look at my schedule** [let miː lʊk ət maɪ ˈʃedjuːl] (Je regarde mon planning.)

Il est important de prévoir les rendez-vous. Et avec quelques expressions simples en anglais, vous pouvez vous aussi fixer des rendez-vous. Mais trouver un moment où vous êtes libres l'un et l'autre – eh bien ! c'est une autre histoire !

Notez les expressions suivantes servant à fixer un rendez-vous :

- » **I'd like to make an appointment with you.** [aɪd laɪk tə meɪk ən əˈpɔɪntmənt wɪð ju] (Je voudrais prendre rendez-vous avec vous.)

- **Can we schedule a meeting?** [kən wi ˈʃedju:l ə ˈmi:tɪŋ] (Pouvons-nous programmer une réunion ?)
- **Let's schedule a time to meet.** [lets ˈʃedju:l ə taɪm tə mi:t] (Fixons une date pour nous voir.)

Et voici ce que l'on dit généralement en réponse :

- **When would you like to meet?** [wen wʊd ju laɪk tə mi:t] (Quand aimeriez-vous qu'on se rencontre ?)
- **When are you free?** [wen ə ju fri:] (Quand êtes-vous libre ?)
- **I can meet you on...** [aɪ kən mi:t ju ɒn] (Je peux vous rencontrer le...)
- **I'm free on...** [aɪm fri: ɒn] (Je suis libre le...)

Conversation

Barry appelle son collègue Robert pour prévoir une réunion. (Piste 39)

Barry : **Hello, Robert. This is Barry.**
[həˈləʊ ˈrɒbət ðɪs ɪz ˈbæri]
Allo, Robert. C'est Barry.

Robert : **Hey, how are you?**
[heɪ haʊ ə ju]
Tiens ! Comment ça va ?

Barry : **Fine, thanks. I'm calling to set up a meeting to go over the proposal.**
[faɪn θæŋks aɪm ˈkɔ:lɪŋ tə set ʌp ə ˈmi:tɪŋ tə gəʊ ˈəʊvə ðə prəˈpəʊzl̩]
Bien, merci. J'appelle pour fixer une réunion pour regarder la proposition.

Robert : **When would you like to meet?**
[wen wʊd ju laɪk tə mi:t]
Quand voudrais-tu qu'on se voie ?

Barry : **Early next week. Are you free Monday or Tuesday?**
[ˈɜ:li nekst wi:k ə ju fri: ˈmʌndeɪ ɔ: ˈtju:zdi]
Au début de la semaine prochaine. Es-tu libre lundi ou mardi ?

Robert : **I'm booked on Monday, but I'm free on Tuesday.**

[aɪm bʊkt ɒn ˈmʌndeɪ bət aɪm friː ɒn ˈtjuːzdi]

Je suis pris lundi mais je suis libre mardi.

Barry : **How about Tuesday at 10 a.m. in my office?**

[haʊ əˈbaʊt ˈtjuːzdi ət ten eɪ em ɪn maɪ ˈɒfɪs]

Que dis-tu de mardi à 10 heures dans mon bureau ?

Robert : **That's fine. I have us down for Tuesday at 10 a.m.**

[ðæts faɪn aɪ həv əs daʊn fə ˈtjuːzdi ət ten eɪ em]

C'est bon. Je nous marque pour mardi à 10 heures.

Barry : **Perfect. Thanks Robert.**

[pəˈfekt θæŋks ˈrɒbət]

Parfait. Merci Robert.

Robert : **See you next Tuesday.**

[siː ju nekst ˈtjuːzdi]

À mardi prochain.

Mots clés

to set up	[tə set ʌp]	oraganiser
to make	[tə meɪk]	faire
to schedule	[tə ˈʃedjuːl] [UK], [tə ˈskedjuːl] [US]	programmer
to check	[tə tʃek]	vérifier
schedule	[ˈʃedjuːl] [UK], [ˈskedjuːl] [US]	horaire/programme
planner	[ˈplænə]	agenda
appointment	[əˈpɔɪntmənt]	rendez-vous
meeting	[ˈmiːtɪŋ]	rencontre/réunion

Même en prévoyant soigneusement son temps avec un carnet de rendez-vous bien tenu, reconnaissons-le, la vie réelle est imprévisible. Les gens ne peuvent pas toujours respecter les rendez-vous qu'ils ont pris ni éviter les changements de programme. Si donc vous devez **cancel** [ˈkænsəl] (annuler) un rendez-vous ou en **reschedule** [ˌriːˈʃedjuːl] (reprogrammer) un, servez-vous de l'une des expressions suivantes :

» **I'm sorry. I have to reschedule our appointment.** [aɪm ˈsɒri aɪ həv tə riːˈʃedjuːl aʊər əˈpɔɪntmənt] (Je suis désolé. Je dois déplacer notre rendez-vous à un autre moment.)

» **Is it possible to reschedule?** [ɪz ɪt ˈpɒsəbl̩ tə riːˈʃedjuːl] (Est-il possible de changer la date ?)

» **I need to change our meeting date.** [aɪ niːd tə tʃeɪndʒ aʊə ˈmiːtɪŋ deɪt] (Je suis obligé de changer la date de notre réunion.)

Mots clés

to keep (an appointment)	[tə kiːp]	maintenir/respecter (une date de rendez-vous)
to break an appointment	[tə breɪk ən əˈpɔɪntmənt]	ne pas respecter une date de rendez-vous
to cancel	[tə ˈkænsəl]	annuler
to change	[tə tʃeɪndʒ]	modifier
to reschedule	[tə riːˈʃedjuːl] [UK], [tə riːˈskedjuːl] [US]	déplacer (un rendez-vous)

Comment vont les affaires ?

Les relations d'affaires dans une culture (et une langue !) que l'on ne connaît pas bien peuvent rendre perplexe. Dans les pays anglophones, le **business style** [ˈbɪznəs staɪl] (la façon de faire des affaires) et le **protocol** [ˈprəʊtəkɒl] [UK], [ˈproʊtəkɒl] [US] (protocole) peuvent être tout à fait différents de ce dont vous avez l'habitude, et la connaissance de quelques caractéristiques générales du **business** peut vous aider à mieux comprendre ce qui se passe. Cette section vous propose quelques éclairages.

Certains aspects de **business style** peuvent sembler contradictoires à première vue, par exemple :

- On attache une grande valeur à l'honnêteté et à des communications **direct** [dɪˈrekt] (directes) et **to the point** [tə ðə pɔɪnt] (efficaces), mais en même temps non **aggressive** [əˈgresɪv] (sans agressivité).
- L'atmosphère peut sembler détendue et informelle jusqu'à un certain point, mais on attend de vous **efficiency** [ɪˈfɪʃnsi] (de l'efficacité) et **hard work** [hɑːd wɜːk] (beaucoup de travail).
- L'interaction entre collègues – et entre le patron et les employés – peut être informelle au bureau, mais elle très professionnelle dans les réunions ou dans les contacts avec d'autres sociétés.

LA POLITIQUE DE LA PORTE OUVERTE

De nombreux managers pratiquent une **open door policy** [ˈəʊpən dɔː ˈpɒləsi] (politique de la porte ouverte) – la porte de leur bureau est ouverte, et ils sont accessibles à leurs employés dès qu'ils sont libres. Allez simplement jusqu'à la porte, frappez doucement, et dites :

- **Do you have a minute?** [də ju həv ə ˈmɪnɪt] (Avez-vous une minute ?)
- **May I see you for a minute?** [meɪ aɪ siː ju fər ə ˈmɪnɪt] (Puis-je vous voir une minute ?)
- **May I speak with you?** [meɪ aɪ spiːk wɪð ju] (Puis-je vous parler ?)

Si vous avez besoin d'éclaircissements sur un projet qu'on vous a demandé de réaliser, ne dites pas **It's difficult** [ɪts ˈdɪfɪkəlt] (C'est difficile). Une telle déclaration suggère que vous pouvez effectivement faire le travail mais que c'est un challenge pour vous. Voici ce que vous devez dire :

- **I'm sorry. I don't understand.** [aɪm ˈsɒri aɪ dəʊnt ʌndəˈstænd] (Je suis désolé. Je ne comprends pas.)
- **I'm not totally clear.** [aɪm nɒt ˈtəʊtəli klɪə] (Je n'ai pas très bien compris.)
- **Can you please explain this again?** [kən ju pliːz ɪkˈspleɪn ðɪs əˈgen] (Pouvez-vous s'il vous plaît expliquer cela de nouveau ?)

Quelques chansons sur le travail : les chansons sur le travail reflètent souvent les tensions sociales dénoncées par les artistes britanniques et américains, que ce soit dans les domaines du punk, du rock, de la pop ou de la folk.

- “Maggie’s Farm” de Bob Dylan (*Bringing It All Back Home*, 1965)
- “Dead End Street” des Kinks (*Single*, 1966)
- “Salt Of The Earth” des Rolling Stones (*Beggars Banquet*, 1968)
- “Working Class Hero” de John Lennon (*John Lennon/Plastic Ono Band*, 1970)
- “Career Opportunities” de The Clash (*The Clash*, 1977)
- “Factory” de Bruce Springsteen (*Darkness On The Edge Of Town*, 1978)

Jeux et activités

Juste au moment où vous avez besoin d'un objet sur votre bureau, vous ne le trouvez pas – ou quelqu'un l'a emprunté. Retrouvez les objets marquants (et certains équipements de bureau cachés) en remettant en ordre les lettres des mots suivants. Puis servez-vous de la lettre indiquée entre parenthèses dans chaque mot pour trouver ce qui donne le sourire à n'importe quel employé !

1. axf: __ (__) __

2. pumotrec: __ __ __ (__) __ __ __ __

3. paet: __ (__) __ __

4. yoaebrdk: __ __ (__) __ __ __ __ __

5. eprap: __ __ __ __ (__)

6. tlerpas: __ __ (__) __ __ __ __

7. reiopc: __ __ __ (__) __ __

8. erersa: __ __ __ (__) __ __

9. nep: __ (__) __

Qu'est-ce qui fait sourire les employés ? __ __ __ __ __ __ __ __ __!

Solutions : Annexe C, p. 433.

COMPRENDRE L'ACTUALITÉ : LES SYSTÈMES POLITIQUES ANGLAIS ET AMÉRICAIN

L'un des meilleurs moyens d'apprendre l'anglais est de lire les journaux et d'écouter les nouvelles à la radio ou à la TV, mais pour comprendre les **current events** [ˈkʌrənt ɪˈvents] (l'actualité) des pays anglophones, il vaut mieux connaître les bases des systèmes politiques anglo-saxons.

Le **British Parliament** [ˈbrɪtɪʃ ˈpɑːləmənt] (le parlement britannique) est constitué de deux assemblées : la **House of Commons** [ˈhaʊs əv ˈkɒmənz] (la Chambre des communes) et la **House of Lords** [ˈhaʊs əv lɔːdz] (la Chambre des Lords). La Chambre des Lords est composée de membres de l'aristocratie. Ils ne sont pas élus mais sont consultés au moment de l'examen des **bills** [bɪlz] (projets de loi). La Chambre des communes possède l'essentiel du pouvoir législatif et vote les **acts** [ækts] (lois). Tous les cinq ans, les **general elections** [dʒenr̩əl ɪˈlekʃn̩z] (l'équivalent de nos élections législatives) permettent de désigner les **MPs** [em piːz] (**Members of Parliament**, équivalents de nos députés) qui siègeront à la Chambre des communes. Le chef de file du parti qui a remporté le plus grand nombre de **votes** [vəʊts] (voix) devient **Prime Minister** [praɪm ˈmɪnɪstə] (premier ministre). Il regroupe autour de lui le **Cabinet** [ˈkæbɪnət] (le gouvernement), composé de **ministers** [ˈmɪnɪstəz] (les ministres), qui détiennent avec lui le pouvoir exécutif. La vie politique anglaise est rythmée par l'alternance au pouvoir de deux principaux partis politiques : **Labour** [ˈleɪbə], de centre gauche, et les **Conservatives** [kənˈsɜːvətɪvz] (également appelés **Tories** [ˈtɔːrɪz]), de centre droite à tendance libérale.

On ne peut pas parler du système politique anglais sans évoquer la **Royal Family** [ˈrɔɪəl ˈfæməli] (la famille royale). Le Royaume-Uni est une **constitutional monarchy** [kɒnstɪˈtjuːʃn̩əl ˈmɒnəki] (monarchie parlementaire) où les pouvoirs du souverain sont strictement encadrés par la constitution. La reine d'Angleterre, Elizabeth II, a cependant des titres importants : elle est officiellement **Head of state** [hed əv steɪt] (Chef de l'État), du **Commonwealth** [ˈkɒmənwelθ] (Commonwealth – voir l'encadré « Globish » page 35) et de la **Church of England** [tʃɜːtʃ əv ˈɪŋglənd] (l'Église anglicane, église protestante spécifique au Royaume-Uni). Aujourd'hui la monarchie est **controversial** [kɒntrəˈvɜːʃl̩] (controversée) à cause des scandales touchant la vie privée de la famille royale mais aussi car elle coûte très cher au **taxpayer** [ˈtækspeɪə] (contribuable), plus de 30 millions de livres par an !

Les États-Unis sont une **federal republic** [ˈfedərəl rɪˈpʌblɪk] (république fédérale). Si le **federal government** [ˈfedərəl ˈgʌvənmənt] (gouvernement fédéral) est responsable de l'**army** [ˈɑːmi] (armée), de la **foreign policy** [ˈfɒrən ˈpɒləsi] (politique étrangère) et du **budget** [ˈbʌdʒət] (budget), chaque état possède sa propre constitution, son propre **governor** [ˈgʌvənə] (gouverneur) et son **Congress** [ˈkɒŋgres] (Congrès). Chaque état décide, entre autres, de sa politique en matière d'**education** [edʒʊˈkeɪʃn̩] (éducation), de **health** [helθ] (santé) et de **culture** [ˈkʌltʃə] (culture).

La **Constitution** [kɒnstɪˈtjuːʃn̩] (constitution) américaine a pour objet d'assurer la liberté des

COMPRENDRE L'ACTUALITÉ : LES SYSTÈMES POLITIQUES ANGLAIS ET AMÉRICAIN *(SUITE)*

citoyens – c'est pourquoi s'y ajoutent une série d'**Amendments** [əˈmendmənts] (amendements) et de **landmark rulings** [ˈlændmɑːk ˈruːlɪŋz] (jurisprudences importantes) qui garantissent les libertés individuelles – et la séparation entre les trois pouvoirs. Le **legislative power** [ˈledʒɪslətɪv ˈpaʊə] (le pouvoir législatif) est détenu par le **Congress** [ˈkɒŋgres] (le Congrès). Il est composé de deux assemblées : la **House of Representatives** [ˈhaʊs əv reprɪˈzentətɪvz] (Chambre des représentants) et le **Senate** [ˈsenɪt] (Sénat). Le Congrès élabore et vote les lois fédérales et contrôle le budget de l'État. L'**executive power** [ɪgˈzekjʊtɪv ˈpaʊə] (le pouvoir exécutif) est incarné par le **President** [ˈprezɪdənt] (président) et les **Secretaries** [ˈsekrətəriz] (ministres). Le Président est commandant en chef de l'armée, élabore le budget et se charge de la politique étrangère avec le **Secretary of State** [ˈsekrətəri əv steɪt] (ministre des affaires étrangères). Le **judicial power** [dʒuːˈdɪʃl ˈpaʊə] (pouvoir judiciaire) est représenté par les neuf **justices** [ˈdʒʌstɪsɪz] (juges) de la **Supreme Court** [suːˈpriːm kɔːt] (la Cour suprême), qui vérifient que les lois votées par le Congrès et par les États, ainsi que la politique menée par le Président, sont conformes à la Constitution.

La vie politique américaine est fondée sur le **two-party system** [tuː ˈpɑːti ˈsɪstəm] (le bipartisme) : elle est dominée par les oppositions et les débats entre les **Democrats** [ˈdeməkræts] (Démocrates) et les **Republicans** [rɪˈpʌblɪkənz] (Républicains). Les Démocrates souhaitent renforcer le rôle de l'état fédéral et les **social action programs** [ˈsəʊʃl ˈækʃn ˈprəʊgræmz] (programmes d'action sociale), comme **healthcare** [ˈhelθˌker] (l'accès aux soins) et l'éducation. Les Républicains, au contraire, ont tendance à vouloir limiter le rôle de l'état et sont **conservative** [kənˈsɜːvətɪv] (conservateurs) sur bon nombre de questions de société. Le Président est élu tous les quatre ans par des **electors** [ɪˈlektəz] (grands électeurs) et non directement par les **voters** [ˈvəʊtəz] (électeurs). Chaque état organise ses élections : dans la plupart des états, le candidat qui a obtenu le plus grand nombre de voix auprès de la population obtient tous les suffrages des grands électeurs.

En ce qui concerne les principaux pays du **Commonwealth** [ˈkɒmənwelθ], **India** [ˈɪndɪə] (l'Inde), **South Africa** [saʊθ æfrɪkə] (l'Afrique du Sud) et **Nigeria** [naɪˈdʒɪərɪə] (le Nigéria) sont des républiques, tandis que **New Zealand** [njuː ˈziːlənd] (la Nouvelle Zélande), **Canada** [ˈkænədə] (le Canada) et **Australia** [ɒˈstreɪliə] (l'Australie) reconnaissent encore la reine d'Angleterre comme chef d'état.

Chapitre 15
Les loisirs

DANS CE CHAPITRE :

» **Les sports et les loisirs**

» **Différentes façons de parler des jeux**

» **La nature**

Le **baseball** [ˈbeɪsbɔːl] [US] (baseball) et le **football** [ˈfʊtbɔːl] (UK) (football) sont considérés comme le **national pastime** [ˈnæʃnəl ˈpɑːstaɪm] (passe-temps national), mais aujourd'hui, les gens se consacrent à toutes sortes d'activités, depuis le jardinage jusqu'au **skydiving** [ˈskaɪdaɪvɪŋ] (saut en parachute) – et à tout ce qu'il y a entre les deux !

Dans ce chapitre, vous verrez comment parler de **sports** [spɔːts] (sports), de **recreation** [rekrɪˈeɪʃn̩] (loisirs) et de toutes ces activités *cool* auxquelles vous pouvez consacrer votre temps libre. Vous découvrirez d'excellents endroits où passer des vacances.

Parler des activités physiques

Après une première rencontre, il ne s'écoule pas beaucoup de temps avant que la conversation n'en vienne aux passe-temps favoris et aux activités de loisir. On vous posera vraisemblablement l'une des questions suivantes :

» **What do you do in your spare time?** [wɒt də ju də ɪn jə speə taɪm] (Que faites-vous pendant votre temps libre ?)

» **What kind of sports do you like?** [wɒt kaɪnd əv spɔːts də ju laɪk] (Quels genres de sport aimez-vous ?)

» **What do you do for fun?** [wɒt də ju də fə fʌn] (Que faites-vous pour vous distraire ?)

Vous pouvez répondre de bien des manières différentes, par exemple :

- **I like to work in my garden.** [aɪ laɪk tə wɜːk ɪn maɪ ˈɡɑːdn̩] (J'aime travailler dans mon jardin.)
- **I enjoy playing chess.** [aɪ ɪnˈdʒɔɪ ˈpleɪɪŋ tʃes] (J'aime jouer aux échecs.)
- **I go jogging.** [aɪ ɡəʊ ˈdʒɒɡɪŋ] (Je vais courir.)
- **I am into surfing.** [aɪ əm ˈɪntə ˈsɜːfɪŋ] (J'adore le surf.) **I am into** est une expression familière voulant dire j'aime beaucoup ou je suis très impliqué dans le domaine en question.

Dire ce que vous aimez faire

Vous pouvez utiliser d'autres formes de phrase légèrement différentes pour parler de vos activités de loisir. Regardez les « formules » suivantes :

- Formule 1 : **I + verb** (Je + verbe)
  - **I sew.** [aɪ səʊ] [UK], [aɪ soʊ] [US] (Je fais de la couture.)
  - **I play volleyball.** [aɪ pleɪ ˈvɒlɪbɔːl] (Je joue au volley.)
- Formule 2 : **I like + gerund** (J'aime + gérondif)
  - **I like reading.** [aɪ laɪk ˈriːdɪŋ] (J'aime la lecture.)
- Formule 3 : **I enjoy + gerund** (J'aime + participe présent)
  - **I enjoy camping.** [aɪ ɪnˈdʒɔɪ ˈkæmpɪŋ] (J'aime le camping.)
  - **I enjoy playing hockey.** [aɪ ɪnˈdʒɔɪ ˈpleɪɪŋ ˈhɒki] (J'aime jouer au hockey.)

Le verbe du jeu : *to play*

Les activités impliquant une **competition** [kɒmpəˈtɪʃn̩] (compétition) – et souvent un ballon ou une balle – utilisent le verbe **to play** [tə pleɪ] (jouer). Par exemple :

- **Do you play golf?** [də ju pleɪ ɡɒlf] (Jouez-vous au golf ?)
- **Want to play a game of basketball?** [wɒnt tə pleɪ ə ɡeɪm əv ˈbɑːskɪtbɔːl] (Veux-tu faire une partie de basket ?)

Le **bowling** [ˈbəʊlɪŋ] [UK], [ˈboʊlɪŋ] [US] (bowling) fait exception ; on ne dit pas « play bowling ». Cependant on utilise le verbe **play** avec les **cards** [kɑːdz] (cartes),

chess [tʃes] (échecs), **board games** [bɔːd geɪmz] (jeux de société), **pool** [puːl] (jeu de billard populaire aux États-Unis, comportant 15 boules de couleur numérotées).

Conversation

Joyce et Lynn sont des collègues qui font la connaissance l'une de l'autre. Elles se renseignent sur leurs passe-temps favoris respectifs. (Piste 40)

Joyce : **What do you do in your spare time?**

[wɒt də ju du ɪn jə speə taɪm]

Que fais-tu pendant ton temps libre ?

Lynn : **I like to exercise – maybe go for a run or go dancing.**

[aɪ laɪk tə ˈeksəsaɪz ˈmeɪbiː gəʊ fər ə rʌn ɔː gəʊ ˈdɑːnsɪŋ]

J'aime l'exercice – peut-être aller courir ou danser.

Joyce : **What kind of dancing?**

[wɒt kaɪnd əv ˈdɑːnsɪŋ]

Quel genre de danse ?

Lynn : **Salsa is my favorite. What do you like to do?**

[ˈsælsə ɪz maɪ ˈfeɪvərət wɒt də ju laɪk tə duː]

La salsa est ma danse préférée. Qu'est-ce que tu aimes faire ?

Joyce : **I do yoga, and I like to paint.**

[aɪ duː ˈjəʊgə ənd aɪ laɪk tə peɪnt]

Je fais du yoga, et j'aime peindre.

Lynn : **Do you like any sports?**

[də ju laɪk ˈeni spɔːts]

Aimes-tu certains sports ?

Joyce : **I play racquetball sometimes.**

[aɪ pleɪ ˈrækətˌbɒl ˈsʌmtaɪmz]

Je joue au racquet-ball de temps en temps. (Jeu américain avec balle et courte raquette, joué entre quatre murs.)

Lynn : **Me too. I really like that game.**

[miː tuː aɪ ˈrɪəli laɪk ðət geɪm]

Moi aussi. J'aime vraiment ce jeu.

Joyce : **Great! Want to play this week-end?**

[greɪt wɒnt tə pleɪ ðɪs wiːkˈend]

Formidable ! Veux-tu jouer ce week-end ?

Lynn : **Sure! But I warn you – I always win!**

[ʃʊə bət aɪ wɔːn ju aɪ ˈɔːlweɪz wɪn]

Bien sûr ! Mais je te préviens – je gagne toujours !

Mots clés

pastime	[ˈpɑːstaɪm] [UK], [ˈpæstaɪm] [US]	passe-temps
leisure	[ˈleʒə] [UK], [ˈleʒər] [US]	loisir
recreation	[rekrɪˈeɪʃn̩]	divertissement
sports	[spɔːts]	le sport
to play	[tə ˈpleɪ]	jouer
to win	[tə wɪn]	gagner
to lose	[tə luːz]	perdre
game	[geɪm]	jeu/partie
competition	[kɒmpəˈtɪʃn̩]	compétition
board game	[bɔːd geɪm]	jeu de société

LE CONCEPT AMÉRICAIN DES LOISIRS

La conversation suivante est révélatrice du concept américain de **leisure**. Dans ma salle de cours, les étudiants ont été priés de répondre à la question « **What did you do last week-end?** [wɒt dɪd ju du lɑːst wiːkˈend] (Qu'avez-vous fait le week-end dernier ?) ». Un étudiant originaire du Mexique dit **I listened to music**. [aɪ ˈlɪsn̩d tə ˈmjuːzɪk] (J'ai écouté de la musique.) Mon assistant américain – qui a grandi en pensant que la musique est quelque chose qu'on écoute en faisant autre chose – a rétorqué « Oui, mais qu'est-ce que tu faisais en écoutant la musique ? » Le Mexicain était rendu perplexe par la question étrange de l'assistant.

Finalement il dit avec assurance, « Eh bien, j'étais assis dans un fauteuil ! » La notion que toute activité – y compris la **relaxation** [riːlækˈseɪʃn̩] (relaxation) doit être productive d'une manière ou d'une autre est profondément gravée dans la conscience américaine.

Les sports et leurs fans

Êtes-vous un **sports fan** [spɔːts fæn] (fan de sport) ? Que vous jouiez dans une **team** [tiːm] (équipe) ou que vous soyez un **spectator** [spekˈteɪtə] (spectateur), vous pouvez assister à d'innombrables événements sportifs toute l'année à la télé, dans un **stadium** [ˈsteɪdɪəm] (stade) ou un **ballpark** [ˈbɔːlpɑːk] [UK], [ˈbɒlpɑːrk] (UK) (terrain de base-ball).

Regarder du **football**, du **baseball**, du **basketball** et d'autres sports est un sport en soi ! Certains Anglais ou Américains sont passionnément loyaux envers leur équipe favorite universitaire ou professionnelle.

Le baseball

Quand l'arbitre crie **Play ball!** [pleɪ bɔːl] [UK], [pleɪ bɒl] [US] (lancez la balle !), on envoie le premier **pitch** [pɪtʃ] (lancer de balle) pour commencer la partie. Depuis les années 1800, les Américains jouent au **baseball**. Vous pouvez tout découvrir sur l'histoire du baseball et sur des légendes du baseball comme **Babe Ruth** [beɪb ruːθ], **Jackie Robinson** [ˈdʒæki ˈrɑːbənsən] et les ligues de baseball entièrement féminines des années 1940 au **Baseball Hall of Fame** [ˈbeɪsbɔːl hɔːl əv feɪm] à Cooperstown, New York. Même ceux qui ne sont pas fans de ce sport s'enthousiasment pour ce musée – je le sais, j'en fais partie !

Pour vous permettre d'apprécier ce jeu populaire, voici un peu de vocabulaire courant du baseball :

- **bat** [bæt] (batte)
- **batter** [ˈbætə] (batteur)
- **catcher** [ˈkætʃə] (attrapeur)
- **fly ball** [flaɪ bɔːl] [UK], [flaɪ bɒl] [US] (balle envoyée très haut)
- **glove** [glʌv] (gant)
- **home run** [həʊm rʌn] [UK], [hoʊm rən] [US] (un coup du batteur qui lui permet de faire un tour complet des bases et de marquer un « run »)
- **mitt** [mɪt] (gant du catcher)
- **strike** [straɪk] (balle non frappée correctement)

Le football américain et le football

La plupart des gens se réfèrent au jeu de la coupe du Monde en disant football, mais les Américains appellent ce jeu **soccer** (désignation informelle du jeu par les Britanniques). Aux États-Unis, le **football** est un jeu entièrement différent.

L'**American football** se joue avec un ballon ovale couleur café que les joueurs emmènent dans la **end zone** [end zəʊn] [UK], [end zoʊn] [US] (zone du fond du camp adverse) pour un **touchdown** [ˈtʌtʃdaʊn] (le fait d'être en possession du ballon dans la *end zone* adverse, ce qui rapporte six points [à ne pas confondre avec le **touchdown** au rugby]). Les joueurs portent des **helmets** [ˈhelmɪts] (casques) et des rembourrages sur le corps pour éviter les blessures quand ils sont **tackled** [ˈtækḷd] (plaqués). Mais au véritable football, si vous attrapez la balle ou si vous plaquez un autre joueur, vous vous voyez attribuer un grave **foul** [faʊl] (pénalité). Et si vous emmenez la balle dans le **goal** [gəʊl] [UK], [goʊl] [US] (but), vous êtes la risée de l'équipe adverse.

Conversation

Après avoir convenu d'une partie de football avec des amis américains, un étudiant étranger apporte par erreur un **soccer ball** [ˈsɒkə bɔːl] [UK], [ˈsɑːkər bɒl] [US] (un ballon de football) pour une partie de football américain.

Américains : **Are we going to play football?**

[ə wi ˈgəʊɪŋ tə pleɪ ˈfʊtbɔːl]

Allons-nous jouer au football ?

Étudiant : **Yes! I brought the ball.**

[jes aɪ brɔːt ðə bɔːl]

Oui ! J'ai apporté le ballon.

Américains : **But that's a soccer ball.**

[bət ðæts ə ˈsɒkə bɔːl]

Mais c'est un ballon de « soccer ».

Étudiant : **Soccer, football – it's the same.**

[ˈsɒkə ˈfʊtbɔːl ɪts ðə seɪm]

« Soccer », football – c'est pareil.

Américains : **Not in the United States – it's very different.**

[nɒt ɪn ðə juˈnaɪtɪd steɪts ɪts ˈveri ˈdɪfrənt]

Pas aux États-Unis – c'est très différent.

Étudiant : **Oops! I guess we're going to play soccer then.**

[uːps aɪ ges wɪə ˈgəʊɪŋ tə pleɪ ˈsɒkə ðen]

Oups ! J'imagine que nous allons jouer au « soccer » dans ce cas.

Le **football** (américain) est une tradition des États-Unis, mais le football (du reste du monde) y est très populaire, et les Américains regardent la coupe du Monde avec autant d'enthousiasme que partout ailleurs.

Mots clés

player	[ˈpleɪə]	joueur
team	[tiːm]	équipe
spectator	[spekˈteɪtə]	spectateur
fan	[fæn]	fan/supporter
home run	[həʊm rʌn] [UK], [hoʊm rʌn] [US]	un coup du batteur qui lui permet de faire un tour complet des bases et de marquer un « run »
goal	[gəʊl] [UK], [goʊl] [US]	but
touchdown	[ˈtʌtʃdaʊn]	être en possession du ballon dans la end zone adverse et ainsi marquer 6 points

La nature

Si vous aimez la nature, vous pourrez découvrir des paysages époustouflants dans les pays anglophones. Vous verrez des **mountains** [ˈmaʊntɪnz] (montagnes) impressionnantes, majestueuses ; des **valleys** [ˈvælɪz] (vallées) luxuriantes et vertes ; des **lakes** [leɪks] (lacs), des **rivers** [ˈrɪvəz] (fleuves) et des **waterfalls** [ˈwɔːtəfɔːlz] [UK], [ˈwɒtərfɒlz] [US] (chutes d'eau) immaculées ; des **deserts** [ˈdezət] (déserts) silencieux balayés par le vent ; et des **forests** [ˈfɒrɪsts] (forêts) anciennes, majestueuses.

Vous verrez aussi des **coastlines** [ˈkəʊstlaɪnz] [UK], [ˈkoʊstlaɪnz] [US] (littoral) avec des **seashores** [ˈsiːʃɔːz] (bords de mer) découpés, des **beaches** [ˈbiːtʃɪz] (plages) de sable resplendissantes.

Les sports d'hiver

Si vous appréciez l'air froid et vivifiant et la neige poudreuse, vous irez probablement à la montagne pour y pratiquer l'une des activités suivantes :

- **cross-country skiing** [ˈkrɒsˈkʌntrɪ ˈskiːɪŋ] [UK] (ski de fond)
- **downhill skiing** [daʊnˈhɪl ˈskiːɪŋ] (ski alpin)

- » **ice skating** [aɪs ˈskeɪtɪŋ] (patinage)
- » **snowboarding** [snəʊˈbɔːdɪŋ] [UK], [snoʊˈbɔːrdɪŋ] [US] (snow-board)

S'il fait chaud, vous pouvez aller vers les plages, les rivières et les lacs. Si vous vous sentez paresseux, vous pouvez **sunbathe** [ˈsʌnbeɪð] (prendre un bain de soleil) sur le **sand** [sænd] (sable), ou vous pouvez aller à l'eau vous adonner aux activités suivantes :

- » **river rafting** [ˈrɪvə ˈrɑːftɪŋ] [UK], [ˈrɪvər ˈræftɪŋ] [US] (descente de rivière en radeau)
- » **sailing** [ˈseɪlɪŋ] (voile)
- » **snorkeling** [ˈsnɔːkəlɪŋ] (plongée)
- » **water skiing** [ˈwɔːtə ˈskiːɪŋ] [UK], [ˈwɒtər ˈskiːɪŋ] [US] (ski nautique)

Conversation

Lori et Mark préparent un voyage à **Lake Tahoe** [leɪk ˈtæhəʊ] pour aller faire du ski. (Piste 41)

Lori : **I'm excited about our trip next month.**

[aɪm ɪkˈsaɪtɪd əˈbaʊt aʊə trɪp nekst mʌnθ]

J'ai hâte de partir le mois prochain.

Mark : **Me too! I can try out my new skis.**

[miː tuː aɪ kən traɪ aʊt maɪ njuː skiːz]

Moi aussi ! Je pourrai essayer mes nouveaux skis.

Lori : **And I can wear my new snow boots.**

[ənd aɪ kən weə maɪ njuː snəʊ buːts]

Et je pourrai porter mes nouveaux après-ski.

Mark : **We should stay in the lodge.**

[wi ʃəd steɪ ɪn ðə lɒdʒ]

Nous devrions nous installer à la « lodge » (bâtiment principal dans une station de ski américaine – en anglais britannique, désigne la petite maison du gardien ou du jardinier dans une grande demeure campagnarde).

Lori : **I'd love to, but it's kind of expensive.**

[aɪd lʌv tə bət ɪts kaɪnd əv ɪk'spensɪv]

J'aimerais bien, mais c'est plutôt cher.

Mark : **Well, the price includes a ski-lift ticket.**

[wel ðə praɪs ɪn'klu:dz ə ski: lɪft 'tɪkɪt]

Eh bien, le prix inclut une carte de remontée mécanique.

Lori : **Good. And we don't need to rent ski equipment this time.**

[gʊd ənd wi dəʊnt ni:d tə rent ski: ɪ'kwɪpmənt ðɪs taɪm]

Bon. Et nous n'avons pas besoin de louer l'équipement de ski cette fois.

Mark : **Right... ! Hey, I heard they opened two new slopes.**

[raɪt heɪ aɪ hɜ:d ðeɪ 'əʊpənd tu: nju: sləʊps]

C'est décidé... ! Au fait, j'ai entendu dire qu'ils ont ouvert deux nouvelles pistes.

Lori : **I hope they're beginners' slopes!**

[aɪ həʊp ðeə bɪ'gɪnəz sləʊps]

J'espère que ce sont des pistes pour débutants !

Visite d'un parc national ou d'un parc d'État

Le service des parcs nationaux américains compte plus de 380 sites, comportant des **parks** [pɑ:ks] (parcs), **trails** [treɪlz] (pistes), **monuments** ['mɒnjʊmənts] (monuments), **rivers** ['rɪvəz] (des fleuves), et d'autres trésors. Les parcs d'État et les parcs locaux se comptent par milliers.

Certains parcs sont réservés au **day use** [deɪ 'ju:s] (ouverts seulement le jour) – vous devez en être sorti au coucher du soleil. D'autres proposent le camping et le logement **overnight** [əʊvə'naɪt] [UK], [oʊvə'naɪt] [US] (pour la nuit). Mais au cours de la **summer season** ['sʌmə 'si:zn̩] (saison d'été), les parcs se remplissent si rapidement que si vous voulez les voir, vous devez faire une réservation longtemps à l'avance. **Off season** [ɒf 'si:zn̩] (hors saison), de nombreux parcs sont inaccessibles à cause de la neige.

Mots clés

outdoors	[aʊtˈdɔːz]	plein air
park	[pɑːk]	parc
nature	[ˈneɪtʃə]	nature
river	[ˈrɪvə]	fleuve
desert	[ˈdezət]	désert
lake	[leɪk]	lac
mountain	[ˈmaʊntɪn]	la montagne

Le camping

Le **camping** [ˈkæmpɪŋ] (le camping) et le **hiking** [ˈhaɪkɪŋ] (UK) ou **backpacking** [ˈbækpækɪŋ] (US) (la randonnée) sont d'excellents moyens pour **get away from it all** [get əˈweɪ frəm ɪt ɔːl] (s'évader). Mais les terrains de camping les plus recherchés peuvent être remplis de campeurs bruyants qui apportent tout avec eux !

Certains apportent des télés, des stéréos, de la bière et même des querelles de famille ! Si donc vous voulez vraiment vous évader dans un lieu sauvage, renseignez-vous auprès du **National Park Service** [ˈnæʃnəl pɑːk ˈsɜːvɪs] (service des parcs nationaux) ou regardez dans un guide du camping pour repérer les endroits plus calmes, moins peuplés.

Quel que soit le lieu où vous voulez camper, vous devrez emporter avec vous le **camping gear** [ˈkæmpɪŋ gɪə] (équipement de camping) de base :

- **backpack** [US] [ˈbækpæk] (sac à dos)
- **rucksack** [UK] [ˈrʌksæk] (sac à dos)
- **firewood** [ˈfaɪəwʊd] (bois pour le feu)
- **flashlight** [ˈflæʃlaɪt] (lampe-torche)
- **lantern** [ˈlæntən] (lanterne)
- **matches** [ˈmætʃɪz] (allumettes)

» **sleeping bag** [ˈsliːpɪŋ bæg] (sac de couchage)

» **tent** [tent] (tente)

N'oubliez pas le **bug repellent** [bʌg rɪˈpelənt] (antimoustique) ni la **sunscreen** [ˈsʌnskriːn] (crème solaire), sinon vous reviendrez de vos vacances piqué et brûlé – et il vous faudra d'autres vacances pour vous remettre !

Conversation

Ron et Nancy arrivent dans un parc éloigné, espérant qu'il y aura de la place au terrain de camping. (Piste 42)

Gardien : **Hello. Welcome to the park.**

[həˈləʊ ˈwelkəm tə ðə pɑːk]

Bonjour. Bienvenue au parc.

Ron : **Do you have any campsites available?**

[də ju həv ˈeni ˈkæmpsaɪts əˈveɪləbl̩]

Avez-vous un emplacement disponible ?

Gardien : **Yes. For how many nights?**

[jes fə haʊ məni naɪts]

Oui. Pour combien de nuits ?

Ron : **Three, if possible.**

[θriː ɪf ˈpɒsəbl̩]

Trois, si possible.

Gardien : **Yes, we can do that. Please fill out this form.**

[jes wi kən du ðæt pliːz fɪl aʊt ðɪs fɔːm]

Oui, c'est possible. Veuillez remplir ce formulaire.

Nancy : **And what's the fee?**

[ənd wɒts ðə fiː]

Combien cela va-t-il nous coûter ?

Gardien :	**$45 total, $15 per night.**
	[ˈfɔːti faɪv ˈdɒləz ˈtəʊtl̩ fɪfˈtiːn ˈdɒləz pɜː naɪt]
	45 dollars en tout, 15 dollars par nuit.
Nancy :	**Here you go.**
	[hɪə ju gəʊ]
	Tenez.
Gardien :	**Your campsite is number 52. This map will show you how to find it.**
	[jə ˈkæmpsaɪt ɪz ˈnʌmbə ˈfɪfti tuː ðɪs mæp wl̩ ʃəʊ ju haʊ tə faɪnd ɪt]
	Votre emplacement est le numéro 52. Vous le trouverez sur cette carte.
Ron :	**Are there shower facilities near the site?**
	[ə ðeə ˈʃaʊə fəˈsɪlɪtɪz nɪə ðə saɪt]
	Y a-t-il des douches près de l'emplacement ?
Gardien :	**Yes, about 200 yards away.**
	[jes əˈbaʊt tuː ˈhʌndrəd jɑːdz əˈweɪ]
	Oui, à environ 200 yards de distance.
Nancy :	**Perfect.**
	[pəˈfekt]
	Parfait.
Gardien :	**Here's a list of park rules. Please read them carefully.**
	[hɪəz ə lɪst əv pɑːk ruːlz pliːz riːd ðəm ˈkeəfəli]
	Voici une liste des règles du parc. Lisez-les attentivement s'il vous plaît.

N'EMPORTEZ QUE VOS ORDURES

Vous devez absolument emballer votre **rubbish** [ˈrʌbɪʃ] (UK) ou **trash** [træʃ] (US) (ordures) quand vous quittez un lieu sauvage. Mais rappelez-vous que le service des parcs interdit d'emporter toute plante ou tout « souvenir » de la vie sauvage.

Suivre le chemin

Les États-Unis ont des milliers de *miles* de **hiking trails** [ˈhaɪkɪŋ treɪlz] (sentiers de randonnée) ouverts toute l'année. L'**Appalachian Trail** [æpəˈleɪtʃən treɪl] dans l'est des États-Unis et le **Pacific Crest Trail** [pəˈsɪfɪk krest treɪl] qui va du Mexique jusqu'à l'État de Washington sont les deux sentiers les plus longs – avec plus de 2 000 *miles* chacun ! Certaines personnes réussissent à parcourir la totalité de ces sentiers, mais pas en une seule période de vacances !

Avant de démarrer votre **trek** [trek] (grande randonnée), renseignez-vous sur la topographie, l'**altitude** [ˈæltɪtju:d] (altitude) et le niveau de difficulté du parcours. Les questions suivantes vous aideront à décider s'il vous convient :

- **Where can I get a topographical map?** [weə kən aɪ get ə tɒpəˈgræfɪkļ mæp] (Où puis-je me procurer une carte topographique ?)
- **How difficult is the trail?** [haʊ ˈdɪfɪkəlt ɪz ðə treɪl] (Quelle est la difficulté du chemin ?)
- **How long does it take to hike the trail?** [haʊ lɒŋ dəz ɪt teɪk tə haɪk ðə treɪl] (Combien de temps faut-il pour parcourir le chemin ?)
- **Are there any dangerous animals on the trail?** [ə ðər ˈeni ˈdeɪndʒərəs ˈænɪmļz ɒn ðə treɪl] (Y a-t-il des animaux dangereux sur le chemin ?)

Vous êtes prêt maintenant à enfiler vos **hiking boots** [ˈhaɪkɪŋ bu:ts] (chaussures de randonnée) et votre sac à dos, à remplir votre **water bottle** [ˈwɔ:tə ˈbɒtļ] [UK], [ˈwɒtər ˈbɑ:tļ] [US] (bouteille d'eau), à sortir votre carte ou votre **compass** [ˈkʌmpəs] (boussole) et à prendre le sentier.

Apprécier la nature

En pleine nature, vous êtes tout près d'une abondante **wildlife** [ˈwaɪldlaɪf] (faune sauvage) – toutefois vous ne voulez pas vous retrouver trop près de certaines espèces. Voici les noms de quelques créatures que vous pouvez rencontrer **in the wild** [ɪn ðə waɪld] (en forêt ou dans un endroit sauvage) :

- **bear** [beə] (ours)
- **beaver** [ˈbi:və] (castor)
- **coyote** [kɔɪˈəʊt] [UK], [koɪˈoʊt] [US] (coyote)
- **deer** [dɪə] (cerf)
- **fox** [fɒks] [UK], [ˈfɑ:ks] [US] (renard)

» **frog** [frɒg] [UK], [ˈfrɑːg] [US] (grenouille)

» **moose** [muːs] (élan)

» **mosquito** [məˈskiːtəʊ] [UK], [məˈskiːtoʊ] [US] (moustique)

» **mountain lion** [maʊntɪn ˈlaɪən] (puma)

» **raccoon** [rəˈkuːn] (raton-laveur)

» **snake** [sneɪk] (serpent)

» **squirrel** [ˈskwɪrəl] (écureuil)

» **wolf** [wʊlf] (loup)

« Prendre mes jambes à mon coup » serait ma réaction si je rencontrais un animal dangereux dans la nature, mais ce pourrait être la pire des choses à faire ! Pour assurer une visite sans danger dans toute région sauvage, renseignez-vous auprès d'un **park ranger** [pɑːk ˈreɪndʒə] (garde forestier) ou en consultant un guide pour voir comment se comporter en cas de rencontre avec des créatures potentiellement dangereuses.

Quand vous faites du camping, ne conservez jamais de nourriture à l'intérieur de la tente – des visiteurs indésirables pourraient s'inviter à dîner chez vous !

La **plant life** [plɑːnt laɪf] [UK], [plænt laɪf] [US] (flore) des parcs nationaux comme celle de tout le pays est abondante et variée. Citons le **cactus** [ˈkæktəs] (cactus) du désert, les hautes **grasses** [ˈgrɑːsɪz] [UK], [ˈgræsəz] [US] (herbes), les **redwood trees** [ˈredwʊd triːz] (séquoias), les **rainforests** [ˈreɪnfɒrɪsts] [UK], [ˈraɪnˌfɔːrəsts] [US] (forêts tropicales) et les **seaweeds** [ˈsiːwiːdz] (algues). Dans les **woods** [wʊdz] (bois), vous verrez des **ferns** [fɜːnz] (fougères) vaporeuses et des **meadows** [ˈmedəʊz] [UK], [ˈmedoʊz] [US] (prairies) remplies de **wildflowers** [ˈwaɪldˌflɑːwrz] (fleurs sauvages) ; méfiez-vous cependant des deux variantes de sumac vénéneux, le **poison oak** [ˈpɔɪzn̩ əʊk] [UK], [ˈpɔɪzn̩ oʊk] [US] (chêne vénéneux) et le **poison ivy** [ˈpɔɪzn̩ ˈaɪvi] (lierre vénéneux). Toucher ces plantes peut provoquer une douloureuse irritation de la peau accompagnée de démangeaisons !

Avez-vous déjà… ? – Utilisation du present perfect

Vous pouvez apprendre des choses intéressantes en écoutant les expériences des autres, et vous pouvez améliorer votre anglais en parlant de vos expériences propres ! Pour parler en général de quelque chose qui est arrivé dans votre vie (sans indiquer une référence de temps spécifique), vous utilisez le **present perfect** [ˈprezənt ˈpɜːfɪkt] (present perfect). Et vous pouvez démarrer la conversation en demandant à quelqu'un **Have you ever...?** [həv ju ˈevə] (Avez-vous déjà... ?)

Voici quelques exemples :

- **Have you ever *been* to Yellowstone?** [həv ju ˈevə biːn tə ˈjeloˌstəʊn] (Avez-vous déjà été à Yellowstone ?)
- **Have you ever *seen* a whale?** [həv ju ˈevə siːn ə weɪl] (Avez-vous déjà vu une baleine ?)
- **Have you ever *climbed* a mountain?** [həv ju ˈevə klaɪmd ə ˈmaʊntɪn] (Avez-vous déjà escaladé une montagne ?)

Pour répondre à une question de la forme « have you ever ... », dites simplement :

- **Yes, I have.** [jes aɪ hæv] (Oui.)
- **No, I haven't** [nəʊ aɪ ˈhævn̩t] (Non.)
- **No, I've never done that.** [nəʊ aɪv ˈnevə dʌn ðæt] (Non, je n'ai jamais fait ça.)

Vous pouvez vous demander pourquoi ce temps s'appelle le ***present perfect***, alors qu'en fait il se réfère au passé. On l'appelle ainsi parce qu'il utilise le ***present*** de **to have** et le ***past participle*** [pɑːst ˈpɑːtɪsɪpl̩] (participe passé) du verbe principal.

Remarquez dans la liste précédente de questions du type **have you ever** que les verbes en italiques sont dans la forme du participe passé. (Reportez-vous au tableau des verbes passés de l'annexe A où vous trouverez la forme participe passé des verbes irréguliers. Le participe passé de tous les verbes réguliers se termine en **-ed**.)

Voici une « formule » de construction du **present perfect** : **have** ou **has + verb** (au participe passé), et deux exemples d'application de la formule :

- ***Have* you ever *been* to a national park?** [həv ju ˈevə biːn tə ə ˈnæʃnəl pɑːk] (As-tu/avez-vous déjà été dans un parc national ?)
- **Yes, I *have visited* Yosemite three times.** [jes aɪ həv ˈvɪzɪtɪd joˈseməti θriː taɪmz] (Oui, j'ai visité Yosemite trois fois.)

Pour que votre anglais soit plus proche de celui d'un anglophone de naissance, essayez d'utiliser les contractions avec le present perfect : **I've, you've, she's, he's, it's, we've,** et **they've**. Les contractions sont expliquées aux chapitres 2 et 3.

Jeux et activités

Dans ce jeu grammatical, mettez vos talents à l'épreuve et voyez si vous méritez une « médaille olympique du langage » ! Choisissez le mot qui complète correctement la phrase, puis vérifiez vos réponses à l'annexe C.

1. I enjoy ________ tennis. (to play, playing)

2. I like ________. (to surf, have surfed)

3. Have you ever ________ Mauna Loa volcano? (seeing, seen)

4. I've ________ a baseball fan for many years. (being, been)

5. He ________ never played in a golf tournament. (has, have)

6. She ______ basketball every Saturday. (to play, plays)

7. We ________ reading. (play, enjoy)

8. Do you ________ every morning? (jog, jogging)

Solutions : Annexe C, p. 433.

JOURS DE FÊTE !

Certaines fêtes liées à d'anciens calendriers religieux sont communes à de nombreux pays anglophones. Pour **New Year's Eve** [nju: jiəz i:v] (la veille du Jour de l'An), les gens se retrouvent à **Times Square** [taɪmz skweə] à New York ou devant le **London Eye** [ˈlʌndən aɪ] (la Grande Roue) à Londres pour les **fireworks** [ˈfaɪəwɜ:ks] (feux d'artifices). Parmi les jours fériés, figurent également **Good Friday** [gʊd ˈfraɪdeɪ] (le vendredi Saint) et **Easter Monday** [ˈi:stə ˈmʌndeɪ] (le lundi de Pâques) avec par exemple la célèbre **Easter Eggs Hunt** [ˈi:stər egz hʌnt] (chasse aux œufs de Pâques) dans Central Park, à New York. Au moment de **Christmas** [ˈkrɪsməs] (Noël), les **Carollers** [ˈkærələz] (chanteurs) vont de maison en maison pour interpréter des **Christmas carols** [ˈkrɪsməs ˈkærəlz] (chants traditionnels de Noël). Les gens décorent le **Christmas tree** [ˈkrɪsməs tri:] (sapin de Noël) et s'offrent des **presents** [ˈprezənts] (cadeaux). **Boxing Day** [ˈbɒksɪŋ deɪ] (appelé **St Stephen's Day** [sɪnt ˈsti:vənz deɪ] en Irlande) correspond au lendemain de Noël. Autrefois consacré à la charité, il marque aujourd'hui le coup d'envoi des soldes d'hiver !

Certaines fêtes sont associées au **folklore** [ˈfəʊklɔ:] (traditions populaires), comme en Angleterre, où **May Day** [meɪ deɪ] (le 1er mai) célèbre l'arrivée du printemps par l'élection de la **May Queen** [meɪ kwi:n] (la Reine de Mai), la construction du **maypole** [ˈmeɪpəʊl] (sorte de mât décoré de rubans) et par des danses traditionnelles comme la **Morris Dance** [ˈmɔ:rəs dɑ:ns].

Beaucoup d'autres fêtes, aux origines plus variées, rythment le calendrier des Anglo-Saxons.

Au printemps, **April Fool's Day** [ˈeɪprəl fu:lz deɪ] (le 1er avril) est l'occasion de **pull an April Fool's joke** [pʊl ən ˈeɪprəl fu:lz dʒəʊk] (faire un poisson d'avril). En Irlande, **St Patrick's Day** [sɪnt ˈpætrɪks deɪ] (le 17 mars) commémore le rôle de Saint Patrick dans l'évangélisation du pays. Cette fête est également célébrée aux États-Unis, notamment dans des villes comme Philadelphie ou Boston, qui comptent d'importantes communautés d'origine irlandaise.

À l'automne, **Halloween** [hæləˈwi:n], qui a traversé les frontières et que l'on célèbre aujourd'hui en France, est l'occasion pour les enfant de se déguiser en **monsters** [ˈmɒnstəz] (monstres) et en **ghosts** [gəʊsts] (fantômes) et de menacer les voisins de la formule « **trick or treat** ! » [trɪk ɔ: tri:t] (« des bonbons ou un sort ! ») pour recevoir des friandises. En Angleterre, **Guy Fawkes' Day** [gaɪ fɒks deɪ], commémoration de la tentative d'attentat menée par le catholique Guy Fawkes contre le Parlement anglais au xviie siècle, a été remis au goût du jour par la bande dessinée *V pour Vendetta* : les masques de Guy Fawkes sont devenu un symbole de rébellion politique dans le monde entier ces dernières années. Aux États-Unis, **Thanksgiving** [θænksˈgɪvɪŋ] commémore la reconnaissance des premiers colons envers les Indiens qui les ont aidés à survivre. Cette fête est aujourd'hui l'occasion de se réunir en famille autour de la traditionnelle **turkey** [ˈtɜ:ki] (dinde) rôtie, accompagnée de **yams** [jæmz] (patates douces), de sauce aux **cranberries** [ˈkrænbərɪz] (canneberges) et de la **pumpkin pie** [ˈpʌmpkɪn paɪ] (tarte à la citrouille).

JOURS DE FÊTE ! *(SUITE)*

En hiver, **Valentine's Day** [ˈvæləntaɪnz deɪ] (la Saint Valentin) est, comme en France, la fête des amoureux. On s'envoie des **Valentine's Day cards** [ˈvæləntaɪnz deɪ kɑːdz] (cartes de la Saint Valentin) et l'on prépare des **candlelight dinners** [ˈkændl laɪt ˈdɪnəz] (dîners aux chandelles). **Pancake Day** [ˈpænkeɪk deɪ] (la Chandeleur) est l'occasion de se régaler : aux États-Unis, les pancakes remplacent nos crêpes.

Enfin, certaines fêtes sont liées à l'histoire du pays. Par exemple aux États-Unis, des **celebrations** [selɪˈbreɪʃn̩z] (commémorations) importantes ont lieu le 4 juillet pour **Independence Day** [ɪndɪˈpendəns deɪ] (la Fête de l'Indépendance) et le 11 novembre pour **Veterans Day** [ˈvetərənz deɪ] (l'armistice). De même, **Canada Day** [ˈkænədə deɪ] commémore la signature de la Constitution canadienne, le 1er juillet 1867 et **Australia Day** [ɒˈstreɪliə deɪ] célèbre en janvier l'arrivée des Britanniques dans la baie de Sydney en 1788, tandis qu'**Anzac Day** [ˈænzək deɪ], également célébré en Nouvelle Zélande, commémore, en avril, l'engagement des troupes australiennes et néo-zélandaises lors de la Première Guerre mondiale.

Beaucoup de pays du **Commonwealth** [ˈkɒmənwelθ] célèbrent leur histoire commune lors d'événements autour de la monarchie britannique comme **The Queen's Jubilee** [ðə kwiːnz ˈdʒuːbɪliː], ou par exemple, **Victoria Day** [vɪkˈtɔːrɪə deɪ] au Canada et **The Queen's Birthday** [ðə kwiːnz ˈbɜːθdeɪ] en Autralie.

Quelques chansons pour vous mettre dans l'ambiance des fêtes :

A fredonner à la Saint Valentin : « My Funny Valentine », interprété par Chet Baker.

Quelques chants de Noël traditionnels : « Jingle Bells », « Silent Night » et « We wish you a Merry Christmas ».

Trois chansons de la Saint Patrick : « It's a great day for the Irish », « Fiddler's Green » et « The Parting Glass ».

Quelques hits autour d'Halloween : « Thriller » de Michael Jackson, « Psycho Killer » des Talking Heads ou encore « Halloween » des Misfits.

Chapitre 16

Au secours ! – Que faire en cas d'urgence

DANS CE CHAPITRE :

» **Trouver rapidement de l'aide**

» **Gérer les urgences et les dangers**

» **Décrire les problèmes de santé**

Si vous êtes comme moi, vous préférez probablement ne pas penser aux problèmes et aux urgences qui peuvent se présenter lors d'un voyage, et vous pouvez être tenté de tourner rapidement les pages de ce chapitre. Mais si vous travaillez et vivez dans un autre pays que le vôtre, « **It's better to be safe than sorry** », [ɪts ˈbetə tə bi seɪf ðən ˈsɒri] (« mieux vaut prévenir que guérir »,) comme dit en anglais cette ancienne formulation du principe de précaution. Autrement dit, vous devez être préparé à des situations d'urgence et à d'autres ennuis, surtout si les gens autour de vous ne parlent pas votre langue natale. Ce chapitre vous donne quelques expressions clés pour traiter en anglais un certain nombre de situations soudaines et imprévisibles, telles que les catastrophes naturelles, les accidents, les problèmes de santé, et les difficultés légales. Regardez ce chapitre : vous en retirerez des informations vitales – et un peu de tranquillité d'esprit.

En cas d'urgence

Les petites **emergencies** [ɪˈmɜːdʒənsɪz] (situations d'urgence) de la vie courante, comme une roue à plat, des enfants avec des écorchures aux genoux et la perte des clés de la maison vous sont probablement familières.

Les graves situations d'urgence, qui peuvent être **life-threatening** [laɪf ˈθretn̩ɪŋ] (une question de vie ou de mort) et les **natural disasters** [nætʃrəl dɪˈzɑ:stəz] (catastrophes naturelles) sont heureusement moins courantes. Il faut cependant se préparer à réagir à des choses comme :

- **accident** [ˈæksɪdənt] (accident)
- **earthquake** [ˈɜ:θkweɪk] (tremblement de terre)
- **fire** [ˈfaɪə] (incendie)
- **flood** [flʌd] (inondation)
- **hurricane** [ˈhʌrɪkən] (ouragan)
- **robbery** [ˈrɒbəri] (UK) [ˈrɑ:bəri] (US) (cambriolage)
- **tornado** [tɔ:ˈneɪdəʊ] [UK], [tɔ:ˈneɪdoʊ] [US] (tornade)

Crier au secours et avertir les autres

Quand vous avez rapidement besoin d'aide, vous n'avez pas le temps d'aller chercher un dictionnaire ; vous devez trouver tout de suite dans votre mémoire les mots nécessaires. Mémorisez donc les mots d'urgence ci-après – et gardez-les sous le coude !

- **Help!** [help] (Au secours !)
- **Help me!** [help mi:] (Aidez-moi !)
- **Fire!** [ˈfaɪə] (Au feu !)
- **Call the police!** [kɔ:l ðə pəˈli:s] (Appelez la police !)
- **Get an ambulance!** [get ən ˈæmbjələns] (Appelez une ambulance !)

Si vous devez **warn** [wɔ:n] (avertir) d'autres d'un **impending danger** [ɪmˈpendɪŋ ˈdeɪndʒə] (danger imminent), vous ne pouvez pas rester bouche bée.

Vous devez connaître quelques brèves expressions pour donner l'alarme. Les expressions suivantes font clairement passer le message :

- **Look out!** [lʊk aʊt] (Attention !)
- **Watch out!** [wɒtʃ aʊt] [UK], [wɑ:tʃ aʊt] [US] (Attention !)
- **Get back!** [get bæk] (Reculez-vous !)
- **Run!** [rʌn] (courez !)

Quand il n'y a pas de temps à perdre, vous pouvez ajouter l'un de ces mots énergiques pour faire réagir les gens :

- **Quick!** [kwɪk] (Vite !)
- **Hurry!** [ˈhʌri] (Dépêchez-vous !)
- **Faster!** [ˈfɑːstə] [UK], [ˈfæstə] [US] (Plus vite !)

Conversation

Un homme est tombé sur le trottoir. Un attroupement se rassemble autour de lui pour voir ce qui est arrivé. Todd essaie d'aider.

Passant : **A man has fallen! Help!**
[ə mæn həz ˈfɔːlən help]
Un homme est tombé ! Au secours !

Todd : **Sir, can you hear me?**
[sɜː kən ju hɪə miː]
Monsieur, m'entendez-vous ?

Passant : **Did he faint?**
[dɪd hi feɪnt]
S'est-il évanoui ?

Todd : **He's unconscious. Someone call an ambulance. Quick!**
[hiz ʌnˈkɒnʃəs ˈsʌmwʌn kɔːl ən ˈæmbjələns kwɪk]
Il a perdu connaissance. Que quelqu'un appelle une ambulance. Vite !

Passant : **What's wrong?! Is it a heart attack?**
[wɒts rɒŋ ɪz ɪt ə hɑːt əˈtæk]
Qu'est-ce qu'il a ? C'est une crise cardiaque ?

Todd : **I don't know. I'm checking his pulse and breathing.**
[aɪ dəʊnt nəʊ aɪm ˈtʃekɪŋ hɪz pʌls ən ˈbriːðɪŋ]
Je ne sais pas. Je vérifie son pouls et sa respiration.

Passant : **Does he need CPR?**

[dəz hi ni:d si: pi: ɑ:]

A-t-il besoin de RCP ? (RCP = réanimation cardio-pulmonaire.)

Todd : **He's breathing okay, but his pulse is a little weak.**

[hiz ˈbri:ðɪŋ əʊˈkeɪ bət hɪz pʌls ɪz ə ˈlɪtl̩ wi:k]

Il respire normalement, mais son pouls est un peu faible.

Passant : **Here comes the ambulance!**

[hɪə kʌmz ði ˈæmbjələns]

Voilà l'ambulance !

Mots clés

emergency	[ɪˈmɜ:dʒənsi]	situation d'urgence
to warn	[tə wɔ:n]	avertir
to help	[tə help]	aider
to faint	[tə feɪnt]	s'évanouir
danger	[ˈdeɪndʒə]	danger
injury	[ˈɪndʒəri]	blessure

Le 911

Aux États-Unis, le numéro utilisé pour demander de l'aide est depuis longtemps le **911**, au Royaume-Uni, il s'agit du 999. Ce numéro vous connecte à un **dispatcher** [dɪˈspætʃə] (opérateur) qui prend vos informations et les envoie à la **police** [pəˈli:s], au **fire department** [ˈfaɪə dɪˈpɑ:tmənt] (service des pompiers) ou **fire brigade** [ˈfaɪə brɪˈgeɪd] en anglais britannique, et/ou à une ambulance. L'opérateur demande le lieu de l'urgence, le numéro duquel vous appelez, et si quelqu'un est blessé. Et si vous êtes témoin d'un délit, il vous demande si vous pouvez donner une description du **suspect** [səˈspekt] (suspect). (Voir « Si vous avez affaire à un délit » plus loin dans ce chapitre, pour plus de détails sur la façon de signaler un crime.)

Vous pouvez appeler le **911** même si vous ne connaissez pas l'anglais ; le centre du **911** est doté d'interprètes pour de nombreuses langues.

Conversation

En route pour aller travailler, Sam est témoin d'un accident de voiture. Il s'arrête et appelle le 911 pour demander de l'aide. (Piste 43).

Opérateur : **911 Center. What are you reporting?**

[naɪn wʌn wʌn ˈsentə wɒt ə ju rɪˈpɔːtɪŋ]

Centre 911. Que signalez-vous ?

Sam : **There's an accident on northbound Route 17.**

[ðeəz ən ˈæksɪdənt ɒn ˈnɔːθbaʊnd ruːt sevnˈtiːn]

Il y a un accident sur la route 17 vers le nord.

Opérateur : **Where on Route 17?**

[weər ɒn ruːt sevnˈtiːn]

Où sur la route 17 ?

Sam : **Just after the Eastlake turnoff.**

[dʒəst ˈɑːftə ðə iːstleɪk ˈtɜːnɒf]

Juste après la sortie d'Eastlake.

Opérateur : **And where are you calling from?**

[ən weər ə ju ˈkɔːlɪŋ frɒm]

D'où appelez-vous ?

Sam : **My cell phone.**

[maɪ sel fəʊn]

Mon téléphone portable.

Opérateur : **Can you tell if there are injuries?**

[kən ju tel ɪf ðər ər ˈɪndʒərɪz]

Pouvez-vous dire s'il y a des blessés ?

Sam : **I think two or three people are hurt.**

[aɪ θɪŋk tuː ɔː θriː ˈpiːpl̩ ə hɜːt]

Je pense que deux ou trois personnes sont blessées.

Opérateur : **Are any police or highway patrol there yet?**

[ər ˈeni pəˈliːs ɔː ˈhaɪweɪ pəˈtrəʊl ðeə jet]

La police ou la police de la route sont-elles déjà sur place ?

Sam : **No. The accident just happened.**

[nəʊ ði ˈæksɪdənt dʒəst ˈhæpənd]

Non. L'accident vient d'arriver.

Opérateur : **Okay. We're sending help now.**

[əʊˈkeɪ wɪə ˈsendɪŋ help naʊ]

Bon. Nous envoyons des secours maintenant.

Mots clés

to report	[tə rɪˈpɔːt]	signaler
999 [UK] 911 [US]	[naɪn naɪn naɪn], [naɪn wʌn wʌn]	(numéro d'urgence)
Help!	[help]	Au secours !
police	[pəˈliːs]	police
fire brigade [UK]	[ˈfaɪə brɪˈgeɪd]	pompiers
fire department [US]	[ˈfaɪə dɪˈpɑːtmənt]	
ambulance	[ˈæmbjələns]	ambulance

Une visite chez le médecin

Être **sick** [sɪk] (malade) ou **injured** [ˈɪndʒəd] (blessé) dans la ville où l'on habite est déjà pénible, mais en voyage, c'est carrément insupportable ! Rechercher une assistance médicale et un **treatment** [ˈtriːtmənt] (traitement) dans un pays étranger peut être déroutant et même effrayant. Si votre **condition** [kənˈdɪʃn̩] (état) n'est pas grave, vous pouvez prendre le temps de demander à un ami, un collègue ou même un employé de l'hôtel de vous recommander un médecin.

Utilisez l'une des expressions suivantes :

» **Do you know a good doctor?** [də ju nəʊ ə gʊd ˈdɒktə] (Connaissez-vous un bon médecin ?)

» **Can you recommend a doctor?** [kən ju rekəˈmend ə ˈdɒktə] (Pouvez-vous me recommander un médecin ?)

Espérons que vous n'aurez jamais besoin de soins médicaux d'urgence, mais si cela se produit, ces expressions peuvent vous servir :

» **I feel sick.** [aɪ fiːl sɪk] (Je me sens malade.)

» **I'm injured.** [aɪm ˈɪndʒəd] (Je suis blessé.)

» **I need a doctor.** [aɪ niːd ə ˈdɒktə] (J'ai besoin d'un médecin.)

» **Please call a doctor.** [pliːz kɔːl ə ˈdɒktə] (Appelez un médecin s'il vous plaît.)

Peut-être allez-vous bien, mais quelqu'un d'autre est malade ou blessé. Voici comment demander à la personne ce qui ne va pas :

» **What's wrong?** [wɒts rɒŋ] (Qu'est-ce qui ne va pas ?)

» **What's the matter?** [wɒts ðə ˈmætə] (Qu'est-ce qui se passe ?)

» **What happened?** [wɒt ˈhæpənd] (Que s'est-il passé ?)

Vous avez différentes options quant aux endroits où trouver une assistance médicale. La plupart des villes ont des **walk-in clinics** [wɔːk ɪn ˈklɪnɪks] (clinique sans rendez-vous) ou des **24-hour medical clinics** [ˈtwenti fɔːr aʊə ˈmedɪkl̩ ˈklɪnɪks] (cliniques ouvertes 24 h sur 24). Ces cliniques sont tenues par des **physicians** [fɪˈzɪʃn̩z] (médecins) expérimentés et très qualifiés, et ce qui est encore mieux, vous pouvez vous y présenter sans rendez-vous.

Les **hospitals** [ˈhɒspɪtl̩z] [UK], [ˈhɑːspɪtl̩z] [US] (hôpitaux) peuvent souvent accueillir eux aussi des patients sans rendez-vous, mais dans une situation mettant votre vie en danger, allez à la **emergency room** [ɪˈmɜːdʒənsi ruːm] (salle des urgences).

Mots clés

doctor	[ˈdɒktə] [UK], [ˈdɑːktə] [US]	docteur
physician	[fɪˈzɪʃn̩]	médecin
clinic	[ˈklɪnɪk]	clinique
hospital	[ˈhɒspɪtl̩] [UK], [ˈhɑːspɪtl̩] [US]	hôpital
injury	[ˈɪndʒəri]	blessure
sick	[sɪk]	malade

Comment expliquer où vous avez mal

Mes étudiants disent parfois le mot **uncle** [ˈʌŋkl̩] (oncle) quand ils veulent dire **ankle** [ˈæŋkl̩] (cheville). Si c'est votre oncle qui a mal, c'est lui qui doit voir le médecin, pas vous !

Et donc, quand le docteur vous demande **Where does it hurt?** [weə dəz ɪt hɜːt] (Où avez-vous mal ?) ou bien **Where is the pain?** [weər ɪz ðə peɪn] (D'où vient la douleur ?), il faut que vous connaissiez les noms des parties du corps concernées et la façon de les prononcer. En voici une liste :

- **Head and face** [hed ənd feɪs] (tête et visage)
  - **cheeks** [tʃiːks] (joues)
  - **chin** [tʃɪn] (menton)
  - **ear** [ɪə] (oreille)
  - **eye** [aɪ] (oeil)
  - **forehead** [ˈfɒrɪd] (front)
  - **lips** [lɪps] (lèvres)
  - **mouth** [maʊθ] (bouche)
  - **nose** [nəʊz] [UK], [noʊz] [US] (nez)
  - **neck** [nek] (cou)
- **Torso** [ˈtɔːsəʊ] [UK], [ˈtɔːsoʊ] [US] (torse)
  - **back** [bæk] (dos)

- **chest** [tʃest] (poitrine)
- **hip** [hɪp] (hanche)
- **shoulders** [ˈʃəʊldəz] [UK], [ˈʃoʊldəz] [US] (épaules)
- **stomach** [ˈstʌmək] (estomac)

» **Limbs** [lɪmz] (membres)

- **arms** [ɑːmz] (bras)
- **elbow** [ˈelbəʊ] [UK], [ˈelboʊ] [US] (coude)
- **hand** [hænd] (main)
- **finger** [ˈfɪŋgə] (doigt)
- **knee** [niː] (genou)
- **leg** [leg] (jambe)
- **thigh** [θaɪ] (cuisse)
- **foot** [fʊt] (pied)
- **toe** [təʊ] [UK], [toʊ] [US] (doigt de pied)

On peut dire (en anglais) **"beauty is only skin deep"** [ˈbjuːti ɪz ˈəʊnli skɪn diːp] (« la beauté n'est pas tout », littéralement « la beauté ne va pas plus profond que la peau »), mais sous la peau se trouve la beauté des mécanismes internes du corps : le sang, les os, et les **organs** [ˈɔːgənz] (organes) :

» **Insides** [ɪnˈsaɪdz] (l'intérieur du corps)

- **artery** [ˈɑːtəri] (artère)
- **blood** [blʌd] (sang)
- **bone** [bəʊn] [UK], [boʊn] [US] (os)
- **heart** [hɑːt] (cœur)
- **intestine** [ɪnˈtestɪn] (intestin)
- **kidney** [ˈkɪdni] (rein)
- **liver** [ˈlɪvə] (foie)
- **lung** [lʌŋ] (poumon)
- **muscle** [ˈmʌsl̩] (muscle)
- **vein** [veɪn] (veine)

Conversation

Rebecca va chez le docteur parce qu'elle s'est blessée en travaillant. L'infirmière lui fait subir différents contrôles et inscrit les résultats sur son dossier. (Piste 44)

Infirmière : **Let me take your temperature. Put this thermometer in your mouth.**

[let miː teɪk jə ˈtemprətʃə pʊt ðɪs θəˈmɒmɪtər ɪn jə maʊθ]

Je dois prendre votre température. Mettez ce thermomètre votre la bouche.

Infirmière : **Now let me take your pulse. Okay, now let's listen to your heart.**

[naʊ let miː teɪk jə pʌls əʊˈkeɪ naʊ lets ˈlɪsn̩ tə jə hɑːt]

Maintenant je dois prendre votre pouls. Bon, maintenant écoutons votre cœur.

Infirmière : **Normal temperature and good heart rate. Tell me what hurts.**

[ˈnɔːml̩ ˈtemprətʃər ənd gʊd hɑːt reɪt tel miː wɒt hɜːts]]

Température normale et bon rythme cardiaque. Dites-moi ce qui vous fait mal.

Rebecca : **My neck hurts on the right side. And my right arm.**

[maɪ nek hɜːts ɒn ðə raɪt saɪd ən maɪ raɪt ɑːm]

Mon cou me fait mal sur le côté droit. Et mon bras droit.

Infirmière : **Can you raise your right arm?**

[kən ju reɪz jə raɪt ɑːm]

Pouvez-vous lever votre bras droit ?

Rebecca : **Yes, but my shoulder hurts when I do.**

[jes bət maɪ ˈʃəʊldə hɜːts wen aɪ duː]

Oui, mais mon épaule me fait mal quand je le fais.

Infirmière : **Any back pain?**

[ˈeni bæk peɪn]

Mal au dos ?

Rebecca : **No, just my neck, upper arm, and shoulder.**

[nəʊ dʒəst maɪ nek ˈʌpər ɑːm ən ˈʃəʊldə]

Non, seulement mon cou, mon bras et mon épaule.

Infirmière : **Okay, the doctor will be in shortly to examine you.**

[əʊˈkeɪ ðə ˈdɒktə wl̩ bi ɪn ˈʃɔːtli tə ɪɡˈzæmɪn ju]

Bon, le docteur va venir bientôt pour vous examiner.

L'anglais a de nombreuses expressions mettant en jeu des parties du corps. Par exemple : **to *foot* the bill** [tə fʊt ðə bɪl] (payer l'addition) veut dire être la personne qui paie, habituellement pour quelqu'un d'autre ; et **to have a *heart*** [tə həv ə hɑːt] (avoir du cœur) est utilisé pour encourager une personne à se montrer plus charitable. Une autre expression amusante – qui pourrait certainement s'appliquer au prix élevé des soins médicaux aux États-Unis – est **to cost an arm and a leg** [tə kɒst ən ɑːm ənd ə leg] (coûter un bras et une jambe, équivalent du français « coûter les yeux de la tête ») !

Mots clés

body	[ˈbɒdi] [UK], [ˈbɑːdi] [US]	corps
temperature	[ˈtemprətʃə]	température
thermometer	[θəˈmɒmɪtə]	thermomètre
heart	[hɑːt]	cœur
pain	[peɪn]	douleur
to hurt	[tə hɜːt]	faire mal

PROBLÈMES D'ASSURANCE

En Grande-Bretagne, il existe une couverture médicale universelle similaire à celle de la France (le National Health Service). Par contre, les États-Unis n'ont pas de couverture médicale universelle, et si vous êtes sans **insurance** [ɪnˈʃʊərəns] (assurance), vous payez **out of pocket** [aʊt əv ˈpɒkɪt] (de votre poche) – et **"through the nose"** [θruː ðə nəʊz] (« les yeux de la tête ») ! Même avec une assurance, vous pouvez avoir à payer d'avance et à envoyer une **claim** [kleɪm] (demande) à la compagnie d'assurances en vue du remboursement. Où que vous alliez pour des soins médicaux, on vous posera les questions suivantes :

» **Who's your insurance company?** [huːz jər ɪnˈʃʊərəns ˈkʌmpəni] (Quelle est votre compagnie d'assurance ?)

» **How do you plan to pay?** [haʊ də ju plæn tə peɪ] (Comment prévoyez-vous de payer ?)

Si vous n'avez pas d'assurance, vous pouvez dire **I'll pay myself** [aɪl peɪ maɪˈself] (Je paierai moi-même).

Les douleurs : comment décrire les symptômes

Votre aptitude à décrire vos **symptoms** [ˈsɪmptəmz] (symptômes) peut aider le docteur à parvenir au **diagnostic** [ˌdaɪəgˈnɒstɪk] (diagnostic) correct et au traitement approprié.

Les mots suivants peuvent vous aider à dire au médecin ce qui ne va pas :

- **broken bone** [ˈbrəʊkən bəʊn] (os fracturé)
- **burn** [bɜːn] (brûlure)
- **cramp** [kræmp] (crampe)
- **cut** [kʌt] (coupure)
- **diarrhea** [ˌdaɪəˈrɪə] (diarrhée)
- **dizzy** [ˈdɪzi] (étourdi)
- **fever** [ˈfiːvə] (fièvre)
- **food poisoning** [fuːd ˈpɔɪzn̩ɪŋ] (empoisonnement alimentaire)
- **to feel nauseous** [tə fiːl ˈnɔːsɪəs] [UK], [tə fiːl ˈnɒʃəs] [US] (avoir la nausée)
- **scratch** [skrætʃ] (écorchure)
- **sore throat** [sɔː θrəʊt] [UK], [sɔːr θroʊt] [US] (mal de gorge)
- **sprain** [spreɪn] (entorse)

Peu de docteurs sont en mesure de **heal** [hiːl] (guérir) un **broken heart** [ˈbrəʊkən hɑːt] (cœur brisé) si votre symptôme est **heartache** [ˈhɑːteɪk] (une peine de cœur), mais il peut **cure** [kjʊə] (guérir) d'autres maux courants. Par exemple :

- **earache** [ˈɪəreɪk] (mal à l'oreille)
- **headache** [ˈhedeɪk] (mal de tête)
- **stomachache** [ˈstʌməkeɪk] (maux d'estomac)

Prononcez le **ch** comme un k et le deuxième **a** comme la diphtongue [eɪ]. Le chapitre 1 vous donne tous les détails sur les voyelles et leur prononciation.

Conversation

Liz se sent très mal, elle est malade depuis une semaine et son état ne s'améliore pas. Elle va à une clinique sans rendez-vous pour voir un médecin. (Piste 45)

Docteur : **Tell me how you're feeling.**

[tel miː haʊ jə ˈfiːlɪŋ]

Dites-moi comment vous vous sentez.

Liz : **Terrible! I have a bad headache, and I'm hot and nauseous.**

[ˈterəbl̩ aɪ həv ə bæd ˈhedeɪk ənd aɪm hɒt ənd ˈnɔːsɪəs]

Très mal ! J'ai très mal à la tête, j'ai chaud et j'ai la nausée.

Docteur : **The nurse reports that you have a fever of 102.**

[ðə nɜːs rɪˈpɔːts ðət ju həv ə ˈfiːvər əv wʌn ˈhʌndrəd ənd tuː]

L'infirmière signale que vous avez 38,9 de fièvre. (Formule de conversion : Celsius = (Fahrenheit - 32) × 5/9 Fahrenheit = Celsius × 9/5 + 32 ; soit ici 38,9)

Liz : **I've felt this way for a week.**

[aɪv felt ðɪs weɪ fər ə wiːk]

Je me sens comme ça depuis une semaine

Docteur : **Any other symptoms?**

[ˈeni ˈʌðə ˈsɪmptəmz]

Avez-vous d'autres symptômes ?

Liz : **Yes, my body aches, and I'm a little dizzy.**

[jes maɪ ˈbɒdi eɪks ənd aɪm ə ˈlɪtl̩ ˈdɪzi]

Oui, j'ai des douleurs dans tout le corps, et j'ai des vertiges.

Docteur : **Sounds like you may have the flu. Any coughing?**

[saʊndz laɪk ju meɪ həv ðə fluː ˈeni ˈkɒfɪŋ]

On dirait que vous avez la grippe. Est-ce que vous toussez ?

Liz : **No. No coughing.**

[nəʊ nəʊ ˈkɒfɪŋ]

Non, pas de toux.

Docteur : **Okay, first we need to get your fever down.**

[əʊˈkeɪ fɜːst wi niːd tə get jə ˈfiːvə daʊn]

Bon, d'abord nous devons faire baisser votre fièvre.

Les pronoms réfléchis

Les **reflexive pronouns** [rɪˈfleksɪv ˈprəʊnaʊnz] [UK], [rɪˈfleksɪv ˈproʊnaʊnz] [US] (pronoms réfléchis) sont souvent utilisés pour décrire des blessures que l'on se fait à soi-même, comme en touchant un fer chaud ou en se coupant un doigt. Remarquez la façon dont le pronom réfléchi suit le verbe principal dans les phrases suivantes :

» **I hurt myself.** [aɪ hɜːt maɪˈself] (Je me suis fait mal.)

» **She cut herself.** [ʃi kʌt hɜːˈself] (Elle s'est coupée.)

Voici maintenant la liste des pronoms réfléchis :

» **myself** [maɪˈself] (moi-même)

» **yourself** [jɔːˈself] (toi-même)

» **himself** [hɪmˈself] (lui-même)

» **herself** [hɜːˈself] (elle-même)

» **ourselves** [aʊəˈselvz] (nous-mêmes)

» **yourselves** [jɔːˈselvz] (vous-mêmes)

» **themselves** [ðəmˈselvz] (eux-mêmes)

» **oneself** [wʌnˈself] (soi-même)

Conversation

A.J. s'est coupé avec un couteau alors qu'il aidait son papa à préparer une salade. La coupure est profonde, et ils vont à la clinique.

Docteur : **You have a deep cut. Tell me what happened.**

[ju həv ə diːp kʌt tel miː wɒt ˈhæpənd]

Tu as une coupure profonde. Dis-moi ce qui s'est passé.

A.J. : **I was helping my dad make a salad. I cut myself.**

[aɪ wəz ˈhelpɪŋ maɪ dæd meɪk ə ˈsæləd aɪ kʌt maɪˈself]

J'aidais mon papa à faire une salade. Je me suis coupé.

Docteur : **Well, I think it needs a few stitches.**

[wel aɪ ˈθɪŋk ɪt ni:dz ə fju: ˈstɪtʃɪz]

Bon, je pense qu'il faut quelques points de suture.

A.J. : **Stitches! That will hurt! Can it heal itself?**

[ˈstɪtʃɪz ðət wl̩ hɜ:t kən ɪt hi:l ɪtˈself]

Des points de suture ! Ça va faire mal ! Ça ne peut pas guérir tout seul ?

Docteur : **It's too deep. And I'm afraid you'll need a tetanus shot.**

[ɪts tu: di:p ənd aɪm əˈfreɪd jul ni:d ə ˈtetənəs ʃɒt]

C'est trop profond. Et j'ai bien peur que tu aies besoin d'une piqûre anti-tétanos.

A.J. : **A shot? I hate shots!**

[ə ʃɒt aɪ heɪt ʃɒts]

Une piqûre ? Je déteste les piqûres !

Docteur : **We'll be quick, and then you can go home to your dinner.**

[wil bi kwɪk ən ðen ju kən gəʊ həʊm tə jə ˈdɪnə]

Nous allons faire vite, et ensuite tu pourras rentrer chez toi pour ton dîner.

A.J. : **Good. Next time, I'll let Dad make the salad himself!**

[gʊd nekst taɪm aɪl let dæd meɪk ðə ˈsæləd hɪmˈself]

Bon. La prochaine fois, je laisserai Papa faire la salade lui-même!

Mots clés

insurance	[ɪnˈʃʊərəns]	assurance
symptoms	[ˈsɪmptəmz]	symptômes
to heal	[tə hiːl]	guérir
to cure	[tə kjʊə]	guérir (transitif)
nauseous	[ˈnɔːsɪəs] [UK], [ˈnɒʃəs] [US]	nauséeux
dizzy	[ˈdɪzi]	étourdi
fever	[ˈfiːvə]	fièvre
headache	[ˈhedeɪk]	mal de tête

Ouvrez la bouche : une visite chez le dentiste

Une visite chez le **dentist** [ˈdentɪst] (dentiste) n'est probablement pas sur la liste des choses à faire pendant que vous êtes loin de chez vous – sans vouloir offenser mon excellent dentiste.

Les soins dentaires ne sont pas donnés dans les pays anglo-saxons. La meilleure façon de trouver un bon dentiste ou **hygienist** [haɪˈdʒiːnɪst] (spécialiste de l'hygiène dentaire) est par la bouche d'autrui – excusez le jeu de mots. Demandez autour de vous ; quelqu'un pourra vous indiquer un dentiste. Utilisez les expressions suivantes pour expliquer au dentiste l'objet de votre visite :

- **My teeth need cleaning.** [maɪ tiːθ niːd ˈkliːnɪŋ] (Mes dents ont besoin d'un détartrage.)
- **I have a toothache.** [aɪ həv ə ˈtuːθeɪk] (J'ai mal aux dents.)
- **I have a cavity.** [aɪ həv ə ˈkævɪti] (J'ai une carie.)
- **I broke a tooth.** [aɪ brəʊk ə tuːθ] (Je me suis cassé une dent.)
- **I need a filling.** [aɪ niːd ə ˈfɪlɪŋ] (J'ai besoin d'un plombage/d'une obturation.)
- **My crown came off.** [maɪ kraʊn keɪm ɒf] (Ma couronne est partie.)

» **My dentures hurt my mouth.** [maɪ ˈdentʃəz hɜːt maɪ maʊθ] (Mon dentier me fait mal à la bouche.)

Le dentiste peut suggérer l'un des traitements suivants :

» **I'll have to pull this tooth.** [aɪl həv tə pʊl ðɪs tuːθ] (Je vais devoir arracher cette dent.)

» **I can make you a bridge.** [aɪ kən meɪk ju ə brɪdʒ] (Je peux vous faire un bridge.)

» **I can replace your filling.** [aɪ kən rɪˈpleɪs jə ˈfɪlɪŋ] (Je peux remplacer votre plombage.)

» **I can re-cement your crown.** [aɪ kən riːsɪˈment jə kraʊn] (Je peux recémenter votre couronne.)

» **I can adjust your dentures.** [aɪ kən əˈdʒʌst jə ˈdentʃəz] (Je peux ajuster votre dentier.)

Obtenir une assistance juridique

Le **legal system** [liːgl̩ ˈsɪstəm] (système judiciaire)– avec son ensemble complexe de lois, de tribunaux, de juges et d'avocats – peut sembler déroutant. Si vous ne respectez pas la loi, vous pouvez vous exposer à des sanctions. Bien sûr, vous ne pouvez pas connaître toutes les lois, mais renseignez-vous sur celles qui concernent votre visa, les drogues et l'alcool, ainsi que la conduite – si vous prévoyez de voyager en voiture.

Selon la loi américaine, une personne accusée de crime est – techniquement – présumée **"innocent until proven guilty"** [ˈɪnəsnt ʌnˈtɪl ˈpruːvn̩ ˈgɪlti] (innocente tant que sa culpabilité n'est pas prouvée). Le gouvernement doit prouver la culpabilité de la personne « au-delà d'un doute raisonnable ». Par ailleurs, vous pourrez entendre l'expression « l'ignorance de la loi n'est pas une excuse valable ». Autrement dit si la police routière vous arrête sur la route pour **breaking the law** [ˈbreɪkɪŋ ðə lɔː] (enfreindre la loi), vous ne serez guère en mesure d'éviter une contravention en disant **I'm a foreigner ; I didn't know the law** [aɪm ə ˈfɒrənə aɪ ˈdɪdnt nəʊ ðə lɔː] (Je suis un étranger ; je ne connaissais pas la loi) – bien que cette approche ait marché pour quelques-uns de mes étudiants !

Cela peut vous intéresser de savoir que dans les affaires criminelles, si la personne accusée n'a pas les moyens de se payer un avocat, la cour peut désigner un avocat pour participer à sa défense.

Si vous avez besoin de **legal advice** [ˈliːgl̩ ədˈvaɪs] (assistance juridique), demandez une recommandation à quelqu'un ou cherchez la liste des aides juridiques dans l'annuaire. Vous pouvez avoir besoin des expressions suivantes :

- **Can you recommend a lawyer?** [kən ju rekəˈmend ə ˈlɔːjə] (Pouvez-vous recommander un avocat ?)
- **I need some legal advice.** [aɪ niːd səm ˈliːgl̩ ədˈvaɪs] (J'ai besoin de conseils d'ordre juridique.)
- **Where can I find the French consulate?** [weə kən aɪ faɪnd ðə frentʃ ˈkɒnsjʊlət] (Où puis-je trouver le Consulat de France ?)

Si vous avez affaire à un délit

Vous n'avez certainement pas envie de penser à un **crime** [kraɪm] (délit) quand vous prenez plaisir à voyager. Mais dites-vous que l'insouciance inhérente au voyage peut vous donner un sentiment trompeur de sécurité. Et en tant qu'étranger, il peut vous être plus difficile de déterminer les situations éventuellement **dangerous** [ˈdeɪndʒərəs] (dangereuses).

Si vous avez besoin d'exiger que quelqu'un s'éloigne de vous ou vous laisse tranquille, faites-le avec conviction et à très haute voix. Dites :

- **Go away!** [gəʊ əˈweɪ] (Allez-vous en !)
- **Get away!** [get əˈweɪ] (Allez-vous en !)
- **Stop!** [stɒp] (Arrêtez !)

Pour plus d'informations sur la façon de se comporter si vous êtes l'objet d'une attention importune ou si vous avez affaire à un inconnu agressif, consultez le chapitre 4.

Conversation

Henri est témoin d'un vol et décide d'appeler le 911 pour signaler le crime.

Opérateur : **911. What are you reporting?**

[naɪn wʌn wʌn wɒt ə ju rɪˈpɔːtɪŋ]

911. Que signalez-vous ?

Henri :	**A robbery. It's happening right now!**	

Henri : **A robbery. It's happening right now!**

[ə ˈrɒbəri ɪts ˈhæpənɪŋ raɪt naʊ]

Un vol. Il a lieu en ce moment !

Opérateur : **Can you see the robbery?**

[kən ju siː ðə ˈrɒbəri]

Pouvez-vous voir le vol ?

Henri : **Yes.**

[jes]

Oui.

Opérateur : **Where are you located?**

[weər ə ju ləʊˈkeɪtɪd]

Où vous trouvez-vous ?

Henri : **At the bus station, downtown.**

[ət ðə bʌs ˈsteɪʃn̩ ˈdaʊntaʊn]

À la gare routière, en centre ville. (**downtown, midtown** et **uptown** sont des appellations nord-américaines non usitées en Grande-Bretagne.)

Opérateur : **Can you describe the suspect?**

[kən ju dɪˈskraɪb ðə səˈspekt]

Pouvez-vous décrire le suspect ?

Henri : **A big man, in a blue shirt and jeans. He's wearing a cap.**

[ə bɪg mæn ɪn ə bluː ʃɜːt ənd dʒiːnz hiz ˈweərɪŋ ə kæp]

Un homme fort vêtu d'une chemise bleue et d'un jean. Il porte une casquette.

Opérateur : **Are there any weapons?**

[ə ðər ˈeni ˈwepənz]

Y a-t-il des armes ?

Henri : **Yes, there's a gun.**

[jes ðeəz ə gʌn]

Oui, il y a un pistolet.

Opérateur : **Officers are on their way. Please stay on the line.**

['ɒfɪsəz ər ɒn ðeə weɪ pliːz steɪ ɒn ðə laɪn]

Des policiers sont en route. S'il vous plaît restez en ligne.

Henri : **Now he's running away.**

[naʊ hiz 'rʌnɪŋ ə'weɪ]

Maintenant il s'en va en courant.

Opérateur : **What direction is he going?**

[wɒt dɪ'rekʃn̩ ɪz hi 'gəʊɪŋ]

Dans quelle direction va-t-il ?

Henri : **Toward Fifth Avenue.**

[tə'wɔːd 'fɪfθ 'ævənjuː]

Vers la Cinquième Avenue.

« Knowledge is power » ['nɒlɪdʒ ɪz 'paʊə] (« Savoir c'est pouvoir »), et donc connaître quelques **precautions** [prɪ'kɔːʃn̩z] (précautions) de bon sens vous donne le pouvoir de vous protéger – et d'échapper à d'éventuels **crooks** [krʊks] (malfaiteurs).

Voici quelques conseils de sécurité qui vous aideront à rester **"safe, not sorry"** [seɪf nɒt 'sɒri] (littéralement, « sain et sauf, sans regrets »).

- N'ayez pas sur vous, et ne laissez pas voir, de grandes quantités d'argent liquide.
- Ne laissez pas d'appareil photo, de téléphone portable ou de sac à main sans surveillance.
- Soyez amical, mais ne donnez pas votre adresse ou numéro de téléphone à un inconnu.
- Dans toute situation où vous vous sentez mal à l'aise, allez-vous en.
- Si quelqu'un vous importune ou vous suit, entrez dans un magasin et dites-le à un employé.

Mots clés

rights	[raɪts]	droits
law	[lɔː] [UK], [lɑː] [US]	loi
lawyer	[ˈlɔːjə] [UK], [lɔɪər] [US]	avocat
attorney	[əˈtɜːni]	représentant légal
crime	[kraɪm]	crime
suspect	[səˈspekt]	suspect
stop!	[stɒp]	Arrêtez !

Jeux et activités

Paul surfe sur une grande vague et parade sur sa planche en faisant des signes à des jeunes filles sur la plage. Après un bref moment de gloire, il se fait balayer ! En piteux état, outre son amour-propre blessé, il lui faut se rendre aux urgences. En anglais, indiquez les noms des différentes parties de son corps, puis décrivez ses blessures à vos amis sur la plage.

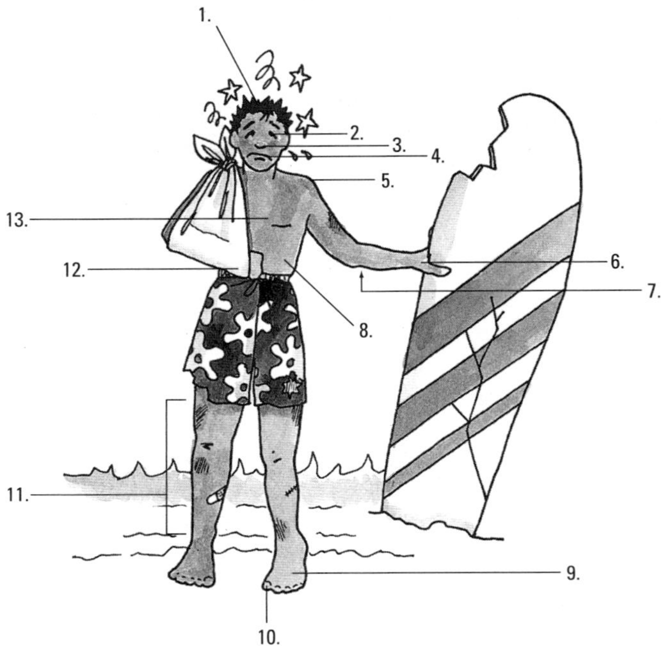

1.______________________________ 8.______________________________

2.______________________________ 9.______________________________

3.______________________________ 10.______________________________

4.______________________________ 11.______________________________

5.______________________________ 12.______________________________

6.______________________________ 13.______________________________

7.______________________________

Solutions : Annexe C, p. 433.

PARTIE 5
LA PARTIE DES DIX

DANS CETTE PARTIE . . .

Cette partie contient les listes de dix points de *L'anglais pour les Nuls*. Courtes mais remplies d'informations, ces listes vous donnent dix moyens d'améliorer votre anglais à toute vitesse, dix fautes d'anglais amusantes mais auxquelles vous devez faire attention car elles peuvent vous mettre dans l'embarras, et dix façons de distinguer des mots qui ont le défaut de se ressembler. Et le numéro un de toute liste de *L'anglais pour les Nuls* ? N'oubliez pas de vous détendre, de profiter de votre séjour à l'étranger, et de continuer à pratiquer l'anglais !

Chapitre 17
Dix façons d'accélérer votre apprentissage de l'anglais

DANS CE CHAPITRE :

» **Parler anglais chaque fois que vous en avez l'occasion**

» **Des façons amusantes d'améliorer votre anglais**

» **Apprendre l'anglais en aidant les autres**

Vous avez déjà commencé à améliorer votre anglais. Comment puis-je le savoir ? Parce que vous avez acheté ce livre – une sage décision. En plus de lire ce livre, vous pouvez apprendre l'anglais en appliquant les dix méthodes de ce chapitre – ainsi vous rencontrerez des gens et vous vivrez en même temps des moments formidables !

Parlez, parlez et parlez avec les gens

Où que vous soyez, saisissez toutes les occasions de parler en anglais avec les gens. Faites-le pour pratiquer – et pour le plaisir de découvrir des anglophones et leurs cultures spécifiques. Même si vous ne visitez pas un pays de langue anglaise, vous rencontrerez des gens qui parlent anglais.

Engagez des conversations informelles avec des inconnus. Dites **Hi. How are you today?** [haɪ haʊ ə ju tə'deɪ] (Bonjour. Comment ça va ?) au vendeur d'un magasin, au chauffeur de bus ou à la réceptionniste. (Vous trouverez au chapitre 3 d'autres idées sur la façon d'amorcer une conversation informelle.) Naturellement, vous serez un peu intimidé, mais c'est sans importance ! Arborez un sourire et parlez quand même. Chaque fois que vous le ferez, vous bénéficierez d'une leçon d'anglais gratuite !

Formez ou rejoignez un groupe de conversation en anglais

Formez un groupe de conversation en anglais avec d'autres personnes qui veulent améliorer leur anglais. Invitez aussi quelques anglophones de naissance. Demandez à vos collègues et à vos amis de rejoindre votre club d'anglais, et retrouvez-vous régulièrement dans un café, un restaurant ou un bar. Un environnement détendu est parfait pour discuter et s'amuser tout en pratiquant son anglais. Choisissez comme sujet un événement d'actualité, un film, un bon livre, un sujet de société ou même un point de grammaire et discutez-en – en anglais bien sûr !

Regardez des films et des séries

Regarder des films et des séries en anglais sans sous-titres ou avec les sous-titres anglais. Vous serez surpris de tout ce que vous comprendrez après avoir écouté quelque temps. Ne vous efforcez pas de comprendre chaque mot – relaxez-vous simplement et écoutez le rythme de la langue. Faites aussi attention au langage corporel et aux expressions du visage des acteurs. Ils vous donnent des indications sur ce qu'ils disent.

N'hésitez pas à vous repasser certaines parties et à faire des pauses pour essayer de répéter certaines expressions. Vous pouvez aussi regarder d'anciens films en noir et blanc, dont le rythme est souvent moins rapide que celui des films modernes. Ayez un papier et un crayon à portée de la main pour noter de nouvelles expressions. Vous pourrez demander leur signification plus tard à un ami de langue anglaise.

Utilisez des cartes de référence

Soyez créatif et donnez un coup d'accélérateur à votre apprentissage linguistique en mettant des étiquettes en anglais sur tout ce qu'il y a chez vous. (Je vous déconseille d'étiqueter les chats, mais les chiens ne semblent pas y voir d'inconvénient.) Écrivez des expressions courantes sur des cartons et collez-les à des endroits familiers. Un carton placé sur le réfrigérateur pourrait dire **What's to eat** [wɒts tə iːt] (Qu'y a-t-il à manger ?). Un autre sur le miroir de la salle de bain pourrait dire **Good morning!** [gʊd ˈmɔːnɪŋ] (Bonjour !). Et sur la porte d'entrée, épinglez une note disant **Don't forget your keys** [dəʊnt fəˈget jə kiːz] (N'oublie pas tes clés).

Étiquetez un jeu de cartes comportant les verbes irréguliers ou d'autres mots que vous voulez mémoriser. Laissez les cartes en évidence – par exemple sur la table de la cuisine – et testez-vous fréquemment. Faites un jeu d'associations avec deux jeux de cartes : l'un avec des questions et l'autre avec les réponses. Comme dans un jeu de « réussite », retournez les cartes pour cacher les informations. Puis retournez deux cartes, en essayant de trouver une correspondance. Essayez de nouveau avec deux autres cartes. Quand vous avez trouvé un correspondance, enlevez les cartes et placez-les sur la pile gagnante !

Assistez à des pièces de théâtre, des séances de lecture, des conférences

Sortez et bougez ! Ne restez pas chez vous chaque soir avec la tête dans un livre d'anglais – pas même *L'anglais pour les Nuls !* Assistez à un événement ou un spectacle en anglais et vivez une expérience à la fois distrayante et enrichissante (et donnez-vous une chance d'écouter les conversations d'autrui). Vous ne comprendrez pas tous les mots, mais même les anglophones de naissance ratent certains mots. Soyez simplement détendu et profitez du spectacle. Lisez le programme ou conservez-le pour le revoir plus tard. Si possible, parlez aux acteurs ou aux conférenciers à la fin du spectacle ou de l'événement. Vous n'avez pas à dire quelque chose de profond ; dites simplement **Thank you, that was very interesting** [θæŋk ju ðət wəz ˈveri ˈɪntrəstɪŋ] (Merci, c'était très intéressant). Plus tard, parlez-en avec un ami – en anglais – en donnant autant de précisions que possible.

Apprenez les paroles des chansons et chantez !

Qu'importe si votre voix n'est pas aussi belle que celle d'Ella Fitzgerald ! Chantez – seul sous la douche ou dans une chorale. Vous serez surpris de voir tout l'anglais que vous pouvez apprendre par les chansons. Pourquoi ? Parce que la musique c'est amusant. L'air et les paroles vous restent en tête, et très vite, vous vous mettez à chanter comme un pro ! Vous pouvez apprendre énormément de vocabulaire, de grammaire et d'expressions en anglais par les paroles. Regardez les paroles sur les pochettes des CD et des albums ou trouvez-les sur Internet, et commencez à chanter ! Et si vous n'avez jamais essayé le karaoké, qu'est-ce que vous attendez ?

Certains sites mettent des morceaux de musique à disposition du public :

- Deezer (`http://www.deezer.com/`)
- Spotify (`http://www.spotify.com/fr/`)
- Grooveshark (`http://grooveshark.com/`)
- Soundcloud (`http://soundcloud.com/`)

Attention : le statut des sites évolue, et certains sites recommandés au moment de la sortie de ce livre ne sont peut-être plus disponibles ! L'auteur et l'éditeur ne sont pas responsables en cas de fermetures des sites internet cités ou en cas de problèmes avec lesdits sites.

Procurez-vous des livres pour enfants

Allez chercher des livres en anglais pour enfants (vous pouvez prétendre que c'est pour vos enfants). Demandez s'il y a des livres bilingues français/anglais. Dans les livres pour enfants, le contenu est simplifié, mais la langue est celle des anglophones de naissance, de sorte que les mots et la structure des phrases sont écrits en langage parlé ordinaire – pas en anglais formel. La littérature pour enfants en anglais, même pour les jeunes enfants, peut être sophistiquée et agréable. Vous découvrirez beaucoup d'expressions en lisant ces livres, et vous apprendrez aussi des choses sur la culture, parce que les thèmes traités reflètent les valeurs de la société. Voici un autre conseil : choisissez un livre sur CD audio et sa version imprimée pour pouvoir écouter tout en lisant.

Suivez un cours – n'importe quel cours

Un cours en anglais est une façon évidente d'apprendre l'anglais. Pourquoi pas suivre un cours sur un sujet qui vous intéresse ? Si vous séjournez dans un pays anglophone, renseignez-vous sur les différentes sortes de cours accessibles au public sur n'importe quels sujets. Vous n'avez pas besoin de savoir beaucoup d'anglais pour vous impliquer dans le yoga, l'escalade, l'ornithologie, l'artisanat, le secourisme ou de nombreux autres cours disponibles dans la région où vous résidez. Tout en découvrant quelque chose de nouveau, vous apprendrez énormément d'anglais et vous rencontrerez des anglophones qui partagent vos intérêts.

Liez vous d'amitié avec un(e) anglophone

Établissez des contacts amicaux avec une personne de langue anglaise (un collègue ou un autre étudiant) en l'invitant à se joindre à vous pour boire un café, faire une promenade ou prendre un repas chez vous. Organisez un échange linguistique avec un anglophone qui veut étudier et parler le français. Vous pouvez « publier » votre requête en l'affichant dans une bibliothèque, une librairie ou un établissement d'enseignement. Vous pourrez ensuite vous retrouver une fois par semaine pour deux heures de conversation – une heure en anglais et une heure en français. Et en prime : même pendant l'heure de français, vous apprendrez beaucoup de choses sur l'anglais à partir des questions de votre ami(e) – et grâce à ses erreurs !

Rejoignez une association caritative

Si vous séjournez dans un pays anglophone, l'une des façon les plus astucieuses de progresser rapidement en anglais – tout en aidant d'autres personnes – est de donner une partie de votre temps à une organisation caritative ou une association locale de bienfaisance. De nombreuses organisations dépendent du travail de volontaires, qu'il s'agisse d'hôpitaux, de musées, d'églises, de centres d'accueil des sans-abri ou des équivalents de la SPA (**RSPCA = Royal Society for the Prevention of Cruelty to Animals** ; **ASPCA = American Society for the Prevention of Cruelty to Animals**). La qualité de votre anglais est sans importance ; vous vous mettrez au travail et vous serez immergé dans un environnement anglophone. Étant occupé à aider les autres, vous ne remarquerez même pas que vous faites des progrès en anglais tous les jours. Votre générosité sera appréciée, et vous vous ferez beaucoup de nouveaux amis. Et même dans un pays francophone, il y a des chances pour que vous trouviez des organisations caritatives animées par des anglophones.

Chapitre 18

Dix erreurs à éviter en parlant anglais

DANS CE CHAPITRE :

- **Les gaffes amusantes**
- **Ne pas être ridicule**
- **Des erreurs grammaticales courantes**

Parfois, une erreur minuscule peut entraîner une faute d'anglais monumentale (dont on espère qu'elle sera drôle) ; une remarque anodine mais légèrement incorrecte peut se transformer en bourde embarrassante pour les autres ou en une expression comportant des sous-entendus grivois ou malveillants. Mais ne vous désespérez pas si vous faites, ou plus vraisemblablement quand vous ferez une erreur de cet ordre. Dites simplement **Oops! What did I say wrong?** [u:ps wɒt dɪd aɪ seɪ rɒŋ] (Oups ! Qu'est-ce que j'ai dit qui ne va pas ?).

On peut espérer que quelqu'un vous le dira, et que vous pourrez rire ensemble des pièges incroyables de la langue. Ce chapitre décrit quelques-unes des gaffes auxquels se prête la langue anglaise, dont les mots ne recouvrent pas exactement le sens des équivalents présumés d'autres langues, et peuvent même avoir des sens entièrement différents d'un pays anglophone à un autre.

"Making out" au centre de remise en forme

Quand le mari d'origine étrangère de mon amie lui dit qu'il allait au gymnase **to make out** [tə meɪk aʊt] (embrasser passionnément), elle fut plus intriguée que jalouse. « Oh, vraiment » et avec qui veux-tu **"make out?"** demanda-t-elle. Il répondit sur un ton détaché **"Just the guys."** [dʒəst ðə gaɪz] (Juste mes potes). Habituée à ses erreurs occasionnelles et amusantes, elle supposa (en fait elle espéra) qu'il voulait dire **work out** [wɜːk aʊt] (s'entraîner). Donc si vous voulez **work out**, vous pouvez aller à la gym. Si vous voulez **make out**, il vous faut trouver un endroit moins fréquenté.

Votre femme est très moche

Un visiteur étranger dans une famille américaine, remerciant ses hôtes à la suite d'un excellent dîner, dit au mari : **Your wife is very homely** [jə waɪf ɪz ˈveri ˈhəʊmli] (Votre femme n'est vraiment pas jolie). Très quoi ? Et bien, c'est peut-être vrai qu'elle est ainsi, mais le dire à un Américain est extrêmement impoli (et plutôt risqué). Pourquoi ? Parce que pour lui **homely** veut dire laide ! Peut-être le visiteur voulait-il dire **homey** [ˈhəʊmi] [UK], [ˈhoʊmi] [US] (qui veut dire agréable/confortable, et s'écrit **homy** en anglais britannique).

Toutefois cet adjectif peut s'appliquer à une demeure, mais sûrement pas à une personne. Une personne peut être une bonne **homemaker** [ˈhəʊmmeɪkə] [UK], [ˈhoʊmmeɪkə] [US] (ménagère) ou avoir une demeure très agréable. Une autre explication, plus vraisemblable, est que le visiteur connaissait seulement l'anglais britannique, qui attribue au mot **homely** le sens de chaleureux, aimable, hospitalier, et pensait faire ainsi l'éloge de son hôtesse. Si donc vous voulez être à nouveau invité à dîner (et éviter de recevoir un coup de poing sur le nez) abstenez-vous d'utiliser le mot **homely** en Amérique du Nord.

Vous sentez mauvais !

Parler des cinq sens ne devrait pas poser de problème – mais faites attention. Vous pouvez très bien dire **I see** [aɪ siː] (Je vois) quand vous comprenez ou **I heard** [aɪ hɜːd] (Littéralement « j'ai entendu » / « Je sais ») quand vous êtes déjà au courant d'une nouvelle. Mais si vous dites **I smell** [aɪ smel] (littéralement, « Je sens »), les gens peuvent s'éloigner de vous et vous suggérer d'aller prendre un bain, car ces deux mots veulent dire « Je sens mauvais » ou « Je pue ». Et si vous aimez le parfum de quelqu'un, dire **you smell** [ju smel] (vous sentez mauvais) est le meilleur moyen de gâter votre soirée !

Vous devez dire **I smell something good** [aɪ smel ˈsʌmθɪŋ gʊd] (Je sens quelque chose de bon) ou **Something smells bad** [ˈsʌmθɪŋ smelz bæd] (Quelque chose sent mauvais). Si vous aimez le parfum ou l'eau de toilette de quelqu'un, dites **You smell nice** [ju smel naɪs] (Tu sens bon). Encore un conseil : ne dites pas **I smell bad** [aɪ smel bæd] (Je sens mauvais) quand vous ne pouvez pas respirer normalement à cause d'un rhume. Dites simplement **I can't breathe well** [aɪ kɑːnt briːð wel] (J'ai du mal à respirer). Bien sûr, si vous avez beaucoup transpiré à la gym pendant une heure, dire **I smell** peut être parfaitement approprié !

Ma maman cuit mes amis pour dîner

Vos amis évitent-ils de venir chez vous ? Peut-être faites-vous une faute en les invitant à dîner. J'ai entendu des étudiants dire, **My mom will cook us** [maɪ mɒm wḷ kʊk əs] (Ma maman va nous cuire) et **She likes to cook my friends for dinner** [ʃi laɪks tə kʊk maɪ frendz fə ˈdɪnə] (Elle aime à cuire mes amis pour dîner.) Vraiment ?

Ce que mes étudiants voulaient dire est **My mom will cook for us** [maɪ mɒm wḷ kʊk fər əz] (Ma maman fera la cuisine pour nous) et **She likes to cook dinner for my friends.** [ʃi laɪks tə kʊk ˈdɪnə fə maɪ frendz] (Elle aime faire à dîner pour mes amis.) Utilisez toujours la préposition **for** [fə] (pour) entre le mot **cook** et la personne qui va dîner. Le nom qui suit **cook** (**dinner** [ˈdɪnə] (dîner), **a steak** [ə steɪk] (un steak)) etc. est ce qui est cuit et va être mangé.

Amis et amants

Une étudiante coréenne timide m'a présenté son ami en disant **This is my lover** [ðɪs ɪz maɪ ˈlʌvə] (C'est mon amant).

Comment réagissez-vous quand une personne timide vous présente quelqu'un pour la première fois comme son amant ? **Lover** veut dire en anglais partenaire sexuel. Peut-être était-elle simplement d'une grande franchise ! Elle aurait pu dire **This is my boyfriend** [ðɪs ɪz maɪ ˈbɔɪfrend] (c'est mon ami). Les mots **boyfriend**, **sweetheart** [ˈswiːthɑːt] (petit ami), et **fiancé** [fɪˈɒnseɪ] (fiancé) peuvent désigner un partenaire ou un ami intime, mais **lover** est personnel. Beaucoup de dictionnaires indiquent le mot **lover** comme traduction pour **boyfriend**, **girlfriend**, etc. mais oublient de mentionner que **lover** implique l'intimité sur le plan sexuel.

En revanche, si vous entendez quelqu'un dire **I'm a nature lover** [aɪm ə ˈneɪtʃə ˈlʌvə] (Je suis un amoureux de la nature) ou **I'm an animal lover** [aɪm ən ˈænɪmḷ ˈlʌvə] (J'adore les animaux), ne vous inquiétez pas ; cela veut simplement dire que la personne aime la nature ou les animaux.

J'ai mouillé mon pantalon

Au cours d'une réunion, un homme d'affaires étranger renversa un peu de soda sur son pantalon. Il voulait le nettoyer, se leva pour s'excuser, disant **Excuse me, I wet my pants** [ɪk'skju:z mi: aɪ wet maɪ pænts] (Excusez-moi, j'ai mouillé mon pantalon). Hein ? Toutes les têtes se retournèrent pour le fixer d'un regard surpris et désapprobateur. Très embarrassant ! Peut-être a-t-il un problème de vessie et lui faut-il porter des couches ! Bon, vous voyez le problème, l'expression **I wet my pants** veut dire j'ai uriné dans mon pantalon. Si vous dites cela, vous provoquerez à coup sûr des regards embarrassés. [La phrase serait encore plus explicite en anglais britannique, car **pants** voulant dire « caleçon », vous ne pourriez pas le mouiller en renversant simplement du soda !]

Cette personne aurait dû dire **I got my pants wet with soda** [aɪ gɒt maɪ pænts wet wɪð 'səʊdə] (J'ai mouillé mon pantalon avec du soda) ou **I spilled soda on my pants** [aɪ spɪld 'səʊdə ɒn maɪ pænts] (J'ai renversé du soda sur mon pantalon). Dans la même veine, vous devez éviter de dire **I soiled my pants** [aɪ sɔɪld maɪ pænts] (J'ai souillé mon pantalon) ; dites plutôt **I got dirt on my pants** [aɪ gɒt dɜ:t ɒn maɪ pænts] (J'ai de la saleté sur mon pantalon) ou **I got my pants dirty** [aɪ gɒt maɪ pænts 'dɜ:ti] (J'ai sali mon pantalon).

Que laissez-vous à la maison ?

Les erreurs les plus étranges se produisent quand les gens se trompent de mots. Par exemple, au cours d'une discussion en classe, un étudiant dit qu'il aimait avoir son propre appartement et expliqua, **because I can leave my privates there.** [bɪ'kɒz aɪ kən li:v maɪ 'praɪvɪts ðeə] (Parce que je peux y laisser mes **privates** = contraction de **private parts** = organes génitaux). Incroyable ! Je ne savais pas qu'il était possible de laisser ses organes génitaux à la maison, mais dans ce cas, inutile de le dire à toute la classe ! Bien sûr l'étudiant n'avait aucune idée de ce qu'il disait. Le mot **privates** est un mot délicat et démodé pour se référer aux parties génitales.

Ce qu'il voulait dire, c'est **my private possessions** [maɪ 'praɪvɪt pə'zeʃn̩z] (mes affaires personnelles), ou **my personal things** [maɪ 'pɜ:sənl̩ 'θɪŋz] (mes objets personnels). C'est rassurant d'avoir un endroit sûr pour y laisser ce qui est à soi, mais de grâce gardez vos **"privates"** avec vous !

Quelle vulgarité !

Cela peut vous intéresser d'apprendre quelques **swear words** [sweə wɜːdz] (jurons) dans une autre langue. Mais attention ! Il est très difficile de savoir quand et où vous pouvez utiliser des jurons, et les **dirty words** [ˈdɜːti ˈwɜːdz] (gros mots) sont d'un usage encore plus délicat. L'argot des rues et les paroles des chansons sont souvent parsemés de jurons, mais un tel langage n'est pas de pratique courante dans d'autres contextes. Même des mots moins choquants comme **hell** [hel] (« flûte », littéralement « enfer ») et **damn** [dæm] (« bon sang » - littéralement « damnation ») peuvent offenser certaines personnes et vous faire paraître peu sophistiqué dans certaines situations. En général, vous devez vivre longtemps dans un pays pour savoir quand il est possible d'utiliser des jurons.

Voici un autre conseil : faites attention quand vous prononcez certains mots comportant un son [iː] long, comme **beach** [biːtʃ] (plage) et **sheet** [ʃiːt] (drap). Si vous raccourcissez le [iː] en [ɪ], (comme font beaucoup de gens qui apprennent l'anglais, et tout particulièrement les francophones), vous créez accidentellement deux mots offensants ! Allongez donc bien les voyelles longues, et vous éviterez des fautes embarrassantes. **I can swear to that!** [aɪ kən sweə tə ðæt] (Je peux vous le jurer !) (Et allez voir au chapitre 1 comment prononcer le e long et d'autres voyelles.)

J'aime votre mari !

I love *your* husband me dit une étudiante. Quoi ? **You love *my* husband?** Aïe ! **I mean, I love my own husband** dit-elle, corrigeant une erreur assez fréquente. Voici une autre erreur que j'entends souvent : **I will go to my country to visit your parents.** Comment ? Mes parents ? Mais mes parents vivent aux États-Unis.

Le problème est dans ce cas l'usage abusif de l'adjectif possessif **your** [jə] (votre/vos), qui sert à identifier des choses qui se rapportent à la personne à qui vous parlez. Mais **your** n'est pas un mot passe-partout, bon pour toutes les occasions. Vous ne pouvez pas l'utiliser pour parler de choses qui vous appartiennent ou appartiennent à une tierce personne ou à une autre entité (**him, her** et **it**). Faites attention – si vous dites à quelqu'un **I saw a movie with your wife** [aɪ sɔːr ə ˈmuːvi wɪð jə waɪf] (J'ai vu un film avec votre femme), vous pouvez vous attirer des ennuis ! Allez voir au chapitre 8 comment utiliser les adjectifs possessifs et n'allez pas au cinéma avec la femme de votre ami.

N'utilisez pas de doubles négations

Les doubles négations sont acceptables dans certaines langues et dans certaines formes dialectales de l'anglais. Mais en anglais standard, elles sont souvent incorrectes parce que – comme en mathématiques – deux négations rendent un sens positif. Par exemple, si vous revenez d'un magasin les mains vides, ne dites pas **I *didn't* buy nothing** [aɪ ˈdɪdnt baɪ ˈnʌθɪŋ] (Je n'ai pas rien acheté). Cela veut dire « J'ai acheté quelque chose », ce qui est le contraire de ce que vous voulez dire ! Voici deux façon d'exprimer la chose correctement : **I didn't buy anything** [aɪ ˈdɪdnt baɪ ˈeniθɪŋ] ou **I bought nothing** [aɪ bɔːt ˈnʌθɪŋ] (Je n'ai rien acheté).

Deux formes négatives dans une même expression peuvent être correctes si l'une d'elle est un préfixe négatif. Par exemple, **I'm not unhappy** implique **I'm happy**… ou au moins je suis satisfait. Ici, les deux négations créent une notion positive ou neutre, ce qui convient si c'est l'idée que vous voulez exprimer.

Chapitre 19

Distinguer des mots qui se ressemblent

DANS CE CHAPITRE :

- **Des règles simples pour choisir le bon mot**
- **Les sens multiples**
- **Les synonymes et les homonymes**

La langue anglaise, selon Richard Lederer, l'auteur de *Crazy English*, contient environ 2 millions de mots. Qui plus est, elle regorge d'homonymes (des mots écrits et prononcés de la même façon mais avec des sens différents), de synonymes (des mots écrits et prononcés différemment mais avec des sens voisins), d'antonymes (des mots de sens opposés), et même de mots qui n'ont pas le même sens tout le temps. N'ayez donc pas mauvaise conscience si vous confondez quelques mots parmi les 2 millions disponibles ! (Les anglophones de naissance ne choisissent d'ailleurs pas non plus toujours le mot qui convient.) Ce chapitre vous donne quelques règles simples et des conseils pour éviter certaines confusions courantes.

Coming et *going*

Vous ne savez pas si vous êtes **coming** [ˈkʌmɪŋ] ou **going** [ˈgəʊɪŋ] ? Les mots **come** (venir) et **go** (aller/partir) sont pour certains une source inépuisable de difficultés, mais il n'y a plus de problème si vous suivez la règle ci-après :

Utilisez **go** pour vous référer à un endroit où vous n'êtes pas lorsque vous parlez. Par exemple, si vous vous trouvez aux États-Unis, vous pourriez avoir la conversation suivante :

- **When will you go back to your country?** [wen wl̩ ju gəʊ bæk tə jə ˈkʌntri] (Quand retournerez-vous dans votre pays ?)
- **I plan to go back next month.** [aɪ plæn tə gəʊ bæk nekst mʌnθ] (Je prévois d'y retourner le mois prochain.)

Utilisez **come** pour vous référer à un endroit où vous êtes lorsque vous parlez. Par exemple, vous pourriez avoir la conversation suivante si vous êtes aux États-Unis :

- **Why did you come to the United States?** [waɪ dɪd ju kʌm tə ði juˈnaɪtɪd steɪts] (Pourquoi êtes-vous venu aux États-Unis ?)
- **I came here for a vacation.** [aɪ keɪm hɪə fər ə vəˈkeɪʃn̩] (Je suis venu ici passer des vacances.) [vacances = **holiday** [ˈhɒlədeɪ] en anglais britannique]

Bientôt vous pourrez utiliser **going** et **coming** avec aisance. En attendant, deux injonctions courantes peuvent vous aider à vous rappeler où aller ou venir : **Come here!** [kʌm hɪə] (Viens ici !) et **Go away!** [gəʊ əˈweɪ] (Vas-t-en !).

Borrowing et *lending*

Avez-vous besoin d'un **loan** [ləʊn] [UK], [loʊn] [US] (prêt) ? Ou est-ce votre ami qui vous en demande un ? En pareil cas vous avez besoin de faire la différence entre les verbes **borrow** [ˈbɒrəʊ] [UK], [ˈbɑːroʊ] [US] (emprunter) et **lend** [lend] (prêter). La petite histoire suivante peut vous aider à comprendre qui reçoit l'argent.

Jason a 50 dollars. Son ami Sam veut les emprunter. Voici ce que dit Sam :

- **Hey, Jason, can *I borrow* $50?** [heɪ ˈdʒeɪsən kən aɪ ˈbɒrəʊ ˈfɪfti ˈdɒləz] (Dis, Jason, puis-je emprunter 50 dollars ?)
- **Hey, Jason, can *you lend* me $50?** [heɪ dʒeɪsən kən ju lend miː ˈfɪfti ˈdɒləz] (Dis, Jason, peux-tu me prêter 50 dollars ?)

Jason peut lui aussi répondre à la question en utilisant **borrow** ou **lend**. Mais quand Jason – le **lender** [ˈlendə] (prêteur) – parle, il dit **you borrow** et **I lend**. Voici ce que dit Jason :

- **Sure, *you can borrow* $50.** [ʃʊə ju kən ˈbɒrəʊ ˈfɪfti ˈdɒləz] (Bien sûr, tu peux emprunter 50 dollars.)

» **Sorry, I can't, but *I'll* lend you $25.** [ˈsɒri aɪ kɑːnt bət aɪl lend ju ˈtwenti faɪv ˈdɒləz] (Désolé, je ne peux pas, mais je vais te prêter 25 dollars.)

Such et *so* – lequel ?

Les mots **such** [sʌtʃ] et **so** [səʊ] [UK], [soʊ] [US] (tellement) ont à peu près le même sens que **very** [ˈveri] (très), mais vous ne pouvez pas les utiliser aussi librement que **very** – ce qui est une source de confusion. La faute la plus courante consiste à utiliser **so** quand il faudrait dire **such**.

Voici la règle : utilisez **such** devant des noms – habituellement des combinaisons adjectif/nom, et utilisez **so** uniquement avec des adjectifs et des adverbes. Facile ? Certainement. Les exemples suivants vous montrent quand utiliser **such** et **so** :

» **This is such an easy lesson.** [ðɪs ɪz sʌtʃ ən ˈiːzi ˈlesn̩] (C'est une leçon tellement facile.)

» **This is so easy.** [ðɪs ɪz səʊ ˈiːzi] (C'est tellement facile.)

» **You speak such good English.** [ju spiːk sʌtʃ gʊd ˈɪŋglɪʃ] (Vous parlez si bien anglais.)

» **You speak English so well.** [ju spiːk ˈɪŋglɪʃ səʊ wel] (Vous parlez tellement bien l'anglais.)

En outre, utilisez **so** avec les mots **much** [mʌtʃ] (beaucoup), **many** [meni] (nombreux), **little** [lɪtl̩] (petit/peu), et **few** [fjuː] (peu nombreux/peu nombreuses). Par exemple, il pourrait y avoir dans une librairie une affiche disant **So many good books, so little time.** [səʊ ˈmeni gʊd bʊks səʊ ˈlɪtl̩ taɪm] (Tellement de bons livres, si peu de temps.) Vous trouverez au chapitre 10 des indications complémentaires sur l'usage de **many** dans la section « Noms dénombrables et noms non dénombrables ».

Like et *alike*

Les mots **like** [laɪk] (comme) et **alike** [əˈlaɪk] (semblable) ont des sens tellement voisins qu'il peuvent vous rendre perplexe – tant que vous ne connaissez pas quelques règles simples. Vous verrez mieux la différence entre **like** et **alike** en considérant les phrases suivantes :

- **I am *like* my sister.** [aɪ əm laɪk maɪ ˈsɪstə] (Je suis comme ma sœur.)
- **My sister and I are *alike*.** [maɪ ˈsɪstər ənd aɪ ər əˈlaɪk] (Ma sœur et moi nous ressemblons.)

Like veut dire semblable à ou le/la même que et est généralement utilisé entre deux entités qui sont comparées (autrement dit, **like** est suivi d'un objet). **Alike** veut dire semblable ou le/la même, et est généralement placé après deux entités comparées, souvent en fin de phrase. (Le mot **alike** n'est pas suivi d'un objet.)

Pour construire des phrases négatives, ajoutez le mot **not** avant **like** ou **alike**.

- **Fish are not like zebras.** [fɪʃ ə nɒt laɪk ˈzebrəz] (Les poissons ne sont pas comme les zèbres.)
- **Fish and zebras are not alike.** [fɪʃ ənd ˈzebrəz ə nɒt əˈlaɪk] (Les poissons et les zèbres ne se ressemblent pas.)

Vous pouvez aussi utiliser le mot **unlike** [ʌnˈlaɪk] (différent) au lieu de **not like**, comme dans **Fish are unlike zebras.** [fɪʃ aː ʌnˈlaɪk ˈzebrəz] (Les poissons sont différents des zèbres.)

Hearing et *Listening*

Pensez à une occasion où vous avez dû rester assis au cours d'un discours long et ennuyeux. Vous pouviez **hear** [hɪə] (entendre) le conférencier parler, mais à la fin vous ne pouviez plus vous souvenir de ce qu'il avait dit parce que vous n'étiez pas **listening** [ˈlɪsn̩ɪŋ] (en train de l'écouter). **Hearing** [ˈhɪərɪŋ] (l'écoute) est ce pour quoi vos oreilles sont faites. Si votre audition est normale, vous entendez automatiquement. Mais **listening** implique un effort conscient pour comprendre ou faire attention. Quand vous détournez votre attention, vos oreilles fonctionnent toujours, mais vous n'écoutez plus.

Si quelqu'un parle trop bas ou si la liaison téléphonique est mauvaise, vous dites **I can't *hear* you. Please speak louder** [aɪ kɑːnt hɪə ju pliːz spiːk ˈlaʊdə] (Je ne vous entend pas, s'il vous plaît parlez plus fort). Si quelqu'un vous parle mais que votre attention ou vos pensées sont ailleurs, vous pouvez dire **I'm sorry. What did you say? I wasn't listening** [aɪm ˈsɒri wɒt dɪd ju seɪ aɪ ˈwɒznt ˈlɪsn̩ɪŋ] (Je suis désolé. Que disiez-vous ? Je n'écoutais pas).

Enfin, utilisez le mot **hear** pour parler de nouvelles ou d'informations dont vous avez eu connaissance et pour dire que vous avez assisté à des événements musicaux ou des exposés. Voici quelques exemples courants :

» **Did you hear what happened?** [dɪd ju hɪə wɒt ˈhæpənd] (Avez-vous entendu parler de ce qui s'est passé ?)

» **I heard it on the radio.** [aɪ hɜːd ɪt ɒn ðə ˈreɪdɪəʊ] (Je l'ai entendu à la radio.)

» **Have you heard Midori play in concert?** [həv ju hɜːd məˈdəʊri pleɪ ɪn kənˈsɜːt] (Avez-vous entendu Midori se produire en concert ?)

Seeing, looking et *watching*

Comme **hearing**, **seeing** [ˈhɪərɪŋ ˈsiːɪŋ] (voir) est une fonction naturelle du corps ; c'est ce pour quoi vos yeux sont faits. Même si vous n'avez pas une parfaite **vision** [ˈvɪʒn̩] (vision), vous pouvez voir clairement avec des lunettes ou des lentilles de contact. J'ai besoin de lunettes pour lire, et donc même si je regarde longuement et attentivement une page, je ne peux pas la voir très bien sans mes verres.

Quand quelqu'un dit **look at that!** [lʊk ət ðæt] (regarde ça !), il ou elle veut que vous tourniez votre regard (et votre attention) sur quelque chose. **Look at** (regarder) veut dire jeter un coup d'oeil rapide ou focaliser le regard sur quelque chose de stationnaire. Vous pouvez **look at** un magazine, un écran d'ordinateur ou quelqu'un qui est assis à table en face de vous.

Looking [ˈlʊkɪŋ] (regarder) devient **watching** [ˈwɒtʃɪŋ] (observer) quand vous observez attentivement quelque chose. Vous pouvez **watch** un film, un jeu de ballon ou vos enfants en train de jouer. Vous ne pouvez pas **watch** un magazine (à moins que vous ne vous attendiez à ce qu'il se lève et s'en aille). Mais vous pouvez **watch** les cours de la bourse – ils sont constamment en mouvement !

Vous connaissez maintenant quelques différences de base entre la façon d'utiliser **see, look at,** et **watch**. Mais attention – l'anglais comprend des vingtaines d'expressions idiomatiques utilisant ces mots. Consultez un dictionnaire d'expressions idiomatiques, et vous y trouverez d'innombrables expressions avec **see, look at,** et **watch**.

Feeling et *touching*

Comme **hearing** et **seeing**, **feeling** [ˈfiːlɪŋ] (ressentir/toucher) est une fonction naturelle du corps. **Touching** [ˈtʌtʃɪŋ] (toucher), par ailleurs, est ce que vous faites quand vous voulez **feel** [fiːl] (palper/ressentir) quelque chose. Si vous **touch** [tʌtʃ] (touchez) une flamme, elle **feels** très chaude ! Si vous touchez de la glace, elle **feels** froide. **Touch** est une action volontaire – à moins que vous touchiez accidentellement une chose comme une barre de fer rouge. Les parents qui font des achats avec leurs enfants pourraient dire **don't touch anything** [dəʊnt tʌtʃ ˈeniθɪŋ] (Ne touche à rien !). Mais vous ne pouvez pas dire **Don't feel anything** (Ne ressens rien), parce que la sensation est involontaire. Seule une personne qui a perdu le sens du toucher à un endroit du corps peut **touch** quelque chose – ou être **touched** – et ne rien sentir.

Feeling désigne aussi une émotion, comme l'amour, la haine, la crainte, la colère et ainsi de suite. Concernant les affaires de coeur, vous pouvez **feel happy** [fiːl ˈhæpi] (vous sentir heureux), **sad** [sæd] (triste), ou **loved** [lʌvd] (aimé). Et quand vous vous sentez profondément ému, vous pouvez même **feel touched** [fiːl tʌtʃt] (vous sentir touché) !

Lying et *laying* – la vérité sur les poules

Savoir quand utiliser **lie** [laɪ] (prendre une position allongée) ou **lay** [leɪ] (être allongé sans bouger), **lying** [ˈlaɪɪŋ] (allongé) ou **laying** [ˈleɪɪŋ] (immobile), et ainsi de suite, peut vous inciter à **lie down** [laɪ daʊn] (vous coucher) et pleurer. Cependant n'allez pas **lay an egg** [leɪ ən eg] (pondre un œuf) ! Je peux vous aider à faire la distinction entre **lying** et **laying** – et ce n'est pas un **lie** [laɪ] (mensonge) !

Le verbe **lie** veut dire :

- Se mettre dans une position allongée, comme dans **Lie down and go to sleep.** [laɪ daʊn ənd gəʊ tə sliːp] (Allonge-toi et endors-toi.)
- Dire une chose qui n'est pas vraie, comme dans **Don't lie. Tell the truth!** [dəʊnt laɪ tel ðə truːθ] (Ne mens pas. Dis la vérité !)

Le verbe **lay** veut dire :

- Placer quelque chose sur une surface, comme dans **Lay the book on the table.** [leɪ ðə bʊk ɒn ðə ˈteɪbl̩] (Mets le livre sur la table.)

» Pondre un œuf comme dans **Chickens lay eggs.** [ˈtʃɪkɪnz leɪ egz] (Les poules pondent des œufs.)

Lie et **lay** ne posent pas trop de problèmes quand vous vous limitez aux formes du présent ou du participe présent. Mais quand vous avez besoin des formes du passé, vous pouvez avoir envie de **lay down** vos livres et d'aller à la plage. (Même les anglophones natifs s'arrachent les cheveux au sujet de cette question **lie/lay**.) Allez voir l'annexe A à la fin du livre où vous trouverez les différentes formes du passé de **lie, lie down** et **lay**. Mémorisez-les toutes, et les anglophones natifs vous paieront pour que vous leur donniez des leçons d'anglais !

Tuesday ou *Thursday* ?

Tuesday [ˈtjuːzdi] (mardi) ou **Thursday** [ˈθɜːzdi] (jeudi) – lequel est lequel ? Ces mots peuvent vous paraître identiques quand vous les entendez ou quand vous essayez de les dire, mais ils ont des prononciations très différentes et bien sûr, des sens différents. Je peux vous aider à les prononcer clairement et à entraîner votre oreille à entendre ce qui les distingue.

Si **Monday** [ˈmʌndeɪ] (lundi) est le premier jour de la semaine, le deuxième jour – ou le jour numéro **two** [tuː] (deux) – est **Tuesday**. **Thursday** commence par un son **th** [θ] – non un son [t] comme **Tuesday**. (Le chapitre 1 vous indique comment produire un son **th**.) Si vous pouvez dire **thirty** [ˈθɜːti] (trente) ou **thirteen** [θɜːˈtiːn] (treize) vous pouvez dire **Thursday**. N'oubliez pas le son z, et faites attention de prononcer le **s** comme z. Sinon, vous direz à peu près le mot **thirsty** [ˈθɜːsti] (assoiffé), et quelqu'un pourrait vous donner un verre d'eau !

Too et *very*

Certaines personnes disent **You can never have too much time or too much money** [ju kən ˈnevə həv tuː ˈmʌtʃ ˈtaɪm ɔː tuː ˈmʌtʃ ˈmʌni] (Vous ne pouvez jamais avoir trop de temps ou trop d'argent). C'est probablement vrai, mais le mot **too** [tuː] (trop) implique habituellement un excès indésirable ou un problème. Par exemple, vous pouvez être mal à l'aise si vous **eat *too* much** [iːt tuː ˈmʌtʃ] [UK] (mangez trop). Et les gens se plaignent quand le temps est ***too* hot** [tuː hɒt] [UK], [tuː hɑːt] [US] (trop chaud) ou ***too* cold** [tuː kəʊld] [UK], [tuː koʊld] [US] (trop froid).

Par contraste, les mots **very** [ˈveri] (très) et **really** [ˈrɪəli] (vraiment) n'impliquent pas automatiquement un problème. Par exemple, dire **It's very hot today** [ɪts ˈveri hɒt təˈdeɪ] (Il fait très chaud aujourd'hui), ne veut pas nécessairement dire que vous êtes mal à l'aise ; peut-être aimez-vous qu'il fasse chaud. Si vous êtes **very happy** [ˈveri ˈhæpi] (très heureux) mais si vous dites par erreur **I'm too happy** [aɪm tuː ˈhæpi] (Je suis trop heureux), les gens pourront vous demander « qu'y a-t-il de mal à être heureux ? ». Souvenez-vous que le mot **too** implique une situation indésirable ou déplaisante. Vous pouvez comparer **too** et **very** dans les phrases suivantes :

- » **This car is too expensive; I can't afford it** [ðɪs kɑː ɪz tuː ɪkˈspensɪv aɪ kɑːnt əˈfɔːd ɪt] (Cette voiture est trop chère, je ne peux pas me l'offrir.)
- » **This car is very expensive, but I can buy it.** [ðɪs kɑː ɪz ˈveri ɪkˈspensɪv bət aɪ kən baɪ ɪt] (Cette voiture est très chère, mais je peux l'acheter.)

Alors, est-il possible d'avoir **too much time** et **too much money** ? Peut-être – mais je ne verrais pas d'inconvénient à le découvrir.

PARTIE 6
ANNEXES

DANS CETTE PARTIE . . .

Pour finir, je vous propose les annexes, qui contiennent une liste pratique des temps passés des verbes irréguliers, un petit dictionnaire pour chercher immédiatement le sens des mots, un guide des conversations du CD audio, et les réponses des jeux et activités.

Annexe A

Verbes irréguliers de l'anglais

Le tableau qui suit est un outil très pratique. Il vous montre les formes de temps passé de nombreux verbes anglais irréguliers. Pour vous en servir, trouvez le verbe voulu dans la colonne de gauche, qui contient la forme de base du verbe, et regardez le preterit et le participe passé dans les colonnes adjacentes.

Pour plus d'informations sur le temps du **preterit** et pour voir la conjugaison du verbe **to be**, consultez le chapitre 2. Pour plus d'informations sur l'utilisation du participe passé, consultez le chapitre 15.

TABLEAU A **Verbes anglais irréguliers**

Forme de base (infinitif)		Preterit	Participe passé
awake	(réveiller)	awoke	awaken
be	(être)	was/were	been
beat	(battre)	beat	beaten
become	(devenir)	became	become
begin	(commencer)	began	begun
bend	(courber)	bent	bent
bite	(mordre)	bit	bitten
bleed	(saigner)	bled	bled
blow	(souffler)	blew	blown
break	(briser)	broke	broken

Forme de base (infinitif)		Preterit	Participe passé
bring	(apporter)	brought	brought
build	(construire)	built	built
buy	(acheter)	bought	bought
catch	(attraper)	caught	caught
choose	(choisir)	chose	chosen
come	(venir)	came	come
cost	(coûter)	cost	cost
cut	(couper)	cut	cut
dig	(creuser)	dug	dug
do	(faire)	did	done
draw	(dessiner, tirer)	drew	drawn
drink	(boire)	drank	drunk
drive	(conduire)	drove	driven
eat	(manger)	ate	eaten
fall	(tomber)	fell	fallen
feed	(nourrir)	fed	fed
fight	(combattre)	fought	fought
find	(trouver)	found	found
fit	(adapter)	fit	fit
fly	(voler)	flew	flown
forget	(oublier)	forgot	forgotten
forgive	(pardonner)	forgave	forgiven
freeze	(geler)	froze	frozen
get	(obtenir)	got	got/gotten
give	(donner)	gave	given
go	(aller)	went	gone
grow	(croître)	grew	grown

Forme de base (infinitif)		Preterit	Participe passé
hang	(pendre)	hung	hanged/hung
have	(avoir)	had	had
hear	(entendre)	heard	heard
hide	(cacher)	hid	hidden
hit	(frapper)	hit	hit
hold	(tenir)	held	held
hurt	(faire mal)	hurt	hurt
keep	(garder)	kept	kept
know	(savoir)	knew	known
lay	(être allongé/pondre)	laid	laid
lead	(conduire/guider)	led	led
leave	(laisser/partir)	left	left
lend	(prêter)	lent	lent
let	(laisser)	let	let
lie (down)	(se coucher)	lay	lain
light	(allumer)	lit	lit
lose	(perdre)	lost	lost
make	(faire)	made	made
mean	(signifier)	meant	meant
meet	(rencontrer)	met	met
pay	(payer)	paid	paid
prove	(prouver)	proved	proven
put	(mettre)	put	put
quit	(quitter)	quit	quit
read	(lire)	read	read
ride	(aller à cheval)	rode	ridden
ring	(sonner)	rang	rung
rise	(se lever)	rose	risen

Forme de base (infinitif)		Preterit	Participe passé
run	(courir)	ran	run
say	(dire)	said	said
see	(voir)	saw	seen
sell	(vendre)	sold	sold
send	(envoyer)	sent	sent
set	(mettre)	set	set
shake	(secouer)	shook	shaken
shine	(briller)	shone	shone
shoot	(tirer)	shot	shot
shut	(fermer)	shut	shut
sing	(chanter)	sang	sung
sit	(être assis)	sat	sat
sleep	(dormir)	slept	slept
slide	(glisser)	slid	slid
speak	(parler)	spoke	spoken
spend	(dépenser)	spent	spent
split	(fendre)	split	split
spread	(étaler)	spread	spread
stand	(être debout)	stood	stood
steal	(voler)	stole	stolen
stick	(coller)	stuck	stuck
sting	(piquer)	stung	stung
swear	(jurer)	swore	sworn
sweep	(balayer)	swept	swept
swim	(nager)	swam	swum
swing	(balancer)	swung	swung
take	(prendre)	took	taken

Forme de base (infinitif)		Preterit	Participe passé
teach	(enseigner)	taught	taught
tear	(déchirer)	tore	torn
tell	(dire)	told	told
think	(penser)	thought	thought
throw	(jeter)	threw	thrown
understand	(comprendre)	understood	understood
wake	(éveiller)	woke	woken
wear	(porter)	wore	worn
weep	(pleurer)	wept	wept
win	(gagner)	won	won
write	(écrire)	wrote	written

Annexe B

Petit dictionnaire anglais-français

A

about [ə'baʊt] au sujet de

above [ə'bʌv] au-dessus de

absolutely ['æbsəlu:tli] absolument

accept [ək'sept] accepter

account [ə'kaʊnt] compte

address [ə'dres] adresse

after ['ɑ:ftə] [UK], ['æftər] [US] après

afternoon [ɑ:ftə'nu:n] [UK], [æftər'nu:n] [US] après-midi

all [ɔ:l] tout

all right [ɔ:l raɪt] très bien

almost ['ɔ:lməʊst] [UK], ['ɔ:lmoʊst] [US] presque

a lot [ə lɒt] [UK], [ə 'lɑ:t] [US] beaucoup

also ['ɔ:lsəʊ] [UK], ['ɒlsoʊ] [US] aussi

always ['ɔ:lweɪz] toujours

amount [ə'maʊnt] montant

ankle ['æŋkl̩] cheville

answer ['ɑ:nsə] réponse

arm [ɑ:m] bras

around [ə'raʊnd] autour

arrive [ə'raɪv] arriver

ask [ɑ:sk] [UK], [æsk] [US] demander

aunt [ɑ:nt] [UK], [ænt] [US] tante

available [ə'veɪləbl̩] disponible

average ['ævərɪdʒ] moyen/moyenne

B

bad [bæd] mauvais

bag [bæg] sac/bagage

ball [bɔ:l] [UK], [bɒl] [US] balle/ballon

bank [bæŋk] banque

bathroom ['bɑ:θru:m] [UK], ['bæθru:m] [US] salle de bains/ WC

beach [bi:tʃ] plage

beautiful ['bju:təfl̩] beau

bed [bed] lit

beef [bi:f] boeuf

beer [bɪə] bière

begin [bɪ'gɪn] commencer

below [bɪ'ləʊ] [UK], [bə'loʊ] [US] au-dessous de

best [best] meilleur

between [bɪˈtwiːn] entre
bicycle [ˈbaɪsɪkl̩] bicyclette
big [bɪɡ] grand
bill [bɪl] addition [UK], billet de banque [US]
bird [bɜːd] oiseau
black [blæk] noir
blood [blʌd] sang
blouse [blaʊz] corsage
blue [bluː] bleu
bone [bəʊn] [UK], [boʊn] [US] os
book [bʊk] livre
boot [buːt] botte/chaussure
bottle [bɒtl̩] bouteille
boy [bɔɪ] garçon
bread [bred] pain
breakfast [ˈbrekfəst] petit-déjeuner
brother [ˈbrʌðə] frère
brown [braʊn] marron
building [ˈbɪldɪŋ] bâtiment
business [ˈbɪznəs] activité/business
but [bʌt] mais
butter [ˈbʌtə] beurre
buy [baɪ] acheter

C

call [kɔːl] [UK], [kɒl] [US] appeler
camera [ˈkæmərə] appareil photo
can [kæn] pouvoir ; boîte de conserve [US]
cancel [ˈkænsəl] annuler
car [kɑː] voiture
card [kɑːd] carte/carton
careful [ˈkeəfʊl] prudent/attentif
cash [kæʃ] argent liquide
cat [kæt] chat
cereal [ˈsɪərɪəl] céréales
change [tʃeɪndʒ] changer ; changement
change (money back) [tʃeɪndʒ] monnaie (rendue sur un paiement)
check [tʃek] vérifier ; addition [US] ; chèque [US]
cheese [tʃiːz] fromage
cheque [tʃek] chèque [UK]
chicken [ˈtʃɪkɪn] poule/poulet
child [tʃaɪld] enfant
choice [tʃɔɪs] choix
city [ˈsɪti] ville
clean [kliːn] propre
coat [kəʊt] [UK], [koʊt] [US] manteau
coffee [ˈkɒfi] [UK], [ˈkɑːfi] [US] café
coin [kɔɪn] pièce de monnaie
cold [kəʊld] [UK], [koʊld] [US] froid
color [ˈkʌlər] couleur
come [kʌm] venir
company [ˈkʌmpəni] société
computer [kəmˈpjuːtə] ordinateur
content [kənˈtent] content
cook [kʊk] cuisinier/cuisinière
cool [kuːl] frais ; cool
corner [ˈkɔːnə] coin
cost [kɒst] [UK], [kɑːst] [US] coût
cough [kɒf] toux
count [kaʊnt] compter
country [ˈkʌntri] pays ; campagne
cousin [ˈkʌzn̩] cousin/cousine
cow [kaʊ] vache
credit [ˈkredɪt] crédit
cup [kʌp] tasse
custom [ˈkʌstəm] coutume
customs [ˈkʌstəmz] douane

D

dance [dɑːns] [UK], [dæns] [US] danse ; danser

danger [ˈdeɪndʒə] danger

dark [dɑːk] sombre

date [deɪt] date ; rendez-vous (pour sortir avec quelqu'un)

daughter [ˈdɔːtə] [UK], [ˈdɒtər] [US] fille

day [deɪ] jour

dentist [ˈdentɪst] dentiste

department store [dɪˈpɑːtmənt stɔː] grand magasin

dessert [dɪˈzɜːt] dessert

different [ˈdɪfrənt] différent

difficult [ˈdɪfɪkəlt] difficile

dinner [ˈdɪnə] dîner

doctor [ˈdɒktə] [UK], [ˈdɑːktər] [US] docteur

dog [dɒg] [UK], [dɔːg] [US] chien

dollar [ˈdɒlə] [UK], [ˈdɑːlər] [US] dollar

door [dɔː] porte

down [daʊn] en bas

dress [dres] robe

drink [drɪŋk] boire ; boisson

drive (**a car**) [draɪv] conduire (une voiture)

dry [draɪ] sec ; sécher

drug store [US] [ˈdrʌg stɔː] pharmacie

E

ear [ɪə] oreille

early [ˈɜːli] tôt

easy [ˈiːzi] facile

eat [iːt] manger

egg [eg] oeuf

elevator [US] [ˈelɪveɪtə] ascenseur

employee [emploɪˈiː] employé

employer [ɪmˈploɪə] employeur

enjoy [ɪnˈdʒɔɪ] apprécier

enter [ˈentə] entrer

even [ˈiːvn̩] même

every [ˈevri] chaque

exit [ˈeksɪt] sortie

expensive [ɪkˈspensɪv] cher

eye [aɪ] oeil

F

face [feɪs] visage

father [ˈfɑːðə] [UK], [ˈfɑːðr̩] [US] père

feel [fiːl] sentir

few [fjuː] peu de

find [faɪnd] trouver

fine [faɪn] bon/bien

finger [ˈfɪŋgə] doigt

finish [ˈfɪnɪʃ] finir

fire [faɪə] feu ; licencier

first [fɜːst] premier

fish [fɪʃ] poisson(s) singulier et pluriel

floor [flɔː] étage

flower [ˈflaʊə] fleur

flu [fluː] grippe

foot [fʊt] pied

fork [fɔːk] fourchette

free [friː] libre ; gratuit

friend [frend] ami

fruit [fruːt] fruit

furniture [ˈfɜːnɪtʃə] mobilier

future [ˈfjuːtʃə] avenir

G

game [geɪm] jeu ; gibier

garden [ˈgɑːdn̩] jardin

girl [gɜːl] jeune fille

give [gɪv] donner

glass [glɑːs] [UK], [glæs] [US] verre

go [gəʊ] [UK], [goʊ] [US] aller

gold [gəʊld] [UK], [goʊld] [US] or

good [gʊd] bon

goodbye [gʊdˈbaɪ] au revoir

grandchild [ˈgræntʃaɪld] petit-fils/petitefille

grandfather [ˈgrænfɑːðə] [UK], [ˈgrændfɑːðər] [US] grand-père

grandmother [ˈgrænmʌðə] [UK], [ˈgrænmʌðr̩][US] grand-mère

green [griːn] vert

gray [US] [greɪ] gris

grey [UK] [greɪ] gris

grocery store [ˈgrəʊsəri stɔː] [UK], [ˈgroʊsəri stɔːr] [US] magasin d'alimentation

guest [gest] invité

H

hair [heə] cheveux

half [hɑːf] [UK], [hæf] [US] demi

hand [hænd] main

handsome [ˈhænsəm] beau

happy [ˈhæpi] heureux

hat [hæt] chapeau

have [hæv] avoir

he [hi] il

head [hed] tête

healthy [ˈhelθi] sain/en bonne santé

heart [hɑːt] coeur

help [help] aide ; aider

here [hɪə] ici

high [haɪ] haut/élevé

holiday [UK] [ˈhɒlədeɪ] vacances

horse [hɔːs] cheval

hot [hɒt] [UK], [hɑːt] [US] très chaud

hour [aʊə] heure

house [haʊs] maison

how [haʊ] comment

hug [hʌg] câlin / étreindre

hungry [ˈhʌŋgri] affamé

husband [ˈhʌzbənd] mari

I

ice [aɪs] glace

identification [aɪdentɪfɪˈkeɪʃn̩] identification

illness [ˈɪlnəs] maladie

immigration [ɪmɪˈgreɪʃn̩] immigration

important [ɪmˈpɔːtnt] important

impossible [ɪmˈpɒsəbl̩] impossible

include [ɪnˈkluːd] inclure

injury [ˈɪndʒəri] blessure

in-law [ɪnˈlɔː] [UK], [ɪnˈlɑː] [US] beau-(fils/frère/père)/belle-(fille/soeur/ mère)

island [ˈaɪlənd] île

J

jacket [ˈdʒækɪt] veste

jail [dʒeɪl] prison

jeans [dʒiːnz] jean (attention : « un jean » en français se dit **jeans** avec un **s** en anglais, et « deux jeans » se dit **two pairs of jeans**)

job [dʒɒb] [UK], [dʒɑːb] [US] travail/job

juice [dʒuːs] [UK] jus

just [dʒəst] seulement/juste

K

keep [kiːp] garder
key [kiː] clé
kid [kɪd] enfant
kiss [kɪs] un baiser/embrasser
kitchen [ˈkɪtʃɪn] cuisine
knee [niː] genou
knife [naɪf] couteau
know [nəʊ] [UK], [noʊ] [US] savoir

L

land [lænd] terre
language [ˈlæŋgwɪdʒ] langue
large [lɑːdʒ] grand
last [lɑːst] [UK], [læst] [US] dernier ; durer
late [leɪt] tard/en retard
later [ˈleɪtə] plus tard
law [lɔː] [UK], [lɑː] [US] loi
lawyer [ˈlɔːjə] [UK], [ˈlɔɪər] [US] avocat
learn [lɜːn] apprendre
leave [liːv] laisser/partir
left [left] gauche
leg [leg] jambe
less [les] moins
lesson [ˈlesn̩] leçon
letter [ˈletə] lettre
library [ˈlaɪbrəri] bibliothèque
life [laɪf] vie
lift [UK] [lɪft] ascenseur
light [laɪt] lumière ; allumer
like [laɪk] comme ; aimer
line [laɪn] ligne
listen [ˈlɪsn̩] écouter
little [ˈlɪtl̩] petit
live [lɪv] vivre/habiter
living room [ˈlɪvɪŋ ruːm] salle de séjour
lose [luːz] perdre
love [lʌv] aimer ; amour
low [ləʊ] [UK], [loʊ] [US] bas
luggage [ˈlʌgɪdʒ] bagages (nom non dénombrable)
lunch [ˈlʌntʃ] déjeuner

M

mad [mæd] fou
mail [meɪl] courrier
make [meɪk] faire
man [mæn] homme
manager [ˈmænɪdʒə] manager/responsable
many [ˈmeni] beaucoup / nombreux
map [mæp] carte (géographique)
mark [mɑːk] marque ; marquer
me [miː] me/moi
meal [miːl] repas
mean [miːn] moyen
meat [miːt] viande
medicine [ˈmedsn̩] remède
meeting [ˈmiːtɪŋ] réunion
mild [maɪld] doux
milk [mɪlk] lait
minute [ˈmɪnɪt] minute
miss [mɪs] manquer
modern [ˈmɒdn̩] [UK], [ˈmɑːdərn] [US] moderne
money [ˈmʌni] argent
moon [muːn] lune
more [mɔː] plus
morning [ˈmɔːnɪŋ] matin
mother [ˈmʌðə] mère
mountain [ˈmaʊntɪn] montagne
mouth [maʊθ] bouche

much [mʌtʃ] beaucoup
must [mʌst] devoir

N

napkin [ˈnæpkɪn] serviette de table
narrow [ˈnærəʊ] [UK], [ˈnæroʊ] [US] étroit
nation [ˈneɪʃn̩] nation
nationality [næʃəˈnælɪti] nationalité
near [nɪə] près
nearly [ˈnɪəli] presque
neck [nek] cou
neighbor [US] [ˈneɪbə] voisin
neighbour [UK] [ˈneɪbə] voisin
never [ˈnevə] jamais
newspaper [ˈnjuːspeɪpə] journal
next [nekst] suivant
nice [naɪs] gentil
night [naɪt] nuit
noisy [ˈnɔɪzi] bruyant
none [nʌn] aucun
nose [nəʊz] [UK], [noʊz] [US] nez
not [nɒt] [UK], [nɑːt] [US] ne pas
note [nəʊt] [UK], [noʊt] [US] note
now [naʊ] maintenant
number [ˈnʌmbə] nombre
nurse [nɜːs] infirmière

O

ocean [ˈəʊʃn̩] [UK], [ˈoʊʃn̩] [US] océan
occupied [ˈɒkjʊpaɪd] occupé
of course [əv kɔːs] bien sûr
office [ˈɒfɪs] bureau
often [ˈɒfn̩] [UK], [ˈɔːfn̩] [US] souvent
okay [əʊˈkeɪ] [UK], [oʊˈkeɪ] [US] bon/bien/d'accord
on [ɒn] sur
one-way [wʌnˈweɪ] à sens unique
only [ˈəʊnli] [UK], [ˈoʊnli] [US] seulement
orange [ˈɒrɪndʒ] [UK], [ˈɔːrəndʒ] [US] orange
out [aʊt] dehors
outside [aʊtˈsaɪd] dehors
over [ˈəʊvə] [UK], [ˈoʊvə] [US] sur
over there [ˈəʊvə ðeə] [UK], [ˈoʊvə ðeə] [US] là-bas

P

pain [peɪn] douleur
paint [peɪnt] peinture
pants [UK] [pænts] caleçon
pants [US] [pænts] pantalon
park [pɑːk] parc
parking [ˈpɑːkɪŋ] parking
passport [ˈpɑːspɔːt] [UK], [ˈpæspɔːrt] [US] passeport
pay [peɪ] payer
pen [pen] stylo
people [ˈpiːpl̩] gens
perfect [ˈpɜːfɪkt] parfait
person [ˈpɜːsn̩] personne
pharmacy [UK] [ˈfɑːməsi] pharmacie
photograph [ˈfəʊtəgrɑːf] [UK], [ˈfoʊtəgrɑːf] [US] photographie
physician [fɪˈzɪʃn̩] médecin
picture [ˈpɪktʃə] image
pin [pɪn] épingle
plan [plæn] prévoir
plate [pleɪt] assiette
play [pleɪ] pièce de théâtre ; jouer
pocket [ˈpɒkɪt] [UK], [ˈpɑːkət] [US] poche

police [pə'li:s] police

poor [pʊə] pauvre

post office [pəʊst 'ɒfɪs] [UK], [poʊst 'ɑ:fəs] [US] bureau de poste

pot [pɒt] [UK], [pɑ:t] [US] pot/casserole

pound [paʊnd] livre (monnaie)

prefer [prɪ'fɜ:] préférer

pretty ['prɪti] joli

price [praɪs] prix

print [prɪnt] imprimer

pure [pjʊə] pur

purple ['pɜ:pl̩] pourpre

put [pʊt] mettre

Q

quarter ['kwɔ:tə] quart

quiet ['kwaɪət] tranquille

quit [kwɪt] quitter/partir

quite [kwaɪt] tout à fait

R

race [reɪs] course

rain [reɪn] pluie

receipt [rɪ'si:t] reçu

red [red] rouge

refund [rɪ'fʌnd] rembourser

repeat [rɪ'pi:t] répéter

reservation [rezə'veɪʃn̩] réservation

restaurant ['restrɒnt] restaurant

return [rɪ'tɜ:n] retourner

rice [raɪs] riz

ride [raɪd] conduire (une voiture/une moto)

right [raɪt] droit ; juste

right away [raɪt ə'weɪ] tout de suite

river ['rɪvə] rivière

road [rəʊd] [UK], [roʊd] [US] route

room [ru:m] pièce

rule [ru:l] règle

S

salad ['sæləd] salade

sale [seɪl] vente

salt [sɔ:lt] [UK], [sɒlt] [US] sel

same [seɪm] même

school [sku:l] école

sea [si:] mer

search [sɜ:tʃ] rechercher

seat [si:t] siège

see [si:] voir

sell [sel] vendre

send [send] envoyer

she [ʃi] elle

shirt [ʃɜ:t] chemise

shoe [ʃu:] chaussure

short [ʃɔ:t] court

shoulder ['ʃəʊldə] épaule

show [ʃəʊ] [UK], [ʃoʊ] [US] spectacle ; montrer

sick [sɪk] malade

sing [sɪŋ] chanter

sister ['sɪstə] soeur

size [saɪz] taille

skirt [skɜ:t] jupe

sleep [sli:p] sommeil ; dormir

small [smɔ:l] [UK], [smɒl] [US] petit

some [sʌm] des/quelques

something ['sʌmθɪŋ] quelque chose

son [sʌn] fils

special ['speʃl̩] spécial

spoon [spu:n] cuiller
state [steɪt] état
station [ˈsteɪʃn̩] gare
stay [steɪ] rester
steak [steɪk] steak
stop [stɒp] [UK], [stɑ:p] [US] stop ; arrêter
store [stɔ:] magasin
straight [streɪt] droit/direct
street [stri:t] rue
student [ˈstju:dnt] étudiant
study [ˈstʌdi] étudier
sugar [ˈʃʊgə] sucre
suit [su:t] costume
suitcase [ˈsu:tkeɪs] valise
sun [sʌn] soleil
sure [ʃʊə] sûr ; sûrement
surgery [ˈsɜ:dʒəri] chirurgie / clinique
sweater [ˈswetə] pullover
sweet [swi:t] doux/sucré
swim [swɪm] nager
swimsuit [ˈswɪmsu:t] maillot de bain

T

take [teɪk] prendre
talk [tɔ:k] [UK] parler
tall [tɔ:l] [UK], [tɒl] [US] haut/grand
tea [ti:] thé
team [ti:m] équipe
thank you [θæŋk ju] merci
that [ðæt] ce... là
then [ðen] alors/ensuite
there [ðeə] là
they [ðeɪ] ils/elles
thigh [θaɪ] cuisse
thing [θɪŋ] chose
think [θɪŋk] penser
thirsty [ˈθɜ:sti] assoiffé
this [ðɪs] ce... ci
ticket [ˈtɪkɪt] billet
time [taɪm] heure
tire [taɪə] pneu
tired [ˈtaɪəd] fatigué
today [təˈdeɪ] aujourd’hui
toe [təʊ] [UK], [toʊ] [US] doigt de pied
together [təˈgeðə] ensemble
tomorrow [təˈmɒrəʊ] [UK], [təˈmɑ:ˌroʊ] [US] demain
too much [tu: mʌtʃ] trop
too bad [tu: bæd] dommage
tool [tu:l] outil
tooth [tu:θ] dent
town [taʊn] ville
traffic [ˈtræfɪk] trafic/circulation
train [treɪn] train
travel [ˈtrævl̩] voyage
tree [tri:] arbre
trip [trɪp] voyage/trajet
trousers [ˈtraʊzəz] pantalon
try [traɪ] essayer
turn [tɜ:n] tourner
type [taɪp] type ; taper (sur un clavier)
typical [ˈtɪpɪkl̩] typique

U

ugly [ʌgli] laid
uncle [ˈʌŋkl̩] oncle
under [ˈʌndə] sous
until [ʌnˈtɪl] jusqu’à ce que
up [ʌp] en haut

V

vegetable [ˈvedʒɪtəbl̩] légume
very [ˈveri] très
vehicle [ˈviːɪkl̩] véhicule
visit [ˈvɪzɪt] visite
vote [vəʊt] [UK], [voʊt] [US] voter ; vote

W

wait [weɪt] attendre
walk [wɔːk] [UK], [wɑːk] [US] marcher
wallet [ˈwɒlɪt] portefeuille/porte-monnaie
want [wɒnt] vouloir
warm [wɔːm] chaud
watch [wɒtʃ] [UK], [wɑːtʃ] [US] observer
water [ˈwɔːtə] [UK], [ˈwɒtər] [US] eau
we [wi] nous
wear [weə] porter (vêtement)
week [wiːk] semaine
weird [wɪəd] bizarre
what [wɒt] quoi
when [wen] quand
where [weə] où
which [wɪtʃ] lequel
while [waɪl] tandis que
white [waɪt] blanc
who [huː] qui
whole [həʊl] [UK], [hoʊl] [US] entier
why [waɪ] pourquoi
wide [waɪd] large
wise [waɪz] sage
woman [ˈwʊmən] femme
work [wɜːk] travail
write [raɪt] écrire
wrong [rɒŋ] erroné/incorrect

Y

yard [US] [jɑːrd] jardin
yellow [ˈjeləʊ] [UK], [ˈjeloʊ] [US] jaune
yesterday [ˈjestədi] hier
yet [jet] encore
you [ju] vous/tu/toi
young [jʌŋ] jeune

Z

zero [ˈzɪərəʊ] [UK], [ˈzɪəroʊ] [US] zéro
zipper [ˈzɪpə] fermeture à glissière

Annexe C
Solutions des jeux et activités

C'est ici que vous verrez votre score aux jeux et activités des chapitres 2 à 16. Ce score atteint-il les 100 % de réussite ? Félicitations ! En avez-vous raté quelques-uns ? Beaucoup ? Pas de problème. Faites quelques révisions et essayez de nouveau jusqu'à ce que vous ayez tout bon !

Chapitre 2

Mots de question :

(1) Who (2) How many (3) Where (4) Can (5) How (6) What (7) How much (8) Do (9) When (10) Are (11) Why (12) Were

Chapitre 3

Faire correspondre les questions et les réponses.

(1) B (2) E (3) A (4) C (5) D

Chapitre 4

La météo :

(1) sunny (2) raining (3) partly cloudy (4) raining (5) hot, dry (6) cold, rainy

Chapitre 5

Trajet pour aller à la fête :

Take the freeway south.

Get off at Harvest Road.

Go straight for 3 miles.

Turn left at the stoplight.

Continue for three blocks.

Turn right at Oak Street.

After the intersection go another block.

The school is on the corner.

It's across from the library.

Chapitre 6

Compléter les phrases.

(1) Hello (2) This is (3) are you (4) fine/there (5) leave (6) Forrest (7) call (8) phone number (9) 487-7311 (10) message (11) bye

Chapitre 7

Faire correspondre les pièces.

(1) nickel (2) penny (3) $30 (4) 50¢ (5) 45 cents (6) 50 dollars (7) $.30 (8) ten dollar bill (9) 2 twenties (10) quarter (11) 5 bucks

Chapitre 8

Choisir les mots.

There, their, theirs, or they're?

(1) They're, their (2) Their, there (3) theirs (4) there

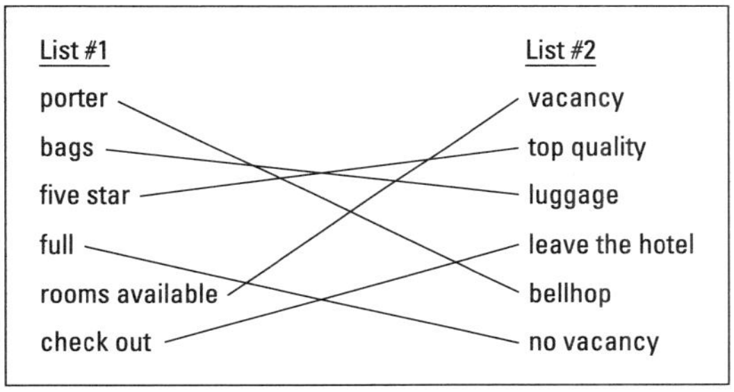

Chapitre 9

Qu'y a-t-il sur la table (et qu'est-ce qui manque) ?

(a) soup (b) napkin (c) fork (d) plate (e) steak (f) mashed potatoes (g) knife (h) coffee (i) glass of water (j) spoon

La salade verte manque.

Chapitre 10

Mots vestimentaires :

(1) hat (2) shirt (3) tie (4) suit (5) pants [US]/trousers [UK] (6) shoes (7) skirt (8) sweater (9) blouse (10) cap (11) sweatshirt (12) jeans (13) tennis shoes

Chapitre 11

Mots pour dire l'heure :

(1) 12:00 a.m. (2) noon (3) 3:15 (4) 2:45 (5) five (o'clock) in the morning (6) 5:30 p.m.

Chapitre 12

Trouver des mots.

X	A	T	M	P	S	U	B	W	A	Y
R	C	A	R	L	O	T	U	Q	E	I
A	Z	X	E	A	F	U	R	U	M	E
T	R	I	P	G	I	R	I	E	U	L
R	O	M	S	L	C	N	E	E	E	D
A	D	U	P	R	X	A	S	O	E	T
F	B	G	H	L	G	K	T	M	I	R
F	R	E	E	W	A	Y	I	I	F	L
I	D	A	G	H	S	N	L	X	R	N
C	A	B	B	O	A	S	E	A	C	E

Chapitre 13

(1) bathroom (2) bedroom (3) bed (4) living room (5) sofa or couch (6) stove (7) kitchen (8) table (9) toilet (10) sink

Chapitre 14

Mots dont les lettres sont mélangées :

(1) fax (2) computer (3) tape (4) keyboard (5) paper (6) stapler (7) copier (8) eraser (9) pen

Réponse finale : A pay raise!

Chapitre 15

Choisir le mot qui convient.

(1) playing (2) to surf (3) seen (4) been (5) has (6) plays (7) enjoy (8) jog

Chapitre 16

Description des parties du corps :

(1) head (2) eye (3) nose (4) mouth (5) shoulder (6) hand (7) elbow (8) stomach (9) foot (10) toe (11) leg (12) arm (13) chest

Paul has a broken arm, scratches, bruises, and stitches in his leg, and he is dizzy.

Annexe D
Sur le CD

Voici la liste des dialogues qui se trouvent sur le CD attaché à la couverture de ce livre. Il s'agit d'un CD audio.

Piste 1 Chapitre 1 : Sons de voyelle brefs ou longs

Piste 2 Chapitre 1 : Les symboles IPA

Piste 3 Chapitre 1 : La prononciation de l'alphabet

Piste 4 Chapitre 1 : Consonnes sourdes et sonores

Piste 5 Chapitre 1 : M. et Mme Abott s'apprêtent à partir en vacances pour quelques jours. Ils essaient de décider quels bagages emporter pour le voyage.

Piste 6 Chapitre 1 : Jordie et Austin, deux amis étudiant à la même université, se rendent dans un magasin de disques d'occasion.

Piste 7 Chapitre 1 : Sons de voyelle brefs

Piste 8 Chapitre 1 : Prononciation anglaise

Piste 9 Chapitre 3 : Lori arrive au travail et salue sa collègue, Becky.

Piste 10 Chapitre 3 : Josh va rencontrer ses amis Sid et J.J. dans un café fréquenté par des jeunes. Il est accompagné de son ami Tony, qui habite dans une autre ville.

Piste 11 Chapitre 3 : Vous séjournez dans une famille aux États-Unis. Considéré comme un membre de la famille, vous appelez vos hôtes comme s'ils étaient vos parents ou frères et soeurs. Sortant avec votre « mère » américaine, vous rencontrez une de vos amies.

Piste 12 Chapitre 3 : Aaron inscrit son fils à l'école. Ils sont dans le bureau de l'école et parlent avec la réceptionniste qui leur pose quelques questions obligatoires.

Piste 13 Chapitre 4 : Yang habite à Taïwan, et il a prévu d'aller à San Francisco en Californie. Il n'y est jamais allé, et il se renseigne sur le temps auprès d'un ami américain.

Piste 14 Chapitre 4 : Vous êtes assis dans un autobus quand une jeune fille appelée Lindsey monte et s'assoit sur le siège à côté de vous. Elle sourit et commence à vous parler.

Piste 15 Chapitre 5 : Xavier cherche une librairie pour y acheter *L'anglais pour les Nuls*, et il veut ensuite aller à la plage pour se relaxer et lire son nouveau livre. Il arrête un passant.

Piste 16 Chapitre 5 : Paul est à Hawaï pour la première fois et veut essayer de faire du surf, mais il n'a pas de planche de surf (ni aucune expérience, d'ailleurs). Il demande à quelqu'un de l'aider à trouver une boutique de surf pour y acheter une planche.

Piste 17 Chapitre 6 : Valérie Dupont appelle son amie Lynn, mais c'est sa camarade de chambre qui répond.

Piste 18 Chapitre 6 : Esther, qui fait ses études aux États-Unis, est chez elle avec ses deux enfants dans l'appartement qu'ils ont loué quand le téléphone sonne.

Piste 19 Chapitre 7 : Pierre attend son tour à la banque pour changer son argent en dollars US.

Piste 20 Chapitre 7 : Jacqueline se trouve dans un magasin et se renseigne sur les formes de paiement acceptables.

Piste 21 Chapitre 8 : Nettie Abbott appelle le bureau des réservations d'un hôtel pour faire une réservation pour elle-même et son mari, Charlie.

Piste 22 Chapitre 8 : Un porteur de l'hôtel arrive pour porter les bagages de Nettie et Charlie dans leur chambre.

Piste 23 Chapitre 8 : Nettie et Charlie sont restés deux nuits à l'hôtel et ont apprécié le restaurant et les autres services. Ils sont maintenant prêts à partir.

Piste 24 Chapitre 9 : Vlada et son mari Mike (des Américains) veulent essayer un nouveau restaurant. Le restaurant a bénéficié de critiques enthousiastes et ils décident d'appeler pour réserver.

Piste 25 Chapitre 9 : Joanne est finalement assise dans le restaurant rempli de monde, et la serveuse est venue prendre sa commande.

Piste 26 Chapitre 9 : Godfrey est dans un restaurant fast-food et commande à déjeuner. La personne qui prend sa commande parle très vite. Godfrey ressent la pression, mais il veut savoir exactement ce qu'il est en train de commander, et il prend le temps de poser des questions.

Piste 27 Chapitre 10 : La vendeuse laisse Sophie regarder les vestes. Après quelques minutes, elle revient pour voir où en est sa cliente.

Piste 28 Chapitre 10 : Sophie essaie une veste en laine de taille moyenne, mais elle est trop petite. Elle a besoin d'une autre taille.

Piste 29 Chapitre 10 : Matt reçoit une chemise pour son anniversaire, mais elle ne correspond pas à son style. Il la rapporte au magasin, mais il n'a pas de reçu.

Piste 30 Chapitre 10 : Pratiquez l'utilisation des pronoms et des prépositions dans la conversation suivante entre le vendeur et Matt, qui essaie des vêtements.

Piste 31 Chapitre 11 : Jean appelle le musée d'Histoire naturelle pour s'enquérir des horaires.

Piste 32 Chapitre 12 : Henri vient d'arriver aux Etats-Unis. Il est parvenu au guichet de l'immigration et il parle avec un agent de l'immigration.

Piste 33 Chapitre 12 : Voici une conversation entre un agent des transports et un usager.

Piste 34 Chapitre 12 : Bernard se rend à une agence de voyage pour se renseigner au sujet d'un vol aller-retour de Los Angeles à New York.

Piste 35 Chapitre 12 : Monique prévoit un voyage de Los Angeles à San Francisco. Elle s'informe auprès d'un ami de la distance et du temps nécessaire.

Piste 36 Chapitre 13 : La conversation suivante vous fournit quelques expressions à utiliser quand vous visitez la maison de quelqu'un (ou quand vous invitez quelqu'un chez vous). Lois rend visite à ses nouveaux amis, Ed et Portia.

Piste 37 Chapitre 13 : Devin habite une vieille maison qu'il loue. Tout commence à se dégrader, et il appelle son propriétaire, Mr James, pour expliquer ce qui arrive.

Piste 38 Chapitre 14 : Amelia et Camille parlent ensemble au bureau.

Piste 39 Chapitre 14 : Barry appelle son collègue Robert pour prévoir une réunion.

Piste 40 Chapitre 15 : Joyce et Lynn sont des collègues qui font la connaissance l'une de l'autre. Elles se renseignent sur leurs passe-temps favoris respectifs.

Piste 41 Chapitre 15 : Lori et Mark préparent un voyage à Lake Tahoe pour aller faire du ski.

Piste 42 Chapitre 15 : Ron et Nancy arrivent à un parc éloigné, espérant que le terrain de camping a de la place.

Piste 43 Chapitre 16 : En route pour aller travailler, Sam est témoin d'un accident de voiture. Il s'arrête et appelle le 911 pour demander de l'aide.

Piste 44 Chapitre 16 : Rebecca va chez le docteur parce qu'elle s'est blessée en travaillant. L'infirmière lui fait subir différents contrôles et inscrit les résultats sur son dossier.

Piste 45 Chapitre 16 : Liz se sent très mal, elle est malade depuis une semaine et son état ne s'améliore pas. Elle va à une clinique sans rendez-vous pour voir un médecin.

Index

A

a lot, 27, 236, 419
accentuation, 12-14, 30, 31, 34, 35
accidents, 367-382
achats, 231-257
across from, 127
activités physiques, 347
activités professionnelles, 325, 327
adjectifs, 34, 54, 60-65, 90, 163, 206, 249, 398, 405
  comparatif, 247
  de couleur, 61, 62, 90, 91
  de description du caractère, 63
  de description du caractère avec be, 63
  de description physique des personnes, 89-95
  possessifs, 190, 191, 194, 401
  superlatif, 249
  toujours invariables, 60-61
adolescent, 93
adult, 93
adverbes, 31, 35, 56, 63-65, 194, 405
aéroport, 280, 282
after, 127, 263
against, 310
âge, 93, 94
alike ou **like**, 405
alimentation, 206-211, 215-217, 222, 224
alphabet, 14, 17, 36, 146
always, 56
animaux, 51, 360-361
any, 236
anything, 402, 408
argent, 161-174, 223, 239, 333, 420, 423
articles, 33, 47, 65
  a/an, 65
  noms non dénombrables, 65, 236
  the, 65
assistance juridique, 383
assurance, 377
at, 265
automates bancaires, 168
automne, 104
auxiliaires
  du futur, 59, 153
  du passé, 57
  du présent, 56
avion, 280, 286
avocats, 115, 383

B

baby, 93
bad/worse/worst, 250
banques, 161-171, 419
baseball, 347, 351
bathroom, 123, 308, 310, 316, 419
be, 40, 54, 413
  auxiliaire du présent et du passé progressifs, 56, 59
  futur avec **going to**, 59
  indication d'une identité ou d'un état, 63
become, 129, 413
before, 127, 263
best/better, 250
big/bigger/biggest, 247, 249
bite, 413
blessures, 370, 374, 380, 388
boissons, 207, 217, 272, 421
boutique, 241
boyfriend, 47, 399
bring, 20, 335, 414
bureau (vocabulaire du), 309, 330, 331, 332, 339
bus, 28, 48, 99, 116, 282-288
business english, 175-180
buy, 26, 254, 402, 414, 420
by/with, 172

C

call, 144
camping, 357
can, 22, 52, 153, 420
cartes de crédit, 168-172
catastrophes, 367, 368
change, 164-166, 340, 420
character, 30
check in, 188
check out, 195
child, 420
children, 113, 114, 118
choose, 27, 169, 414
cinéma, 265
come, 136, 137, 313, 403, 404, 414, 420
comparatif, 247
consonnes, 14, 18, 19, 27, 36, 48, 58, 66
construction (de phrase), 38
contractions (verbales), 40, 101, 104, 194, 400
conversation informelle, **is it?/isn't it?**, 102
cook, 27, 399, 420
corps humain, 374-375
could, 27, 153
couleurs, 61, 90, 91

D

date, 178, 183, 184, 340, 421
décrire, 63, 89-95
déjeuner, 208, 334
dentiste, 327, 382, 421
devise (monnaie), 161, 164, 166
dîner, 209, 399
direction, 124, 128
distractions, 261
do, 28, 39, 42
  do ou **make**, 317
docteur, 86, 374-381, 421
douleur, 374, 377-379, 424
drink, 206, 208, 217, 272, 414, 421
drive, 272, 296, 414, 421

E

eat, 26, 31, 122, 206, 208, 212, 217, 414, 421
e-mail, 107, 330
emplacement, 55, 358, 359
entretien de la maison, 316-322
équipement
  bureau, 331
  de camping, 357
  de la maison, 307-312
exercice physique, 347-356
été, 104

F

fabrication, 330
famille, 29, 97
  membres de la, 113-115
  nom de, 84, 85, 86, 89
far, 84, 290
far away, 84
faux amis, 30
feel, 63, 373, 378, 408, 421
football américain, 352
for, 254
f**orgive**, 414
formules de politesse, 86
fruits, 207, 234
futur, 55, 102, 153
  avec **going to**, 59
  avec **will**, 59

G

game, 348, 350
genre (substantifs), 47, 51, 61, 66
girlfriend, 399
give, 52, 145, 149, 153, 254, 414, 422
go, 79, 131, 137, 239, 282, 286, 403, 404, 414, 422
grammaire anglaise, 37-70

H

habillement, 242-245
habitation, 307
had, 58
hard/hardly, 64
have, 53-55, 58, 93, 206, 335, 362, 415, 422
  have ou **take**, 219
help, 51, 122, 422
heure (dire ou demander), 262, 263, 334
hide, 135, 415
hit, 415
hiver, 104
home, 26, 301, 307
hôpital, 24, 29, 374
hôtel, 29, 181-203
how, 47, 98, 422
  how about you, 75
  how are you, 74, 77, 78
  how are you doing, 75
  how do you like, 111, 112
  how many, 43, 186, 213
  how much, 43, 45, 298
hungry, 206
hurt, 374, 377, 415

I

I(pronom personnel), 49
identité, 54, 272, 325
in, 265
  front of, 126, 310
  the middle, 127
  the wild, 360
invitation, 313-316
it, 26, 40, 51

J

jardinage, 318, 319
jeux, 347-349, 393
job, 175-179, 327, 330, 333, 334, 422
journée (moment de la), 264
justice, 345, 383, 384

K

keep, 31, 415, 423
know, 27, 78, 415

L

last name, 85
leave, 26, 153, 400, 415, 423
left, 124
légumes, 234-237
lettre, 17, 36, 147
like, 52
  ou **alike**, 405
livre (devise), 164
location de voiture, 292-294
loi, 344, 383, 387, 423
loisirs, 347
love, 53, 401, 408, 423

M

maison, 307, 400,
make, 142, 167, 215, 415, 423
  ou **do**, 317
  out, 397
maladie, 372, 422
manger, 206-211, 215-217, 222, 224
mean, 47, 131, 415, 423,
médecin, 372
meet, 415
ménage, 316-318
météo, 101, 106, 120
métiers, 327, 328
mine, 191
mobilier, 309, 310, 421
motel, 181
mots proches du français, 29, 30
musique, 30, 35, 110, 156, 268, 277, 394

N

name, 80, 81, 84-87, 89
nature, 354, 360
near, 127, 310

never, 56
next to, 126, 127, 310
no/not, 39
nombres ordinaux, 184
noms
dénombrables associés, 236
non dénombrables, 66, 236
propres, 265
utilisés comme adjectifs, 62

O

o'clock, 262-263
on, 265, 310
the corner of, 124
the left, 127
the right, 127

P

parcs nationaux, 356, 357, 361
passé progressif, 59
parent, 113, 114, 115
patron, 85, 332, 341
pay, 163, 172, 254, 334, 415, 424
petit-déjeuner, 182, 206-208, 420
pharmacie, 123, 124, 421, 424
phone, 26, 141, 144
card, 151
number, 110, 150
phrase
négative, 39, 40
simple, 38
pièces (maison), 307-310
poids, 92, 237
police, 156, 295, 328, 368, 370, 372, 425
prénom, 85
prépositions
de lieu, 126
de temps, 265
pour payer, 172
to et for, 254
présent
simple, 55
progressif, 56
present perfect, 361
présentation, 80-84
preterit, 57
progressif, 59
printemps, 104
profession, 110, 327, 329
pronoms
personnels compléments, 253
personnels sujets, 49
possessifs, 190-193
réfléchis, 380
prononciation, 11-36
accentuation, 13, 31-36
alphabet, 14, 16, 17
américaine/britannique, 15
consonnes, 15, 18-21
différences entre français et anglais, 12-14
voyelles, 22-28
prove, 415
put, 28, 118, 311, 415, 425

Q

quantités, 61, 236, 237
questions, 40-47, 98, 325
indiscrètes, 118, 119

R

randonnée, 357, 360
read, 14, 25, 52, 415
rencontre, 82-83, 106, 109, 114, 315, 332, 337
rendez-vous, 337
réparations, 319
réservation, 183
résidence, 307
restaurant, 29, 205-229
right, 124

S

saisons, 104
salutations, 73-80
santé, 367, 422

sell, 25, 416, 425
send, 25, 416, 425
sentiments, 52, 63, 111
shopping, 233, 234, 238, 241
signalisation routière, 124, 295-296
sleep, 54, 122, 408, 416, 425
small/smaller/smallest, 90, 248, 249, 425
smell, 398
so, 405
some, 219, 236
sons de voyelle, 13, 22-28
brefs, 13
diphtongués, 22
longs, 13
sortir, 259-277
avec quelqu'un, 269
en ville, 259
le soir, 270
spend, 416
sports, 351, 354
d'hiver, 354
substantifs, 47
formation des pluriels, 47
noms dénombrables associés, 236
noms non dénombrables, 66, 236
utilisation comme adjectifs, 62
superlatif, 249-251
surnom, 84, 90
symptôme, 378
système judiciaire, 383

T

tabous (sujets), 98, 118
taille, 90, 91, 92, 241, 245
take, 128, 129, 172, 219, 416, 426
taxi, 29, 285
téléphoner, 141-158
tell, 153, 417
temps présent et passé, choix, 55-59
the, 65
théâtre, 268, 393
there, 19, 194
they, 19, 51, 53, 115
think, 19, 417
this, 19, 26
titres et formules de politesse, 86
to, 254
toilettes, 47, 122-124
too, 81
too/very, 409
train, 286
transports en commun, 283-292
travail, 109, 325-345
try, 245, 246, 426
turn, 128-130, 136, 426

U

understand, 98, 417
unités de mesure, 237, 238
urgences, 367-388
usine, 332, 334
usually, 56

V

vacances, 20, 51, 108
vaisselle, 210, 316, 317, 319
verbes
auxiliaires, 33, 52
de direction, 128-131
du travail domestique, 317-322
futur, 59
irréguliers, 53, 413
réguliers, 53
téléphoniques, 144
temps présent et passé, choix, 55-59
very, 63, 409
very/too, 409
vêtements, 241-257
vie professionnelle, 325
ville, 259
voiture, 130, 292
vol (aéroport), 279
vol (délit), 384
voyelles, 22-28

W

wake, 56, 303, 417
well/good, 65
what, 43, 427
what's, 104
  what's happening?, 77
  what's the matter?, 76
  what's up?, 77
  what's wrong?, 369
when, 43, 427
where, 43, 427
who, 144, 427
why, 43, 427
will (auxiliaire du futur), 55, 59, 153
with/by, 172
would, 27, 153

Notes

Notes

Notes

Notes

Notes

Notes

Notes

Notes

Cahier d'exercices anglais pour les nuls

DÉBUTANT/
FAUX DÉBUTANT

NIVEAUX A1 - A2

Claire Costello

FIRST
ÉDITIONS

Éditions First, un département d'Édi8
12, avenue d'Italie
75013 Paris – France
Tél. : 01 44 16 09 00
Fax : 01 44 16 09 01
Courriel : firstinfo@editionsfirst.fr
Site Internet : www.pourlesnuls.fr

ISBN : 978-2-412-03576-4
Dépôt légal : avril 2018

Imprimé en Italie
Préparation de copie et correction : Émeline Guibert
Illustrations : Caroline Dartiailh
Couverture et maquette intérieure : Catherine Kédémos

Sommaire

INTRODUCTION 1

CHAPITRE 1 : **Bases de la prononciation de l'anglais** 3

Prononcer les voyelles 3
Prononcer les consonnes 6
Les accents de mots 7
Les accents de phrase 9

CHAPITRE 2 : **Directement au cœur de la grammaire anglaise** 11

Quelques mots simples 12
Le pluriel des noms 12
Les pronoms personnels 13
Conjuguer les verbes 14
Les phrases négatives 15
Poser des questions simples 16
Poser des questions avec what, who, why, how, where et when 17
Les participes 19
L'expression du présent : présent simple et présent continu (be + -ing) 22
L'expression du passé : le prétérit 24
Les verbes irréguliers 24

BONUS **Les Comics pour les Nuls : les superhéros au chômage** 25
BONUS **Les Fairy Tales pour les Nuls : La Revanche du Petit Chaperon rouge** 26

Les articles 26
L'article A ou AN 26
L'article Ø, c'est-à-dire l'absence d'article 27
L'article THE 27

BONUS **Les « nouveaux familiers » pour les Nuls** 28

Autour des verbes : *to, -ing* ou Ø ? 29
Verbe + *to* 29
Verbe + *-ing* 30
Préfixes et suffixes 31
Les préfixes 31
Les suffixes 32

CHAPITRE 3 : **Heureux de faire votre connaissance** 35

Les mots pour se présenter 35
Se présenter 35
La famille et les amis 36

Les mots pour décrire les gens. . . . 38
BONUS Les selfies pour les Nuls : Kimmy et ses sœurs . . . 39
Dire l'âge . . . 41
BONUS Les tutoriels internet pour les Nuls : Le « Tuto Makeover » de Samantha . . . 42
Décrire le physique . . . 42

CHAPITRE 4 : Engager la conversation . . . 43
Les mots pour dire ce que l'on pense . . . 43
BONUS L'anglais pour les trolls ! Commentaire sur la page Myplace de Samantha . . . 44
BONUS Mon compte Tweeter . . . 44
Dire ce que l'on ressent . . . 44
Les noms composés . . . 45
BONUS Plan B from Outer Space : La Sci Fi pour les Nuls ! . . . 46
Les adjectifs . . . 46
Les mots pour décrire le tempérament . . . 47
BONUS MeatMarket.com : les sites de rencontres pour les Nuls . . . 48
Les adverbes . . . 48

CHAPITRE 5 : Où suis-je ? Demander son chemin . . . 51
Les mots pour s'orienter . . . 51
Les prépositions de lieu . . . 52
In vs. To . . . 52
In vs out . . . 52
At vs In. . . . 53
In vs into . . . 53
From vs. To . . . 53
On vs. Over . . . 53
Across vs through . . . 53
Les principaux adverbes de lieu . . . 54
Les verbes à particules, ou *phrasal verbs* . . . 56

CHAPITRE 6 : Appelle-moi / Texte-moi / Email-moi . . . 59
Les moyens de communication . . . 59
Un peu de vocabulaire utile . . . 59
Les pronoms personnels compléments . . . 60
Les mots pour discuter . . . 61
La conversation . . . 61
BONUS Luke et Darth : thérapie familiale pour les Nuls ! . . . 61
Accord et désaccord . . . 62
Say, tell, speak ou *talk* ? . . . 62
Les mots de liaison . . . 63

CHAPITRE 7 : L'argent, l'argent, l'argent . . . 65
Les chiffres . . . 65
Un peu de vocabulaire utile . . . 65

Exprimer la quantité 66
BONUS **Stop Chef ! La cuisine anglaise pour les Nuls** 68
Les nombres. 68
De 10 à 19 68
Les dizaines 69
Écrire et prononcer les nombres 69

CHAPITRE 8 : À l'hôtel 71
Les mots du tourisme. 71
Situer dans le temps 71
Indiquer les dates 72
Les numéraux ordinaux 74
Écrire et dire les dates en anglais. 74
Pronoms possessifs et adjectifs possessifs 75
Exprimer la possession : le génitif 75
There, their ou they're 78

CHAPITRE 9 : Les restaurants et les repas 81
Les mots de la nourriture 81
Les aliments *food* 81
Les légumes *vegetables*. 81
BONUS **Les Nuls en chanson !** 82
Les fruits *fruits* 82
L'expression du futur 83
Les mots pour parler des repas 86
Le restaurant 86
BONUS **Pause resto ! Un déjeuner au Roly Poly** 87

CHAPITRE 10 : Faire ses achats 89
Le *shopping*. 89
Exprimer la volonté 89
BONUS **Défilé de mode chez les Nuls !** 90
Le comparatif. 92
Les comparatifs d'égalité 92
Les comparatifs d'infériorité 92
Les comparatifs de supériorité. 92
Poids et mesures. 94
Le superlatif 95
Le superlatif d'infériorité 95
Le superlatif de supériorité. 95
BONUS **Fashion Police pour les Nuls !**. 96

CHAPITRE 11 : Sortir en ville 97
Les mots pour les sorties. 97
Expressions pour dire l'heure 97
Les prépositions de temps 98
L'expression de la durée 98

Le present perfect 99

BONUS **La Télé des Nuls** 100

CHAPITRE 12 : Aller et venir, les différents moyens de transport 103

Les mots des transports 103

S'informer sur la durée et sur la distance 104

Les modaux 106

BONUS **Le paranormal pour les Nuls : Samantha va voir Madame Irma** 111

CHAPITRE 13 : La maison 113

Les mots de la maison 113

Le conditionnel 113

Les équipements : Facilities 114

There is / there are 115

To do et to make 115

CHAPITRE 14 : Au travail 117

Les mots du travail 117

Les mots de l'argent 117

Le passif 119

Les fractions 121

BONUS **Le monde des affaires pour les Nuls !** 122

Calculer 122

CHAPITRE 15 : Les loisirs 125

Les mots de la nature 125

BONUS **« Naked and Afraid » : Stage de survie pour les Nuls !** 126

Les pronoms relatifs 126

Les mots des loisirs 128

Retour vers le passé I : le past perfect 128

Retour vers le passé II : le prétérit continu 129

BONUS **Petite escapade dans les Carpates** 130

CHAPITRE 16 : Au secours ! Que faire en cas d'urgence ? 131

Les mots des urgences 131

L'impératif 131

Expliquer ce qui ne va pas 133

Pause jeu : une petite partie de Docteur Maboul 133

Les pronoms réfléchis et les pronoms réciproques 134

Les pronoms réfléchis 134

Les pronoms réciproques 134

La différence 134

CHAPITRE 17 : Dix façons d'accélérer votre apprentissage de l'anglais ... 137
Regardez des films et des séries ... 138
Apprenez les paroles des chansons et chantez ! ... 140
Procurez-vous des livres pour enfants ... 141
Assistez à des pièces de théâtre, des séances de lecture, des conférences ... 142

CHAPITRE 18 : Dix erreurs à éviter – Les faux amis ... 145

CHAPITRE 19 : Distinguer les mots qui se ressemblent ... 147
Coming and going ... 147
Borrowing and lending ... 149
Such and so ... 150
Like, as and alike ... 151
Hearing and listening ... 152
Seeing, looking and watching ... 153
Feeling and touching ... 154
Laying and lying ... 154
Tuesday and Thursday ... 155
Too and very ... 156

ANNEXE 1 : Les verbes irréguliers ... 159

ANNEXE 2 : Les corrigés ... 163
Chapitre 1. Bases de la prononciation de l'anglais ... 163
Chapitre 2. Directement au cœur de la grammaire anglaise ... 163
Chapitre 3 : Heureux de faire votre connaissance ... 167
Chapitre 4 : Engager la conversation ... 169
Chapitre 5 : Où suis-je ? Demander son chemin ... 170
Chapitre 6 : Appelle-moi / Texte-moi / Email-moi ... 171
Chapitre 7 : L'argent, l'argent, l'argent ... 172
Chapitre 8 : À l'hôtel ... 172
Chapitre 9 : Les restaurants et les repas ... 174
Chapitre 10 : Faire ses achats ... 175
Chapitre 11 : Sortir en ville ... 176
Chapitre 12 : Aller et venir : les différents moyens de transport ... 177
Chapitre 13 : La maison ... 178
Chapitre 14 : Au travail ... 178
Chapitre 15 : Les loisirs ... 179
Chapitre 16 : Au secours ! Que faire en cas d'urgence ? ... 180
Chapitre 17 : Dix façons d'accélérer votre apprentissage de l'anglais ... 181
Chapitre 18 : Dix erreurs à éviter en parlant anglais – Les faux amis ... 182
Chapitre 19 : Distinguer les mots qui se ressemblent ... 182

Introduction

Envie d'apprendre ou de reprendre l'anglais sans vous prendre la tête ? Ce cahier est fait pour vous !

Il s'adresse avant tout aux « faux débutants » : à ceux et celles qui ont appris un peu d'anglais, il y a bien longtemps, et qui ont envie de reprendre les bases et de s'améliorer.

Il peut être utilisé :

- soit en complément de *L'Anglais pour les Nuls* : il suit la même progression ;
- soit séparément, car j'ai rappelé les infos essentielles avant chaque exercice.

Dans les différents chapitres, vous trouverez des exercices variés pour reprendre les bases ou vous perfectionner en :

- grammaire,
- vocabulaire,
- prononciation.

Ne vous sentez pas obligé(e) de suivre l'ordre des chapitres, naviguez librement au gré de vos envies !

Vous trouverez aussi régulièrement des « bonus », qui reprennent des situations de communication quotidienne. Ces situations sont revues et corrigées avec humour. Vous trouverez, entre autres :

- des parodies de contes, de chansons, de romans ;
- des faux tutoriels internet ;
- des séries télé, des films, des héros de BD ;
- des faux réseaux sociaux, des faux sites de rencontres…

Avec, comme toujours dans les méthodes de langue, des personnages récurrents :

- Glen, le geek qui cherche l'amour et écrit de la science-fiction ;
- Carrie, l'accro au shopping ;

» Bert, le type qui croit que la Terre est plate parce qu'il trouve toutes ses infos sur Internet ;

» Kimmy, la pro des selfies ;

» Jo Tycoon, l'homme d'affaires mégalo ;

» sans oublier les merveilleuses recettes de Donald McRonald...

Voici la signalisation que j'ai employée :

TRUC

Des astuces pour ne pas se tromper !

ATTENTION

Attention piège !

PLAYLIST

Des suggestions de chansons, à écouter selon vos goûts et vos envies (légalement !) sur Internet ou sur CD.

INTERNET

Des ressources en plus sur le web.

CULTURE

Un peu d'histoire, mais aussi de culture : c'est l'âge d'or des films, de la musique et des séries anglo-saxonnes, autant en profiter pour apprendre l'anglais !

APLN

Abréviation de *L'Anglais pour les nuls*, suivi du numéro de page où vous trouverez des explications complémentaires.

Enjoy!

Claire

Chapitre 1

Bases de la prononciation de l'anglais

OBJECTIFS :

- **Prononcer les voyelles et les consonnes**
- **Placer les accents de mots et de phrases**

Prononcer les voyelles

En anglais, les sons des voyelles ne correspondent pas franchement à la façon dont on les écrit.

Pour simplifier, chaque voyelle anglaise correspond à 3 ou 4 sons de base :

- un son bref (que l'on prononce rapidement) ;
- un son long (que l'on « tient » plus longtemps) ;
- et un ou deux sons diphtongués, c'est-à-dire deux sons de voyelle prononcés l'un après l'autre.

TRUC

Un son de voyelle bien particulier : le « schwa ». En gros, c'est le « petit nom » du <e> quand on le prononce à peine. On l'entend dans le premier <a> de *again* par exemple.

1. La voyelle qui s'écrit <a> peut se prononcer d'au moins 3 façons :

- **un son bref** comme dans « tap » ;
- **un son long** comme dans « far » ;

» **un son diphtongué** comme dans « may » (sons proches de **é** puis **i** prononcés l'un après l'autre).

2. La voyelle qui s'écrit <e> peut se prononcer d'au moins 4 façons :

» **un son bref** comme dans « get » ;

» **deux sons longs** comme dans « key » (un son i long) ou comme dans « fern » (proche du « euh » français) ;

» **deux sons diphtongués** comme dans « here » (**i** + le *schwa*) ou comme dans « there » (**e** + le *schwa*).

PLAYLIST

Pour écouter et reproduire ces deux diphtongues, pourquoi ne pas écouter *Here, There and Everywhere* des Beatles ?

3. Les voyelles qui s'écrivent <i> et <y> peuvent se prononcer d'au moins 4 façons :

» **un son bref** comme dans « pink » ;

» **deux sons longs** comme dans « key » ou comme dans « girl » (proche du euh français) ;

» **un son diphtongué :** /aɪ/ comme « my » (sons proches de **a** et **i** prononcés l'un après l'autre).

4. La voyelle qui s'écrit <o> peut se prononcer d'au moins 3 façons :

» **un son bref** comme dans « top » ;

» **un son long** comme dans « nor » ;

» **un son diphtongué** comme dans « no » (sons proches de **o** et **ou** prononcés l'un après l'autre).

5. La voyelle qui s'écrit <u> peut se prononcer d'au moins 4 façons :

» **deux sons brefs** comme dans « put » (proche du **ou** français) ou comme dans « shut » (plus proche du **eu** français) ;

» **deux sons longs** comme dans « hurt » (= même son que « girl » et « fern ») ou comme « tube » (plus proche du **ou** français).

1. Maintenant, soulignez les sons de voyelle longs dans les mots suivants :

TRUC

Un son a plus de chances d'être long lorsqu'il y a deux voyelles ou lorsqu'il y a un <r> après la voyelle.

1.	
Harm	Heart
Ham	Hat
2.	
Fill	Heat
Feel	Hit
3.	
Pot	Short
Port	Shot
4.	
Bird	Hut
Bud	Hurt
5.	
Pull	Should
Pool	Wood

2. Les mots suivants se prononcent-ils de la même façon ?

1. Right et rite	☐ Oui	☐ Non
2. Buy et bye	☐ Oui	☐ Non
3. Fast et feast	☐ Oui	☐ Non
4. Scene et sin	☐ Oui	☐ Non
5. Their et there	☐ Oui	☐ Non
6. Wring et ring	☐ Oui	☐ Non
7. Beat et bit	☐ Oui	☐ Non
8. Jean et gene	☐ Oui	☐ Non
9. Would et wood	☐ Oui	☐ Non
10. Know et now	☐ Oui	☐ Non

3. Tongue twisters : essayez de prononcer les phrases suivantes le plus vite possible sans vous tromper !

1. The cowboy spoilt the boy when he bought him a toy.
2. Some have fun and some have luck and some have none.
3. A rude dude chewed on his crude food.
4. The king kissed the queen's feet.

Prononcer les consonnes

Dans l'ensemble, c'est beaucoup plus facile, car la prononciation des consonnes de l'anglais est assez proche de celle des consonnes françaises.

4. Prononcez les paires suivantes en vous concentrant bien sur la spécificité du <th>.

TRUC

Pour prononcer le <th> en anglais, on place la langue entre les incisives et on souffle. On ne prononce pas à la française en disant « zeu »...

Le mieux, pour s'entraîner, c'est de bien faire la différence avec d'autres sons de consonnes proches :

- le son /z/ de « zip » ;
- le son /s/ de « sip » ;
- le son /t/ de « ten » ;
- le son /f/ de « Friday » ;
- le son /v/ de « van ».

5. Maintenant, entraînez-vous à prononcer les mots suivants, en vous concentrant bien sur la différence entre les sons <th> et les autres sons de consonnes.

1. Breeze et breathe
2. Sink et think
3. Sick et thick
4. Pass et path
5. Tree et three
6. Tin et thin
7. Fin et thin
8. First et thrist
9. Vat et that
10. Clove et clothe

6. Prononce-t-on le <r> dans les mots suivants ?

TRUC

En général, on ne prononce pas le <r> placé juste devant une autre consonne.

1. Arm	☐ Oui	☐ Non
2. Rest	☐ Oui	☐ Non
3. Cart	☐ Oui	☐ Non
4. Harold	☐ Oui	☐ Non
5. Carrot	☐ Oui	☐ Non

6. Carpet ☐ Oui ☐ Non
7. Pattern ☐ Oui ☐ Non
8. Arabic ☐ Oui ☐ Non
9. Write ☐ Oui ☐ Non
10. Wrong ☐ Oui ☐ Non

7. Prononce-t-on le <w> dans les mots suivants ?

TRUC

On prononce le <**w**> en début de mot ou entre deux voyelles, mais on ne le prononce pas lorsqu'il est placé avant un <r> ou avant un <h> dans les pronoms interrogatifs.

1. Woman ☐ Oui ☐ Non
2. Whose ☐ Oui ☐ Non
3. Write ☐ Oui ☐ Non
4. Who ☐ Oui ☐ Non
5. Answer ☐ Oui ☐ Non
6. Would ☐ Oui ☐ Non
7. Whole ☐ Oui ☐ Non
8. Work ☐ Oui ☐ Non
9. Whom ☐ Oui ☐ Non
10. Wrong ☐ Oui ☐ Non

8. Tongue twisters : essayer de prononcer les phrases suivantes le plus vite possible sans vous tromper !

1. The slim swimmer slapped her and slammed the door.
2. Three thousand slick snakes.
3. The rural juror drove a red wagon.
4. Peter Piper picked a peck of pickled pepper.

Les accents de mots

En anglais, on accentue fortement certaines syllabes dans les mots. C'est l'une des grosses différences avec le français.

Pour placer ce fameux **accent de mot**, il existe autant d'exceptions qu'il y a de règles, mieux vaut donc parler de « principes généraux ».

En général, on n'accentue ni un suffixe, ni un préfixe.

Certaines syllabes placées en fin de mot attirent les accents :

- *-ade* et *-aire*,
- *-ee* et *-eer*,
- *-elle* et *-ette*,
- *-ese* et *-esque*,
- *-oo* et *-oon*.

L'accent se place généralement sur l'avant-dernière syllabe dans les mots qui se terminent par :

- *-ic* et *-ics*,
- *-tion* et *-sion*,
- *-iar*, *-ial* et *-ual*,
- *-uous* et *-eous*.

L'accent se place généralement sur l'avant-avant-dernière syllabe dans les mots qui se terminent par :

- *-al*,
- *-ize* et *-ise*,
- *-ate* et *-ary*,
- *-ety*, *-itude* et *-ity*,
- *-ify*.

9. Placez les accents de mot.

1. Trainee
2. Political
3. Cartoon
4. Advertize
5. Priority
6. Career
7. Original
8. Ability
9. Attitude
10. Elementary
11. Recognize
12. Lemonade
13. Cigarette
14. Qualify
15. Negotiate
16. Refugee
17. Analyse
18. Substantial
19. Millionaire
20. Shampoo

Les accents de phrase

On accentue en priorité le dernier mot porteur de sens dans la phrase, c'est-à-dire en priorité les **verbes**, les **noms** et les **adjectifs**. On privilégie les informations nouvelles, par opposition aux mots déjà mentionnés dans la phrase précédente.

10. Soulignez le mot qui porte l'accent dans les phrases suivantes.

1. Jerry: Why does Bert believe in flying saucers?

   Pourquoi est-ce que Jerry croit aux soucoupes volantes ?

2. Jen: Because he gets all his info from the Internet.

   Parce qu'il va chercher toutes ses infos sur Internet.

3. Jerry: I guess knowing nothing is sometimes better than reading stupid stuff on the Internet.

   Je pense qu'il vaut parfois mieux ne rien savoir que de lire des trucs idiots sur Internet.

4. Jen: Yeah, he also believes that the Earth is flat!

   Ouais, il croit aussi que la Terre est plate !

CULTURE

Le site de la BBC consacre une page très intéressante et mise à jour régulièrement sur les différentes variétés d'anglais :

`http://www.bbc.co.uk/skillswise/topic/varieties-of-english`

Surtout, pour améliorer votre prononciation, écoutez des chansons, regardez des films et des séries qui reflètent la diversité des variétés d'anglais dans le monde.

Voici quelques suggestions :

- » Un site de critique musicale comme http://pitchfork.com/ fait le point sur les courants et les nouvelles créations dans le domaine de la musique.
- » Le site http://www.imdb.com/ présente les grands succès du cinéma anglo-saxon, les acteurs, les réalisateurs…
- » Enfin, http://epguides.com/ recense toutes les séries télévisées et propose une liste complète des épisodes.

Chapitre 2
Directement au cœur de la grammaire anglaise

OBJECTIFS :

- **Savoir utiliser les noms, les articles et les pronoms**
- **Conjuguer les verbes**
- **Poser des questions simples**
- **Parler au présent et au passé**

BONUS :

- *Les Comics pour les Nuls : les superhéros au chômage*
- *Les Fairy Tales pour les Nuls : La revanche du petit chaperon rouge*
- *Les « nouveaux familiers » pour les Nuls*

Quelques mots simples

APLN p. 47

1. Reliez les mots suivants à leur traduction.

Un homme	*a boy*
Une femme	*a baby*
Un garçon	*a cat*
Une fille	*a woman*
Un enfant	*a child (pl. children)*
Un bébé	*a car*
Un chien	*a dog*
Un chat	*a house*
Une maison	*a girl*
Une voiture	*a man*

Le pluriel des noms

En anglais, la plupart des noms n'ont pas de genre, ce qui rend les choses beaucoup plus simples. Par contre, ils peuvent avoir des **pluriels fantaisistes**.

La plupart prennent un **-s au pluriel**.

Il y a beaucoup d'exceptions, mais aussi quelques règles pour s'y retrouver :

» Pour les noms qui se terminent en *-y*, remplacez la terminaison par *-ies* au pluriel (sauf s'il y a une consonne avant le *y*). Ex. *Party* devient *parties* mais *toy* devient *toys.*

» Pour les noms qui se terminent en *-fe,* remplacez la terminaison par *-ves* au pluriel. Ex. *Life* devient *lives*.

» Ajoutez *-es* aux noms qui se terminent en *-s*, *-ss*, *-ch*, *-sh*, *-x*, *-z* et *-o*. Ex. *Kiss* devient *kisses* et *hero* devient *heroes*.

2. Mettez les noms suivants au pluriel (attention aux exceptions) :

Spy __________	Child __________
Bus __________	Half __________
Tomato __________	Box __________
Chair __________	Lunch __________
Boy __________	Boss __________

TRUC

En anglais, il y a des noms appelés **dénombrables** et des noms appelés **indénombrables**.

Les noms **dénombrables** peuvent être **facilement séparés et comptés**.

Ce n'est pas le cas des **indénombrables**, qui peuvent être :

- des **idées générales** (comme *freedom*, la liberté ou encore *fear*, la peur...),
- des **substances** (comme *butter*, le beurre, ou encore *alcohol*, l'alcool...),
- des **activités** (*dancing*, la danse, ou encore *cooking*, la cuisine...),
- ou encore des **langues** (*French*, *English*...).

Pour les compter, on les sépare avec des expressions telles que « *a piece of* », « *a pair of* »...

3. Reliez les expressions suivantes à l'indénombrable qui leur correspond.

A touch of	Humour
A game of	Hair
A sense of	Advice
A stroke of	Elegance
A lock of	Rice
A piece of	Bread
A helping of	Luck
A slice of	Tennis

Les pronoms personnels

APLN p. 49

Les pronoms personnels sujets sont :

- Je *I*
- Tu *you*
- Il *he* ou *it* (pronom neutre)
- Elle *she* ou *it* (pronom neutre)
- Nous *we*
- Vous *you*

- » Ils *they*
- » Elles *they*

TRUC

Attention, lorsque l'on ne parle pas d'une personne, il faut utiliser le pronom neutre *it*, sauf à la rigueur pour certains animaux de compagnie bien-aimés. Ex. Jean-Paul loves his little dog > Jean-Paul loves *him* (*Jean-Paul aime son petit chien*).

4. Remplacez les noms soulignés par des pronoms sujets.

1. <u>Janice</u> has an annoying laugh.

   Janice a un rire énervant.

   Réponse : ____________________

2. <u>Paul and Carlo</u> are into wrestling.

   Paul et Carlo aiment le catch.

   Réponse : ____________________

3. <u>Paul and I</u> fight a lot.

   Paul et moi nous disputons beaucoup.

   Réponse : ____________________

4. *The car* needs washing.

   La voiture a besoin d'être lavée.

   Réponse : ____________________

5. *The carrots* smell weird.

   Ces carottes ont une drôle d'odeur.

   Réponse : ____________________

Conjuguer les verbes

La forme de base des verbes, celle que l'on trouve dans les dictionnaires, s'appelle l'infinitif. Il s'agit de la **base verbale** (= le verbe nu, non conjugué) précédée de **to**. Ex. nager se dit *to swim*.

Pour conjuguer un verbe, il faut toujours **retirer le *to*** de l'infinitif.

Pour conjuguer un verbe **au présent simple**, il suffit d'ajouter *-s* ou *-es* à la 3e personne du singulier.

On ajoute **-es** à la fin des verbes qui se terminent en *-o*, *-s*, *-x*, *-z*, *-ch*, et *-sh*.

Ex. *I go > she goes.*

On remplace par **-ies** la terminaison en *-y*, sauf si le *-y* est précédé d'une voyelle. Ex. *I cry > she cries* mais *I play > she plays.*

N'oubliez pas :

L'auxiliaire avoir (*to have*) devient *has* à la 3e personne du singulier.

L'auxiliaire être (*to be*) se conjugue de la façon suivante :

I am (*je suis*)

You are (*tu es*)

He is / she is / it is (*Il est / elle est / c'est*)

We are (*nous sommes*)

You are (*vous êtes*)

They are (*ils sont*)

5. Conjuguez les verbes suivants à la 3e personne du singulier :

Clark (**work**) __________ as a journalist, but in fact he (**be**) __________ a superhero! He (**watch**) __________ over the city and he (**carry**) __________ heavy stuff, such as planes and trains, whenever necessary. He (**do**) ________ not always get along with supervillains, let's say they (**have**) __________ a complicated relationship.

Clark travaille comme journaliste, mais en réalité, c'est un superhéros ! Il veille sur la ville et transporte des trucs lourds, des avions et des camions par exemple, quand c'est nécessaire. Il ne s'entend pas toujours très bien avec les superméchants, enfin, disons qu'ils ont une relation compliquée.

Les phrases négatives

APLN
p. 39

Pour transformer une phrase affirmative en phrase négative, il suffit :

- d'ajouter *not* après le verbe *to be* ou après un modal [voir plus loin au chapitre sur les modaux] ;
- d'ajouter *do not* ou *does not* devant un autre verbe.

6. Transformez les phrases suivantes en phrases négatives :

TRUC

N'oubliez pas l'usage des contractions :

- *is not* devient *isn't* et *are not* devient *aren't ;*
- *do not* devient *don't* et *does not* devient *doesn't ;*
- *have not* devient *haven't* et *has not* devient *hasn't.*

N'oubliez pas la différence entre verbe et auxiliaire pour *be*, *do* et *have* (*APLN*, p. 52-53) : le verbe porte vraiment une information sur l'action alors que l'auxiliaire sert seulement à conjuguer le verbe.

1. I am easy to live with.

   Je suis facile à vivre.

   Réponse : ___________________

2. I have a sports car.

   J'ai une voiture de sport.

   Réponse : ___________________

3. I have made cookies.

   J'ai fait des biscuits.

   Réponse : ___________________

4. I did the dishes.

   J'ai fait la vaisselle.

   Réponse : ___________________

5. I like Mexican food.

   J'aime la nourriture mexicaine.

   Réponse : ___________________

Poser des questions simples

7. Transformez ces affirmations en questions :

Dans une phrase avec *to be*, il suffit d'inverser le sujet et le verbe. Pour les autres verbes, il faut ajouter l'auxiliaire *do* (ou *does* à la 3e personne du singulier) en début de phrase (et retirer le « s » de 3e personne du verbe principal si nécessaire).

1. I am late.

   Je suis en retard.

   Réponse : ____________________

2. You went to the movies.

   Tu es allé au cinéma.

   Réponse : ____________________

3. She has the flu.

   Elle a la grippe.

   Réponse : ____________________

4. You have met Ted.

   Tu as rencontré Ted.

   Réponse : ____________________

5. You did well.

   Tu as bien fait.

   Réponse : ____________________

Poser des questions avec what, who, why, how, where et when

Pour poser une question avec un pronom interrogatif, il suffit de passer par **la question simple**, puis d'ajouter **le pronom interrogatif** au début de la phrase.

Ex. *Bert gets all his info from the Internet.*

Étape 1 : on pose la question simple : *Does Bert get all his info on the Internet?*

Étape 2 : on ajoute le pronom interrogatif : *Why does Bert get all his info on the Internet?*

8. D'abord, on va faire travailler la mémoire : reliez chaque pronom interrogatif à sa traduction française.

what	•	•	pourquoi
who	•	•	comment

why •		• où
how •		• quand
where •		• qui
when •		• quoi / que

9. **Maintenant, transformez ces affirmations en questions en utilisant *where, why, what, who et when* (l'information sur laquelle porte la question est soulignée) :**

1. He lives <u>round the corner</u>.

   Il vit tout près d'ici.

   Réponse : ___________________

2. He cries all the time <u>because of the breakup.</u>

   Il pleure tout le temps à cause de la rupture.

   Réponse : ___________________

3. His name is <u>Bert</u>.

   Il s'appelle Bert.

   Réponse : ___________________

4. <u>Lisa</u> is coming with him.

   Lisa vient avec lui.

   Réponse : ___________________

5. The play starts <u>at 11</u>.

   La pièce commence à 11h.

   Réponse : ___________________

10. **Traduisez les phrases suivantes en français :**

1. How did you get to Vegas?

   Réponse : ___________________

2. How much did it cost?

   Réponse : ___________________

3. How many drinks did you have?

   Réponse : ___________________

4. How much money did you lose at the casino?

   Réponse : ___________________

5. How are you going to pay?

Réponse : ____________________

11. La petite Stacy a 3 ans, elle découvre le monde. Complétez les phrases suivantes avec le bon pronom interrogatif en vous aidant des réponses de son père, qui n'en peut plus de répondre à toutes ses questions.

1. ________ is that white thing outside?

It's snowing.

2. ________did it start?

Last night.

3. ________does it come from?

The sky.

4. ________?

It's water that freezes in the clouds, or something like that, I guess.

5. ________ ?

I don't know, because it's cold.

6. But ________ is it cold ?

I don't know, sweetie, go ask mum, OK.

Les participes

On forme **le participe passé** à partir du verbe à la manière du prétérit [voir chapitre « le prétérit »], en ajoutant **-d** ou **-ed**.

Le **participe présent** se forme à partir du verbe en ajoutant **-ing**, mais :

» pour les verbes qui se terminent en **-e**, on retire le -e avant d'ajouter **-ing**. Ex. *dive* > *diving* ;

» pour les verbes qui se terminent en **-ie**, on remplace le -ie par **-y** avant d'ajouter **-ing**. Ex. *lie* > *lying* ;

» pour les verbes qui se terminent avec une voyelle puis une consonne, on double la dernière consonne avant d'ajouter **-ing**. Ex. : *forget* > *forgetting* (attention, ce n'est pas toujours le cas pour les terminaisons et **-w** et en **-er**).

12. Donnez les participes passés et les participes présents des verbes suivants :

ATTENTION

Attention, certains verbes sont irréguliers. [voir Annexe 1, p. 159]

1	Play		
2	Live		
3	Cry		
4	Lend		
5	Work		
6	Shut		
7	Speak		
8	Let		
9	Have		
10	Want		

TRUC

On peut utiliser les participes comme des adjectifs. Les participes passés ont un sens passif et les participes présents un sens actif.

13. Dans les listes de synonymes suivants, mettez les verbes au participe passé et au participe présent.

1.

Buy		
Purchase		
Get		

2.

Hate		
Dislike		
Loathe		

3.

Come		
Arrive		
Reach		

4.

Mention		
Tell		
Refer		

5.

Work		
Achieve		
Labour		

6.

Meet		
Encounter		
Gather		

7.

Hope		
Expect		
Trust		

8.

Control		
Govern		
Master		

9.

Hold		
Keep		
Bear		

10.

Forget		
Omit		
Overlook		

L'expression du présent : présent simple et présent continu (be + -ing)

APLN
p. 55-56

On utilise plutôt :

- » le **présent simple** pour des **habitudes** ou des **caractéristiques** dans le présent ;
- » le **présent continu** pour des actions **en train de se dérouler**. Pour le former, on utilise l'auxiliaire **be** conjugué **+ participe présent**.

14. **Conjuguez les verbes soit au présent simple, soit au présent continu (be + -ing) dans les phrases suivantes.**

1. *Paul et Carlo aiment le catch. (aimer = to like)*
   Paul and Carlo _________ wrestling.
2. *Paul et Carlo regardent le catch ce soir. (regarder = to watch)*
   Paul and Carlo _________ wrestling matches tonight.
3. *Lorsqu'il fait du catch, Paul porte une grosse ceinture. (porter = to wear)*
   When he wrestles, Paul _________ a big belt.
4. *Pour le match de ce soir, Carlo porte un masque rouge. (porter = to wear)*
   For tonight's match, Carlo _________ a red mask.
5. *Jacqueline fume comme un pompier. (fumer = to smoke)*
   Jacqueline _________ like a chimney.
6. *Elle fume un cigare. (fumer = to smoke)*
   She _________ a cigar.
7. *Elle vient nous rendre visite. (venir = to come)*
   She _________ to visit us.
8. *Elle vient du Cantal. (venir = to come)*
   She _________ from Cantal.
9. *Je suis Carlo sur Twitter. (suivre = to follow)*
   I _________Carlo on Twitter.

10. *L'entraîneur suit Paul dans l'arène. (suivre = to follow)*

The coach _________ Paul into the arena.

TRUC

L'une des différences principales entre présent simple et présent continu est une différence d'aspect. En gros, le présent simple est neutre et objectif (ex. : *It rains a lot in Britain*) alors que le présent continu marque plutôt une émotion, un jugement, ou une décision (ex. : *I'm not going out with you*, que l'on traduira d'ailleurs souvent par « je ne veux pas sortir avec toi » plutôt que « je ne vais pas sortir avec toi »).

15. **Conjuguez les verbes soit au présent simple, soit au présent continu (be + -ing) dans le dialogue suivant en faisant bien attention à l'aspect.**

1. "Hey Dad, I think a tiger (**hide**) _________ under my bed. Could you take a look?"

   « Hey, Papa, je crois qu'un tigre se cache sous mon lit. Pourrais-tu jeter un œil ? »

2. "Calvin, you (**be**) __________ ridiculous. Do you really think tigers (**take**) _________ the plane from Africa to bother little boys at night?"

   « Calvin, tu es ridicule. Tu penses vraiment que les tigres prennent l'avion depuis l'Afrique pour venir embêter les petits garçons la nuit ? »

3. "I don't know. They (**like**) _________ eating little kids, don't they?"

   « Je ne sais pas. Ils aiment manger les petits enfants, non ? »

4. "I (**not look**) __________ under that bed. And that's final!"

   « Je ne regarderai pas sous ce lit. Un point c'est tout ! »

5. "A tiger (**lick**) ____________ his lips under the bed. I'm pretty sure I (**hear**) _________ it right now".

   « Un tigre se lèche les babines sous le lit. Je suis à peu près sûr que je l'entends en ce moment. »

6. "I (not hear) ____________ anything. Just go back to sleep and stop bothering me."

   « Je n'entends rien. Rendors-toi et laisse-moi tranquille. »

L'expression du passé : le prétérit

C'est le temps « de base » pour exprimer une **action au passé**, c'est un peu l'équivalent de notre imparfait.

Pour conjuguer un verbe au prétérit, il suffit d'ajouter **-ed** à la fin. Pas besoin de s'embêter avec la 3e personne du singulier comme au présent, c'est toujours ça de moins à faire.

On ajoute seulement **-d** à la fin des verbes qui se terminent par **-e**. Ex. *I wake up > I waked up.*

On double la consonne finale et on ajoute **-ed** pour les verbes qui se terminent par une voyelle suivie d'une consonne. Ex. *I rob > she robbed.*

Pour les verbes qui se terminent en **-y**, on remplace le **-y** par **-ied**, sauf s'il est précédé d'une voyelle. Ex. *I cry > she cried* mais *I play > she played.*

TRUC

To be devient *was* au singulier et *were* au pluriel.

To have devient *had.*

To do devient *did.*

Les verbes irréguliers

[voir Annexe 1, p. 159]

Certains verbes anglais ne veulent pas faire comme les autres. Il n'y a pas de secret : il faut les apprendre par cœur. Voici quelques petits exercices pour vous rafraîchir la mémoire.

16. Soulignez le ou les verbes irréguliers dans les listes de synonymes suivantes, puis mettez-les tous au prétérit.

1. Made / Create / Do

   Réponse : ____________________

2. Let / Allow / Leave

   Réponse : ____________________

3. Live / Exist / Be

   Réponse : ____________________

4. Cry / Shout / Weep

   Réponse : ____________________

5. Lend / Grant / Loan

   Réponse : ____________________

6. Close / Shut / Lock

   Réponse : ____________________

7. Speak / Talk / Say

   Réponse : ____________________

LES COMICS POUR LES NULS : LES SUPERHÉROS AU CHÔMAGE

17. Tous les superhéros ne sont pas super utiles. Oh non, ces superhéros ont été licenciés ! Plus qu'à mettre les verbes au passé...

1. Tarzan jumps from tree to tree.
   Tarzan saute d'arbre en arbre.
   Réponse : ____________
2. The Hawk shoots arrows.
   Hawk tire des flèches.
   Réponse : ____________
3. Superman doesn't see through lead.
   Superman ne voit pas à travers le plomb.
   Réponse : ____________
4. Batman drives his Batmobile.
   Batman conduit sa Batmobile.
   Réponse : ____________
5. Wonderwoman does the dishes.
   Wonderwoman fait la vaisselle.
   Réponse : ____________
6. The Green Lantern has some sort of ring.
   Green Lantern a une espèce de bague.
   Réponse : ____________
7. Spiderman swallows flies.
   Spiderman avale des mouches.
   Réponse : ____________
8. The Hulk becomes green.
   Hulk devient vert.
   Réponse : ____________
9. Ironman sells weapons for a living.
   Ironman est vendeur d'armes.
   Réponse : ____________
10. Taxman is not a superhero.
    Taxman n'est pas un superhéros.
    Réponse : ____________

LES FAIRY TALES POUR LES NULS : LA REVANCHE DU PETIT CHAPERON ROUGE

18. Conjuguez les verbes au prétérit dans le texte suivant.

Once upon a time there (**be**) _____ a little girl called Little Red Riding Hood. One day her mother (**say**) _____ to her: "here is a piece of cake and a bottle of bourbon for your grandmother. She has very few little pleasures in her life, so bring them to her." The grandmother (**live**) _____ out in the woods, away from the village. Little Red Riding Hood (**have**) _____ nothing better to do so she (**set**) _____ out to visit her Grandma. A wolf (**see**) _____ her and (**think**) _____ she would make a great snack. He (**ask**) _____ her where she (**want**) _____ to go. But she (**know**) _____ very well what the wolf (**be**) _____ up to, she (**be**) _____ not stupid. So she (**take**) _____ a big knife and (**chop**) _____ off his ear, and the wolf was never heard of again. Good riddance!

Il était une fois une petite fille appelée Petit Chaperon rouge. Un jour, sa mère lui dit : « voici un morceau de gâteau et une bouteille de whisky pour ta grand-mère. Elle a bien peu de petits plaisirs dans sa vie, alors apporte-les-lui. » La grand-mère vivait dans les bois, loin du village. Le Petit Chaperon rouge n'avait rien d'autre à faire et alla donc rendre visite à sa grand-mère. Un loup la vit et se dit qu'elle ferait un délicieux casse-croûte. Il lui demanda où elle voulait aller. Mais elle savait très bien ce que le loup manigançait, elle n'était pas stupide. Elle prit donc un grand couteau et lui coupa l'oreille. On n'entendit plus jamais parler du loup. Bon débarras !

Les articles

L'article A ou AN

On le place devant un dénombrable (c'est-à-dire quelque chose que l'on peut facilement compter) singulier. On l'appelle l'article indéfini, car on le place devant un dénombrable que l'on ne connaît pas encore ou dont on se fiche de l'identité / de la spécificité.

On écrit **a** devant un son de consonne (y compris le h aspiré) et **an** devant un son de voyelle.

Ex. Ned: "Give me a shirt."

« Donne-moi une chemise. »

Stella: "The shirt with the stripes or the shirt with the dots?"

« La chemise à rayures ou la chemise à pois ? »

Ned: "Who cares? I just need a shirt."

« On s'en fiche, j'ai juste besoin d'une chemise. »

TRUC

On l'utilise également :

- devant les noms de métier, ex. *She's a cop* (= elle est flic) ;
- dans les phrases exclamatives, ex. *What a bad driver!* (= quel mauvais conducteur !) ;
- et après *without* (= sans), ex. *He drives without a licence* (= Il conduit sans permis).

L'article Ø, c'est-à-dire l'absence d'article

L'article **Ø** (c'est-à-dire le fait de ne pas mettre d'article) est plus commun en anglais qu'en français. En anglais, on ne met pas d'article devant :

- les indénombrables, ex. *I love candy floss* (= j'aime les barbes à papa) ;
- les notions abstraites, ex. *I like sports, I love pink, I hate hypocrisy* (= j'aime le sport, j'adore le rose, je déteste l'hypocrisie) ;
- les pluriels qui désignent une catégorie tout entière, ex. *I hate Mondays* (= je déteste les lundis) ;
- les noms propres et les titres officiels, ex. *I like Ike, I like President Eisenhower* (= j'aime Ike, j'aime le président Eisenhower).

TRUC

On ne met pas d'article non plus devant les noms de lieux généraux (*school, home, hospital*...), devant les noms de pays (*France, England, Brazil*...) sauf s'il s'agit d'un ensemble politique (*the United States, the Republic of Ireland*, ou encore *the United Kingdom*...).

L'article THE

L'article THE est finalement le plus difficile à maîtriser. On l'utilise, comme *le* ou *la* en français, pour désigner quelque chose que l'on connaît bien – ex. *Did you feed the cat?* (= As-tu donné à manger au chat ?) –, que l'on vient de désigner – ex. *Who's the guy next to her?* (= C'est qui, le type à côté d'elle ?), ou encore dont on vient de parler – ex. *A guy stole Alice's bag. The guy ran away* (= Un type a volé le sac d'Alice. Le type est parti en courant).

TRUC

On l'utilise aussi pour des noms de lieux ou pour des éléments naturels que tout le monde connaît (*the metro, the Alps, the Grand Canyon, the sun, the weather…*) et pour les instruments de musique, ex. *she plays the piano* (= elle joue du piano).

LES « NOUVEAUX FAMILIERS » POUR LES NULS

19. Complétez le dialogue suivant à l'aide des articles Ø, the, a ou an.

Rodney est fan des « nouveaux familiers », ces animaux et insectes exotiques que l'on peut avoir chez soi. Complétez sa discussion avec sa nouvelle copine Sarah.

Pour les animaux domestiques, on évite généralement les pronoms neutres.

Sarah: Ah! Rodney! There's ____ tarantula in ____ shower!

Rodney: Yes, this is Stacey, she comes from ____ Brazil. I bought her on ____ Internet. She's _____ very affectionate pet. Would you like to cuddle her?

Sarah: No, I hate ____ spiders. I think they're creepy. And who's ____ big lizard on the bed?

Rodney: That's Charles, actually, he's _____ iguana from _____ Galapagos Islands. And did you meet Humphrey?

Sarah: Yeah, that's ____ snake who bit me yesterday.

Sarah : Ha ! Rodney, il y a une tarentule dans la douche !

Rodney : Oui, je te présente Stacey, elle vient du Brésil. Je l'ai achetée sur Internet. C'est un animal de compagnie très affectueux. Tu veux lui faire un câlin ?

Sarah : Non, je déteste les araignées. Je les trouve flippantes. Et qu'est-ce que c'est que ce gros lézard sur le lit ?

Rodney : Voici Charles, en fait, c'est un iguane des Galapagos. Est-ce que tu connais Humphrey ?

Sarah : Ouais, c'est le serpent qui m'a mordue hier.

20. Complétez les traductions suivantes à l'aide des articles Ø, the, a ou an.

1. *Elle aime un peu trop le vin.*

   She likes _________ wine a little too much.

2. *Quelle belle voiture de sport !*

   What ________ beautiful sports car!

3. *Je prends le train pour aller travailler.*

   I take _________ train to go to work.

4. *Ne regarde pas le soleil !*
Don't stare at _________ Sun.

5. *Il est parti sans manteau.*
He left without _______ coat.

6. *Est-ce que tu aimes les gâteaux ?*
Do you like _________ cakes ?

7. *Je les ai achetées aux États-Unis.*
I bought them in _______ United States.

8. *Elle ne porte que du rose.*
She only wears _________ pink.

9. *C'est un très bon hacker.*
He's _________ very good hacker.

10. *Il joue de la guitare.*
He plays _________ guitar.

Autour des verbes : *to, -ing* ou Ø ?

Les verbes prennent souvent des formes variées en fonction de ce que l'on veut dire.

Verbe + *to*

On ajoute **to** après le verbe lorsque ce dernier exprime un **projet** ou une **réalisation en cours**. Ex. *I'd love to go swimming* > J'adorerais aller nager.

On utilise généralement cette forme pour exprimer :

- une **émotion,** ex. *I'm happy to see you* > Je suis heureux de te voir ;
- un **souhait,** ex. *I prefer to stay here* > Je préfère rester ici ;
- une **obligation,** ex. *I have to go* > Je dois partir.

Verbe + *-ing*

On ajoute la terminaison **-ing** lorsque l'on s'intéresse à l'**idée générale** ou lorsque l'on parle d'une **habitude**. Ex. *Cheating at poker can be hard* > Tricher au poker peut être difficile.

TRUC

On l'utilise également, après un certain nombre de verbes, dont :

- les verbes d'émotion, comme **to enjoy** (= aimer) et **to feel like** (= avoir envie de), mais aussi **to mind** (= être gêné) ;
- les verbes liés à l'action, comme **to carry on** (= continuer), mais aussi **to finish** (= finir) et **to stop** (= arrêter).

21. Cochez la bonne réponse.

1. I have some work ____________.

   J'ai du travail à faire.

   ☐ to do

   ☐ doing

2. Please stop ____________ and come with me.

   Arrête de travailler, s'il te plaît, et viens avec moi.

   ☐ to work

   ☐ working

3. She was relieved ____________ the news.

   Elle a été soulagée d'entendre la nouvelle.

   ☐ to hear

   ☐ hearing

4. ____________________ is bad for your health.

   Fumer est mauvais pour ta santé.

   ☐ to smoke

   ☐ smoking

5. I feel like ____________ a cigarette.

   J'ai envie de fumer une cigarette.

   ☐ to smoke

   ☐ smoking

6. I love ___________ cigars.

J'adore fumer le cigare.

☐ to smoke

☐ smoking

7. I'm going out ____________ a cigarette.

Je sors fumer une cigarette.

☐ to smoke

☐ smoking

8. I would love ____________ tonight.

J'aimerais beaucoup danser ce soir.

☐ to dance

☐ dancing

9. I love ____________ in the rain.

J'adore danser sous la pluie.

☐ to dance

☐ dancing

10. ____________ is not easy.

Danser n'est pas facile.

☐ to dance

☐ dancing

Préfixes et suffixes

Beaucoup de mots anglais servent de racines pour former d'autres mots en ajoutant des préfixes, qui se placent au début des mots, et / ou des suffixes, qui se placent à la fin des mots.

Les préfixes

Les préfixes précisent le sens des mots, ils permettent souvent d'exprimer le contraire. ex. *perfect* (parfait) devient *imperfect* (imparfait).

22. Trouvez le contraire des mots suivants en choisissant le bon préfixe parmi :
mal- / dis- / un- / il- / non- / ir- / mis- / under-

1. happy (heureux) > _________happy (malheureux)
2. to function (fonctionner) > to ________function (dysfonctionner)
3. to estimate (estimer) > to ________estimate (sous-estimer)
4. to agree (être d'accord) > to ______agree (ne pas être d'accord)
5. legal (légal) > ______legal (illégal)
6. honest (honnête) > ______honest (malhonnête)
7. smoker (fumeur) > ______ smoker (non-fumeur)
8. known (connu) > _______known (inconnu)
9. to understand (comprendre) > to ______understand (se tromper)
10. Relevant (pertinent) > _______relevant (non-pertinent)

Les suffixes

Certains suffixes modifient la nature du mot :

» quand on ajoute **-ly** à la fin d'un adjectif, on se retrouve généralement avec un adverbe, ex. *quick* (rapide) devient *quickly* (rapidement) ;

» quand on ajoute **-y**, **-ish, -ing, -ed, -able** ou **-ible, -ful** ou **-less** à la fin d'un nom, on se retrouve généralement avec un adjectif, ex. **colour** (couleur) devient *colourful* (coloré).

Ces suffixes apportent en même temps une nuance de sens en plus, que vous trouverez dans ce tableau :

Suffixe	Sens	Exemple
-y	Caractéristique (neutre)	*a girl* (une fille) > *girly* (= qui « fait fille »)
-ish	Caractéristique (un peu péjoratif)	*grey* (gris) > *greyish* (grisâtre)
-ing	actif	*to interest* (intéresser) > *interesting* (intéressant)
-ed ou -d	passif	*to waste* (gâcher) > *wasted* (gâché, ou bourré)
-able	capacité	*to dispose* (jeter) > *disposable* (jetable)
-ible	capacité	*contempt* (le mépris) > *contemptible* (méprisable)
-ful	avec	*beauty* (beauté) > *beautiful* (beau)
-less	sans	*job* (travail) > *jobless* (au chômage)

On peut également former des noms avec des suffixes. Ce sont généralement des mots abstraits, qui renvoient à des idées générales. C'est le cas des mots qui se terminent en -**ism**, -**ity**, -**ness** ou -**ship**, ex. *a friend* (un ami) > *friendship* (l'amitié). Certains suffixes comme -**dom** ou -**hood** permettent de montrer que l'on appartient à un groupe, ex. *a Christian* (un chrétien) > *Christiandom* (la chrétienté) ; *brother* (frère) > *brotherhood* (confrérie).

23. Complétez les phrases avec le bon suffixe : *-ful, -less, -dom, -hood, -ship, -able, -y, -ish, -ing, -d.*

1. Before the Revolution, France was a king______.
   Avant la Révolution, la France était un royaume.

2. Don't cry, it is child________.
   Ne pleure pas, c'est puéril.

3. He was home________ and had to live in the streets.
   Il était sans domicile et devait vivre dans la rue.

4. She became a very success______ lawyer.
   Elle devint une avocate brillante.

5. I prefer bake______ potatoes.
   Je préfère les pommes de terre au four.

6. Be careful, the water is not drink________ .
   Fais attention, l'eau n'est pas potable.

7. Adult______ is not always easy.
   Être adulte n'est pas toujours facile.

8. The slogan is very catch________.
   Le slogan est très entraînant.

9. This project is very excit______.
   Ce projet est exaltant.

10. He has just finished his intern_________.
    Il vient de terminer son stage.

24. Reliez le mot anglais suivant au bon suffixe pour le traduire :

1. liberté	>	free	☐	☐	ism
2. malheur	>	sad	☐	☐	dom
3. amitié	>	friend	☐	☐	ity
4. socialisme	>	social	☐	☐	hood
5. complexité	>	complex	☐	☐	ness
6. enfance	>	child	☐	☐	ship

Chapitre 3

Heureux de faire votre connaissance

OBJECTIF :

- **Savoir se présenter et décrire les gens**

BONUS :

- *Les selfies pour les Nuls : Kimmy et ses sœurs*
- *Les tutoriels internet pour les Nuls : Le « Tuto Makeover » de Samantha*

Les mots pour se présenter

Se présenter

le prénom *the first name*

le nom de famille *the surname*

monsieur *mister (mr)*

madame *missis (mrs)*

rencontrer *to meet*

se présenter *to introduce oneself*

se serrer la main *to shake hands*

une poignée de mains *a handshake*

une soirée *a party*

une invitation *an invitation*

chaleureux *warm*

présenter quelqu'un à quelqu'un d'autre *to introduce somebody to somebody else*

rencontrer *to meet*

rencontrer quelqu'un par hasard *to run into somebody*

inviter quelqu'un *to invite somebody over*

souhaiter *to wish*

espérer *to hope*

La famille et les amis

famille *family*
sœur *sister*
brother *fils*
mère *mother*
père *father*
grand-mère *grandmother*
grand-père *grandfather*
petite-fille *granddaughter*
petit-fils *grandson*
époux *husband*
épouse *wife*
un ami *a friend*
un voisin *a neighbour*
un proche *a relative*
petite amie *girlfriend*
petit ami *boyfriend*
un invité *a guest*

1. Replacez correctement les noms dans l'arbre généalogique.

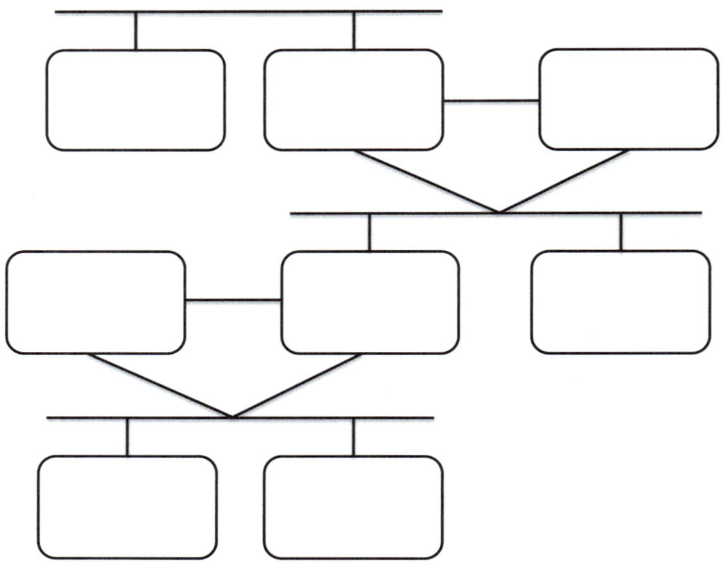

Ruth is Paul's grandmother. She is also Claire and Erin's mother. Tom is Claire's husband, and also Paul's father. Ruth is Edward's wife and Henry's sister. Paul has a brother called Arthur.

Ruth
Edward
Henry
Claire
Erin
Tom
Paul
Arthur

2. Complétez les phrases avec le mot qui convient :

1. *Salut Rebecca, je suis heureux de te rencontrer.*

   _________ Rebecca, I'm happy to _________ you

2. *C'est une voisine très chaleureuse… En fait, elle est un peu envahissante…*

   She's a very _________ neighbour… In fact, she's a bit invasive…

3. *Nous avons conclu l'affaire d'une poignée de mains.*

   We _________ over the deal.

4. *Nous nous sommes incrustés à la fête des Cooper hier soir.*

   We crashed the Coopers' _________ last night.

5. *C'est moi qui lui ai présenté sa petite amie.*

   I'm the one who _________ him to his girlfriend.

3. Reliez les formules de politesse suivantes à leur traduction française.

Bonjour	*Hi!*
Bonjour (le matin)	*Please*
Bonsoir	*I'm sorry*
Salut !	*Nice to meet you.*
Au revoir	*Forgive me*
S'il vous plaît	*Good morning*
Merci	*Hello*
De rien	*To apologise*
Bonne journée !	*Goodbye*
Enchanté	*Good evening*
Excusez-moi	*You're welcome*
Je suis désolé	*Could you help me?*
S'excuser	*Have a nice day!*
Pourriez-vous m'aider ?	*Thank you*
Pardonnez-moi	*Excuse me*

Les mots pour décrire les gens

APLN
p. 89-90

4. Indiquez le numéro correspondant au dessin pour chaque partie du corps

_____ Le visage *the face*

_____ Les yeux *the eyes*

_____ Le nez *the nose*

_____ La joue *the cheek*

_____ L'oreille *the ear*

_____ La bouche *the mouth*

_____ Le menton *the chin*

_____ Les cheveux *the hair*

_____ La peau *the skin*

_____ Les bras *the arms*

_____ Les jambes *the legs*

_____ Les dents *the teeth*

_____ Le dos *the back*

_____ Les épaules *the shoulders*

_____ La main *the hand*

_____ Le doigt *the finger*

_____ Le mollet *the calf (pl. calves)*

_____ La cheville *the ankle*

_____ La cuisse *the thigh*

_____ Le genou *the knee*

_____ Le pied *the foot* (*pl. feet*)

_____ Un orteil *a toe*

_____ Le ventre *the stomach*

_____ Le torse *the chest*

_____ La taille *the waist*

5. **Question subsidiaire : quelle est la figure célèbre représentée ?**

....

LES SELFIES POUR LES NULS : KIMMY ET SES SŒURS

6. **Remettez les phrases suivantes dans le bon ordre à l'aide de la traduction en français.**

Kimmy vient de s'acheter un selfie-stick, mais elle a besoin de l'avis de ses sœurs Kylie, Kathy, Kitty et Klothilde pour choisir et améliorer ses selfies avant de les poster sur Internet.

1. *Tu ne trouves pas que mon derrière a l'air trop gros ?*
   Kimmy: looks / too / Don't / bottom / think / my / big? / you
   Réponse : ____________

2. *Non, un derrière n'est jamais assez gros.*
   Kylie: is / bottom / No, / enough. / a / big / never
   Réponse : ____________

3. *Tu ne trouves que mes lèvres ont l'air bizarre ?*
   Kimmy: you / look / think / Don't / my / weird? / lips
   Réponse : ____________

4. *Oui, tu devrais mettre ta bouche en cœur.*
   Kathy: should / Yes, / you / duckface. / make / a
   Réponse : ____________

5. *Tu ne trouves pas que mes cuisses ont l'air flasques ?*
   Kimmy: my / flabby? / look / Don't / think / too / thighs / you
   Réponse : ____________

6. *Non, tu es aussi sublime que Beyoncé !*
   Kitty: you're / Beyoncé! / gorgeous / as / as / No,
   Réponse : ____________

7. *Tu penses que j'ai l'air belle dans cette robe ?*
   Kimmy: in / good / I / think / Do / dress? / look / you / that
   Réponse : ____________

»

»

8. *Non, elle est bien trop décente, on ne voit même pas tes sous-vêtements !*
Klothilde: can't / conservative, / underwear! / way / No, / it's / we / too / see / your / even
Réponse : ___________

9. *Tu ne trouves pas que mes orteils semblent tordus ?*
Kimmy: you / look / toes / Don't / crooked? / think / my
Réponse : ___________

10. *Si, qu'est-ce qu'ils ont ?*
Klothilde: what / Yes, / wrong / them? / is / with
Réponse : ___________

PLAYLIST

7. Complétez les titres de chansons à l'aide du vocabulaire suivant : ***Arms / Shoulder / Head / Hand / Feet / Heart / Eyes / Face / Arms / Finger / Lips.***

1. *Back in my* ________ *again* by The Supremes
2. *Glass* _________ by Radiohead
3. *Take my* _________ by Archive
4. *Can't Feel my* _________ by The Weeknd
5. *Cherry* _________ by Garbage
6. *Cold* _________ by Adele
7. _________*tips* by Stevie Wonder
8. ____________ *in Glove* by The Smiths
9. *Hungry* ____________ by Bruce Springsteen
10. *Stamp your* ____________ by Donna Summer

8. Reliez ces expressions imagées à leur traduction française :

1. to cost an arm and a leg	Je vous écoute.
2. to twist someone's arm	se remplir la panse
3. I'm all ears.	être sur la même longueur d'onde
4. to give a hand	donner un coup de main
5. to see eye to eye	ne pas lever le petit doigt
6. to stuff one's face	prendre des risques
7. to be butterfingers	forcer la main à quelqu'un
8. not to lift a finger	être sur le dos de quelqu'un

9. to stick one's neck out	coûter la peau des fesses
10. to breathe down someone's neck	avoir deux mains gauches

Dire l'âge

APLN p. 93

Les anglophones utilisent *to be* plutôt que *to have* pour parler de l'âge, et ajoutent *old* à la fin de la phrase ex. il a 10 ans > *He's ten years old*.

ATTENTION

On retire le <s> de *years* et on ajoute des tirets lorsque *years old* devient un adjectif ex. un enfant de 10 ans > *a ten-year-old boy*.

9. Remettez les mots dans le bon ordre pour traduire les phrases suivantes :

1. Quel âge as-tu ? > *you? / How / are / old*
   Réponse : ____________________
2. J'ai vingt ans. > *old. / years / am / twenty / I*
   Réponse : ____________________
3. C'est une fille de vingt ans. > *Old / twenty- / She / girl. / a / year- / is*
   Réponse : ____________________

CULTURE

10. Ces titres de films connus contiennent des fautes de grammaire (ils auraient pu se relire quand même...). Il manque des tirets ou des apostrophes, à vous de jouer pour les ajouter.

1. *The 40 Year-Old Virgin*
2. *Million Dollar Baby*
3. *Reservoir Dogs: Lets Get to Work*
4. *Grown Ups*
5. *Couples Retreat*
6. *The To Do List*
7. *A Two Weeks Notice*
8. *Eight Legged Freaks*

Décrire le physique

11. Reliez les mots suivants à leur contraire :

pretty	old
fat	tall
short	slim
young	plain

12. Reliez ces figures célèbres à une caractéristique physique qui leur convient :

Michael Jackson	fat
The Queen of England	strong
Grumpy	slim
Jabba the Hutt	tall
Mister T	short
Michael Jordan	old

LES TUTORIELS INTERNET POUR LES NULS : LE « TUTO MAKEOVER » DE SAMANTHA

13. Complétez le « Tuto Makeover » de Samantha avec les mots suivants :

Samantha, actrice et mannequin, réalise toutes les semaines un tutoriel sur Internet pour aider les gens à trouver leur style en « cachant leurs petits défauts ». Autant dire que Samantha énerve tout le monde avec ses conseils …

skinny (maigre) / *dress* (robe) / *clothes* (des vêtements) / *smartly* (de façon élégante) / *chubby* (potelé) / *figure* (silhouette) / *muffin top* (gras des hanches) / *baggy* (ample) / *tight* (serré)

"Hi, I'm Samantha, I'm an actress and a model. You may have seen me in "The Hairy Ape" on Broadway. Most people are really hopeless at finding their style. Fortunately, I'm here to make the world a better place and help you dress ______. My only advice is to select ______ that match your ______. If you are tall and ______, like me, wear whatever you like, you're perfect! Avoid low-waist jeans if you have a ______. Wear ______ trousers or a loose _____ if you have saddlebags. If you have ______ calves, wear high-heels and avoid _____ jeans."

Chapitre 4

Engager la conversation

OBJECTIF :

- **Utiliser les adjectifs et les adverbes.**

BONUS :

- *L'anglais pour les trolls ! Commentaires sur la page Myplace de Samantha.*
- *Mon compte Twatter*
- *Plan B from Outer Space : La Sci Fi pour les Nuls !*
- *MeatMarket.com : Les sites de rencontres pour les Nuls*

Les mots pour dire ce que l'on pense

Penser *to think*

Se souvenir *to remember*

Oublier *to forget*

Rêver *to dream*

Imaginer *to imagine*

Savoir *to know*

Apprendre *to learn*

Choisir *to choose*

Préférer *to prefer*

Faire confiance à quelqu'un *to trust somebody*

S'inquiéter *to worry*

Avoir peur de *to be afraid of*

L'ANGLAIS POUR LES TROLLS ! COMMENTAIRE SUR LA PAGE MYPLACE DE SAMANTHA

1. Samantha est vraiment pénible avec ses conseils (voir « Tuto Makeover ») !

À vous de compléter ce commentaire d'internaute sur sa page Myplace avec les mots suivants : unfair / think / prefer / overweight / upset / ashamed

Hi Samantha, I _____ you are _____ to _____ people. This is fat-shaming! You should be _____ to ______ people who may have problems with their body image! I ______ people who accept their bodies to people who all look alike.

MON COMPTE TWEETER

Vous utilisez le nouveau réseau social Tweeter, qui donne l'illusion de pouvoir décrire des situations complexes et des états d'âme en 139 caractères et 1 emoji.

À vous de jouer maintenant : décrivez votre humeur de la journée grâce à Twatter.

Voici quelques suggestions de vocabulaire :

DIRE CE QUE L'ON RESSENT

Apprécier *to like*

Aimer *to love*

Détester *to hate*

Ressentir *to feel*

Une émotion *an emotion*

Rire *to laugh*

Pleurer *to cry*

Heureux *happy*

Triste *sad*

Remonter le moral à quelqu'un *to cheer somebody up*

Contrarier *to upset*

La joie *joy*

La tristesse *sadness*

Le plaisir *pleasure*

Sourire *to smile*

Avoir honte *to be ashamed*

Maintenant à vous de jouer :

....

....

....

....

....

Les noms composés

En anglais, on utilise très souvent les **noms composés**, cela permet de créer plein de nouveaux mots.

Le 1er mot apporte des précisions sur le 2e. Ex. : *a shopping addict* > une accro au shopping ; *an action figure* > une figurine de superhéros.

Il y en a plein que l'on connaît bien : *a birthday*, *a mother-in-law*, *a letter-box*, *a handbag*...

Parfois, on trouve même trois noms les uns à la suite des autres. Ex. : un gâteau d'anniversaire = birth + day + cake > *a birthday cake*.

TRUC

On met seulement le dernier mot de la série au pluriel.

Ex. : des puces de lit > *bedbugs* ; des ringards > *has-beens*

2. Complétez les traductions avec les mots suivants :
passer / grown / under / swimming / evening.

TRUC

Certains noms composés sont attachés, d'autres prennent un **tiret**, d'autres n'en prennent pas.

1. Piscine > ______________ pool
2. Passant > ______________ -by
3. Métro > ______________ ground
4. Robe du soir > ______________ dress
5. Adulte > ______________ -up

PLAN B FROM OUTER SPACE : LA SCI FI POUR LES NULS !

3. **Glen est en train d'écrire son roman de science-fiction « Plan B from Outer Space ». Complétez les premières lignes de son roman à l'aide des noms composés suivants : *killer robots / space cowboy / astronaut suit / everybody / time machine / living room / dishwasher / towerblock***

_______ thinks that Gleny is just an accountant who lives in a _______ in Sheffield. But in fact he is a ________ from the future! Inside his flat, in his _______, his _________ is in fact a ________ that sends him back to the future! He puts on his ________ and travels to 2061 to fight _______.

Tout le monde croit que Gleny n'est qu'un expert comptable qui vit dans une tour à Sheffield. Mais en réalité, c'est un cowboy de l'espace qui vient du futur ! À l'intérieur de son appartement, dans son séjour, son lave-vaisselle est en fait une machine à voyager dans le temps qui lui permet de retourner dans le futur ! Il met sa combinaison d'astronaute et voyage jusque l'an 2061 pour combattre des robots tueurs.

Ça marche aussi pour plein d'insultes.

Horseface

Douchebag*

Fat ass*

Couch potato

Dickhead*

Je ne mets pas la traduction, mais vous pourrez toujours chercher sur le site www.urbandictionary.com si ça vous intéresse.

Les adjectifs

APLN
p. 60

Encore une bonne nouvelle : en anglais, pas besoin d'accorder les adjectifs en genre ou en nombre.

Si vous avez lu *Astérix chez les Bretons*, vous savez que les **adjectifs épithètes** – ceux qui sont collés au nom – se placent généralement avant les noms, ex. : une légion romaine > *a Roman legion*.

Les **adjectifs attributs** se placent après un verbe d'état, comme en français, ex. : mon pâtissier est riche > *my baker is rich.*

TRUC

Comme vous pouvez le voir dans le premier exemple, les noms de nationalité prennent une majuscule.

ATTENTION

Les adjectifs en *-able* et *-ible*, ainsi que les adjectifs numéraux cardinaux se placent toujours après le nom, ex. : *something terrible happened!* (= il est arrivé quelque chose de terrible) ou *go to room 101* (= allez chambre 101). C'est également le cas lorsqu'un adjectif est accompagné d'un complément.

Les mots pour décrire le tempérament

L'humeur *the mood*

Le tempérament *the temper*

Timide *shy*

Fiable *reliable*

Têtu *stubborn*

Paresseux *lazy*

Egoïste *selfish*

Bon *good*

Mauvais *bad*

Sage *wise*

Curieux *curious*

Agréable *agreable*

Désagréable *disagreable*

Juste *fair*

Injuste *unfair*

4. Reliez chaque mot à son synonyme.

kind	mean
nasty	relaxed
mad	crazy
silly	clever
intelligent	nice
courageous	dumb
cool	brave

MEATMARKET.COM : LES SITES DE RENCONTRES POUR LES NULS

5. **Glen est en train de se créer un profil sur le site de rencontres MeatMarket.com, traduisez son profil grâce au vocabulaire de l'apparence et du tempérament.**

On place toujours les adjectifs du plus court au plus long, ou du plus objectif au plus subjectif.

Je suis un homme gentil, intelligent et timide. J'ai 40 ans et je vis chez ma mère. Je suis grand et mince. J'ai les yeux bleus et les cheveux bruns. J'aime les jeux vidéo et les séries télé. Je cherche une femme de 20 ans, agréable, mince, et belle. (jeux vidéo = video games ; séries télé = TV series ; chercher = to look for).

....

....

....

....

Les adverbes

APLN
p. 64

Les adverbes se rapportent aux verbes, pour leur donner un complément d'information. La plupart des adverbes se forment en ajoutant *-ly* à un adjectif. Ils permettent d'apporter des précisions sur le lieu, le temps ou la fréquence de l'action, ou encore sur le degré ou la manière de l'action. Il existe également des adverbes de modalité pour mettre en doute ou au contraire renforcer la certitude d'une action.

On place généralement :

- les adverbes de modalité en début de phrase, ex. : *Maybe he lied.*
- les adverbes de fréquence avant le verbe, ex. : *he never finishes his meal.*
- les adverbes de manière après le verbe, ex. : *They hurt him badly.*
- les adverbes de temps et de lieu en fin de phrase, ex. : *She came here yesterday.*

TRUC

On place les adverbes entre l'auxiliaire et le verbe, ex. : *He has just arrived.*

6. Soulignez les adverbes dans la réponse obtenue par Glen quelques jours plus tard :

TRUC

Un adverbe peut également venir compléter un adjectif ou un autre adverbe.

Dear Glen,

I have just seen your ad. I'm a 40-year-old woman who lives with her dog Spock. I have blond hair and blue eyes. I am a little chubby and really funny. Personally, I think a woman does not need to be young or thin to be a good companion. I love video games too and I am a true fan of science fiction. Please contact me, you certainly won't regret it.

7. Dans la liste suivante, classez les adjectifs et les adverbes :

Good, Well, bad, badly, hard.

ATTENTION

L'un des mots de la liste peut aller dans les 2 colonnes.

Adjectif	Adverbe

8. Maintenant, complétez les blancs avec *good, well, bad, badly, hard.*

1. You raised this boy _________. (*Tu as bien élevé ce garçon*)
2. Their relationship ended _________. (*Leur relation s'est mal terminée*)
3. I do swear your English is _________. (*Si, si, je t'assure, ton anglais est bon*)
4. She works _________ for a living. (*Elle travaille dur pour gagner sa vie*)
5. Lasagnas are _________ to make. (*Les lasagnes sont difficiles à faire*)
6. I do swear your cooking is __________. (*Si, si, je t'assure, tu cuisines mal*).

Chapitre 5

Où suis-je ? Demander son chemin

OBJECTIF :

- **Utiliser les prépositions et les verbes à particules**

Les mots pour s'orienter

Chercher *to look for*	Une rue *a street*
Trouver *to find*	Un boulevard *an avenue*
Aller *to go*	Un carrefour *a crossroads*
Tourner *to turn*	Un pâté de maisons *a block*
Suivre *to follow*	Le nord *North*
Prendre *to take*	Le sud *South*
Se perdre *to get lost*	L'est *East*
Une route *a road*	L'ouest *West*

1. Reliez ces lieux utiles à leur traduction :

L'hôtel	*the city center*
Le magasin	*the post*
Le commissariat	*the hotel*
Le centre ville	*the police station*
La banque	*the hospital*
La poste	*the bank*
L'hôpital	*the shop*

2. Remettez les mots dans le bon ordre pour traduire.

1. La boutique est juste au coin de la rue > *the / round / is / The / corner. / just / shop*

   Réponse : ____________________

2. Où puis-je trouver la banque ? > *bank? / can / I / the / Where / find*

   Réponse : ____________________

3. Tournez à droite au prochain carrefour. > *next / the / at / right / cross-roads. / Turn*

   Réponse : ____________________

4. Comment aller à la poste ? > *post / the / get / office? / can / I / to / How*

   Réponse : ____________________

5. Je cherche le commissariat. > *am / station. / the / looking / police / for / I*

   Réponse : ____________________

Les prépositions de lieu

APLN
p. 310

Les prépositions se rapportent à un nom ou à un pronom dont elles précisent le sens.

ATTENTION

Attention à ne pas les confondre avec les verbes à particules (*phrasal verbs*) dont nous allons parler tout à l'heure.

In vs. To

In désigne le lieu où l'on est, alors que **to** désigne le lieu où l'on va.

Ex. *They walked in the field* > ils marchèrent dans le champ vs. *They walked to the field.* > Ils marchèrent jusqu'au champ.

In vs out

In désigne le fait d'être à l'intérieur, alors que **out** désigne le fait d'être à l'extérieur ou de sortir. Ex. *Leave the cat out.* > Laisse le chat dehors.

At vs In

At désigne un endroit précis alors que **in** désigne un espace, un territoire, ou une zone plus vastes. Ex. *He is at school, in Atlanta.* > Il est à l'école, à Atlanta.

In vs into

In désigne le lieu où l'on est alors que **into** désigne le lieu dans lequel on entre. Ex. *He lives in town.* > Il vit en ville vs. *He came into town.* > Il est arrivé en ville.

From vs. To

From désigne le lieu d'où l'on part et **to** le lieu où l'on va. Ex : *She is travelling from New York to Los Angeles.* > Elle voyage de New York à Los Angeles.

On vs. Over

On veut dire « dessus » alors que **over** veut dire « par-dessus ». Ex : *She put her sweater on the table* > Elle posa son pull sur la table. vs. *She put her sweater over her T-shirt* > Elle mis son pull par-dessus son T-shirt.

Across vs through

Across et **through** signifient « à travers », mais **across** désigne le fait de traverser une surface alors que **through** implique la traversée d'un volume.

Ex. *He went across the river* fait penser à une traversée en bateau alors que *he went through the river* implique plutôt une traversée à la nage.

3. Complétez les phrases suivantes avec la bonne préposition :

1. He walked ______ the bar like the sheriff ______ a cowboy movie. He had a fight with a guy and fell ______ the counter ________ the shelves of bottles. The owner had to turn him ________ of the bar.

   (*fight* = bagarre, *counter* = comptoir, *shelves* = des étagères, *owner* = propriétaire, gérant)

2. She said she was __________ London but it was pretty clear she was born __________ France, because her English accent was really bad.

3. He looked __________ his telescope and said he could see cities _______ Mars. He said Martians could travel __________ space and come _________ Earth to visit us. Honestly, if it was true, we would be _______ trouble!

(*true* = vrai, *trouble* = des ennuis).

4. Reliez chaque préposition à sa traduction :

à côté de	*in front of*
près	*by*
loin	*far*
devant	*behind*
derrière	*near*

TRUC

Les principaux adverbes de lieu

ici *here*	au-dessus *above*
là *there*	au-dessous *below*
là-bas *over there*	à l'intérieur *inside*
partout *everywhere*	dehors *outside*
quelque part *somewhere*	loin *away*
n'importe où *anywhere*	à droite *right*
nulle part *nowhere*	à gauche *left*

5. Complétez les phrases suivantes :

1. I've looked for Tommy _________ .

☐ Everywhere

☐ Nowhere

☐ Somewhere

(*to look for* = chercher)

2. He was __________ to be found.

☐ Somewhere

☐ Nowhere

☐ Anywhere

(*to find* = trouver > voir les verbes irréguliers en annexe)

3. He was hiding _________ the sofa.

☐ Inside

☐ Behind

☐ Across

(*to hide* = se cacher > voir les verbes irréguliers en annexe, *the sofa* = le canapé)

4. I said 'if you don't eat your veggies, you will go _________ prison'.

☐ In

☐ To

☐ At

(*to eat* = manger > voir les verbes irréguliers en annexe, *veggies* = les légumes)

5. He sat _________ his chair near the table.

☐ On

☐ In

☐ At

(*to sit* = être assis > voir les verbes irréguliers en annexe, *a chair* = une chaise)

6. He spilled spinach all _________ the table.

☐ Under

☐ Over

☐ Beside

(*to spill* = renverser, *spinach* = des épinards)

7. He left crumbs __________ and ___________.

☐ Here and there

☐ Here and everywhere

☐ Anywhere and there

(*to leave* = laisser > voir les verbes irréguliers en annexe, *crumbs* = des miettes)

8. He ran _________ to play outside.

☐ In

☐ From

☐ Out

(*to run* = courir > voir les verbes irréguliers en annexe, *to play* = jouer)

Les verbes à particules, ou *phrasal verbs*

Alors qu'une préposition introduit le nom auquel elle se rapporte, la particule forme avec un verbe une expression, que l'on nomme **phrasal verb** : on ne peut pas la retirer sans changer le sens du verbe. Ex. *To take* signifie « prendre », mais *to take off* signifie « retirer » ou « décoller ».

Les particules ont souvent un sens différent des prépositions de lieu :

- **Away** évoque l'éloignement, mais aussi l'intensité (*to work away* > travailler dur).
- **Back** marque le retour, mais aussi l'échange (*to answer back* > répondre)..
- **Down** peut signifier un mouvement vers le bas ou une diminution (*to turn down* > refuser).
- **On** marque la continuité (*to dream on* > continuer à rêver).
- **Off** désigne une rupture (*to turn off* > éteindre).
- **Out** évoque l'idée de progression (*to work out* > aller à la gym régulièrement) ou de complétion (*to read out* > lire en entier).
- **Up** peut signifier un mouvement vers le haut ou la complétude (*to drink up* > finir son verre).

6. Particule ou préposition : le mot souligné est-il une particule liée à un verbe ?

1. He turned <u>into</u> a frog. ☐ Oui ☐ Non
2. Turn <u>off</u> the lights when you go. ☐ Oui ☐ Non
3. Put <u>on</u> your red shoes. ☐ Oui ☐ Non
4. Put it <u>on</u> the table. ☐ Oui ☐ Non
5. Pick <u>up</u> some bread. ☐ Oui ☐ Non
6. Run <u>up</u> the hill. ☐ Oui ☐ Non
7. They sang <u>on</u> the bridge. ☐ Oui ☐ Non
8. They sang <u>on</u> all night. ☐ Oui ☐ Non
9. He looked <u>down</u> on me. ☐ Oui ☐ Non
10. He looked <u>down</u> the lane. ☐ Oui ☐ Non

7. **Reliez ces *phrasal verbs* à leurs synonymes :**

To pick out	To be careful
To find out	To invent
To watch out	To visit
To make up	To take care of
To come back	To discover
To put away	To meet
To run into	To return
To come over	To see
To look after	To choose
To make out	To store

Chapitre 6

Appelle-moi / Texte-moi / Email-moi

OBJECTIF :

» **Utiliser les pronoms personnels et les mots de liaison**

BONUS :

» *Luke et Darth, Thérapie familiale pour les Nuls !*

Les moyens de communication

Un peu de vocabulaire utile

Un téléphone *a phone*

Appeler *to call*

Un courriel *an email*

Envoyer *to send*

Une adresse mail *an email address*

Internet *the Internet*

Un site Internet *a website*

Un texto *a text*

Envoyer un texto *to text*

Envoyer un courriel à quelqu'un *to email somebody*

Un numéro de téléphone *a phone number*

Un téléphone portable *a mobile*

Une lettre *a letter*

Une carte postale *a postcard*

Un réseau social *a social network*

Ecrire un tweet *to tweet*

Mon profil Facebook *my Facebook page*

Mettre à jour son statut *to update one's status*

1. Complétez les traductions suivantes grâce au vocabulaire ci-dessus.

1. Texte-moi son adresse mail.

   Réponse : _________ me her _________ __________.

2. Envoie-moi son numéro de téléphone.

   Réponse : _________ me his __________ number.

3. Elle a mis à jour son site internet.

   Réponse : She has __________ her __________.

4. N'appelle pas ce soir.

   Réponse : Don't _________ tonight.

5. Son nom est partout sur Internet.

   Réponse : Her name is all over __________.

Les pronoms personnels compléments

APLN
p. 253

	Singulier	Pluriel
1re personne (moi, nous)	me	us
2e personne (toi, vous)	you	you
3e personne (lui, la, le, leur, les)	him, her, it	them

LUKE ET DARTH : THÉRAPIE FAMILIALE POUR LES NULS !

2. Luke a des problèmes relationnels avec son père Darth. Remplacez les noms en caractères gras par des pronoms personnels.

Attention lorsqu'un nom singulier renvoie à un groupe de personnes, on emploie des pronoms pluriels.

1. **(Luke)** _____ has problems with **(Darth)** _____.
   Luke a des problèmes avec Darth.
2. **(Luke and his sister)** _____ haven't talked to Darth in years.
   Luke et sa sœur ne parlent plus à Darth depuis des années.
3. Luke even joined **(the Alliance)** _____ to annoy Darth.
   Luke a même rejoint l'Alliance pour embêter Darth.
4. **(The Empire)** _____ tried to destroy **(the Republic)** _____ with **(a death star)**_____.
   L'Empire a essayé de détruire la République avec une « étoile de la mort ».
5. **(The plan)** _____ did not work out well.
   Le plan n'a pas très bien fonctionné.

Les mots pour discuter

La conversation

Discuter *to chat*

Une conversation *a conversation*

Un dialogue *a dialogue*

Demander *to ask*

Répondre *to answer*

Une question *a question*

Une réponse *an answer*

Vouloir dire, signifier *to mean*

Drôle *funny*

Intéressant *interesting*

Passionnant *exciting*

Ennuyeux *boring*

Accord et désaccord

Mentir *to lie*

Croire *to believe*

Accepter *to accept*

Refuser *to refuse*

Être d'accord *to agree*

Ne pas être d'accord *to disagree*

Vrai *true*

Faux *false*

Se tromper *to make a mistake*

Se disputer *to argue*

Réagir *to react*

Say, tell, speak ou *talk* ?

Say et **tell** se traduisent par « dire ». **Say** sert à introduire un message, ex. : *He said he was sorry* (= il a dit qu'il était désolé). **Tell** sert à s'adresser à quelqu'un, ex. : *He told her to stop* (= il lui a dit d'arrêter).

TRUC

Say et *tell* font partie des verbes irréguliers (say > said, tell > told, voir annexe).

3. Complétez les phrases suivantes à l'aide de *say* ou *tell*.

1 I asked her to marry me and she _______ no.

Je l'ai demandée en mariage et elle a dit non.

2. Could you _______ me what time it is?

Pourrais-tu me dire l'heure qu'il est ?

3. He _______ he wanted to go for a swim.

Il a dit qu'il voulait aller nager.

4. He _______ her to come with him.

Il lui a dit de venir avec lui.

5. He didn't even _______ hello.

Il n'a même pas dit bonjour.

Talk et **speak** veulent dire « parler ».

Talk signifie que l'on a une conversation avec quelqu'un.

Ex. : *Could you talk to her about the wedding?* (= Pourrais-tu lui parler du mariage ?)

On emploie **speak** dans les conversations téléphoniques et pour indiquer la capacité à parler une langue.

Ex. *He's a real geek: he speaks Klingon and Dothraki.* (= C'est un vrai geek : il parle Klingon et Dothraki).

TRUC

Speak fait partie des verbes irréguliers (speak > spoke > spoken)

4. Complétez les phrases suivantes à l'aide de *talk* ou *speak*.

1. They ________ for hours last evening.
   Ils ont parlé pendant des heures hier soir.
2. I picked up the phone to _________ to her.
   J'ai pris le téléphone pour lui parler.
3. 'No understando,' I don't _________ Spanish!
   « No comprendo », je ne parle pas espagnol !
4. She ________ to me about her troubles.
   Elle m'a parlé de ses problèmes.
5. He _________ her out of risking it.
   Il l'a convaincue de ne pas prendre le risque.

Les mots de liaison

5. Complétez le texte suivant avec les bons mots de liaison (essayez au maximum de ne pas vous aider de la traduction française).

because = parce que

but = mais

and = et

although = bien que

despite = malgré

instead of = à la place de

if = si

moreover = de plus

first = d'abord

finally = enfin

so = donc

also = aussi

since = puisque

then = alors

or = ou

"The murderer has cleaned the blood stains ________ the room, ________ it must be the cleaning lady, Mrs Jenkins!"

"Think for a minute, Watson! Mrs Jenkins can't be the murderer, ________ she was at the market when the crime took place!"

"Alright, ________ it must be the butler Mr Clean ________! I think it's him ________ he hated the victim."

"Don't be silly Watson, it can't be Mr Clean. ________, ________ he did hate the victim, he was ________ frightened of her. ________, ________ what you think, Mr Clean doesn't know to use a gun ________ a revolver. ________, ________ Mr Clean had done it, he would have called the police, who are inefficient, ________ calling us."

« Le meurtrier a nettoyé les taches de sang et la chambre, il doit donc s'agir de la femme de ménage, Mrs Jenkins !

– Mais enfin, réfléchissez, Watson ! Mrs Jenkins ne peut pas être la coupable, puisqu'elle était au marché lorsque le crime a eu lieu !

– Bien bien, mais ce doit être le majordome Mr Clean alors ! Je pense que c'est lui, car il détestait la victime.

– Ne soyez pas stupide Watson, il ne peut pas s'agir de Mr Clean. D'abord, bien qu'il haït vraiment la victime, il avait également peur d'elle. De plus, malgré ce que vous pensez, Mr Clean ne sait pas se servir d'un pistolet ou d'un revolver. Enfin, si Mr Clean était coupable, il aurait appelé la police, qui est inefficace, plutôt que nous. »

Chapitre 7

L'argent, l'argent, l'argent

OBJECTIF :

- **Connaître les nombres et exprimer la quantité**

BONUS :

- *Stop Chef ! La Cuisine anglaise pour les Nuls*

Les chiffres

Un peu de vocabulaire utile

0 zero
(que l'on prononce « o »)

1 one

2 two

3 three

4 four

5 five

6 six

7 seven

8 eight

9 nine

1. Écrivez en toutes lettres le numéro de téléphone suivant :

00 44 20 7073 1000

....

....

INTERNET

L'arobase s'écrit également @, mais se prononce « at ».

Le point se prononce « dot ».

Exprimer la quantité

En anglais, on n'emploie pas toujours les mêmes **quantifieurs** avec des dénombrables et avec des indénombrables.

Pour traduire « beaucoup de » on emploie **much** avec les indénombrables, mais **many** ou **a lot of** avec les dénombrables.

» Ex. : *I have so much work and so many troubles!* (= J'ai tellement de travail et de problèmes !).

De même, pour traduire « trop de », on emploie **too much** avec les indénombrables, mais **too many** avec les dénombrables.

» Ex. : *I have too much work and too many troubles* (= J'ai trop de travail et trop de problèmes).

À l'inverse, pour traduire « peu de », on emploie **little** avec les indénombrables, mais **few** avec les dénombrables.

» Ex. : *I have little money and few prospects* (= J'ai peu d'argent et peu de perspectives).

En revanche, pour traduire « trop peu de », on emploie **not enough** pour les dénombrables comme pour les indénombrables.

» Ex. : *I haven't got enough money and I haven't got enough prospects* (= Je n'ai pas assez d'argent et je n'ai pas assez de perspectives).

C'est la même chose pour « assez de », que l'on traduit par **enough** pour les dénombrables comme pour les indénombrables.

De même, pour dire « pas de », on emploie **no** pour les dénombrables comme pour les indénombrables.

» Ex. : *I have no money and no prospects* (= Je n'ai ni argent ni perspectives).

Pour traduire « tout », on emploie **all** pour les dénombrables comme pour les indénombrables.

» Ex. : *I drank all the beer and ate all the chips* (= J'ai bu toute la bière et mangé toutes les frites).

Par ailleurs, pour dire « quelque », on se moque de savoir si l'on a affaire à un dénombrable ou à un indénombrable : on utilise **some** dans les phrases affirmatives et **any** dans les phrases négatives.

» Ex. : *There are some crisps left but there aren't any chips* (= Il reste quelques chips, mais il n'y a pas de frites).

Pour résumer, voici un tableau récapitulatif des différents quantifieurs et leur usage.

Sens	Avec dénombrable	Avec indénombrable
Beaucoup de	Many / A lot of	Much
Trop de	Too many	Too much
Peu de	Few	Little
Trop peu de	Not enough	
Assez de	Enough	
Pas de	No	
Tout	All	
Quelque	Some (affirmative) / Any (négative)	

2. Complétez les phrases suivantes en choisissant le bon quantifieur dans la liste suivante : *all / too much / enough / no.*

1. He said he had _________ money to buy her a shark tank.

   Il a dit qu'il avait assez d'argent pour lui acheter un aquarium avec des requins.

2. She said she had _________ common sense to accept such a stupid gift.

   Elle a dit qu'elle avait trop de jugeote pour accepter un cadeau aussi stupide.

3. She said she would return ________ his gifts if he insisted.

   Elle a dit qu'elle allait lui rendre tous ses cadeaux s'il insistait.

4. He said she had ________ idea what she was doing and she would regret it.

   Il a dit qu'elle ne se rendait pas compte de ce qu'elle faisait et qu'elle allait le regretter.

TRUC

Pour poser une question sur une quantité, on utilise :

» **How much + indénombrable :** ex. De combien as-tu besoin pour ton voyage ? > *How much money do you need for your trip?*

» **How many + dénombrable :** ex. Combien de personnes veux-tu inviter à dîner ? > *How many people do you want to invite for dinner?*

STOP CHEF ! LA CUISINE ANGLAISE POUR LES NULS

La cuisine anglaise mérite bien sa réputation de pire cuisine au monde.

Notre chef, Donald McRonald, nous prépare sa spécialité aujourd'hui : le *toad in the hole* !

3. Complétez sa recette à l'aide du bon quantifieur :

a little / all / some.

Make the batter: pour the flour into a mixing bowl then add _____ mustard. Add the egg and _____ milk. Stir well. Roast _____ the sausages in the oven for 15 minutes. Take the tray from the oven, pour in the batter. Put it back into the oven, then bake for 40 minutes.

Faites la pâte : versez la farine dans une terrine puis ajoutez de la moutarde. Ajoutez l'œuf et un peu de lait. Mélangez bien. Faites cuire toutes les saucisses au four pendant 15 minutes. Retirez le plat du four, versez la pâte dedans. Remettez-le au four et laissez cuire pendant 40 minutes.

a lot of / enough / a spoonful of / more.

Make the gravy: throw _____ oil into a frying pan to cook the onions. Add _____ sugar and cook for 5 _____ minutes. Add _____ flour, then cook for 2 minutes. Gradually pour in the water, stirring well. Simmer for 5 minutes.

Serve the *toad in the hole* with a lot of gravy.

Faites la sauce : versez assez d'huile dans la poêle à frire pour faire revenir tous les oignons. Ajoutez beaucoup de sucre et laissez cuire 5 minutes de plus. Ajoutez une cuillerée de farine, puis laissez 2 minutes sur le feu. Versez l'eau peu à peu, en mélangeant bien. Laissez mijoter pendant 5 minutes.

Servez le « crapaud dans le trou » avec beaucoup de sauce.

Les nombres

De 10 à 19

10 ten
11 eleven
12 twelve
13 thirteen
14 fourteen
15 fifteen
16 sixteen
17 seventeen
18 eighteen
19 nineteen

Les dizaines

20 twenty	60 sixty
30 thirty	70 seventy
40 forty	80 eighty
50 fifty	90 ninety

Écrire et prononcer les nombres

Pour prononcer ou écrire les **dizaines**, on commence par le chiffre des dizaines, on ajoute un tiret, puis on indique le chiffre des unités. Ex. 22 > *twenty-two*.

Au-delà, on indique le chiffre de la **centaine** avant « hundred », ex. : 200 > *two hundred*. C'est la même chose pour les **milliers** (*thousand*), les **millions** (*million*) et les **milliards** (*billion*), ex. : 3 000 > *three thousand*.

ATTENTION

Attention, on ne met pas de <s> à la fin de *hundred*, *thousand*, *million* ou *billion* lorsqu'il y a un chiffre devant. Ex. : *hundreds of people came to see the match* (= des centaines de personnes sont venues voir le match), mais *two hundred people came to see the match* (= deux cents personnes sont venues voir le match).

TRUC

On met *and* entre les centaines et dizaines, ex. : 222 > *two hundred and twenty-two*.

4. Écrivez en toutes lettres les nombres suivants :

TRUC

Le point devant la décimale se prononce « *point* ».

11

Réponse : ____________________

16

Réponse : ____________________

60

Réponse : ____________________

74

Réponse : ____________________

5.6

Réponse : ____________________

101

Réponse : ____________________

856

Réponse : ____________________

20 000

Réponse : ____________________

54 627

Réponse : ____________________

600 050

Réponse : ____________________

CULTURE

5. Replacez les nombres suivants dans ces titres connus puis écrivez-les en toutes lettres : *2001 / 101 / 12 / 7 / 4 / 2 / 3 / 20 000 / 50.*

1. ______________________ *Little Pigs* (traditional European tale)

2. *The* ______________________ *Towers* (from *Lord of the Rings*) by J. R. R. Tolkien

3. *The* ______________________ *Dalmatians* by D. Smith

4. *The Sign of* ______________________ (from *The Adventures of Sherlock Holmes*) by A. Conan Doyle

5. ______________________ *Shades of Grey* by E. L. James

6. ______________________ *Leagues Under the Sea* by J. Vernes

7. *Snow White and the* ______________________ *Dwarves* by J. and W. Grimm

8. ______________________ *Angry Men* by R. Rose

9. ______________________ *A Space Odyssey* by S. Kubrik

Chapitre 8

À l'hôtel

OBJECTIFS :

- » **Dire les dates**
- » **Exprimer la possession**

Les mots du tourisme

partir en vacances *to go on holiday*

un touriste *a tourist*

visiter *to visit*

un hôtel *a hotel*

une chambre *a room*

une chambre d'hôte *a bed-and-breakfast*

un lit simple *a single bed*

un lit double *a double bed*

récupérer les clés *to check in*

régler la note *to check out*

des bagages *luggage*

faire ses valises *to pack*

une valise *a suitcase*

Situer dans le temps

1. Reliez les mots suivants à leur traduction :

1. today
2. when
3. day
4. week
5. month
6. year
7. hour
8. minute
9. to begin
10. to end

année	minute
heure	commencer
jour	mois
quand	se terminer
aujourd'hui	semaine

2. Reliez les mots suivants à leur opposé :

1. tomorrow	yesterday
2. morning	past
3. future	after
4. before	then
5. now	evening

CULTURE

3. Complétez ces titres de films américains à partir de leur traduction à l'aide des mots suivants : *tomorrow / today / afternoon / futur / past* (certains mots sont à utiliser 2 fois).

Attention les traductions ne sont pas toujours mot pour mot !

1. Le jour d'après > *Day after* ___________
2. X-Men, Jours d'un avenir passé > *X-Men, Days of* ______ _______
3. Un jour sans lendemain > *Edge of* __________
4. Un Après-midi de chien > *Dog Day* __________
5. Après nous le Déluge > __________ *we live*

Indiquer les dates

Un peu d'histoire !

APLN p. 185

CULTURE

4. Écrivez en toutes lettres les années suivantes et reliez-les à un événement clé de l'histoire du Royaume-Uni.

1066 : ___________________________	☐ Union of England and Scotland
1215 : ___________________________	☐ Defeat of the Spanish Armada

1415 : ______________________ ☐ Battle of Waterloo

1588 : ______________________ ☐ Creation of the Common-wealth of Nations

1649 : ______________________ ☐ Battle of Culloden

1707 : ______________________ ☐ King John signs the Magna Carta

1746 : ______________________ ☐ Charles I beheaded

1815 : ______________________ ☐ Battle of Agincourt

1833 : ______________________ ☐ Battle of Hastings

1931 : ______________________ ☐ Abolition of Slavery

5. Remettez les jours de la semaine dans le bon ordre.

Thursday / Saturday / Monday / Wednesday / Friday / Sunday / Tuesday

....

....

6. Reliez chaque mois de l'année à sa traduction.

August	Février
September	Octobre
May	Janvier
June	Mars
February	Décembre
April	Avril
November	Septembre
January	Mai
October	Juin
December	Août
March	Juillet
July	Novembre

Les numéraux ordinaux

Premier *first (1st)*

Deuxième *second (2d)*

Troisième *third (3rd)*

Quatrième *fourth (4th)*

Cinquième *fifth (5th)*

Sixième *sixth (6th)*

Septième *seventh (7th)*

Huitième *eighth (8th)*

Neuvième *ninth (9th)*

Dixième *tenth (10th)*

Onzième *eleventh (11th)*

Douzième *twelfth (12th)*

Treizième *thirteenth (13th)*

Quatorzième *fourteenth (14th)*

Quinzième *fifteenth (15th)*

Seizième *sixteenth (16th)*

Dix-septième *seventeenth (17th)*

Dix-huitième *eighteenth (18th)*

Dix-neuvième *nineteenth (19th)*

Vingtième *twentieth (20th)*

Vingt et unième *twenty-first (21st)*

Vingt-deuxième *twenty-second (22nd)*

Vingt-troisième *twenty-third (23rd)*

Vingt-quatrième *twenty-fourth (24th)*

Vingt-cinquième *twenty-fifth (25th)*

Vingt-sixième *twenty-sixth (26th)*

Vingt-septième *twenty-seventh (27th)*

Vingt-huitième *twenty-eighth (28th)*

Vingt-neuvième *twenty-ninth (29th)*

Trentième *thirtieth (30th)*

Trente et unième *thirty-first (31st)*

Écrire et dire les dates en anglais

Pour dire : *J'ai rendez-vous le samedi 1er avril 2018.*

On écrira :

I have an appointment on Saturday 1st April 2018 (en anglais britannique).

I have an appointment on Saturday, April 1 2018 (en anglais américain).

On dira : « *Saturday the first of April two thousand and eighteen* ».

Plus simplement,

on écrira : *I have an appoint on April 1st 2018 / April 1 2018*,

et on dira : « *April first two thousand and eighteen* ».

Pronoms possessifs et adjectifs possessifs

Exprimer la possession : le génitif

APLN
p. 190

En anglais, on exprime la possession de deux façons :

- avec **'s** si le possesseur est un être animé, selon la formule **propriétaire + 's + chose possédée** ;
- Ex. *Bébel's dog was called Fifi* (= le chien de Bébel s'appelait Fifi).

ATTENTION

Attention : si les propriétaires sont plusieurs, on met juste l'apostrophe et pas le s. Ex. *Politicians' well-known honesty* (= l'honnêteté bien connue des hommes politiques).

- avec **the ... of** si le possesseur est une chose, selon la formule **the + chose possédée + of + propriétaire.**
- Ex. *The burgers of New York City are legendary* (= les burgers de New York sont cultissimes).

7. Complétez les phrases suivantes en utilisant soit *'s*, soit l'apostrophe, soit *the ... of*.

1. (Kim – selfies) _______________ are a little too much.
   Kim en fait un peu trop avec ses selfies.
2. (holidays – end) _______________ is always a sad moment.
   La fin des vacances est toujours un moment triste.
3. (house – roof) _______________ was blown away.
   Le toit de la maison a été emporté par le vent.
4. Please change (cat – litter) _______________.
   Change la litière du chat s'il te plaît.
5. The attic is full of (spiders – webs) _______________.
   Le grenier est plein de toiles d'araignées.
6. (lions – den) _______________ is down the hill.
   La tanière des lions est en bas de la colline.

7. I have to repair (table – leg) _______________.

Je dois réparer le pied de la table.

8. (Kanye – reaction) _______________ at the awards was weird.

La réaction de Kanye à la remise des prix était bizarre.

9. (The Coopers – party) _______________ was boring.

La fête des Cooper était ennuyeuse.

10. He's changed (car – wheel) _______________.

Il a changé la roue de la voiture.

Les adjectifs possessifs sont dérivés des pronoms personnels sujets

Pronoms sujets	Adjectifs possessifs	Traduction en français
I	*my*	mon, ma, mes
You (singulier)	*your*	ton, ta, tes
He	*his*	son, sa, ses
She	*her*	son, sa, ses
It	*its*	son, sa, ses
We	*our*	nos, notre
You (pluriel)	*your*	vos, votre
They	*their*	leur, leurs

8. Complétez les phrases suivantes avec le bon adjectif possessif.

1. He crashed ________ car.

   Il a embouti sa voiture.

2. We should sell ______ house.

   Nous devrions vendre notre maison.

3. Tom and Ann love _________ dog.

   Tom et Ann aiment leur chien.

4. You should mind ________ own business.

   Tu devrais t'occuper de tes affaires.

5. She's lost ________ lipstick.

Elle a perdu son rouge à lèvres.

6. Everybody loves ________ family.

Tout le monde aime sa famille.

7. I've lost ________ way.

J'ai perdu mon chemin.

8. The lion left ______ cage.

Le lion est sorti de sa cage.

Les pronoms possessifs sont dérivés des adjectifs possessifs

Adjectifs possessifs	Pronom possessif	Traduction en français
my	*mine*	le mien, la mienne, les miens, les miennes
your	*yours*	le tien, la tienne, les tiens, les tiennes
his	*his*	le sien, la sienne, les siens, les siennes
her	*hers*	le sien, la sienne, les siens, les siennes
its	*its*	le sien, la sienne, les siens, les siennes
our	*ours*	le nôtre, la nôtre, les nôtres
your	*yours*	le vôtre, la vôtre, les vôtres
their	*theirs*	le leur, la leur, les leurs

TRUC

À la différence du français, on ne met pas d'article devant le pronom possessif.

Ex. C'est le mien > *It is mine.*

9. Remplacez le pronom possessif par l'adjectif possessif qui convient.

1. This is her lipstick. *C'est son rouge à lèvres.*

Réponse : It is ________.

2. This is your sweater. *C'est ton pull.*

Réponse : It is ________.

3. This is their pocket money. *C'est leur argent de poche.*

Réponse : It is ________.

4. This is my purse. *C'est mon sac à main.*

Réponse : It is ________.

5. This is our house. *C'est notre maison.*

Réponse : It is ________.

10. Complétez les titres de chansons suivants avec les adjectifs possessifs suivants : *my / her / our / your / their.*

PLAYLIST

Vous pouvez vous aider d'un moteur de recherche. Profitez-en pour les écouter (légalement...) sur Internet si vous ne les connaissez pas !

1. *This land is________ land* de Woody Guthrie.
2. __________ *funny valentine* de Chet Baker.
3. *Tears dry on* ______ *own* de Amy Winehouse.
4. ______ *Majesty* des Beatles.
5. *With God on* ________ *side* de Bob Dylan.

There, their ou they're

APLN
p. 194

- **There** peut vouloir dire « là-bas ».
- On l'utilise aussi pour dire « il y a » : **there is** + singulier et **there are** + pluriel [voir chapitre 13].
- **their** est un adjectif possessif (3e personne du pluriel).
- **they're** est la contraction de *they are* qui veut dire « ils sont ».

11. Complétez les phrases suivantes avec *there*, *their* ou *they're*.

1. ________ mice in the attic.

   Il y a des souris au grenier.

2. ________ having a party.

   Elles font la fête.

3. ________ stealing cheese from the kitchen.

   Elles volent du fromage dans la cuisine.

4. ________ bits of cheese all over the place.

Il y a des morceaux de fromage partout.

5. ________ eyes are black and ________ tales are pink.

Elles ont les yeux noirs et la queue rose.

6. ________ not afraid of us.

Elles n'ont pas peur de nous.

7. ________ cats in the living room.

Il y a des chats dans le séjour.

8. ________ lounging on the sofa.

Ils se prélassent sur le canapé.

9. ________ too lazy to go after the mice.

Ils sont trop paresseux pour attraper les souris.

10. __________ too many animals in this house.

Il y a trop d'animaux dans cette maison.

Chapitre 9
Les restaurants et les repas

OBJECTIF :

- **Parler de l'avenir**

BONUS :

- *Les Nuls en chanson !*
- *Pause resto !*

Les mots de la nourriture

Les aliments *food*

du pain *bread*
du riz *rice*
du sel *salt*
du poivre *pepper*
de la sauce *gravy*
du poisson *fish*
de la viande *meat*
du bœuf *beef*
de l'agneau *lamb*
du veau *veal*
du porc *pork*
du poulet *chicken*
de la dinde *turkey*
des œufs *eggs*
une saucisse *a sausage*

Les légumes *vegetables*

des haricots *beans*
un chou *a cabbage*
une carotte *a carrot*
des salsifis *salsify*
une tomate *a tomato*
des petits pois *peas*

un artichaut *an artichoke*
une salade *a salad*
un champignon *a mushroom*
un oignon *an onion*
un chou-fleur *a cauliflower*
un cornichon *a gherkin*
un poivron / un piment *a pepper*
une pomme de terre *a potato*
une courgette *a courgette*

LES NULS EN CHANSON !

1. Complétez la traduction de la « chanson des légumes ».

Tous les légumes au clair de lune,
All the _____ in the moonlight,

Étaient en train de s'amuser, hé !
Were having a great time, hey ! ...

Un cornichon tournait en rond.
A _____ danced round and round.

Une pomme de terre sautait en l'air.
A _____ jumped up and down.

Un artichaut faisait de petits sauts.
An _____ hopped about.

Les salsifis valsaient sans bruit.
The _____ waltzed around noiselessly.

Et les choux fleurs se dandinaient avec ardeur.
And the _____ shook their bodies like crazy.

Les fruits *fruits*

une pomme *an apple*
une banane *a banana*
du raisin *grapes*
un citron *a lemon*
un melon *a melon*
une orange *an orange*
une pêche *a peach*
une poire *a pear*
un ananas *a pineapple*
des fraises *strawberries*
des framboises *raspberries*

2. Chassez l'intrus.

1. orange, cabbage, lemon, apple.
   Réponse : ____________________

2. onion, carrot, nostril, salad.

Réponse : ____________________

3. lamb, veal, tiger, pork.

Réponse : ____________________

4. pea, potato, pepper, spinach.

Réponse : ____________________

3. Vous avez bien mérité un peu de *comfort food* (= nourriture réconfortante, car grasse ou sucrée) !
Reliez les aliments suivants à leur traduction.

des frites	*pie*
un burger	*cake*
des chips	*fries*
de la glace	*crisps*
du gâteau	*a hamburger*
de la tarte	*ice cream*

L'expression du futur

La forme de base pour exprimer le futur est **will + base verbale** (c'est-à-dire l'infinitif sans *to*). Will est un **modal** [voir plus loin au chapitre 12], il implique une idée de **volonté** de la part de la personne qui parle : une **intention** ou une **décision**.

Ex. *Yes, I will marry you!* que l'on traduira par : Oui, j'accepte de t'épouser !

On l'utilise donc :

- » pour parler d'une décision que l'on vient de prendre, ex. : *If you steal this I will call the cops.* > Si tu voles ça, je vais appeler les flics.
- » ou pour un jugement personnel concernant l'avenir, ex. : *I think France will win the next world cup.* > Je pense que la France va gagner la prochaine coupe du monde (on peut toujours rêver…).

Une autre forme possible est **be going to + base verbale** > elle sert à parler d'un événement futur qui serait la conséquence d'un événement présent.

Ex. : *If you go on that ride you're going to be sick* > Si tu vas dans cette attraction, tu vas être malade.

ATTENTION

Parfois, l'expression du futur français ne se traduit pas par du futur en anglais :

- on utilise **le présent continu** pour un événement planifié ;
- Ex. : *I'm selling my flat* > je vais vendre mon appartement ; *Winter is coming!* > L'hiver arrive !
- on utilise le **présent simple** pour un événement régulier.
- Ex. *Hurry up, the train leaves in 10 minutes* > dépêche-toi, le train partira dans 10 minutes.

TRUC

On utilise aussi le **présent simple** après les subordonnées de temps lorsque le verbe principal est au futur : faites attention aux verbes qui suivent **when, before** et **after** en particulier.

On n'utilise plus tellement **shall**, qui marque une obligation. Ex. *You shall not kill.* > Tu ne tueras point.

4. Entourez la réponse qui vous semble la plus appropriée.

1. When _________ rich, I will buy a shark tank.

   Quand je serai riche, j'achèterai un aquarium avec des requins.

   ☐ I will be

   ☐ I am

   ☐ I'm going to be

2. I'm sure you _________ better after a good night's sleep.

   Je suis sûr que tu te sentiras mieux après une bonne nuit de sommeil.

   ☐ will feel

   ☐ are feeling

   ☐ shall feel

3. I've landed my dream job, I _________ next week.

   J'ai réussi à décrocher le boulot de mes rêves, je commencerai la semaine prochaine.

   ☐ will start

   ☐ am starting

   ☐ am going to start

4. You _______ your neighbour as yourself.

Tu aimeras ton voisin comme toi-même.

☐ will love

☐ shall love

☐ are loving

5. If you flirt with your boss, you_________ in trouble.

Si tu flirtes avec ton patron, tu vas avoir des ennuis.

☐ are going to get

☐ are getting

☐ will get

6. The clouds are gathering, it_________ in a few minutes.

Les nuages s'amoncellent, il va pleuvoir dans quelques minutes.

☐ is raining

☐ is going to rain

☐ will rain

7. What! You dropped my mobile! I _________ you!

Quoi ! Tu as fait tomber mon portable! Je vais te tuer !

☐ will kill

☐ am going to kill

☐ am killing

8. Stop lolling around the duty free shop, your plane __________ in 10 minutes.

Arrête de traîner au duty-free, ton avion décolle dans 10 minutes.

☐ will take off

☐ takes off

☐ is going to take off

9. I __________ him, and that's final!

Je vais le quitter, je ne changerai pas d'avis.

☐ am leaving

☐ will leave

☐ am going to leave

10. After he __________ his debts, he will be able to make a new start.

Lorsqu'il aura fini de payer ses dettes, il pourra prendre un nouveau départ.

☐ will pay back

☐ is paying back

☐ pays back

Les mots pour parler des repas

l'entrée / l'apéritif *appetizers*

le plat principal *the main course*

le dessert *dessert*

dîner *to have dinner*

déjeuner *to have lunch*

prendre le petit déjeuner *to have breakfast*

prendre un café *to have coffee*

prendre le thé *to have tea*

grignoter *to have a snack*

une assiette *a plate*

un verre *a glass*

un bol ou un saladier *a bowl*

une tasse *a cup*

une fourchette *a fork*

un couteau *a knife*

une cuiller *a spoon*

Le restaurant

commander *to order*

un serveur *a waiter*

une serveuse *a waitress*

le menu *the menu*

l'addition *the bill*

un pourboire *a tip*

PAUSE RESTO ! UN DÉJEUNER AU ROLY POLY

Voici le menu de ce midi au Roly Poly, un restaurant londonien très branché qui surfe sur la vague de la malbouffe chic :

Starters

Bowl of Monster Munches

Boiled cabbage

Bacon

Main Courses

Toad in the Hole

Bangers and mash

Bubble and squeak

Dessert Menu

Creme eggs

Spotted Dick

Mr Freeze

Drinks

Lukewarm beer

Red wine (no specific type of vine, no specific vintage)

White wine (no specific type of vine, no specific vintage)

Energy drinks

Instant coffee

5. Complétez les questions en choisissant le bon pronom interrogatif.

Costumer: _________ are creme eggs? (*Who / What / Which*)
Waiter: Creme eggs are fake yellow creme yolks with a chocolate coating.

Costumer: _________ does it take to make instant coffee? (*How soon / When / How long*)
Waiter: About 45 minutes.

Costumer: _________ you have rosé wine? (*Would / Do / Must*)
Waiter: No, but I can mix red wine and white wine to make some.

Costumer: _________ is the beer lukewarm? (*Who / Which / Why*)
Waiter: We never serve cold beer, it's too refreshing.

Costumer: _________ is the traditional menu? (*What cost / How much / How many*)
Waiter: Forty-five pounds.

»

»

6. Complétez les phrases suivantes en conjuguant le verbe au futur.

1. Waiter, I (**start**) _______ with the bowl of Monster Munch.
2. After I (**eat**) _______ my entrée, I will have the bubble and squeak.
3. When I (**finished**) _______ the main course, I will order dessert.
4. If you choose the spotted dick, you (**be**) _______ sick.
5. I (**not have**) _____ coffee with you because my shift (**start**) _______ in 15 minutes.

7. Reliez les expressions anglaises suivantes à leur traduction française.

1. The icing on the cake.	Il y a anguille sous roche.
2. To bring home the bacon.	Un gros bonnet.
3. There's something fishy.	Manger à tous les râteliers.
4. To have bigger fish to fry.	Faire bouillir la marmite.
5. To spill the beans.	Se vendre comme des petits pains.
6. To have a bun in the oven.	Avoir un Polichinelle dans le tiroir.
7. To butter someone up.	La cerise sur le gâteau.
8. A big cheese.	Lécher les bottes de quelqu'un.
9. To have a finger in every pie.	Avoir d'autres chats à fouetter.
10. To sell like hot cakes.	Cracher le morceau.

Chapitre 10

Faire ses achats

OBJECTIF

- **Utiliser le comparatif et le superlatif**

BONUS :

- *Défilé de mode chez les Nuls !*
- *Fashion Police pour les Nuls !*

Le *shopping*

vendeur / vendeuse *shop assistant*

un article *an item*

une caisse *a check-out*

un ticket de caisse *a receipt*

la file d'attente *the check-out line*

un magasin *a shop*

un magasin de souvenirs *a gift shop*

une épicerie *a grocery store*

un marché aux puces *a flea market*

un dépôt-vente *a second-hand shop*

un marché *a market*

un caddie *a shopping cart*

un centre commercial *a shopping mall*

la cabine d'essayage *the dressing room*

la taille *the size*

Exprimer la volonté

En anglais, vouloir se dit « **to want** ». Ex. *I want to go back home* > Je veux rentrer à la maison.

Seulement voilà, les Anglo-saxons sont bien plus polis que nous ! Ils emploieront plutôt une formule comme « **would like to** » (= j'aimerais) pour exprimer leur volonté. Ex. *I would like to go back home* > J'aimerais rentrer à la maison.

1. Complétez le dialogue suivant en conjuguant le verbe entre parenthèses avec *would like to*.

Hier soir, Carrie a un peu trop bu et a acheté sur un site Internet plein de choses dont elle n'a pas besoin. Elle écrit au service client de cramyourcloset.com

Assistant: "Hi, this is *Cramyourcloset*, how can I help you?"

Carrie: "________________ (**cancel**) some of the orders I've made last night. Can I cancel the order for the $5000 Prado bag?"

Assistant: "All right, and _____________ (**keep**) the dog?"

Carrie: "What, did I order a dog?"

Assistant: "Yes, you ordered a little Chihuahua to go into the Prado bag."

DÉFILÉ DE MODE CHEZ LES NULS !

2. Indiquez devant chaque nom de vêtement le numéro qui lui correspond sur les figures.

____ une veste > *a jacket*

____ un pantalon > *trousers*

____ un manteau > *a coat*

____ un T-shirt> *a T-shirt*

____ une jupe > *a skirt*

____ un sweat > *a sweatshirt*

____ un short > *shorts*

____ des chaussures > *shoes*

____ des talons hauts > *high heels*

____ des tongs > *flip flops*

PLAYLIST

3. Complétez les titres de chanson suivants avec le vocabulaire de la mode ci-dessous :

fashion (= la mode)	***knickers*** (= des petites culottes)
haircut (= coiffure)	***dress*** (= une robe)
hat (= un chapeau)	***jeans*** (= un jean)
vintage (= d'occasion)	***sunglasses*** (= des lunettes de soleil)
eyeliner (= du mascara)	***bikini*** (= un bikini)
shoes (= des chaussures)	***socks*** (= des chaussettes)

1. « Bedouin ___________ » by Fleet Foxes
2. « The Most Immaculate ___________ » by Metronomy
3. « Dedicated Follower of ___________ » by The Kinks
4. « Crush with ___________ » by R.E.M.
5. « Knee ___________ » by Arctic Monkeys
6. « (The Angels Wanna Wear My) Red ___________» by Elvis Costello
7. « All Fur Coat & No ___________» by Chumbawamba
8. « Blue ___________» by Blur
9. « Vintage ___________» by Paul McCartney
10. « Cheap ___________» by ZZ Top
11. « Issy Bitsy Teeny Weeny Yellow Polka Dot ___________ » by Brian Hyland
12. « Hold on to your ___________ » by The Rolling Stones

4. Reliez les couleurs à leur traduction :

yellow	rouge
green	vert
blue	noir
red	rose
pink	orange
orange	bleu
white	jaune
black	blanc

Le comparatif

APLN
p. 247

Tout d'abord, voici quelques mots utiles :

as = comme

than = que (pour comparer)

less = moins

more = plus

same = même

Pour comparer les choses entre elles ou les gens entre eux, on utilise plusieurs types de comparatifs.

Les comparatifs d'égalité

On traduit « aussi + adjectif + que » par « **as + adjectif + as** ».

Ex. *He's not as smart as he looks* > Il n'est pas aussi intelligent qu'il en a l'air.

TRUC

Pour dire « le même que », on utilise l'expression « **the same + nom + as** ».

Ex. *He bought the same car as his dad* > Il a acheté la même voiture que son père.

Les comparatifs d'infériorité

On traduit « moins + adjectif + que » par « **less + adjectif + than** ».

Ex. *He is less outgoing than his brother* > Il est moins sociable que son frère.

TRUC

Cela dit, on utilise plus facilement en anglais le comparatif d'égalité à la forme négative. On préférera donc dire : *He isn't as outgoing as his brother* > Il n'est pas aussi sociable que son frère.

Les comparatifs de supériorité

Pour ces comparatifs, il faut faire la différence entre les **adjectifs longs** et les **adjectifs courts.**

On traduit « plus + adjectif + que » par :

– « **more + adjectif long + than** », ex. : *Luigi is more attractive than Mario* > Luigi est plus séduisant que Mario.

– « **adjectif court + er + than** », ex. : *Sara is prettier than Anna* > Sara est plus jolie qu'Anna.

TRUC

On appelle « adjectifs courts » les adjectifs :

– **d'1 syllabe**, ex. *sad* > *sadder*, *low* > *lower* ;

– **de 2 syllabes** qui se terminent en **-er, -le, -ow ou -y,** ex. *clever* > *cleverer, subtle* > *subtler, narrow* > *narrower, funny* > *funnier.*

ATTENTION

Quelques comparatifs **irréguliers** :

good (= bien) > **better** (= mieux)

bad (= mauvais) > **worse** (= pire)

TRUC

On peut ajouter **much** (= beaucoup) ou **a little** (= un peu) devant le comparatif.

Ex. : *My car is much bigger than yours.* > Ma voiture est beaucoup plus grande que la tienne.

Ex. : *My car is a little more expensive than yours.* > Ma voiture est un peu plus chère que la tienne.

5. Les proverbes en « as » : reliez le début à la fin du proverbe en vous aidant de l'équivalent français.

1. Blanc comme un linge	=	As white	as a bat
2. Doux comme un agneau	=	As meek	as a doorpost
3. Vieux comme Mathusalem	=	As old	as a sheet
4. Fort comme un bœuf	=	As strong	as the hills
5. Moche comme un pou	=	As ugly	as a feather
6. Myope comme une taupe	=	As blind	as a lamb
7. Léger comme une plume	=	As light	as sin
8. Beau comme un cœur	=	As pretty	as a bird
9. Libre comme l'air	=	As free	as a horse
10. Sourd comme un pot	=	As deaf	as a picture

Poids et mesures

APLN
p. 237

Unité anglo-saxonne	Traduction	Conversion
Inch	Pouce	environ 2,5 cm
Foot	Pied	environ 30 cm
Mile	Mile	environ 1,6 km
Pint	Pinte	environ 0,5 L
Gallon	Gallon	environ 4,5 L
Pound	Livre	environ 0,5 kg

6. Choisissez le bon comparatif.

1. A pound is ________ than a kilogramme.
   - ☐ heavier
   - ☐ lighter
2. A gallon is ________ than a liter.
   - ☐ bigger
   - ☐ smaller
3. A mile is ___________ than a kilometer.
   - ☐ longer
   - ☐ shorter
4. A pint is ___________ half a liter.
   - ☐ bigger than
   - ☐ smaller than
   - ☐ as big as
5. An inch is __________ than a centimeter.
   - ☐ a little longer
   - ☐ much shorter
   - ☐ much longer

Le superlatif

APLN
p. 249

Il y a deux façons d'employer le **superlatif** :

Le superlatif d'infériorité

On traduit « le moins + adjectif » par « **the least + adjectif** ».

Ex. *He is the least agreable person I have ever met* > C'est la personne la moins agréable que j'aie jamais rencontrée.

Le superlatif de supériorité

On traduit « le plus + adjectif » par :

– « **the most + adjectif long** », ex. *This is the most wonderful present I've ever been given* > C'est le plus merveilleux cadeau que l'on m'ait jamais donné.

– « **the + adjectif court + est** » (pour la définition des adjectifs courts, voir le comparatif). Ex. *This is the prettiest star in the sky* > C'est la plus belle étoile du ciel.

TRUC

Retenez ces 3 superlatifs **irréguliers** :

» good > the best (= le meilleur)

» well > the best

» bad > the worst (= le pire)

FASHION POLICE POUR LES NULS !

7. Carrie va faire du shopping avec ses copines. Traduisez les phrases suivantes en anglais :

1. La couleur est plus vive. (vif = *bright*)
   Réponse : ____________
2. Ce pantalon est aussi serré que l'autre. (serré = *tight*)
   Réponse : ____________
3. C'est la plus jolie jupe.
   Réponse : ____________
4. La robe bleue est plus chère. (une robe = *a dress*)
   Réponse : ____________
5. Elle ne te va pas aussi bien que l'autre. (aller = *to fit*)
   Réponse : ____________

Chapitre 11
Sortir en ville

OBJECTIFS :

- **Dire l'heure et exprimer la durée**
- **Le present perfect**

BONUS :

- *La Télé des Nuls*

Les mots pour les sorties

acheter des billets
to buy tickets

un musée *a museum*

un monument *a monument*

une église *a church*

un château *a castle*

une tour *a tower*

the attendant *le gardien*

un guide (livre) *a guidebook*

fermé *closed*

ouvert *open*

une exposition *an exhibition*

une collection *a collection*

une visite guidée *a guided tour*

une peinture *a painting*

le patrimoine *heritage*

Expressions pour dire l'heure

À part les militaires et les agents secrets comme Maya dans *Zero Dark Thirty*, les Anglophones emploient seulement les nombres de 1 à 12, suivis de *a.m.* (*ante meridiem*) entre minuit et midi et de *p.m.* (*post meridiem*) entre midi et minuit.

Ex. : 15 h 30 se dit *three thirty p.m.* et 10 h 15 se dit soit *ten-fifteen* soit *quarter past ten*. 10 h 45 peut se dire soit *ten forty-five* soit *quarter to eleven*.

Les prépositions de temps

APLN p. 265

On met :

- **in** devant un moment de la journée ex. : *I usually sleep in the morning* (= j'ai l'habitude de dormir le matin) – ou devant une année ex. : *He was born in 1947* (= il est né en 1947) ;
- **on** devant un jour ;
- **at** devant un moment précis ou un horaire ex. : *They met at lunch-time and went to work at 2 pm.*

1. Complétez les phrases suivantes avec *in*, *on* ou *at*.

1. He was born _____ 1947, ______ a Tuesday.
   Il est né en 1947, un mardi.
2. They met ______ January 1st 1968.
   Ils se sont rencontrés le 1er janvier 1968.
3. It was _____ dinner, ______ 6 o'clock.
   C'était au dîner, à 18 h 00.
4. They got married ______ June the same year.
   Ils se sont mariés en juin de la même année.
5. ______ the morning, he wakes up ______ 9 am.
   Le matin, il se réveille à 9 h 00.

L'expression de la durée

On utilise les prépositions de durée suivantes pour traduire « pendant » :

- **for** pour parler d'une durée ;
  Ex. *He was a teacher for 7 years before becoming a writer.* (Il a été prof pendant sept ans avant de devenir écrivain).

- **during** pour parler d'un moment pendant lequel autre chose s'est passé.
  Ex. *During his childhood, Superman discovered he had superpowers.* (Pendant son enfance, Superman a découvert qu'il avait des superpouvoirs).

On utilise les prépositions de durée suivantes pour traduire « depuis » :

- **for** pour parler d'une durée ;
  Ex. *He's been a dentist for three years / for a long time*. (Il est dentiste depuis trois ans / depuis longtemps).
- **since** pour parler d'une date ou d'un événement précis.
  Ex. *He's been a dentist since 2014 / since the end of his studies*. (Il est dentiste depuis 2014 / depuis la fin de ses études).

2. Luke a toujours des problèmes relationnels avec son père Darth… Complétez le texte suivant avec *for*, *since* ou *during*.

_________ his training as a Jedi, Luke had to fight Darth ________ several months. Luke and Darth have been in therapy ________ three years, ever ________ Darth attacked Luke with a lightsaber. They have made progress ________ the sessions ________ Darth apologised for cutting off Luke's hand.

Pendant sa formation de Jedi, Luke a dû se battre contre Darth pendant plusieurs mois. Luke et Darth suivent une thérapie familiale depuis trois ans, depuis que Darth a attaqué Luke avec un sabre laser. Ils font des progrès pendant les sessions, depuis que Darth a demandé pardon à Luke pour lui avoir coupé la main.

Le present perfect

On le forme avec l'auxiliaire *have* :

- **has + participe passé** à la 3e personne du singulier ;
- **have + participe passé** pour toutes les autres personnes.

ATTENTION

Attention, le present perfect est un temps à mi-chemin **entre présent et passé** ; il exprime des actions ou des états qui ont commencé dans le passé, mais :

- qui **se poursuivent** dans le présent ;
  Ex. *She's always been the craziest one of the two* (= elle a toujours été la plus folle des deux).

- qui ont encore des **conséquences** dans le présent ;
  Ex. *I've eaten way too many fries* (= j'ai mangé trop de frites > sous-entendu, j'ai mal au ventre / je suis trop gros dans le présent parce que j'ai trop mangé de frites il y a quelque temps).
- pour faire le **bilan** ;
  Ex. *He hasn't been the same over the past few months* (= il n'est plus le même depuis quelques mois).
- pour parler d'une action passée très **récente**, qui semble presque appartenir au présent. Ex. *He has just passed his A-levels* (= Il vient de passer son bac).

LA TÉLÉ DES NULS

3. Vous avez bien gagné une petite pause. Il est temps de choisir une émission dans le magazine télé, mais avant cela, il faut compléter chaque descriptif en conjuguant les verbes entre parenthèses en choisissant le bon temps…

1. ***The Fires of Love*** **: présent simple ou present perfect ?**

   Amy (**be**) _________ a successful housewife for more than 10 years, ever since she (**marry**) _________ Derreck, who (**be**) _________ a male model since high school. But over the last few years, Derreck (**not be**) _________ the same with Amy, ever since he (**drive**) _________ into a tree.

   Amy a une brillante carrière de femme au foyer depuis 10 ans, depuis qu'elle a épousé Derreck, qui est mannequin depuis le lycée. Mais depuis quelques années, Derreck n'est plus le même avec Amy, depuis qu'il est rentré dans un arbre avec sa voiture.

2. ***CSI: Sheffield*** **: présent simple ou present perfect ?**

   Chief Constable Ken Blunt (**find**) _________ a dead body at the Pub. The victim probably (**die**) _________ round 11 pm, right after the last orders. Blunt (**ask**) _________ the new coroner Nancy Twobones to determine the cause of the death.

   Le commissaire Ken Blunt a découvert un cadavre au Pub. La victime est sans doute morte vers 23 h 00, au moment de la fermeture. Blunt a demandé au nouveau médecin légiste, Nancy Twobones, de déterminer la cause du décès.

3. ***Selling Houses with Stephen Square*** **: présent simple ou présent continu ?**

   Today, Stephen (**meet**) _________ with Sally to help her sell her wonderful 60-square-foot condo without toilets in London for a few million pounds.

   Aujourd'hui, Stephen rencontre Sally pour l'aider à vendre son magnifique loft de 4 mètres carrés sans toilettes à Londres pour plusieurs millions d'euros.

»

»

4. ***The Nigel Garbage Show*** **: présent simple ou présent continu ?**

Every Thursday night, Nigel Garbage (**invite**) _________ guests to vent out their anger at family members. He (**say**) _________ that he (**want**) _________ them to sort out their problems, but in fact, he (**be**) _________ just happy to see them yell and fight on air.

Le jeudi soir, Nigel Garbage fait venir des invités pour qu'ils puissent se mettre en colère contre des membres de leur famille. Il dit que c'est pour qu'ils règlent leurs problèmes, mais en réalité, il est juste content de les voir hurler et se battre en direct.

5. ***Come Dine at Home*** **: présent simple ou futur ?**

Tomorrow, Clarissa Dalloway (**host**) _________ the final dinner in London. She (**hope**) _________ to dazzle her guests and fellow contestants with a sophisticated menu based on asparagus. Will Peter's bad manners put her into a rage?

Le dîner de la finale aura lieu à Londres chez Clarissa Dalloway. Elle espère éblouir ses invités et adversaires grâce à un menu raffiné à base d'asperges. Les mauvaises manières de Peter vont-elles la faire enrager ?

Chapitre 12

Aller et venir, les différents moyens de transport

OBJECTIF :

» **Maîtriser les modaux**

Les mots des transports

conduire *to drive*

l'avion *the plane*

le train *the train*

le bus *the bus*

le taxi *the cab*

monter (dans un train, un avion...) *to get on*

descendre (d'un train, d'un avion...) *to get off*

le métro *the underground*

un billet *a ticket*

un aller simple *a single ticket*

un aller-retour *a return ticket*

un siège *a seat*

la gare *the station*

l'aéroport *the airport*

un itinéraire *a route*

une carte *a map*

S'informer sur la durée et sur la distance

Les voyages sont parfois longs, alors autant savoir s'informer sur la distance à parcourir et sur la durée du trajet.

APLN
p. 290

C'est l'occasion d'une petite révision sur les pronoms interrogatifs.

1. Entourez le bon pronom interrogatif dans les phrases suivantes.

1. _______________ does the bus stop here? It comes every half hour.
   - ☐ How soon
   - ☐ How often
   - ☐ When

2. _______________one of these trains takes me to London? The Eurostar is the one that takes you to London.
   - ☐ Which
   - ☐ That
   - ☐ Who

3. _______________ buses do I have to take? You have to change twice.
   - ☐ How much
   - ☐ How soon
   - ☐ How many

4. _______________ is the central bus station? It is round the corner.
   - ☐ Where
   - ☐ When
   - ☐ How

5. _______________ will the next train depart? It leaves the station in about 5 minutes.
   - ☐ How soon
   - ☐ How long
   - ☐ When

6. _______________ is it to Peru? About 6000 miles.

☐ How long

☐ How far

☐ Where

7. _______________ money does it cost to get there? It costs about $800 dollars.

☐ How many

☐ What

☐ How much

8. _______________ does the plane take off? It takes off at 11.45 pm.

☐ How often

☐ How soon

☐ When

9. _______________does it take to fly to New York? It takes about 7 hours.

☐ How long

☐ How soon

☐ How often

10. _______________ do I fly to Peru? Just go to the airport and ask.

☐ How often

☐ How

☐ When

PLAYLIST

2. Complétez les titres de chansons suivantes avec le bon moyen de transport : *ship / bicycle / UFO / ferry / express / car / jet / train / spaceship / limo / submarine / boots*

1. *Yellow* _________ by The Beatles
2. *Always Crashing in the same* _________ by David Bowie
3. *Downbound* ___________ by Bruce Springsteen
4. *Midnight* ___________ by Kid Rock
5. *White* ___________ by Foo Fighters
6. *Obvious* ___________ by Vampire Weekend
7. *Born in a* ___________ by David Bowie
8. ___________ *Coupé* by Justin Timberlake
9. *Next* _________ *to Leave Moscow* by Manic Street Preachers

10. *Trans-Europe* __________ by Kraftwerk

11. *Ghost* __________ by Blur

12. *These* ________ *are Made for Walking* by Nancy Sinatra

Les modaux

Les modaux sont des petits mots que l'on ajoute devant le verbe. Leur formation est simplissime : on ne les conjugue pas, et en plus on ne conjugue pas non plus le verbe qui les suit. Ex. : *He stays with us* > *He* ***should*** *stay with us* (= Il reste avec nous > Il devrait rester avec nous).

Les modaux servent à apporter une nuance au sens du verbe : le doute, la volonté, l'obligation...

May permet d'exprimer :

- la **possibilité** (ex. *After all, France may win the world cup* > Après tout, la France va peut-être gagner la coupe du monde) ;
- ou la **permission** (ex. *May I sit next to you ?* > Puis-je m'asseoir à côté de vous ?).

ATTENTION

Les modaux sont des auxiliaires : on construit donc les questions comme avec l'auxiliaire **do**. ex. *He drinks a lot* > *Does he drink a lot?* (= Il boit beaucoup > Boit-il beaucoup ?) ; *He must stop* > *Must he stop?*

TRUC

Sa forme négative est **may not**.

Ex. *They may not be there on time.* > Ils n'arriveront peut-être pas à l'heure.

Sa forme au futur est **will be allowed to**.

Ex. *If they are good, they will be allowed to throw a party* > S'ils sont sages, ils auront le droit de faire une fête.

Sa forme au passé est **was / were allowed to**.

Ex. *They were allowed to use the hot tub* > Ils ont eu le droit d'utiliser le jacuzzi.

3. Traduisez ces deux phrases pour vous entraîner :

1. Puis-je goûter tes frites ? Non, tu ne peux pas ! (goûter = *to taste*)

   ____

2. Ils n'ont pas eu le droit de danser sur le toit. (le toit = *the roof*)

   ____

Might exprime une **faible probabilité**.

Ex. *I might be wrong.* > Il n'est pas impossible que j'aie tort.

Must permet d'exprimer :

- » une **forte probabilité** (ex. *They have stopped, they must be out of gas* > Ils se sont arrêtés, ils n'ont sûrement plus d'essence) ;
- » ou une **obligation** (ex. *You must wash your hands before dinner* > Tu dois te laver les mains avant le dîner).

TRUC

Sa forme négative est **mustn't** (ou must not), qui exprime une interdiction.

Ex. *You mustn't eat all the ice cream* > Tu ne dois pas manger toute la glace.

Sa forme au futur est **will have to**.

Ex. *If you want to go to India, you will have to get a passport* > Si tu veux aller en Inde, il te faudra un passeport.

Sa forme au passé est **had to**.

Ex. *He had to produce evidence in order to convince her* > Il a dû montrer des preuves pour pouvoir la convaincre.

Traduisez ces deux phrases pour vous entraîner :

3. Si tu veux maigrir, il va falloir faire du jogging. (maigrir = *to lose weight*)

   ____

4. Doit-il donner ses coordonnées bancaires ? (coordonnées bancaires = *bank details*)

   ____

Shall sert à exprimer :

- » une **offre** (ex. *Shall I hold the door for you ?* > Voulez-vous que je vous tienne la porte ?) ;
- » le **futur** (voir l'expression du futur).

Should permet d'exprimer :

- » un **conseil** (ex. *They should mind their own business* > Ils devraient s'occuper de leurs affaires) ;
- » une **probabilité** (ex. *They should have landed by now* > Leur avion vient sans doute d'atterrir).

Traduisez ces deux phrases pour vous entraîner :

5. Est-ce que je ferais mieux de rester ou partir ?

____

6. Tu n'aurais pas dû venir.

____

Can permet d'exprimer :

- la **capacité** (ex. *I can swim* > Je sais nager) ;
- la **permission** (ex. *Can I borrow your car?* > Est-ce que je peux emprunter ta voiture ?).

TRUC

Sa forme négative est **can't** (ou **cannot** si vous voulez passer pour un snob).

Sa forme au futur est **will be able to + base verbale**.

Ex. *He won't be able to pass the test unless you encourage him* > Il ne pourra réussir l'examen que si tu l'encourages.

Sa forme au passé est **was/were able to+ base verbale**.

Ex. *The driver was able to avoid the dog at the last minute* > Le conducteur a pu éviter le chien au dernier moment.

Traduisez ces deux phrases pour vous entraîner :

7. Chérie, tu peux conduire ma voiture.

____

8. Ont-ils réussi à trouver la sortie ? (la sortie = *the exit*)

____

Could permet d'exprimer :

- une **demande** (ex. *I'd like to sit here, could you scoot?* > J'aimerais m'asseoir ici, tu peux te décaler ?) ;
- une **possibilité** (ex. *You could join our brass band* > Tu pourrais rejoindre notre fanfare).

TRUC

Dans un contexte passé, **could** sert à exprimer une **capacité**.

Ex. *He could play the bagpipe* > Il savait jouer de la cornemuse.

Will sert à exprimer :

- le **futur** (voir l'expression du futur) ;
- une **volonté** (ex. *I will marry you* > J'accepte de t'épouser).

Would sert à exprimer :

- le **conditionnel** (ex. *If he could, he would buy a Candillac* > S'il pouvait, il achèterait une Candillac) ;
- une **habitude** (ex. *The cat would sit on my lap and lick his paw* > Le chat avait l'habitude de s'asseoir sur mes genoux et de se lécher la patte).

TRUC

Sa forme négative est **wouldn't**.

Ex. *If I had known, I wouldn't have come.* > Si j'avais su, je ne serais pas venu.

Traduisez ces deux phrases pour vous entraîner :

9. Il avait l'habitude de regarder la télé jusque tard le soir. (tard le soir = *late at night*)

____

10. S'il était plus gentil, il aurait plus d'amis.

____

4. Reliez ces panneaux à leur sens en anglais :

caution

slow down

a stop sign

give way

no entry

one-way street

dead end

cycle lane

bus lane

5. **Entourez le bon modal.**

1. You _________ ride your bike in the cycle lane.

   ☐ could

   ☐ can't

   ☐ must

2. You're going too fast, you _________ slow down.

   ☐ can

   ☐ may

   ☐ should

3. You _________ drive your car on the bus lane.

   ☐ mustn't

   ☐ should

   ☐ wouldn't

4. You _________ go through a dead end street.

   ☐ can't

   ☐ mustn't

   ☐ shouldn't

LE PARANORMAL POUR LES NULS : SAMANTHA VA VOIR MADAME IRMA

Aujourd'hui, Samantha a rendez-vous avec sa voyante Madame Irma pour qu'elle lui révèle son avenir.

6. **Complétez le texte suivant en choisissant parmi les suggestions.**

Samantha: What ______ you see in your crystal ball? (**do / can / would**)

Irma: I can tell you that you ______ a tall dark stranger tonight. (**will meet / are meeting**) I'm sure it ______ love at first sight. (**will be / would be**).

Samantha: ______ marry me? (**Is he going to / Will he**)

Irma: Oops, no! Maybe he won't be a keeper then... Hold on, someone from beyond ______ like to talk to you. (**would / should**)

Samantha: Who is it?

Irma: It's your uncle... Berty? Barry?

Samantha: Oh OK, it ______ be Uncle Bernie, he used to be very mean to me (**shall / must / will**). I ______ talk to Uncle Bernie! (**am not going to / won't**) ______ you pass me Grandma Lucy ? (**May / Can / Must**)

Irma: Sure, she says you ______ get the basket soon. (**must / may / will**)

Samantha: Wow, it's really amazing because she used to tell me she ______ bring me vegetables in a little basket (**will / would**) because she said I ______ take better care of myself. (**would rather / should**)

Irma: Her signal is receding, she ______ disappear soon. (**will / is / is going to**). Is there something you would like to tell her?

Samantha: Yes, Grandma, I______ smoking tomorrow! (**I'm going to quit / I'm quitting / will quit**)

Chapitre 13
La maison

OBJECTIF :

» **Parler au conditionnel**

Les mots de la maison

le séjour *the living room*
le salon *the lounge*
la chambre *the bedroom*
la cuisine *the kitchen*
la salle de bain *the bathroom*
les escaliers *the stairs*
un étage *a floor*
un jardin *a garden*
une baignoire *a bath-tub*
une douche *a shower*
un lavabo *a sink*
des WC *toilets*

1. Reliez les noms suivants à leur traduction.

un lit	a couch
un placard	a closet
une table	an armchair
une chaise	a desk
un canapé	a table
un bureau	a chair
un fauteuil	a bed

Le conditionnel

On le forme généralement avec **would + base verbale**.

Ex. *If I had known, I would not have come* > Si j'avais su, je ne serais pas venu.

TRUC

On le trouve souvent sous sa forme contractée « **'d** ».

Ex. *I'**d** like some cake, please.* > J'aimerais du gâteau s'il vous plaît.

On l'emploie donc beaucoup dans les phrases en « **if** » (= **si**).

Cela donne : **if + verbe au prétérit ou au past perfect** (voir plus loin) et **would + base verbale** dans la proposition suivante.

Ex. *If I earned a lot of money, I would have a bigger flat.* > Si je gagnais plus d'argent, j'aurais un plus grand appartement.

2. Les emplois de *would* : traduisez ces phrases pour vous entraîner.

ATTENTION

Attention aux subordonnées en *when*, *after* et *before* (voir chapitre sur l'expression du futur).

1. « Si j'avais un marteau, je cognerais la nuit. » (un marteau = *a hammer* ; cogner = *to knock*)

   Réponse : ....

   ....

2. Je serais heureux, si j'avais une chanson à chanter.

   Réponse : ....

   ....

3. Elle m'a dit qu'elle appellerait quand elle arriverait.

   Réponse : ....

   ....

4. Il a dit qu'il appellerait quand il en aurait l'occasion.

   Réponse : ....

   ....

Les équipements : Facilities

un appareil domestique *an appliance*

un réfrigérateur *a refrigerator*

un four à micro-ondes *a microwave*

une cuisinière *a cooker*

un four *an oven*

un lave-vaisselle *a dishwasher*

une machine à laver *a washing machine*

un ordinateur *a computer*

une imprimante *a printer*

There is / there are

Pour traduire « il y a », on utilise :

- **there is** devant un nom singulier ou un indénombrable ;
- **there are** devant un nom pluriel.

3. Traduisez les phrases suivantes avec *there is* et *there are*.

1. Il y a un gâteau dans le four.

   Réponse : ....

2. Il y a des vêtements dans la machine à laver.

   Réponse : ....

3. Il n'y a pas assez d'encre dans l'imprimante.

   Réponse : ....

4. Il y a des démons dans le frigo.

   Réponse : ....

5. Il y a un Grimlin dans le four à micro-ondes.

   Réponse : ....

CULTURE

Question subsidiaire : à quels films cultes des années 1980 les phrases 4 et 5 font-elles référence ?

Réponse : ....

....

To do et to make

APLN
p. 316

En anglais, il existe deux verbes pour traduire « faire » :

- **to do** s'emploie pour les **tâches** ou **les activités régulières** (ex. *to do the ironing* > faire le repassage) ;
- **to make** s'emploie plutôt pour « faire » au sens de « **fabriquer** » (ex. *to make tables* > fabriquer des tables) ou pour des **actions** (ex. *to make a phone call* > appeler quelqu'un au téléphone).

4. Complétez les traductions suivantes à l'aide de *do* ou de *make* :

1. Faire la lessive > __________ *the laundry*
2. Faire un gâteau > __________ *a cake*
3. Faire la conversation > __________ *the talking*
4. Faire une erreur > __________ *a mistake*
5. Prendre une décision > __________ *a decision*
6. Faire la vaisselle > __________ *the dishes*
7. Faire du café > __________ *coffee*
8. Faire affaire > __________ *business*
9. Faire une réservation > __________ *a reservation*
10. Faire du yoga > __________ *yoga.*

Chapitre 14
Au travail

OBJECTIF :

- **Maîtriser le passif**

BONUS :

- *Le monde des affaires pour les Nuls !*

Les mots du travail

travailler *to work*
un boulot *a job*
le bureau *the office*
un collègue *a co-worker*
le patron *the boss*
un employeur *an employer*
un employé *an employee*
une entreprise *a company*
une grande entreprise *a corporation*
l'économie *the economy*

Les mots de l'argent

cher *expensive*
abordable *cheap*
acheter *to buy*
coûter *to cost*
dépenser *to spend*
de la monnaie ***change***
un billet *a note (UK)*
a bill (US)
une livre *a pound*
un dollar ***a dollar***
une carte de crédit *a credit card*
un guichet automatique *an ATM*
payer en espèces *to pay cash*
changer de l'argent
to exchange money
le taux de change *the exchange rate*
payer par carte *to pay by credit card*
payer par chèque *to pay by check*

1. Complétez les expressions avec les mots suivants, en vous aidant de la traduction : *chicken / cow / egg / bread / chips / gravy / Dutch / bottom / arm / ends / hole / trees*

1. A cash _______

   Une vache à lait

2. A nest _______

   Un bas de laine

3. _______ feed

   Des clopinettes

4. It costs an _______ and a leg.

   Ça coûte la peau des fesses.

5. To cash in one's _______

   Retirer ses billes

6. To bet your _______ dollar

   Mettre sa main à couper

7. To go _______ with someone

   Partager l'addition

8. The _______ train

   Un bon filon (une sinécure qui paie bien)

9. Money burns a _______ in his pocket.

   C'est un panier percé.

10. Money doesn't grow on _______.

    L'argent ne tombe pas du ciel.

11. To live on the _______line

    Tirer le diable par la queue

12. To make _______ meet

    Joindre les deux bouts

Le passif

Parfois, dans une phrase, on préfère mettre l'accent sur **le complément** plutôt que sur **le sujet** d'une phrase. Par exemple, pour dire que je viens de perdre mon emploi, je n'ai pas envie de dire « Mon patron m'a licencié ce matin », parce que je m'en fiche de mon patron. Je préfère dire : « J'ai été licencié ce matin ». J'utilise le passif pour mettre en valeur ma situation, même si ce n'est pas moi qui suis le sujet de l'action.

En anglais,

- » pour conjuguer un verbe au passif, on utilise **be conjugué + participe passé**,
- » si on veut indiquer la personne ou la chose qui fait l'action, on l'introduit avec **by.** Ex. : *My boss fired me* (= Mon patron m'a licencié) **devient** *I was fired by my boss* (= j'ai été licencié par mon patron).
- » C'est bien pratique, quand on ne sait pas qui a fait l'action. Ex. : *The painting was stolen* > Le tableau a été volé.

2. Conjuguez au passif les verbes entre parenthèses.

1. The waiter (**to fire**) ________________ because he spat on the noodles.
   Le serveur a été viré parce qu'il a craché sur les nouilles.
2. She (**to award**) ________________a medal for babysitting that kid.
   On lui a donné une médaille pour avoir surveillé cet enfant.
3. The intern (**to give**) ________________two months to learn the ropes.
   On a donné deux mois au stagiaire pour apprendre les ficelles.
4. She (**to make**) ________________deputy manager by the board.
   Le conseil d'administration l'a nommée directrice adjointe.
5. The foreman (**to let go**) ________________when they renewed the team.
   Le contremaître a été licencié lorsqu'ils ont renouvelé l'équipe.
6. They (**to tell**) ________________to join the team.
   On leur a dit de rejoindre l'équipe.
7. The accountants (**to leave**) ________________with very little money.
   Les comptables se sont retrouvés avec très peu d'argent.

8. She (**to pay**) ________________a lot of money to clinch the deal.

Elle a gagné beaucoup d'argent lorsqu'elle a conclu cette affaire.

9. The company (**to sell**) ________________for peanuts!

L'entreprise a été vendue pour des clopinettes !

10. They (**to hear**) ________________arguing in the conference room.

On les a entendus se disputer dans la salle de conférence.

TRUC

Regardez la façon dont le passif est traduit dans les phrases 2, 3, 6 et 10 de l'exercice précédent : pour **traduire « on »** en anglais, il est possible d'utiliser le passif. C'est le cas pour d'autres tournures impersonnelles.

3. Traduisez les phrases suivantes à l'aide du passif.

TRUC

N'hésitez pas à utiliser des modaux dans les phrases 2 et 5.

1. Cela les ennuie vraiment. (ennuyer = *to annoy, to bug**)

Réponse : ....

2. Il est possible d'acheter une voiture pour 5 000 euros.

Réponse : ....

3. Les gens disent souvent que c'est impossible.

Réponse : ....

4. On leur a dit de se taire. (se taire = *to be quiet*, ou *to shut up**)

Réponse : ....

5. Il est très probable qu'il ait raison.

Réponse : ....

4. Glen joue à son nouveau jeu vidéo « Full Metal Top Gear Solid » avec son pote Brian. Traduisez leur dialogue en utilisant le passif et les modaux.

Glen : Oh non ! Mon perso s'est fait exploser par une grenade ! (exploser = *to blow up* ; une grenade = *a grenade*)

Réponse : ....

....

Brian : Mon perso a été écrasé par un monster truck ! (écraser= *to crush*)

Réponse : ....

....

Glen : Il paraît que c'est plus facile en mode multijoueur, tu veux essayer ? (mode multijoueur = *multiplayer mode* ; essayer = *to try*)

Réponse : ....

....

Brian : Oui, c'est parti. (c'est parti = *let's start*)

Réponse : ....

....

Glen : Hé, mon perso a été abattu, est-ce que c'est un tir ami ? (abattre = *to shoot* ; un tir ami = *friendly fire*)

Réponse : ....

....

Brian : Oui, désolé.

Réponse : ....

....

Glen : Ça ne se fait pas !

Réponse : ....

....

Brian : Dans la vie, on ne peut se fier à personne ! (se fier = *to trust* ; personne = *no one*).

Réponse : ....

....

Les fractions

5. Reliez les fractions suivantes au nom qui leur correspond.

½	*A quarter*
1/3	*A tenth*
¼	*A half*
1/5	*A fifth*
1/10	*A third*

LE MONDE DES AFFAIRES POUR LES NULS !

6. Le célèbre homme d'affaires Jo Tycoon a préparé un petit discours pour présenter les résultats de son entreprise devant le conseil d'administration. Écrivez en toutes lettres les nombres entre parenthèses.

Pour indiquer les pourcentages, on ajoute **percent** (qui est invariable) après le nombre.

I **own** (22.7%) ____________ of this corporation. We have **hired** (12 000) __________ new employees over (15) ______ countries and our **profits** have **increased** by (0.2 %) _________ over the last two years. The **value** of our **shares** has **dropped** by (21.6 %) ________ on the **stock market** since January. Some people say those are mediocre **results** but our **brand** is still **profitable** because I'm popular in **the media** and this **boosts** our **corporate image**. You're very lucky to have me as your **CEO**.

7. À partir du petit texte précédent, devinez les traductions des termes suivants liés au « business » :

The value	Les résultats
Trade	Les échanges
Profitable	La valeur
Brand	Augmenter
Results	Les profits
Profits	Baisser
To hire	Posséder
To own	La marque
To drop	PDG
To boost	Recruter
CEO	Rentable
The stock market	Booster
To increase	La bourse

Calculer

Voici comment prononcer quelques opérations de base :

- 2 + 2 = 4 > two plus two is four
- 2 x 2 = 4 > two by two is four

» 2 - 1 = 3 > two minus one is three

» 6 : 3 = 2 > six into three is two

PLAYLIST

8. Voici quelques titres de chansons qui contiennent des chiffres et des nombres : écrivez-les en toutes lettres.

25 minutes to go (Johnny Cash) : *Réponse :* ____________________

505 (Arctic Monkeys) : *Réponse :* ____________________

100% (Sonic Youth) : *Réponse :* ____________________

1984 (David Bowie) : *Réponse :* ____________________

2 + 2 = 5 (Radiohead) : *Réponse :* ____________________

Chapitre 15
Les loisirs

OBJECTIFS :

- **Utiliser les pronoms relatifs**
- **Maîtriser les temps du passé (prétérit continu et past perfect)**

BONUS :

- *« Naked and Afraid » : Stage de survie pour les Nuls !*
- *Petite escapade dans les Carpates*

Les mots de la nature

une montagne *a mountain*
une forêt *a forest*
un fleuve *a river*
un lac *a lake*
une cascade *a waterfall*
une côte *a coast*
un désert *a desert*
une prairie *a meadow*
un bois *a wood*

1. Reliez les noms d'animaux suivants à leur traduction.

un mouton	a cow
un cheval	a squirrel
une vache	a bug
une poule	a horse
une grenouille	a mosquito
un écureuil	a fox
un cerf	a bear
un renard	a sheep
un loup	a deer
un ours	a snake
un serpent	a frog
un insecte	a wolf
un moustique	a hen

Les pronoms relatifs

Les relatives sont des propositions qui cherchent à donner des précisions : ex. *James Bond was a spy* (= James Bond était un espion) > *James Bond was the spy who loved me* (= James Bond était l'espion qui m'aimait).

Les pronoms relatifs introduisent les propositions relatives, ils donnent des précisions sur un nom que l'on appelle leur **antécédent**. Ici « James Bond » est l'antécédent de « who », par exemple.

2. Reliez les pronoms relatifs à leur traduction. Attention, deux relatifs ont la même traduction française :

Who	ce que
Which	où
What	dont / ce qui
When	que
Where	qui
Whose	

TRUC

On utilise **who** lorsque l'antécédent est une **personne** (ex. *the spy who loved me* > l'espion qui m'aimait), et **which** lorsque l'antécédent est une **chose** (ex. *the car which backfired* > la voiture qui a pétaradé). On peut également remplacer *which* par **that**.

On peut aussi utiliser **what** et **which** en position de sujet dans la phrase (ex. *What surprised me was his attitude* > Ce qui m'a surpris, c'est son attitude ; ex. *He refused, which is surprising* > Il a refusé, ce qui est surprenant).

« NAKED AND AFRAID » : STAGE DE SURVIE POUR LES NULS !

3. Complétez les phrases suivantes à l'aide du bon relatif :

1. The place ______ we stayed was an island.
   L'endroit où nous avons séjourné était une île.

2. The tiger ______ chased me was hungry.
   Le tigre qui m'a couru après avait faim.

»

3. The man ______ rescued me was another contestant.
L'homme qui m'a sauvé était un autre candidat.

4. The river, ______ runs through the island, was full of piranhas.
La rivière, qui traverse l'île, était pleine de piranhas.

5. It was the piranhas ______ frightened me the most.
Ce sont les piranhas qui m'ont le plus fait peur.

6. The trail ______ I took ran through the forest.
Le chemin que j'ai pris traversait la forêt.

7. ______ bothered me was that I left my bag at the camp.
Ce qui me souciait, c'était d'avoir laissé mon sac au campement.

8. I got lost the moment ______ I took a wrong turning.
Je me suis perdu dès que j'ai pris un mauvais tournant.

9. The monkey ______ banana I stole chattered at me.
Le singe à qui j'ai volé une banane m'a crié dessus.

10. I was very happy to be sent home, ______ is not surprising.
J'étais très heureux d'être renvoyé chez moi, ce qui n'est pas surprenant.

PLAYLIST

4. Complétez les titres de chansons à l'aide des noms d'animaux suivants : *Rabbit / Pigs / Lion / Turtle / Bird / Dogs / Bulls / Monkey / Wolf / Cats.*

1. __________ *on the Wire* by Leonard Cohen
2. *Alley* __________ by Hot Chip
3. __________ *on the Wing* by Pink Floyd
4. __________ *on Parade* by Rage against the Machine
5. *A* ________ *at the Door* by Radiohead
6. *White* __________ by Jefferson Airplane
7. ________ *are Everywhere* by Pulp
8. *Yertle the* __________ by Red Hot Chili Pepper

9. __________ *in a Coma* by Animal Collective

10. *Everybody's got something to hide except me and my* __________ by The Beatles

Les mots des loisirs

les vacances *holidays*

la plage *the beach*

nager *to swim*

prendre le soleil *to sunbathe*

de la crème solaire *sunscreen*

la randonnée *hiking*

un sentier *a trail*

jouer *to play*

une équipe *a team*

le sport *sports*

le jogging *jogging*

le parapente *paragliding*

la planche à voile *windsurfing*

la plongée sous-marine *scuba diving*

le surf *surfing*

la plongée *snorkelling*

le foot *soccer*

le ski alpin *downhill skiing*

Retour vers le passé I : le past perfect

APLN
p. 200

Nous avons déjà parlé du **present perfect**, qui se forme à l'aide de l'auxiliaire **to have**, conjugué au présent, et du **participe passé**. Il sert à parler d'états ou d'événements qui viennent de se terminer ou qui ont commencé dans le passé et se poursuivent dans le présent.

Maintenant, allons un peu plus loin et parlons d'un nouveau temps : le **past perfect**. Il se forme à l'aide **l'auxiliaire to have conjugué au passé : had + participe passé**. Il exprime **l'antériorité** : l'action décrite a eu lieu avant une autre action passée.

Ex. *I went to bed after I **had finished** dinner* > Je suis allé au lit après avoir fini de dîner.

5. Bert n'est pas venu en cours lundi, car il a préféré jouer aux jeux vidéo. Maintenant, il doit se montrer très créatif dans un mail d'excuse pour son prof.

Conjugez les verbes suivants soit au prétérit soit un past perfect, lorsque l'action est antérieure à une autre action passée.

TRUC

Attention deux verbes sont à conjuguer au passif.

Dear Teacher,

I (**wake up**) _______________ quite late on Monday morning because my alarm clock (**stop**) _______________ during the night. I (**get dressed**)_______________ quickly and (**run**) _______________to catch the bus but it (**go**) _______________when I (**arrive**) _______________ at the stop. I (**try**) _______________to run after it and (**fell**)_______________ into a manhole that (**leave**) _______________ open. My leg (**break**) _______________ so I (**have**) _______________ to go to the hospital. This is the reason why I couldn't attend your class on Monday.

With my best wishes,

Bert

Cher Professeur,

Je me suis réveillé très tard lundi matin, car mon réveil s'était arrêté pendant la nuit. Je me suis habillé rapidement et j'ai couru pour attraper le bus, mais il était parti lorsque je suis arrivé à l'arrêt. J'ai essayé de le rattraper, mais je suis tombé dans une bouche d'égout qui avait été laissée ouverte. Ma jambe était cassée donc j'ai dû aller à l'hôpital. Voilà pourquoi je n'ai pas pu venir en cours lundi.

Mes sincères salutations,

Bert

Retour vers le passé II : le prétérit continu

Nous avons déjà parlé du **prétérit**, qui est le temps de base pour exprimer une **action au passé**.

Ex. *Colonel Mustard killed Professor Black* > Le colonel Moutarde a tué le professeur Lenoir.

Seulement voilà, parfois on a envie d'indiquer le **cadre** de l'action, de planter le décor à l'aide d'une autre action. Dans ce cas, on utilise **le prétérit continu**. Il se forme avec l'auxiliaire **be conjugué au passé + participe présent**.

Ex. Il était en train de cacher le corps quand la police est arrivée > *He was hiding the body when the police arrived.*

Dans l'exemple précédent, il y a deux actions : l'une était en train de se faire (au prétérit continu) lorsque l'autre s'est produite.

PETITE ESCAPADE DANS LES CARPATES

6. **Conjuguez les verbes entre parenthèses en utilisant soit le prétérit, soit le past perfect, soit le prétérit continu.**

Jonathan raconte à sa copine Mina ses vacances pourries dans les Carpates avec un site de location de maisons par Internet.

I (**go**) _________ to that Air R n' B house up in the Carpathians. The weather (**be**) _________ stormy. There (be) _________ leaks in the roof. Also, I (**forget**) _________ to check the "single occupancy" box when I (**book**) _________ the holiday: I (**have**) _________ to share the house with some old dude in some lousy velvet bathrobe! His tan really (**suck**) _________, he (**be**) _________ white as a sheet. He (**act**) _________ really strange when I (**arrived**) _________. The guy even (**try**)_____ to kiss me on the neck. I (**not like**) _________ it.

Je suis allé dans cette maison, là-haut, dans les Carpates, avec Air R n' B. Il y avait une tempête. Il y avait des fuites dans le toit. Aussi, j'avais oublié de cocher la case « seul occupant » quand j'ai reservé les vacances : j'ai dû partager la maison avec un vieux type qui portait un peignoir en velours tout pourri. Son bronzage était vraiment nul, il était blanc comme un linge. Il se comportait bizarrement. Le type a même essayé de me faire un bisou dans le cou. Je n'ai pas apprécié.

Question subsidiaire : à quel personnage très connu ce récit fait-il référence ?

....

Chapitre 16

Au secours ! Que faire en cas d'urgence ?

OBJECTIFS :

- **Utiliser l'impératif**
- **Utiliser les pronoms réfléchis et réciproques**

BONUS :

- *Pause jeu, une petite partie de Docteur Maboul*

Les mots des urgences

le danger *danger*

une blessure *an injury*

s'évanouir *to faint*

sans connaissance *unconscious*

avertir *to warn*

les pompiers *the fire department*

une ambulance *an ambulance*

le secourisme *first aid*

Au secours ! *Help me!*

Appelez un médecin ! *Call a doctor!*

L'impératif

Pour donner des ordres, on utilise **l'impératif**.

Personne	Singulier	Pluriel
1re personne	*Let me*	*Let us / Let's*
2e personne	Base verbale seule	Base verbale seule
3e personne	*Let her / him / it*	*Let them*

Par exemple :

Appelle les pompiers ! > *Call the fire department!*

Cherchons Charlie > *Let's find Waldo.*

Les gens n'ont plus de pain, qu'ils mangent de la brioche ! > *People no longer have bread, let them eat cake*!

TRUC

On utilise moins l'impératif en français : certaines traductions sont donc des équivalences.

Je peux vous tenir la porte. > *Let me hold the door for you.*

Qu'elle aille se faire voir. > *Let her go to hell.*

À la forme négative, ça donne :

Personne	Singulier	Pluriel
1re personne	*Let me not*	*Let us not / Let's not*
2e personne	Don't + base verbale seule	Don't + base verbale seule
3e personne	*Let her / him / it not*	*Let them not*

Par exemple :

Ne cours pas avec des ciseaux ! > *Don't run with scissors!*

Ne soyons pas si difficiles. > *Let's not be that picky.*

1. Mettez les phrases suivantes à l'impératif.

1. *You don't play with matches* > ....
2. *They tidy their room* > ....
3. *She doesn't come in* > ....
4. *I find the courage to deal with those kids* > ....
5. *We look for Kevin, who is lost* > ....

6. *This is not a problem* > ....

7. *We don't play truant* > ....

8. *You are quiet* > ....

9. *You don't put your fingers in the plug* > ....

10. *Kevin is OK* > ....

Expliquer ce qui ne va pas

soigner *to cure*
un mal de tête *a headache*
la grippe *the flu*
une fracture *a broken bone*
une brûlure *a burn*
un empoisonnement alimentaire *food poisoning*
une égratignure *a scratch*
un mal de gorge *a sore throat*
une entorse *a sprain*
avoir de la fièvre *to have a fever*
une coupure *a cut*
une piqûre *a shot*

Pause jeu : une petite partie de Docteur Maboul

2. Reliez ces problèmes de santé imaginaires tirés du jeu « Docteur Maboul » aux parties du corps auxquelles ils se rapportent :

Writer's Cramp	Throat
Charley Horse	Stomach
Spare Ribs	Arm
Adam's Apple	Hip
Broken Heart	Wrist
Butterflies	Chest
Brain Freeze	Head
Funny Bone	Side

Les pronoms réfléchis et les pronoms réciproques

APLN
p. 380

Les pronoms réfléchis

On les forme avec « self », qui veut dire « soi-même ».

On s'en sert pour traduire les verbes en « se » quand le sujet et le complément sont une seule et même personne. Ex. : *She was tired of waiting for Prince Charming, so she bought herself a wedding ring* > Elle en avait marre d'attendre le Prince Charmant, alors elle s'est acheté une alliance (le « s' » renvoie à la même personne que le sujet).

Personne	Singulier	Pluriel
1re personne	*Myself*	*Ourselves*
2e personne	*Yourself*	*Yourselves*
3e personne	*Herself / Himself / Itself*	*Themselves*

Les pronoms réciproques

On traduit « l'un l'autre » par **each other**, ou plus rarement, par **one another**.

Une action réciproque implique que les sujets agissent les uns sur les autres.

Ex. *They trust each other* > Ils ont confiance l'un en l'autre.

La différence

La différence entre pronoms réfléchis et pronoms réciproques est que la réciprocité implique une relation, un échange, ou un service rendu, entre plusieurs personnes.

Ils se sont lavés peut se traduire de deux façons, selon le sens :

Sens 1 : *They washed each other* = ils se sont lavés l'un l'autre.

Sens 2 : *They washed themselves* = ils se sont lavés chacun de leur côté.

ATTENTION

Attention ! Certains verbes français en « se » n'ont pas besoin en anglais d'un pronom réfléchi ou de pronoms réciproques. Ex. Je me suis réveillé tard ce matin > *I woke up late this morning.*

3. Entourez la bonne réponse dans les phrases suivantes.

NB. **Ø signifie qu'il n'y a rien à ajouter dans la phrase.**

1. *They're relaxing* __________________ (**themselves, each other, Ø**) *by the swimming pool.*

   Ils se détendent au bord de la piscine.

2. *We look at* __________________ (**ourselves, each other, Ø**) *in the mirror.*

   Nous nous regardons dans le miroir.

3. *They fought* __________________ (**themselves, each other, Ø**) *all day.*

   Ils se sont battus toute la journée.

4. *She burnt* __________________ (**herself, Ø**) *on the stove.*

   Elle s'est brûlée sur le poêle.

5. *They met* __________________ (**themselves, each other, Ø**) *through the Internet.*

   Ils se sont rencontrés sur Internet.

Chapitre 17

Dix façons d'accélérer votre apprentissage de l'anglais

APLN
p. 391

Dans *L'anglais pour les Nuls*, nous vous donnons toute une série d'astuces et d'idées pour apprendre l'anglais de façon plus rapide et efficace :

1. Parlez, parlez et parlez avec les gens.

2. Formez ou rejoignez un groupe de conversation en anglais.

3. Regardez des films et des séries.

4. Utilisez des cartes de référence.

5. Assistez à des pièces de théâtre, des séances de lecture, des conférences.

6. Apprenez les paroles des chansons et chantez !

7. Procurez-vous des livres pour enfants.

8. Suivez un cours – n'importe quel cours.

9. Liez-vous d'amitié avec un(e) anglophone.

10. Rejoignez une association caritative.

Je ne vais pas vous tester là-dessus : les quiz et les exercices qui suivent sont plutôt pour vous donner envie de lire et d'écouter de l'anglais en vous rappelant tout ce que l'on trouve d'agréable et de divertissant dans la culture anglo-saxonne.

Regardez des films et des séries

1. Quiz sur les films et les séries télé : entourez la bonne réponse.

1. *Jurassic Park* was directed by:
   - ☐ David Cameron
   - ☐ Steven Spielberg
   - ☐ James Cameron

2. In *Game of Thrones*, the Starks's motto is:
   - ☐ « Winter is coming »
   - ☐ « Winter is cold »
   - ☐ « Summer is the best »

3. The movie *Blade Runner* was adapted from:
   - ☐ *I, Robot* by Isaac Asimov
   - ☐ *Do Android Dream of Electric Sheep?* by Philip K. Dick
   - ☐ *Noddy in Toyland: A Birthday for Whiz* by Mark Daydy

4. In *Big Bang Theory*, Sheldon is a:
   - ☐ physicist
   - ☐ biologist
   - ☐ physician

5. In the movie *Some Like it Hot*, the character of Josephine is played by:
   - ☐ Marilyn Monroe
   - ☐ Tony Curtis
   - ☐ Sugar Kane

6. In *Friends*, Joey plays in the TV soap:
   - ☐ « Fires of Love »
   - ☐ « Hospital Central »
   - ☐ « Days of our Lives »

7. James Bond never drove:

☐ a double decker

☐ a space shuttle

☐ a 2CV

8. Princess Leia wears her controversial bikini in:

☐ *The Force Awakens*

☐ *The Empire Strikes Back*

☐ *The Return of the Jedi*

9. In the *Absolutely Fabulous* original series, Edina is a:

☐ publicist

☐ fashion designer

☐ journalist

10. In the *Star Trek* original series, Captain Kirk's spaceship is called :

☐ the Endeavour

☐ the Enterprise

☐ the Entertainer

2. Choisissez le bon mot pour compléter chaque citation du cinéaste américain Woody Allen.

1. "I don't want to achieve immortality _________ (**through / as**) my work, I want to achieve it _________ (**thanks to / through**) not dying." (Interview)

2. "It seemed the world was divided __________ (**into / between**) good and bad people. The good ones slept _________ (**better / most**), Cloquet thought, while the bad ones seemed to enjoy the waking hours much _________ (**more / most**)." ("The Condemned")

3. "Life _________ (**doesn't / mustn't**) imitate art, it imitates bad television." (*Husbands and Wives*)

4. "And when he dies _________ (**on / at / when**) eighty-five, _______ (**from / with**) a combination of smallpox and a tomahawk in the skull, he is happy." ("By Destiny Denied")

5. "I don't believe in an afterlife, _________ (**when / because / although**) I am bringing a change of underwear." ("Conversations with Helmholtz")

6. "The grasshopper played all summer while the ant worked and saved. When winter _________ (**will come / came**), the grasshopper had nothing, but the ant complained of chest pains. Life _________ (**is / was**) hard for insects." ("The early Essays")

7. "Vivian: 'Sandy Bates's work will live _________ (**by / on / in**) after him.'

   Sandy: 'Yeah, but what good is it if I _________ (**couldn't / can't**) pinch any women or hear any music?' (*Stardust Memories*)

8. "Someone once asked me if my dream was to live on in the hearts of my people, and I said I _________ (**would / could / should**) rather like to live on in my apartment." (*Rolling Stone* interview)

9. "Interestingly, according to modern astronomers, space is finite. This is a very comforting thought – particularly for people who _________ (**must / can / should**) never remember where they have left things." ("The UFO Menace")

10. "When it comes to sex there are certain things that should always be left unknown and, with my luck, they probably _________ (**will / would**) be." (*Everything You've always Wanted to Know about Sex*)

Apprenez les paroles des chansons et chantez !

3. **Complétez ces citations tirées de chansons emblématiques du rock et de la pop anglo-saxonnes à l'aide des mots suivants : *changes / lover / calling / walrus / tender / heaven / side / love / today / satisfaction.***

1. « *London* _________ *to the faraway towns* » (The Clash)
2. « *Imagine all the people living for* _________ » (John Lennon)
3. « *I'm the* _________ » (The Beatles)
4. « *Break on through to the other* _________ » (The Doors)
5. « *Billie Jean is not my* _________, *she's just a girl* » (Michael Jackson)
6. « *I can't get no* _________ » (The Rolling Stones)

7. « *Love me ________, love me sweet* » (Elvis Priestley)

8. « *Turn and face the strange ___________* » (David Bowie)

9. « *She's buying a stairway to ________* » (Led Zeppelin)

10. « *All is fair in ___________* » (Stevie Wonder)

Question subsidiaire : Il y a une faute de grammaire dans l'une des citations, pourriez-vous la trouver ?

Réponse : __________________

Procurez-vous des livres pour enfants

4. Choisissez le bon mot pour compléter ces titres de livres pour enfant célèbres :

1. *Where is _______ ?* (**Waldo? / Charlie? / Emerson?**)
2. *Guess how much* ___________. (**I weigh / I love you / I earn**)
3. *The Tale of* ___________ (**Peter Rabbit / Roger Rabbit / Tony Abbot**)
4. *Winnie* ___________ (**The Bear / The Pooh / The Poo**)
5. *The Very Hungry* ___________ (**Caterpillar / T-Rex / Kardashian**)
6. *The Cat in the* ________ (**Car / Bath / Hat**)
7. *Don't let the Pigeon* ______________________ (**Into the House / Drive the Bus / Drive you Crazy**)
8. *Harry Potter and the Sorcerer's* ___________ (**Stone / Wand / Scroll**)
9. *George's Marvellous*___________ (**Potion / Medicine / Mother**)
10. *Where the Wild Things* ___________ (**Rest / Hide / Are**)

5. Complétez cette *nurcery rhyme* :

Hush little baby est libre de droits, vous pouvez l'écouter légalement sur internet très facilement.

Hush little baby, don't say a ________,
Papa's gonna buy you a mockingbird.

And if that mockingbird won't ________,
Papa's gonna buy you a diamond ring.

And if that diamond ring turns to ________,
Papa's gonna buy you a looking glass.

And if that looking glass gets ________,
Papa's gonna buy you a billy goat.

And if that billy goat won't ________,
Papa's gonna buy you a cart and bull.

And if that cart and bull turn ________,
Papa's gonna buy you a dog named Rover.

And if that dog named Rover won't ________,
Papa's gonna buy you a horse and cart.

And if that horse and cart fall down,
You'll still be the sweetest little baby in ________!

Assistez à des pièces de théâtre, des séances de lecture, des conférences

6. Voici un petit quiz sur les monuments de la littérature, de la BD et du théâtre anglo-saxons.

1. *Hamlet* was written by :
   - ☐ William Shakespeare
   - ☐ Steven Spielberg
   - ☐ H. P. Lovecraft

2. *Oliver Twist* was written by :
   - ☐ Charles Dickens
   - ☐ Richard Dawkins
   - ☐ David Copperfield

3. *Singin' in the Rain* is :
   - ☐ a play
   - ☐ a musical
   - ☐ a novel
4. Robinson Crusoe lives in :
   - ☐ a boat
   - ☐ an island
   - ☐ a city
5. In *Gulliver's Travels*, the hero meets :
   - ☐ Pygmies
   - ☐ Lilliputians
   - ☐ Martians
6. J. R. R. Tolkien never wrote :
   - ☐ *The Silmarillion*
   - ☐ *The Two Rings*
   - ☐ *The Return of the King*
7. Which of these X-Men does not belong to the original team :
   - ☐ Magneto
   - ☐ Angel
   - ☐ Wolverine
8. In the *Harry Potter* book series, Voldemort is never called :
   - ☐ You-know-who
   - ☐ What's-his-name
   - ☐ He-who-must-not-be-named
9. *Huckleberry Finn* was written by :
   - ☐ Mark Twain
   - ☐ Tom Sawyer
   - ☐ Herman Melville
10. Which of these characters is not a supervillain from *Spiderman*?
    - ☐ Rhino
    - ☐ Doctor Squid
    - ☐ Sandman

Chapitre 18

Dix erreurs à éviter Les faux amis

Certains mots sont identiques en français et en anglais, mais d'autres sont ce que l'on appelle des faux amis : ils ressemblent à des mots français, mais ont un sens différent.

1. Entourez la bonne réponse.

ATTENTION

Attention, cet exercice contient à la fois des faux amis et des mots transparents, c'est-à-dire des mots identiques dans les deux langues.

1. *actually* veut dire :
   - ☐ en fait
   - ☐ couramment
   - ☐ comme si
2. *normal* veut dire :
   - ☐ minimal
   - ☐ acceptable
   - ☐ normal
3. *eventually* veut dire :
   - ☐ éventuellement
   - ☐ soudain
   - ☐ finalement
4. *sanction* veut dire :
   - ☐ sanction
   - ☐ fin
   - ☐ norme
5. *hazard* veut dire :
   - ☐ chance
   - ☐ danger
   - ☐ événement
6. *admirable* veut dire :
   - ☐ admirable
   - ☐ formidable
   - ☐ redoutable
7. *journey* veut dire :
   - ☐ voyage
   - ☐ sortie
   - ☐ durée
8. *bizarre* veut dire :
   - ☐ arrogant
   - ☐ stupide
   - ☐ bizarre

9. *sensible* veut dire :

☐ sensible

☐ raisonnable

☐ précoce

10. *trouble* veut dire :

☐ confusion

☐ violence

☐ problème

2. Choisissez le bon terme pour compléter les phrases suivantes :

1. He will have to ___________ the consequences of his actions. (**bear / support / assume**)

   Il va devoir assumer les conséquences de ses actes.

2. Roulette is a game of ___________. (**luck / chance / hazard**)

   La roulette est un jeu de hasard.

3. He said she was a goose. She can't stand that kind of ___________any more. (**refuse / injury / abuse**)

   Il l'a traitée d'oie. Elle ne peut plus supporter ce genre d'insultes.

4. The road is slippery: they have put up a sign to ___________ drivers. (**warn / prevent / avert**)

   La route est glissante : un panneau a été accroché pour prévenir les automobilistes.

5. The economic situation is ___________ improving. (**currently / actually / daily**)

   La situation économique s'améliore actuellement.

6. After his speech, the ___________ burst into applause. (**public / audience / spectacle**)

   Après son discours, le public a applaudi à tout rompre.

7. This dress is very pretty. I love the colour and the ___________ . (**tissue / textile / fabric**)

   Cette robe est très jolie. J'aime beaucoup la couleur et le tissu.

8. He is safe! This is such a ___________! (**relevance / clamour / relief**)

   Il est sain et sauf ! Quel soulagement !

9. They took away his driver's ___________. (**permit / licence / diploma**)

   On lui a retiré le permis de conduire.

10. When I told her, she was very ___________. (**sympathetic / encompassing / comprehensive**)

   Quand je lui ai dit, elle a été très compréhensive.

Chapitre 19
Distinguer les mots qui se ressemblent

Coming and going

APLN
p. 403

Pour dire « aller » en anglais, on a le choix entre deux possibilités : **come** ou **go**.

L'usage dépend de la **position géographique** des personnes concernées.

To come implique le fait de **se rapprocher**.

Ex. *Please come with me.* > S'il te plaît viens avec moi : la personne qui parle demande à l'autre de se rapprocher d'elle.

Ex. *They will come to visit their grandma.* > Ils iront voir leur mamie : ils se rapprochent de la mamie en question.

To go implique le fait de **s'éloigner**.

Ex. *Don't go to the forest* > Ne va pas dans la forêt : cette phrase implique que la forêt est loin.

Ex. *They will go to Australia this summer* > Ils iront en Australie cet été : cette phrase implique que ni la personne qui parle, ni les personnes dont il est question ne sont en Australie au moment où l'on parle.

TRUC

Cela fonctionne aussi pour « revenir », que l'on traduit soit par *come back* soit par *go back* selon la **position géographique** des personnes concernées.

- avec « ***come back*** », le fait de **revenir** implique de se rapprocher ;
- avec « ***go back*** », le fait de **revenir** implique de s'éloigner.

Ex. On peut traduire « Ils reviendront en Australie » de deux façons :

They will come back to France implique qu'ils se rapprochent de la personne qui parle.

They will go back to France implique qu'ils s'éloignent de la personne qui parle.

3. Complétez les phrases suivantes à l'aide de *come* ou de *go*.

ATTENTION

N'oubliez pas de conjuguer *come* ou *go* au bon temps et à la bonne personne !

1. We don't want you here, _________ back home!
   Nous ne voulons pas de toi ici, retourne chez toi !
2. Please _________ back home as soon as you're done.
   S'il te plaît, rentre à la maison dès que tu auras terminé.
3. He wants to _________ to our place for the summer.
   Il veut aller passer l'été chez nous.
4. Baby, don't _________!
   Chéri, ne t'en va pas !
5. Let's _________ to dinner at my favourite restaurant.
   Allons dîner dans mon restaurant préféré.
6. Could we invite them to _________ to dinner tomorrow ?
   Pourrions-nous les inviter à venir dîner demain ?
7. He _________ away to France start a new life in 1988.
   Il est parti en France pour prendre un nouveau départ en 1988.
8. I think he will _________ to see me tomorrow.
   Je crois qu'il viendra me voir demain.
9. Yesterday, he _________ to see his dad for the first time in twenty years.
   Hier, il est venu voir son père pour la première fois en vingt ans.
10. He must _________ to see us tomorrow.
    Il doit venir nous rencontrer demain.

4. Cochez la bonne expression synonyme.

To continue :

☐ to go for it

☐ to go ahead

☐ to give a go

To be busy :

☐ to be on the go

☐ to come and go

☐ to be touch-and-go

To meet :

☐ to come by

☐ to come across

☐ to come about

To invent :

☐ to come up with

☐ to come down

☐ to come up to

To disappoint :

☐ to go south

☐ to come apart

☐ to come short

Borrowing and lending

APLN
p. 404

To borrow veut dire **emprunter.**

On le construit comme ça : **to borrow something from somebody.**
Ex. *I'd like to borrow a thousand dollars.* J'aimerais emprunter mille dollars.

To lend veut dire **prêter.**

On peut le construire de deux façons : **to lend somebody something** ou **to lend something to somebody**.
Ex. *Could you lend me your bike?* > Pourrais-tu me prêter ton vélo ?

5. Traduisez les phrases suivantes en français.

1. *Can I borrow your car?*

   Réponse : ____________________

2. *Why don't you lend me your money?*

   Réponse : ____________________

Comme ce n'est pas si difficile, voici quelques phrases plus surprenantes à traduire plus attentivement :

3. *My banker wants to borrow some money from me*

   Réponse : ____________________

4. *Tom wants me to borrow his car.*

   Réponse : ____________________

5. *Can I lend you some money?*

   Réponse : ____________________

Such and so

APLN
p. 405

Pour dire « tellement », on peut utiliser soit **such** soit **so.**

Such se rapporte à un **nom**.

ATTENTION

Attention, n'oubliez pas l'article au singulier !

Ex. *She is such a snob!* > Elle est tellement snob ! ; *They are such snobs!* > Ils sont tellement snobs !

TRUC

On se sert de **such** dans certaines phrases **exclamatives**.

Ex. *Such a pretty house!* > Quelle jolie maison !

Such a peut aussi renvoyer à quelque chose d'**unique** (dans un sens positif ou négatif), dans les expressions de type :

Ex. *How could you do such a thing?* > Comment as-tu pu faire une chose pareille ? ; *He is such a man!* Quel homme !

So se rapporte à un **adjectif**.

Ex. *She is so elegant in that dress!* > Elle est tellement élégante avec cette robe !

So et **such** peuvent être suivis d'une subordonnée de conséquence en **that**.

Ex. *I'm so angry that I will explode!* > Je suis tellement en colère que je vais exploser !

Ex. *He is such a bore that he spoils that party.* > Il est tellement barbant qu'il gâche la fête.

6. Complétez les phrases suivantes avec *so*, *such* ou *such a*.

1. Beer is _________ tasty!

   La bière a tellement bon goût !

2. Champagne is _________ much more expensive than beer.

   Le champagne est tellement plus cher que la bière.

3. Champagne is _________ good wine.

   Le champagne est un si bon vin.

4. Don't make _________ fuss over a broken glass.

   Ne fais pas tant d'histoires pour un verre brisé.

5. The party was _________ lame that we went home early.
La fête était tellement nase que nous sommes rentrés tôt.

6. They drank _________ much wine that they were drunk.
Ils ont bu tant de vin qu'ils étaient saouls.

7. They are _________ idiots!
Quels idiots !

8. He is _________ considerate host.
C'est un hôte tellement attentionné.

Like, as and alike

APLN
p. 405

Like et **alike** impliquent une **ressemblance**.

Ex. *They look alike = They look like each other* > Ils se ressemblent.

Like est généralement suivi d'un complément : *He looks like his brother* > Il ressemble à son frère.

Ce n'est pas le cas de **alike**, qui n'a pas besoin d'introduire un complément : c'est pourquoi on le place souvent en fin de phrase. Ex. *They sounded alike.* > Ils avaient la même voix.

As implique une **identité**. Il se construit comme **like**, il peut introduire par exemple :

- des noms (ex. : *As director of the board, I congratulate you!* > En tant que directeur du conseil d'administration, je vous félicite !) ;
- des **subordonnées**, notamment avant **as if** pour dire « **comme si** » (ex. : *He acted as if nothing had happened* > Il se comportait comme si rien ne s'était produit).

On l'utilise aussi :

- dans le **comparatif d'égalité** (ex. : *She is as bright as her sister* > Elle est aussi intelligente que sa sœur) ;
- dans l'expression « **the same as** » qui veut dire « **le même que** » (ex. : *He has the same voice as his father* > Il a la même voix que son père).

7. Complétez les phrases suivantes avec *as*, *like* ou *alike*.

1. He was ____________ convincing as I hoped he would be.
   Il a été aussi convaincant que je l'espérais.

2. You sound ____________ Grandma.
   Tu parles comme Mamie.

3. She doesn't have the same behaviour ____________ her friend.
   Elle n'a pas la même attitude que son amie.

4. They don't look ____________ at all.
   Ils ne se ressemblent pas du tout.

5. They talked very loudly, ____________ if they were drunk.
   Ils parlaient très fort, comme s'ils étaient saouls.

Hearing and listening

APLN
p. 406

Hearing veut dire « **entendre** » et **listening** veut dire « **écouter** ».

To hear se construit ainsi : « **hear + complément** ». Il implique un acte **involontaire**. Ex. *I heard them fighting* > Je les ai entendus se disputer.

To listen se construit ainsi : « **listen + to + complément** ». Il implique un acte volontaire. Ex. *I listened to them fighting* > Je les ai écoutés se disputer.

TRUC

Dans les verbes de perception comme **hear** et **listen**, mais aussi **see, watch, notice**, etc. :

» **Verbe de perception + base verbale** renvoie à l'action dans son ensemble.
Ex. : *I saw him eat the last cupcake* veut dire « Je l'ai vu manger le dernier cupcake » et sous-entend que vous l'avez vu le manger en entier, sans rien pouvoir faire pour en récupérer un morceau.

» **Verbe de perception + verbe avec terminaison en -ing** renvoie à l'action en cours.
Ex. : *I saw him eating the last cupcake* veut dire « Je l'ai vu en train de manger le dernier cupcake », et sous-entend que vous avez sans doute essayé de faire quelque chose pour l'empêcher de tout manger.

8. Complétez les phrases suivantes avec *hear* ou *listen to*. N'oubliez pas de les conjuguer.

1. I felt the shock wave and then I _________ the bridge crashing.
2. I _________ a huge noise and started to run.
3. Did you _________ the news? She's getting married!
4. Did you _________ the news on the radio this morning?
5. We went to the opera and _________ the *Traviata*.

Seeing, looking and watching

APLN
p. 407

See veut dire « voir », et connote donc une action involontaire.

Ex. *Did you see my new car?* (= As-tu vu ma nouvelle voiture ?).

Watch et **look** veulent dire « regarder », ce qui connote un spectacle.

Watch s'emploie pour regarder ce qui bouge.

Ex. : *to watch a movie* (= regarder un film) ; *to watch children playing* (= regarder des enfants qui jouent)

Ou pour surveiller quelqu'un ou quelque chose. Ex. : *Big Brother is watching you!* (= Big Brother t'observe !) ; *Watch the beam!* (= Attention à la poutre !).

Look, accompagné de **at**, s'emploie pour un petit coup d'œil. Ex. : *Please look at my letter before I send it...* > Peux-tu jeter un coup d'œil à ma lettre avant que je l'envoie ?).

TRUC

See peut aussi vouloir dire « comprendre » ou « se rendre compte de ».

9. Complétez les phrases suivantes à l'aide de *see*, *watch*, ou *look at*.

1. Don't ___________ the Sun, stupid!

   Ne regarde pas le Soleil, idiot !

2. Can you ___________ my kids for a minute?

   Peux-tu surveiller mes enfants une seconde ?

3. Did you ___________ Rebecca this morning?

   As-tu vu Rebecca ce matin ?

4. Don't you ____________ they're making fun of you?

   Tu ne vois pas qu'ils se moquent de toi ?

5. Did you ____________ the new Star Trek movie?

   Est-ce que tu as vu le nouveau Star Trek ?

Feeling and touching

APLN
p. 408

To touch veut dire « toucher ». La difficulté, c'est que **to feel** peut vouloir dire « ressentir », « sentir » ou « palper ».

Ex. : *Can you feel your legs?* > Est-ce que tu as des sensations dans les jambes ?

Disons que **to touch** renvoie plutôt à un acte volontaire, alors que **to feel** renvoie plutôt à ce que l'on ressent au contact de quelque chose.

10. Complétez les phrases suivantes à l'aide de *touch* ou de *feel*. N'oubliez pas de les conjuguer.

1. I'm so cold! I can't ________ my toes.
2. Don't ________ the hotplate!
3. I'm ________ really sad today.
4. He didn't ________ his meal.
5. I was really ________ by his plea.

Laying and lying

APLN
p. 408

En anglais, les deux verbes irréguliers et le verbe régulier suivants se ressemblent beaucoup :

- **to lay** (prétérit = **laid**, participe passé = **laid**) qui veut dire « **poser** » ou « **placer** » ;
- **to lie** (prétérit = **lay**, participe passé = **lain**) qui veut dire « **être allongé** » ;
- **to lie** (régulier : prétérit = **lied**, participe passé = **lied**) qui veut dire « **mentir** ».

Il est facile de faire la différence entre « **to lie** » au sens de mentir et les deux autres.

Le problème est de ne pas confondre **to lie** (le verbe irrégulier) et **to lay**, car leurs sens sont proches. Pour les distinguer, n'oubliez pas que :

- **To lie** (le verbe irrégulier) implique un sujet actif qui s'allonge ou s'est allongé quelque part et il n'est pas accompagné d'un complément d'objet. Ex : *I'm going to lie on my bed.*
- **To lay** implique le fait que le sujet du verbe manipule un objet inanimé pour le poser quelque part. Ex : *They lay the baby down for a nap.*

11. Complétez les expressions suivantes à l'aide de *to lay* ou de *to lie*.

1. ___________ *on the couch* = être allongé sur le canapé
2. ___________ *down and rest* = s'allonger pour se reposer
3. ___________ *on your CV* = mentir sur son CV
4. ___________ *like a rug* = mentir comme un arracheur de dents
5. ___________ *eggs* = pondre des œufs
6. ___________ *your cards on the table* = mettre cartes sur table
7. ___________ *the table* = mettre la table

Tuesday and Thursday

APLN
p. 409

Ce n'est pas difficile, **Tuesday** veut dire « mardi » et **Thursday** veut dire « jeudi », alors je vous donne juste quelques titres de chansons à compléter.

PLAYLIST

12. Complétez ces titres de chansons avec soit *Tuesday*, soit *Thursday*.

1. ___________*'s Child* by David Bowie
2. *Monday*, _________, *Wednesday* by The Kinks
3. *Ruby* _________ by The Rolling Stones

4. *Suite* __________ by Duke Ellington

5. *Loan Me Two till* __________ by Nat King Cole

6. __________ *Heartbreak* by Stevie Wonder

7. *To Claudia On* __________ by The Mamas and the Papas

8. __________ *Afternoon* by Tori Amos

9. *10:15* ________*Morning* by The Hollies

10. __________*Night Blues* by Johnny Otis

Too and very

APLN
p. 409

Too veut dire « **trop** » et **very** veut dire « **très** ».

Very se rapporte :

- à un **adjectif** (ex. *This is very expensive*. > C'est très cher.) ;
- à un **adverbe** (ex. *He speaks very loudly*. > Il parle très fort.).

Too se rapporte :

- à un **adjectif** (ex. *This is too expensive for me*. > C'est trop cher pour moi.) ;
- ou à un **adverbe** (ex. *He speaks too loudly.* > Il parle trop fort.).

NB. On l'emploie souvent avec « **much + indénombrable** » ou « **many + dénombrables** » :

- avec un **nom** (ex. *I brought too much food.* > J'ai acheté trop de nourriture.) ;
- ou avec un **verbe** (ex. *I ate way too much.* > J'ai beaucoup trop mangé.).

TRUC

Too peut également vouloir dire « **aussi** », mais on emploie plutôt des **reprises**.

Les reprises fonctionnent sur le modèle **auxiliaire ou modal + pronom**.

Ex. *She felt embarrassed, so did he.* > Elle s'est sentie mal à l'aise, lui aussi.

13. **Remettez les traductions suivantes dans le bon ordre.**

1. C'est un jeune homme très talentueux
   young / is / talented / a / man. / He / very
   Réponse : ....
2. Il fait trop chaud pour travailler !
   too / is / hot / to / It / work!
   Réponse : ....
3. Il a passé l'aspirateur et a aussi lavé le sol.
   cleaned / too. / hoovered / and / He / floor / the
   Réponse : ....
4. Elle est très maline, et sa sœur aussi.
   very / She / sister. / smart, / and / her / so / is / is
   Réponse : ....
5. Je parle anglais, et vous aussi !
   can / can / so / English, / you! / I / and / speak
   Réponse : ....

Annexe 1

Les verbes irréguliers

Forme de base (infinitif)	*Prétérit*	*Participe passé*
awake (réveiller)	awoke	awaken
be (être)	was/were	been
beat (battre)	beat	beaten
become (devenir)	became	become
begin (commencer)	began	begun
bend (courber)	bent	bent
bite (mordre)	bit	bitten
bleed (saigner)	bled	bled
blow (souffler)	blew	blown
break (briser)	broke	broken
bring (apporter)	brought	brought
build (construire)	built	built
buy (acheter)	bought	bought
catch (attraper)	caught	caught
choose (choisir)	chose	chosen
come (venir)	came	come
cost (coûter)	cost	cost
cut (couper)	cut	cut
dig (creuser)	dug	dug
do (faire)	did	done

Forme de base (infinitif)	*Prétérit*	*Participe passé*
draw (dessiner, tirer)	drew	drawn
drink (boire)	drank	drunk
drive (conduire)	drove	driven
eat (manger)	ate	eaten
fall (tomber)	fell	fallen
feed (nourrir)	fed	fed
fight (combattre)	fought	fought
find (trouver)	found	found
fit (adapter)	fit	fit
fly (voler)	flew	flown
forget (oublier)	forgot	forgotten
forgive (pardonner)	forgave	forgiven
freeze (geler)	froze	frozen
get (obtenir)	got	got/gotten
give (donner)	gave	given
go (aller)	went	gone
grow (croître)	grew	grown
hang (pendre)	hung	hanged/hung
have (avoir)	had	had
hear (entendre)	heard	heard
hide (cacher)	hid	hidden
hit (frapper)	hit	hit
hold (tenir)	held	held
hurt (faire mal)	hurt	hurt
keep (garder)	kept	kept
know (savoir)	knew	known
lay (être allongé/pondre)	laid	laid
lead (conduire/guider)	led	led
leave (laisser/partir)	left	left

Forme de base (infinitif)	Prétérit	Participe passé
lend (prêter)	lent	lent
let (laisser)	let	let
lie (down) (se coucher)	lay	lain
light (allumer)	lit	lit
lose (perdre)	lost	lost
make (faire)	made	made
mean (signifier)	meant	meant
meet (rencontrer)	met	met
pay (payer)	paid	paid
prove (prouver)	proved	proven
put (mettre)	put	put
quit (quitter)	quit	quit
read (lire)	read	read
ride (aller à cheval)	rode	ridden
ring (sonner)	rang	rung
rise (se lever)	rose	risen
run (courir)	ran	run
say (dire)	said	said
see (voir)	saw	seen
sell (vendre)	sold	sold
send (envoyer)	sent	sent
set (mettre)	set	set
shake (secouer)	shook	shaken
shine (briller)	shone	shone
shoot (tirer)	shot	shot
shut (fermer)	shut	shut
sing (chanter)	sang	sung
sit (être assis)	sat	sat
sleep (dormir)	slept	slept

Forme de base (infinitif)	Prétérit	Participe passé
slide (glisser)	slid	slid
speak (parler)	spoke	spoken
spend (dépenser)	spent	spent
split (fendre)	split	split
spread (étaler)	spread	spread
stand (être debout)	stood	stood
steal (voler)	stole	stolen
stick (coller)	stuck	stuck
sting (piquer)	stung	stung
swear (jurer)	swore	sworn
sweep (balayer)	swept	swept
swim (nager)	swam	swum
swing (balancer)	swung	swung
take (prendre)	took	taken
teach (enseigner)	taught	taught
tear (déchirer)	tore	torn
tell (dire)	told	told
think (penser)	thought	thought
throw (jeter)	threw	thrown
understand (comprendre)	understood	understood
wake (éveiller)	woke	woken
wear (porter)	wore	worn
weep (pleurer)	wept	wept
win (gagner)	won	won
write (écrire)	wrote	written

Annexe 2

Les corrigés

Chapitre 1. Bases de la prononciation de l'anglais

1. 1. Harm et heart. 2. Feel et Heat. 3. Port et short. 4. Bird et hurt. 5. Pull et wood (should est une exception).

2. 1. Oui. 2. Oui. 3. Non. 4. Non. 5. Oui. 6. Oui. 7. Non. 8. Oui. 9. Oui. 10. Non.

6. 1. Non. 2. Oui. 3. Non. 4. Oui. 5. Oui. 6. Non. 7. Non. 8. Oui. 9. Oui. 10. Oui.

7. 1. Oui. 2. Non. 3. Non. 4. Non. 5. Non. 6. Oui. 7. Non. 8. Oui. 9. Non. 10. Non.

9. 1. Trai*nee.* 2. Po*li*tical. 3. Car*toon.* 4. *Ad*vertize. 5. Pri*o*rity. 6. Ca*reer.* 7. O*rigi*nal. 8. A*bi*lity. 9. *A*ttitude. 10. Ele*men*tary. 11. *Re*cognize. 12. Lemo*nade.* 13. Ciga*rette.* 14. *Qua*lify. 15. Ne*go*tiate. 16. Refu*gee.* 17. *A*nalyse. 18. Subs*tan*tial. 19. Millio*naire.* 20. Sham*poo.*

10. 1. Jerry: Why does Bert believe in flying *saucers*? 2. Jen: Because he gets all his info from the *Internet*. 3. Jerry: I guess it's sometimes better to know nothing than read *stupid* stuff on the Internet. 4. Jen: Yeah, he also believes the Earth is *flat*!

Chapitre 2. Directement au cœur de la grammaire anglaise

1. Un homme = *a man* ; Une femme = *a woman* ; Un garçon = *a boy* ; Une fille = *a girl* ; Un enfant = *a child (pl. children)* ; Un bébé = *a baby* ; Un chien = *a dog* ; Un chat = *a cat* ; Une maison = *a house* ; Une voiture = *a car.*

2. Spies ; Buses ; Tomatoes ; Chairs ; Boys ; Children ; Halves ; Boxes ; Lunches ; Bosses.

3. A piece of advice ; A game of tennis ; A sense of humour ; A stroke of luck ; A lock of hair ; A touch of elegance ; A helping of rice ; A slice of bread.

4. 1. She has an annoying laugh. 2. They are into ultimate fighting. 3. We fight a lot. 4. It needs washing. 5. They smell weird.

5. Clark works as a journalist, but in fact he is a superhero! He watches over the city and he carries heavy stuff, such as planes and trains, whenever necessary. He does not always get along with supervillains, let's say they have a complicated relationship.

6. 1. I'm not easy to live with. 2. I don't have a sports car. 3. I haven't made cookies. 4. I didn't do the dishes. 5. I don't like Mexican food.

7. 1. Am I late? 2. Did you go to the movies? 3. Does she have the flu? 4. Have you met Ted? 5. Did you do well?

8. what = quoi / que ; who = qui ; why = pourquoi ; how = comment ; where = où ; when = quand.

9. 1. Where does he live? 2. Why does he cry all the time? 3. What is his name? 4. Who's coming with him? 5. When does the play start?

10. 1. Comment es-tu allé à Las Vegas ? 2. Combien est-ce que cela t'a coûté ? 3. Combien de verres as-tu bus ? 4. Combien as-tu perdu au casino ? 5. Comment vas-tu payer ?

11. 1. What. 2. When. 3. Where. 4. How. 5. Why. 6. Why.

12. Play, played, playing ; Live, lived, living ; Cry, cried, crying ; Lend, lent, lending ; Work, worked, working ; Shut, shut, shutting ; Speak, spoken, speaking ; Let, let, letting ; Have, had, having ; Want, wanted, wanting.

13. 1. Buy, bought, buying / Purchase, purchased, purchasing / Get, got, getting.

2. Hate, hated, hating / Dislike, disliked, disliking / Loathe, loathed, loathing.

3. Come, came, coming / Arrive, arrived, arriving / Reach, reached, reaching.

4. Mention, mentioned, mentioning / Tell, told, telling / Refer, referred, referring.

5. Work, worked, working / Achieve, achieved, achieving / Labour, laboured, labouring.

6. Meet, met, meeting / Encounter, encountered, encountering / Gather, gathered, gathering.

7. Hope, hoped, hoping / Expect, expected, expecting / Trust, trusted, trusting.

8. Control, controlled, controlling / Govern, governed, governing / Master, mastered, mastering.

9. Hold, held, holding / Keep, kept, keeping / Bear, born bearing.

10. Forget, forgotten, forgetting / Omit, omitted omitting / Overlook, overlooked, overlooking.

14. 1. Paul and Carlo like wrestling. 2. Paul and Carlo are watching wrestling matches tonight. 3. When he wrestles, Paul wears a big belt. 4. For tonight's match, Carlo is wearing a red mask. 5. Jacqueline smokes like a chimney. 6. She is smoking a cigar. 7. She is coming to visit us. 8. She comes from Cantal. 9. I follow Carlo on Twitter. 10. The coach is following Paul into the arena.

15. 1. "Hey Dad, I think a tiger (hide) is hiding under my bed. Could you take a look?" 2. "Calvin, you are being ridiculous. Do you really think tigers take the plane from Africa to bother little boys at night?" 3. "I don't know. They like eating little kids, don't they?" 4. "I am not looking under that bed. And that's final!" 5. "A tiger is licking his lips under the bed. I'm pretty sure I'm hearing it right now". 6. "I don't hear anything. Just go to sleep and stop bothering me."

16. 1. *Make* / Create / *Do* > Made / Created / Did

2. *Let* / Allow / *Leave* > Let / Allowed / Left

3. Live / Exist */ Be* > Lived / Existed / Was

4. Cry / Shout / *Weep* > Cried / Shouted / Wept

5. *Lend* / Grant / Loan > *Lent* / Granted / Loaned

6. Close / *Shut* / Lock > Closed / Shut / Locked

7. *Speak* / Talk / *Say* > Spoke / Talked / Said

17. 1. Tarzan jumped from tree to tree. 2. The Hawk shot arrows. 3. Superman did not see through lead. 4. Batman drove his Batmobile. 5. Wonderwoman did the dishes. 6. The Green Lantern had some sort of ring. 7. Spiderman swallowed flies. 8. The Hulk became green. 9. Ironman sold weapons for a living. 10. Taxman was not a superhero.

18. Once upon a time there was a little girl called Little Red Riding Hood. One day her mother said to her: "here is a piece of cake and a bottle of bourbon for your grandmother. She has very few little pleasures in her life, so bring them to her." The grandmother lived out in the woods, away from the village. Little Red Riding Hood had nothing better to do, so she set out to visit her Grandma. A wolf saw her and thought she would make a great snack. He asked her where she wanted to go. But she knew very well what the wolf was up to, she was not stupid. So she took a big knife and chopped off his paw, and the wolf was never heard of again. Good riddance!

19. Sarah: Ah! Rodney! There's a tarantula in the shower!

Rodney: Yes, this is Stacey, she comes from **Ø** Brazil. I bought her on **the** Internet. She's **a** very affectionate pet. Would you like to cuddle her?

Sarah: No, I hate **Ø** spiders. I think they're creepy. And who's **the** big lizard on the bed?

Rodney: That's Charles, actually, he's **an** iguana from **the** Galapagos Islands. And did you meet Humphrey?

Sarah: Yeah, that's **the** snake who bit me yesterday.

20. 1. She likes Ø wine a little too much. 2. What a beautiful sports car! 3. I take the train to go to work. 4. Don't stare at the Sun. 5. He left without a coat. 6. Do you like Ø cakes ? 7. I bought them in the United States. 8. She only wears Ø pink. 9. He's a very good hacker. 10. He plays the guitar.

21. 1. I have some work to do. 2. Please stop working and come with me. 3. She was relieved to hear the news. 4. Smoking is bad for your health. 5. I feel like smoking a cigarette. 6. I love smoking cigars. 7. I'm going out to smoke a cigarette. 8. I would love to dance tonight. 9. I love dancing in the rain. 10. Dancing is not easy.

22. 1. unhappy. 2. malfunction. 3. underestimate. 4. disagree. 5. illegal. 6. dishonest. 7. non-smoker. 8. unknown. 9. misunderstand. 10. irrelevant.

23. 1. Before the Revolution, France was a kingdom. 2. Don't cry, it is childish. 3. He was homeless and had to live in the streets. 4. She became a very successful lawyer. 5. I prefer baked potatoes. 6. Be careful, the water is not drinkable. 7. Adulthood is not always easy. 8. The slogan is very catchy. 9. This project is very exciting. 10. He has just finished his internship.

24. 1. liberté *freedom*. 2. malheur *sadness*. 3. amitié *friendship*. 4. socialisme *socialism*. 5. complexité *complexity*. 6. enfance *childhood*.

Chapitre 3 : Heureux de faire votre connaissance

1.

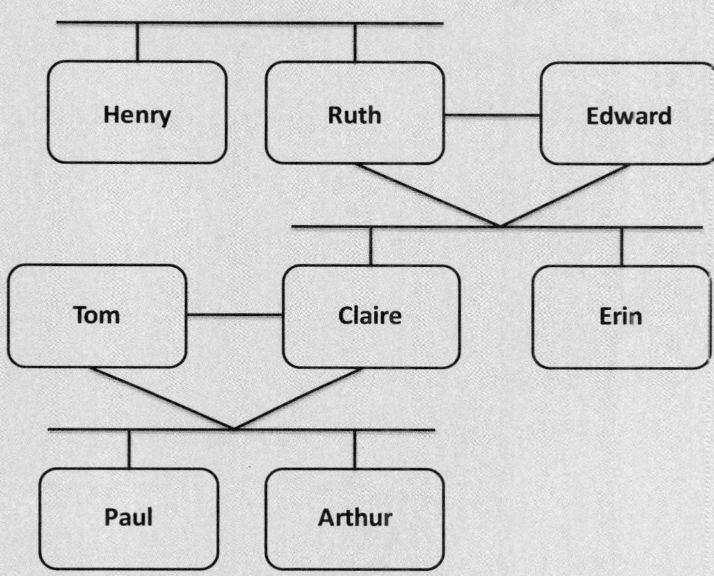

2. 1. Hi Rebecca, I'm happy to meet you. 2. She's a very warm neighbour... in fact, she's a bit invasive. 3. We shook hands over the deal. 4. We crashed the Coopers' party last night. 5. I'm the one who introduced him to his girlfriend.

3. Bonjour = *Hello* ; Bonjour (le matin) = *Good morning* ; Bonsoir = *Good evening* ; Salut = *Hi* ; Au revoir = *Goodbye* ; S'il vous plaît = *Please* ; Merci = *Thank you* ; De rien = *You're welcome* ; Bonne journée ! = *Have a nice day!* ; Enchanté = *Nice to meet you* ; Excusez-moi = *Excuse me* ; Je suis désolé = *I'm sorry* ; S'excuser = *To apologise* ; Pourriez-vous m'aider ? = *Could you help me?* ; Pardonnez-moi = *Forgive me.*

4. 1. Le visage *the face*

5. Les yeux *the eyes*

8. Le nez *the nose*

10. La joue *the cheek*

12. L'oreille *the ear*

14. La bouche *the mouth*

17. Le menton *the chin*

11. Les cheveux *the hair*

4. La peau *the skin*

3. Les bras *the arms*

18. Les jambes *the legs*

19. Les dents *the teeth*

7. Le dos *the back*

21. Les épaules *the shoulders*

13. La main *the hand*

23. Le doigt *the finger*

25. Le mollet *the calf (pl. calves)*

22. La cheville *the ankle*

15. La cuisse *the thigh*

6. Le genou *the knee*

9. Le pied *the foot (pl. feet)*

2. Un orteil *a toe*

16. Le ventre *the stomach*

24. Le torse *the chest*

20. La taille *the waist*

5. La reine d'Angleterre.

6. 1. Kimmy : Don't you think my bottom looks too big? / 2. Kylie : No, a bottom is never big enough. / 3. Kimmy : Don't you think my lips look weird? / 4. Kathy : Yes, you should make a duckface. / 5. Kimmy : Don't you think my thighs look too flabby? / 6. Kitty : No, you're as gorgeous as Beyoncé! / 7. Kimmy : Do you think I look good in that dress? / 8. Klothilde : No, it's way too conservative, we can't even see your underwear! / 9. Kimmy : Don't you think my toes look crooked? / 10. Klothilde : Yes, what is wrong with them?

7. 1. « Back in my **arms** again » by The Supremes / 2. « Glass **Eyes** » by Radiohead / 3. « Take my **Head** » by Archive / 4. « Can't Feel my **Face** » by The Weekend / 5. « Cherry **Lips** » by Garbage / 6. « Cold **Shoulder** » by Adele / 7. « **Finger**tips » by Stevie Wonder / 8. « **Hand** in Glove » by The Smiths / 9. « Hungry **Heart** » by Bruce Springsteen / 10. « Stamp your **Feet** » by Donna Summer.

8. 1. to cost an arm and a leg > coûter la peau des fesses / 2. to twist someone's arm > forcer la main à quelqu'un / 3. I'm all ears. > Je vous écoute. / 4. to give a hand > donner un coup de main / 5. to see eye to eye > être sur la même longueur d'onde / 6. to stuff one's face > se remplir la panse / 7. to be butterfingers > avoir deux mains gauches / 8. to not lift a finger > ne pas lever le petit doigt / 9. to stick one's neck out > prendre des risques / 10. to breathe down someone's neck > être sur le dos de quelqu'un.

9. 1. How old are you? 2. I am twenty years old. 3. She is a twenty-year-old girl.

10. 1. The 40-year-Old Virgin ; 2. Million-Dollar Baby ; 3. Reservoir Dogs: Let's Get to Work ; 4. Grown-ups ; 5. Couples' Retreat ; 6. The To-Do list ; 7. A Two Weeks' Notice ; 8. Eight-Legged Freaks.

11. Pretty *vs.* plain ; fat *vs* slim ; short *vs* tall ; young *vs* old.

12. Michael Jackson – slim / The Queen of England – old / Jabba the Hutt – fat / Mister T – strong / Grumpy – short / Michael Jordan – tall.

13. "Hi, I'm Samantha, I'm an actress and a model. You may have seen me in "The Hairy Ape" on Broadway. Most people are really hopeless at finding their style. Fortunately, I'm here to make the world a better place and help you dress **smartly**. My only advice is to select **clothes** that match your **figure**. If you are tall and **skinny**, like me, wear whatever you like, you're perfect! Avoid low-waist jeans if you have a **muffin top**. Wear **baggy** trousers or a loose **dress** if you have saddlebags. If you have **chubby** calves, wear high-heels and avoid **tight** jeans."

Chapitre 4 : Engager la conversation

1. Hi Samantha, I **think** you are **unfair** to **overweight** people. This is fat-shaming! You should be **ashamed** to **upset** people who may have problems with their body image! I **prefer** people who accept their bodies to people who all look alike.

2. 1. swimming pool ; 2. passer-by ; 3. underground ; 4. evening dress ; 5. grown-up.

3. **Everybody** thinks that Gleny is just an accountant who lives in a **tower-block** in Sheffield. But in fact he is a **space cowboy** from the future ! Inside his flat, in his **living room**, his **dishwasher** is in fact a **time machine** that sends him back to the future! He puts on his **astronaut suit** and travels to the year 2061 to fight **killer robots**.

4. kind = nice ; nasty = mean ; mad = crazy ; silly = dumb ; intelligent = clever ; courageous = brave ; cool = relaxed.

5. I'm a shy, nice and clever man. I am 40 and I live at my mother's. I'm tall and thin. I have blue eyes and brown hair. I like video games and TV series. I'm looking for a thin, agreeable and beautiful 20-year-old woman.

6. just – a little – really – personally – not – too – certainly.

7.

Adjectif	Adverbe
Good	Well
Bad	Badly
Hard	Hard

8. 1. You raised this boy well. 2. Their relationship ended badly. 3. I do swear your English is good. 4. She works hard for a living. 5. Lasagnas are hard to make. 6. I do swear your cooking is bad.

Chapitre 5 : Où suis-je ? Demander son chemin

1. L'hôtel *the hotel* ; Le magasin *the shop* ; Le commissariat *the police station* ; The city center *the centre-ville* ; La banque *the bank* ; La poste *the post* ; L'hôpital *the hospital.*

2. 1. The shop is just round the corner. 2. Where can I find the bank? 3. Turn right at the next crossroads. 4. How can I get to the post office? 5. I am looking for the police station.

3. 1. He walked **into** the bar like the sheriff **in** a cowboy movie. He had a fight with a guy and fell **over** the counter **into** the shelves of bottles. The owner had to turn him **out** of the bar.

2. She said she was **from** London but it was pretty clear she was born **in** France, because her English accent was really bad.

3. He looked **through** his telescope and said he could see cities **on** Mars. He said Martians could travel **through** space and come **to** Earth to visit us. Honestly, if it was true, we would be **in** trouble!

4. A côté de = *by* ; près = *near* ; loin = *far* ; devant = *in front of* ; derrière = *behind*

5. 1. I've looked for Tommy everywhere. 2. He was nowhere to be found. 3. He was hiding behind the sofa. 4. I said 'if you don't eat your veggies, you will go to prison'. 5. He sat in his chair near the table. 6. He spilled spinach all over the table. 7. He left crumbs here and there. 8. He ran out to play outside.

6. 1. Non. 2. Oui. 3. Oui. 4. Non. 5. Oui. 6. Non. 7. Non. 8. Oui. 9. Oui. 10. Non.

7. to pick out = to choose ; to find out = to discover ; to watch out = to be careful ; to make up = to invent ; to come back = to return ; to put away = to store ; to run into = to meet ; to come over = to visit ; to look after = to take care of ; to make out = to see.

Chapitre 6 : Appelle-moi / Texte-moi / Email-moi

1. 1. **Text** me her **email address**. 2. **Send** me his **phone** number. 3. She has **updated** her **website**. 4. Don't **call** tonight. 5. Her name is all over **the Internet**.

2. 1. **He** has problems with **him**. 2. **They** haven't talked to Darth in years. 3. Luke even joined **them** to annoy Darth. 4. **They** tried to destroy **them** with **it**. 5. **It** did not work out well.

3. 1. I asked her to marry me and she **said** no. 2. Could you **tell** me what time it is? 3. He **says** he wanted to go for a swim. 4. He **told** her to come with him. 5. He didn't even **say** hello.

4. 1. They **talked** for hours last evening. 2. I picked up the phone to **speak** to her. 3. 'No understando,' I don't **speak** Spanish! 4. She **talked** to me about her troubles. 5. He **talked** her out of risking it.

5. "The murderer has cleaned the blood stains **and** the room, **so** it must be the cleaning lady, Mrs Jenkins!" "Think for a minute, Watson! Mrs Jenkins can't be the murderer, **since** she was at the market when the crime took place!"

"Alright, **but** it must be the butler Mr Clean **then**! I think it's him **because** he hated the victim."

"Don't be silly Watson, it can't be Mr Clean. **First**, **although** he did hate the victim, he was **also** frightened of her. **Moreover**, **despite** what you think, Mr Clean doesn't know to use a gun **or** a revolver. **Finally**, **if** Mr Clean had done it, he would have called the police, who are inefficient, **instead of** calling us."

Chapitre 7 : L'argent, l'argent, l'argent

1. double o four four two o seven o seven three one o double o

2. 1. He said he had **enough** money to buy her a shark tank. 2. She said she had **too much** common sense to accept such a stupid gift. 3. She said she would return **all** his presents if he insisted. 4. He said she had **no** idea what she was doing and she would regret it.

3. Make the batter: pour the flour into a mixing bowl then add **some** mustard. Add the egg and **a little** milk. Stir well. Roast **all** the sausages with in the oven for 15 minutes. Take the tray from the oven, pour in the batter. Put it back into the oven, then bake for 40 minutes.

Make the gravy: throw **enough** oil into a frying pan to cook the onions. Add **a lot of** sugar and cook for 5 **more** minutes. Add **a spoonful of** flour, then cook for 2 minutes. Gradually pour in the water, stirring well. Simmer for 5 minutes.

4. 11 > eleven, 16 > sixteen, 60 > sixty, 74 > seventy-four, 5.6 > five point six, 101 > one hundred and one, 856 > eight hundred and fifty-six, 20 000 > twenty thousand, 54 627 > fifty-four thousand six hundred and twenty-seven, 600 050 > six hundred thousand and fifty.

5. 1. *Three Little Pigs* ; 2. *The Two Towers* ; 3. *The Hundred and One Dalmatians* ; 5. *Fifty Shades of Grey* ; 6. *Twenty Thousand Leagues Under the Sea* ; 7. *Snow White and the Seven Dwarves* ; 8. *Twelve Angry Men* ; 9. *Two Thousand and One: A Space Odyssey.*

Chapitre 8 : À l'hôtel

1. 1. today = aujourd'hui ; 2. when = quand ; 3. day = jour ; 4. week = semaine ; 5. month = mois ; 6. year = année ; 7. hour = heure ; 8. minute = minute ; 9. to begin = commencer ; 10. to end = se terminer.

2. 1. Tomorrow - Yesterday ; 2. Morning - Evening ; 3. Future - Past ; 4. Before - After ; 5. Now - Then.

3. 1. Day after Tomorrow 2. X-Men, Days of Future Past 3. Edge of Tomorrow 4. Dog Day Afternoon 5. Today we live.

4. 1066 : **ten sixty-six** > Battle of Hastings

1215 : **twelve fifteen** > King John signs the Magna Carta

1415 **: fourteen fifteen** > Battle of Agincourt

1588 : **fifteen eigthy-eight** > Defeat of the Spanish Armada

1649 : **sixteen fourty-nine** > Charles I beheaded

1707 : **seventeen o seven** > Union of England and Scotland

1746 : **seventeen fourty-six** > Battle of Culloden

1815 : **eighteen fifteen** > Battle of Waterloo

1833 : **eighteen thirty-thee** > Abolition of Slavery

1931 : **nineteen thrity-one** > Creation of the Commonwealth of Nations

5. Monday / Tuesday / Wednesday / Thursday / Friday / Saturday / Sunday.

6. Janvier = *January* ; Février = *February* ; Mars = *March* ; Avril = *April* ; Mai = *May* ; Juin = *June* ; Juillet = *July* ; Août = *August* ; Septembre = *September* ; Octobre = *October* ; Novembre = *November* ; Décembre = *December*.

7. 1. Kim's selfies are a little too much. 2. The end of the holidays is always a sad moment. 3. The roof of the house was blown away. 4. Please change the cat's litter. 5. The attic is full of spiders' webs. 6. The lions' den is down the hill. 7. I have to repair the leg of the table. 8. Kanye's reaction at the awards was weird. 9. The Coopers' party was boring. 10. He's changed the wheel of the car.

8. 1. He crashed **his** car. 2. We should sell **our** house. 3. Tom and Ann love **their** dog. 4. You should mind **your** own business. 5. She's lost **her** lipstick. 6. Everybody loves **their** family. 7. I've lost **my** way. 8. The lion left **its** cage.

9. 1. hers. 2. yours. 3. theirs. 4. mine. 5. ours.

10. 1. « This land is **your** land ». 2. « **My** funny valentine ». 3. « Tears dry on **their** own ». 4. « **Her** Majesty ». 5. « With God on **our** side »

11. 1. **There are** mice in the attic. 2. **They're** having a party. 3. **They're** stealing cheese from the kitchen. 4. **There are** bits of cheese all over the place. 5. **Their** eyes are black and **their** tales are pink. 6. **They're** not afraid of us. 7. **There** are cats in the living room. 8. **They're** lounging on the sofa. 9. **They're** too lazy to go after the mice. 10. **There are** too many animals in this house.

Chapitre 9 : Les restaurants et les repas

1. All the **vegetables** in the moonlight,
Were having a great time, hey !
A **gherkin** danced round and round.
A **potato** jumped up and down.
An **artichoke** hopped about.
The **salsifies** waltzed around noiselessly.
And the **cauliflowers** shook their bodies like crazy.

2. 1. The cabbage is the only vegetable. 2. A nostril is not a vegetable. 3. You generally don't eat tiger meat. 4. The spinach is the only vegetable in the list that does not begin with a <p>.

3. des frites > *fries* ; un burger > *a hamburger* ; des chips > *crisps* ; de la glace > *ice-cream* ; du gâteau > *cake* ; de la tarte > *pie*.

4. 1. When **I am** rich, I will buy a shark tank. 2. I'm sure you **will feel** better after a good night's sleep. 3. I've landed my dream job, I **am starting** next week. 4. You **shall love** your neighbour as yourself. 5. If you flirt with your boss, you **are going to get** in trouble. 6. The clouds are gathering on the horizon, it **is going to rain**. 7. What! You dropped my mobile! I **will kill** you! 8. Stop lolling around the duty free shop, your plane **takes off** in 10 minutes. 9. I **am leaving** him, and that's final! 10. After he **pays back** his debts, he will be able to make a new start.

5. **What** are creme eggs? **/** **How long** does it take to make instant coffee? **/** **Do** you have rosé wine? **/** **Why** is the beer lukewarm? **/** **How much** is the traditional menu?

6. 1. Waiter, I **will** start with the bowl of Monster Munch. 2. After I **have eaten** my entrée, I will have the bubble and squeak. 3. When I **have finished** the main course, I will order dessert. 4. If you choose the spotted dick, you **are going to** be sick. 5. I**'m not having** coffee with you because my shift **starts** in 15 minutes.

7. 1. The icing on the cake. > la cerise sur le gâteau.
2. To bring home the bacon. > faire bouillir la marmite.
3. There's something is fishy. > il y a anguille sous roche.
4. To have bigger fish to fry. > avoir d'autres chats à fouetter.

5. To spill the beans. > cracher le morceau.

6. To have a bun in the oven. > avoir un polichinelle dans le tiroir.

7. Butter someone up. > lécher les bottes de quelqu'un.

8. A big cheese > un gros bonnet.

9. Have a finger in every pie. > manger à tous les râteliers.

10. To sell like hot cakes. > se vendre comme des petits pains.

Chapitre 10 : Faire ses achats

1. I would like to cancel. Would you like to keep.

2. 3. une chemise > a shirt

11. une veste > a jacket

9. un pantalon > trousers

10. un manteau > a coat

6. un T-shirt> a T-shirt

5. une jupe > a skirt

1. un sweat > a sweatshirt

4. un short > shorts

7. des chaussures > shoes

2. des talons hauts > high heels

8. des tongs > flip flops

3. 1. *Bedouin* ***Dress***. 2. *The Most Immaculate* ***Haircut***. 3. *Dedicated Follower of* ***Fashion***. 4. *Crush with* ***Eyeliner.*** 5. *Knee* ***Socks.*** 6. *(The Angels Wanna Wear My) Red* ***Shoes***. 7. *All Fur Coat & No* ***Knickers***. 8. *Blue* ***Jeans***. 9. *Vintage* ***Clothes***. 10. *Cheap* ***Sunglasses***. 11. *Issy Bitsy Teeny Weeny Yellow Polka Dot* ***Bikini***. 12. *Hold on to your* ***Hat***

4. *yellow* = jaune ; *green* = vert ; *blue* = bleu ; *red* = rouge ; *pink* = rose ; *orange* = orange ; *white* = blanc ; *black* = noir.

5. 1. As white as a sheet. 2. As meek as a lamb. 3. As old as the hills. 4. As strong as a horse. 5. As ugly as sin. 6. As blind as a bat. 7. As light as a feather. 8. As pretty as a picture. 9. As free as a bird. 10. As deaf as a doorpost.

6. 1. lighter. 2. bigger. 3. longer. 4. as big as. 5. much longer.

7. 1. The colour is brighter. 2. These trousers are as tight as the others. 3. It is the prettiest skirt. 4. The blue dress is more expensive. 5. It doesn't fit you as well as the other.

Chapitre 11 : Sortir en ville

1. 1. He was born **in** 1947, **on** a Tuesday. 2. They met **on** January 1st 1968. 3. It was **at** dinner, **at** 6 o'clock. 4. They got married **in** June the same year. 5. **In** the morning, he wakes up **at** 9 am.

2. **During** his training as a Jedi, Luke had to fight Darth **for** several months. Luke and Darth have been in therapy **for** three years, ever **since** Darth attacked Luke with a lightsaber. They have made progress **during** the sessions **since** Darth apologised for cutting off Luke's hand.

3. **1. The Fires of Love**

Amy **has been** a successful housewife for more than 10 years, ever since she **married** Derreck, who **has been** a male model since high school. But over the last few years, Derreck **has not been** the same with Amy, ever since he **drove** into a tree.

2. CSI: Sheffield

Chief Constable Ken Blunt **has found** a dead body at the Pub. The victim probably **died** round 11 pm, right after the last orders. Blunt **has asked** the new coroner Nancy Twobones to determine the cause of the death.

3. Selling Houses with Stephen Square

Today, Stephen **meets** with Sally to help her sell her wonderful 10-square-foot condo without toilets in London for a few million pounds.

4. The Nigel Garbage Show

Every Thursday night, Host Nigel Garbage **invites** guests to vent out their anger and grudges at family members. He **says** that he **wants** them to sort out their problems, but in fact, he **is** just happy to see them yell and fight on air.

5. Come Dine at Home

Tomorrow, Clarissa Dalloway **will host** the final dinner in London. She **hopes** to dazzle her guests and fellow contestants with a sophisticated menu based on asparagus. Will Peter's bad manners put her into a rage?

Chapitre 12 : Aller et venir : les différents moyens de transport

1. 1. **How often** does the bus stop here? 2. **Which** of these trains takes me to London? 3. **How many** buses do I have to take? 4. **Where** is the central bus station? 5. **How soon** will the next train depart? 6. **How far** is it to Peru? 7. **How much** money does it cost to get there? 8. **When** does the plane take off? 9. **How long** does it take to fly to New York? 10. **How** do I fly to Peru?

2. 1. *Yellow* ***Submarine****.* 2. *Always Crashing in the same* ***Car****.* 3. *Downbound* ***Train.*** 4. *Midnight* ***Ferry****.* 5. *White* ***Limo****.* 6. *Obvious* ***Bicycle****.* 7. *Born in a* ***UFO****.* 8. ***Space-ship*** *Coupé.* 9. *Next* ***Jet*** *to Leave Moscow.* 10. *Trans-Europe* ***Express.*** 11. *Ghost* ***Ship****.* 12. *These* ***Boots*** *are Made for Walking.*

3. 1. May I taste your fries? No you may not! / 2. They were not allowed to dance on the roof. 3. If you want to lose weight, you will have to jog. / 4. Must he give his bank details? / 5. Should I stay or should I go? / 6. You shouldn't have come. / 7. Baby, you can drive my car. / 8. Were they able to find the exit? / 9. He would watch TV until late at night. / 10. If he was kinder, he would have more friends.

4. attention = *caution* ; ralentir = *slow down* ; un panneau stop =*a stop sign* ; vous n'avez pas la priorité = *give way* ; sens interdit = *no entry* ; rue à sens unique = *one-way street* ; impasse = *dead end* ; piste cyclable = *cycle lane* ; voie de bus = *bus lane.*

5. 1. You **must** ride your bike in the cycle lane. 2. You're going too fast, you **should** slow down. 3. You **mustn't** drive your car on the bus lane. 4. You **can't** go through a dead end street.

6. Samantha: What **can** you see in your crystal ball?

Irma: I can tell you that you **will meet** a tall dark stranger tonight. I'm sure it **will be** love at first sight.

Samantha: **Is he going to** marry me?

Irma: Oops, no! Maybe he isn't a keeper then... Hold on, someone from beyond **would** like to talk to you.

Samantha: Who is it?

Irma: It's your uncle... Berty? Barry?

Samantha: Oh OK, it **must** be Uncle Bernie, he used to be very mean to me. I **won't talk** to Uncle Bernie! **Can** you pass me Grandma Lucy?

Irma: Sure, she says you **will** get the basket soon.

Samantha: Wow, it's really amazing because she used to tell me she **would** bring me vegetables in a little basket because she said I **should** take better care of myself.

Irma: Her signal is receding, she **is going to** disappear soon. Is there something you would like to tell her ?

Samantha: Yes, Grandma, **I'm quitting** smoking tomorrow!

Chapitre 13 : La maison

1. un lit = *a bed* ; un placard = *a closet* ; une table = *a table* ; une chaise = *a chair* ; un canapé = *a couch* ; un fauteuil = *an armchair* ; un bureau = *a desk*.

2. 1. If I had a hammer, I would knock at night. 2. I would be happy if I had a song to sing. 3. She said she would call after she arrived. 4. He said he would call when he got the chance.

3. 1. There is a cake in the oven. / 2. There are clothes in the washing machine. / 3. There isn't enough ink in the printer. / 4. There are demons in the fridge. / 5. There is a Gremlin in the microwave.

Question subsidiaire : Ghostbusters II et Gremlins.

4. 1. **to do** the laundry. 2. **to make** a cake. 3. **to do** the talking. 4. **to make** a mistake. 5. **to make** a decision. 6. **to do** the dishes. 7. **to make** coffee. 8. **to do** business. 9. **to make** a reservation. 10. **to do** yoga.

Chapitre 14 : Au travail

1. 1. a **cash** cow / 2. a nest **egg** / 3. **chicken** feed / 4. it costs an **arm** and a leg / 5. to cash in one's **chips** / 6. to bet your **bottom** dollar / 7. to go **Dutch** with someone / 8. the **gravy** train / 9. money burns a **hole** in his pocket / 10. money doesn't grow on **trees** / 11. to live on the **bread**line / 12. to make **ends** meet.

2. 1. The waiter **was fired** because he spat on the noodles. 2. She **was awarded** a medal for babysitting that kid. 3. The intern **was given** two months to learn the ropes. 4. She **was made** deputy manager by the board. 5. The foreman **was let go** when they renewed the team. 6. They **were told** to join the team. 7. The accountants **were left** with very little money. 8. She **was paid** a lot of money to clinch the deal. 9. The company **was sold** for peanuts! 10. They **were heard** arguing in the conference room.

3. 1. They are really annoyed by this. 2. A car may be bought for 5000 euros. 3. It is often said that it is impossible. 4. They were told to be quiet. 5. He must be right.

4. Glen: Oh no ! My character was blown up by a grenade!

Brian: My character was crushed by a monster truck!

Glen: The multiplayer mode is said to be easier, do you want to try?

Brian: Yes, let's start.

Glen: Hey, my character was shot, is it friendly fire?

Brian: Yeah, sorry.

Glen: It is not done!

Brian: In life, no one can be trusted!

5. ½ = A half ; 1/3 = A third ; ¼ = A quarter ; 1/5 = A fifth ; 1/10 = A tenth.

6. I own **twenty-two point seven percent** of this corporation. We have hired **twelve thousand** new employees over **fifteen** countries and our profits have increased by **zero point two percent** over the last two years. The value of our shares has dropped by **twenty-one point six percent** on the stock market since January. Some people say those are mediocre results but our brand is still profitable because I'm popular in the media and this boosts our corporate image. You're very lucky to have me as your CEO.

7. *the value* = la valeur ; *trade* = les échanges ; *profitable* = rentable ; *the brand* = la marque ; *results* = les résultats ; *profits* = les profits ; *to hire* = recruter ; *to own* = posséder ; *to drop* = baisser ; *to boost* = booster ; *CEO* = PDG ; *the stock market* = la bourse ; *to increase* = augmenter.

8. twenty-five minutes to go ; five hundred and five ou five o five ; a hundred percent ; nineteen eighty-four ; two plus two is five.

Chapitre 15 : Les loisirs

1. un mouton = a sheep ; un cheval = a horse ; une vache = a cow ; une poule = a hen ; une grenouille = a frog ; un écureuil = a squirrel ; un cerf = a deer ; un renard = a fox ; un loup = a wolf ; un ours = a bear ; un serpent = a snake ; un insecte = bug ; un moustique = mosquito.

2. *who* = qui ; *which* = que ; *what* = ce que ; *when* = où (au sens temporel : ex. : le jour où j'ai arrêté de fumer) ; *where* = où ; *whose* = dont / ce qui.

3. 1. The place **where** we stayed was an island. 2. The tiger **which/ that** chased me was hungry. 3. The man **who** rescued me was another contestant. 4. The river, **which / that** runs through the island, was full of piranhas. 5. It was the piranhas **which/ that** frightened me the most. 6. The trail **which/ that** I took ran through the forest. 7. **What** bothered me was that I left my bag at the camp. 8. I got lost the moment **when** I took a wrong turning. 9. The monkey **whose** banana I stole chattered at me. 10. I was very happy to be sent home, **which** is not surprising.

4. 1. **Bird** on the Wire. 2. Alley **Cats**. 3. **Pigs** on the Wing. 4. **Bulls** on Parade 5. A **Wolf** at the Door. 6. White **Rabbit**. 7. **Dogs** are Everywhere. 8. Yertle the **Turtle.** 9. **Lion** in a Coma. 10. Everybody's got something to hide except me and my **Monkey.**

5. I **woke up** quite late on Monday morning because my alarm clock **had stopped** during the night. I **got dressed** quickly and **ran** to catch the bus but it **had gone** when I **arrived** at the stop. I **tried** to run after it and **fell** into a manhole that **had been left** open. My leg **was broken** so I **had** to go to the hospital. This is the reason why I couldn't attend your class on Monday.

6. I **went** to this Air R n' B house up in the Carpathians. The weather **was** stormy. There **were** leaks in the roof. Also, I **had forgotten** to check the "single occupancy" box when I **booked** the holiday: I **had** to share the house with some old dude in some lousy velvet bathrobe! His tan really **sucked**, he **was** white as a sheet. He **was acting** really strange when I **arrived**. The guy even **tried** to kiss me on the neck. I **did not like** it.

Question subsidiaire : Au vampire Dracula dans le roman de Bram Stocker.

Chapitre 16 : Au secours ! Que faire en cas d'urgence ?

1. 1. Don't play with matches. 2. Let them tidy their room. 3. Let her not come. 4. Let me find the courage to deal with those kids. 5. Let's look for Kevin, who is lost. 6. Let this not be a problem. 7. Let's not play truant. 8. Be quiet. 9. Don't put your fingers in the plug. 10. Let Kevin be OK.

2. Writer's Cramp is in the wrist ; Charley Horse is in the hip ; Spare Ribs are in the side ; Adam's Apple is in the throat ; Broken Heart is in the chest ; Butterflies are in the stomach ; Brain Freeze is in the head, Funny Bone is in the arm.

3. 1. They're relaxing **Ø** by the swimming pool. 2. We look at **ourselves** in the mirror. 3. They fought **Ø** all day. 4. She burnt **herself** on the stove. 5. They met **Ø** through the Internet.

Chapitre 17 : Dix façons d'accélérer votre apprentissage de l'anglais

1. 1. Steven Spielberg. 2. « Winter is coming ». 3. *Do Android Dream of Electric Sheep?* by Philip K. Dick. 4. physicist. 5. Tony Curtis. 6. « Days of our Lives ». 7. A Space Shuttle. 8. *The Return of the Jedi.* 9. a publicist. 10. The Enterprise.

2. 1. "I don't want to achieve immortality **through** my work, I want to achieve it **through** not dying." (Interview). 2. "It seemed the world was divided **into** good and bad people. The good ones slept **better**, Cloquet thought, while the bad ones seemed to enjoy the waking hours much **more**." ("The Condemned"). 3. "Life **doesn't** imitate art, it imitates bad television." (*Husbands and Wives*). 4. "And when he dies **at** eighty-five, **from** a combination of smallpox and a tomahawk in the skull, he is happy." ("By Destiny Denied"). 5. "I don't believe in an afterlife, **although** I am bringing a change of underwear." ("Conversations with Helmholtz"). 6. "The grasshopper played all summer while the ant worked and saved. When winter **came**, the grasshopper had nothing, but the ant complained of chest pains. Life **is** hard for insects." ("The early Essays"). 7. "Vivian: 'Sandy Bates's work will live **on** after him.' Sandy: 'Yeah, but what good is it if I **can't** pinch any women or hear any music?' (*Stardust Memories*). 8. "Someone once asked me if my dream was to live on in the hearts of my people, and I said I **would** rather like to live on in my apartment." (*Rolling Stone* interview). 9. "Interestingly, according to modern astronomers, space is finite. This is a very comforting thought—particularly for people who **can** never remember where they have left things." ("The UFO Menace"). 10. "When it comes to sex there are certain things that should always be left unknown and, with my luck, they probably **will** be." (*Everything You've always Wanted to Know about Sex*)

3. 1. « London **calling** to the faraway towns ». 2. « Imagine all the people living for **today** ». 3. « I'm the **walrus** ». 4. « Break on through to the other **side** ». 5. « Billie Jean is not my **lover**, she's just a girl ». 6. « I can't get no **satisfaction** ». 7. « Love me **tender**, love me sweet ». 8. « Turn and face the strange **changes** ». 9. « she's buying a stairway to **heaven** ». 10. « All is **fair** in love ».

Question subsidiaire : la double négation dans « I can't get no satisfaction » des Rolling Stones.

4. 1. *Where is Waldo?* 2. *Guess how much I love you.* 3. *The Tale of Peter Rabbit.* 4. *Winnie The Pooh.* 5. *The Very Hungry Caterpillar.* 6. *The Cat in the Hat.* 7. *Don't let the Pigeon Drive the Bus.* 8. *Harry Potter and the Sorcerer's Stone.* 9. *George's Marvellous Medicine.* 10. *Where the Wild Things Are.*

5. word ; sing ; brass ; broke ; pull ; over ; bark ; town.

6. 1. William Shakespeare. 2. Charles Dickens. 3. a musical. 4. an island. 5. Lilliputians. 6. *The Two Rings.* 7. Wolverine. 8. What's-his-name. 9. Mark Twain. 10. Doctor Squid.

Chapitre 18 : Dix erreurs à éviter en parlant anglais – Les faux amis

1. 1. *Actually* veut dire « en fait ». 2. *Normal* veut dire « normal ». 3. *Eventually* veut dire « finalement ». 4. *Sanction* veut dire « sanction ». 5. *Hazard* veut dire « danger ». 6. *Admirable* veut dire « admirable ». 7. *Journey* veut dire « voyage ». 8. *Bizarre* veut dire « bizarre ». 9. *Sensible* veut dire « raisonnable ». 10. *Trouble* veut dire « problème ».

2. 1. He will have to **bear** the consequences of his actions. 2. Roulette is a game of **chance**. 3. He said she was a goose. She can't stand that kind of **abuse** any more. 4. The road is slippery: they have put up a sign to **warn** drivers. 5. The economic situation is **currently** improving. 6. After his speech, the **audience** burst into applause. 7. This dress is very pretty. I love the colour and the **fabric**. 8. He is safe! This is such a **relief**! 9. They took away his driver's **licence**. 10. When I told her, she was very **sympathetic**.

Chapitre 19 : Distinguer les mots qui se ressemblent

1. 1. We don't want you here, **go** back home! 2. Please **come** back home as soon as you're done. 3. He wants to **come** to our place for the summer. 4. Baby, don't **go**! 5. Let's **go** to dinner at my favourite restaurant. 6. Could we invite them to **come** to dinner tomorrow? 7. He **went** away to France start a new life in 1988. 8. I think he **will come** to see me tomorrow. 9. Yesterday, he **came** to see his dad for the first time in twenty years. 10. He must **come** to see us tomorrow.

2. *to continue = to go ahead ; to be busy = to be on the go ; to meet = to come across ; to invent = to come up with ; to disappoint = to come short.*

3. 1. Est-ce que je peux emprunter ta voiture ? 2. Pourquoi est-ce que tu ne me prêtes pas ton argent ? 3. Mon banquier veut m'emprunter de l'argent. 4. Tom veut que j'emprunte sa voiture. 5. Est-ce que je peux te prêter de l'argent ?

4. 1. Beer is **so** tasty! 2. Champagne is **so** much more expensive than beer. 3. Champagne is **such** good wine. 4. Don't make **such a** fuss over a broken glass. 5. The party was **so** lame that we went home early. 6. They drank **so** much wine that they were quite drunk. 7. They are **such** idiots! 8. He is **such a** considerate host.

5. 1. He was **as** convincing as I hoped he would be. 2. You sound **like** Grandma. 3. She does have the same behaviour **as** her friend. 4. They don't look **alike** at all. 5. They talked very loudly, **as** if they were drunk.

6. 1. I felt the shock wave and then I **heard** the bridge crashing. 2. I **heard** a huge noise and started to run. 3. Did you **hear** the news? She's getting married! 4. Did you **listen to** the news on the radio this morning? 5. We went to the opera and **listened to** the *Traviata*.

7. 1. Don't **look at** the Sun, stupid! 2. Can you **watch** my kids for a minute? 3. Did you **see** Rebecca this morning? 4. Don't you **see** they're making fun of you? 5. Did you **watch** the new Star Trek movie?

8. 1. I'm so cold! I can't **feel** my toes. 2. Don't **touch** the hotplate! 3. I'm **feeling** really sad today. 4. He didn't **touch** his meal. 5. I was really **touched** by his plea.

9. 1. To lie on the couch. 2. To lie down and rest. 3. To lie on your CV. 4. To lie like a rug. 5. To lay eggs. 6. To lay your cards on the table. 7. To lay the table.

10. 1. *Thursday's Child* ; 2. *Monday, Tuesday, Wednesday* ; 3. *Ruby Tuesday* ; 4. *Suite Thursday* ; 5. *Loan Me Two till Tuesday* ; 6. *Tuesday Heartbreak* ; 7. *To Claudia On Thursday* ; 8. *Tuesday Afternoon* ; 9. *10:15 Thursday Morning* ; 10. *Thursday Night Blues.*

11. 1. He is a very talented young man. 2. It is too hot to work. 3. He hoovered and cleaned the floor too. 4. She is very smart, and so is her sister. 5. I can speak English, and so can you!